文
景

Horizon

社 科 新 知　文 艺 新 潮

国家出版基金项目
NATIONAL PUBLICATION FOUNDATION

地区研究丛书 · 中东系列

刘东 · 主编

# Nurturing the Nation

The Family Politics of Modernizing, Colonizing and Liberating Egypt, 1805—1923

# 培育国家

## 性别、家庭与埃及的现代化，1805 — 1923

## Lisa Pollard

［美］丽莎·波拉德—— 著 ｜ 段九州 —— 译

上海人民出版社

# 展开地区研究的三根主轴

　　首先要说明的是，这套丛书是在一种并存着刺激与困扰的张力中产生的。它既是以在中国尚属"新兴"的学科来命名，那么顾名思义，当然是顺应了"地区研究"在中国的发展，而这项研究在中国的应运而生，则又肯定是顺应了全球化的迅猛势头。——正是在这种方兴未艾的势头中，中国不光是被动卷进了全球化的进程，还进而要主动成为更大规模的"全球性存在"。就此而言，收进这套丛书中的著作，虽然将视线聚焦在了地球上的某一"地区"，但那都要隶属于环球视界中的特定"视域"。

　　不过，正如罗兰·罗伯逊所指出的，经常要与"全球化"（globalization）相伴生的，竟又是所谓的"全球在地化"（glocalization）。这不光从文化上喻指着，一旦遭遇到"麦当劳化"的夷平，就会激发与强化地方的认同；还更从经济上喻指着，由跨国生产与流通带来的重新洗牌，无论在一个社会的内部还是外部，都会造成新的失衡、落差、不公与愤懑。——正因为这样，反倒是全球化的这一波高潮中，人们才大概是不无意外地看到了，这个世界竟又以原以为"过了时"的民族国家为框架，利用着人类最基本的自卫本能，而煽起了民族主义的普遍排外逆流。

　　其次又要说明的是，这套丛书也是在一种"学科自觉"的批判意识中产生的。这种批判意识的头一层含义是，正是成为"全球性存在"的迫切要求，才使我们眼下更加警觉地意识到，再像传统学科那样去瓜分豆剖，把知识限定得"井水不犯河水"，就会对亟欲掌握的外部世界，继续造成"盲人摸象"式的误解。正因为这样，我们想借这套丛书引进的，就不光是一些孤零零的研究结论，还更是一整套获致这类结论的研究方法。这样的方法告诉我们，如果不能相对集中优势研究资源，来对一个相对独立的地理区域，几乎是"无所不用其极"地调动各门学科，并且尽量促成彼此间的科际整合，我们就无从对于任何复杂的外部区域，获得相对完整而融汇的有用知识。——不言而喻，也正是在这样的理解中，"地区研究"既将会属于人文学科，也将会属于社会科学，却还可能更溢出了上述学科，此正乃这种研究方法的"题中应有之意"。

接下来，这种批判意识的第二层含义又是，尽管"地区研究"的初始宗旨，当然在于有关外部世界的"有用知识"，而一俟这种知识落熟敲定，当然也可以服务于人类的实践目的，包括作为出资人的国家的发展目标，不过与此同时，既然它意欲的东西堪称"知识"，那么，它从萌生到发育到落熟的过程，就必须独立于和区隔开浅近的功用。无论如何，越是能争取到和维护住这样的独立性，学术研究的成果就越是客观和可靠，越足以令读者信服，从而也才能更有效地服务于社会。——不言而喻，又是在这样的理解中，率先在中国顶尖大学中建立起来的"地区研究"，虽则在研究的国别、项目和内容上，当然也可以部分地与"智库"之类的机构重叠；然而，它在知识的兴趣、理想的宗旨、研究的广度、思考的深度、论证的独立上，又必须跟对策性的"智库"拉开距离，否则也就找不到本学科的生存理由了。

正是基于上述的权衡，我在清华大学地区研究院的第一次理事会上，就向各位同行当面提出了这样的考虑——我们的"地区研究"应当围绕着

"三根主轴"：第一，本土的历史经验与文化价值；第二，在地的语言训练与田野调查；第三，与国际"地区研究"的即时对话。毋庸置疑，这"三根主轴"对我们是缺一不可的。比如，一旦缺少了对于本国文化的了解与认同，从而无法建立起自身的文化主体性，那么，就不仅缺乏学力去同外部"地区"进行文明对话，甚至还有可能被其他文化给简单地"归化"。再如，一旦缺乏对于国际"地区研究"的广阔视野，那么，就会沦入以往那种"土对土"的简陋局面，即先在本国学会了某一个"小语种"，再到相应的"地区"去进行综述性的报道，以至于这种类似新闻分析的雏形报告，由于缺乏相应的学术资源、知识厚度与论证质量，在整个大学体系中总是处于边缘地带，很难"登堂入室"地获得广泛的认可。关于这种所谓"小语种"的学科设置，究竟给我们的知识生产带来了哪些被动，我此前在为"西方日本研究丛书"作序时，就已经以"日本研究"为例讲过一回了：

> 从知识生产的脉络来分析，我们在这方面的盲点与被动，至少在相当大的程度上，是由长期政治挂帅的部颁教育内容所引起的。正如五十年代的外语教学，曾经一边倒地拥抱"老大哥"一样，自从六十年代中苏分裂以来，它又不假思索地倒向了据说代表着全球化的英语，认定了这才是"走遍天下都不怕"的"国际普通话"。由此，国内从事日本研究的学者，以及从事所有其他非英语国家研究的学者，就基本上只能来自被称作"小语种"的相关冷门专业，从而只属于某些学外语出身的小圈子，其经费来源不是来自国内政府，就是来自被研究国度的官方或财团。[1]

---

[1]　刘东：《"西方日本研究丛书"总序》。

　　有鉴于此，为了能让我们蓄势待发的"地区研究"，真正能摆脱以往那种被动的局面，既不再是过去那种边边角角的、聊备一格的国别史，也不会是当下这种单纯对策性、工具性的咨询机构，也为了能够让它所获得的学术成果，最终能被纳入到公认的学术主流，进而成为人们必备和必读的文化修养之一，我才提出再来创办一套"地区研究丛书"。当然，如果从学科划分的角度来看，我以往主编的"海外中国研究丛书"和"西方日本研究丛书"，也都属于海外，特别是美国的"地区研究"，具体而言，是属于"地区研究"中的"东亚研究"。于是，如果从这个角度来看，本套丛书亦正乃以往努力的延续。另外，考虑到美国的"地区研究"虽说无所不包，甚至还包括哈佛设立的"美国文明"项目，也即还要包括用来反观自身的"本国研究"，可毕竟它那些最富成果也最具功力的领域，还要首推其中的"东亚研究""中东研究"和"拉美研究"。既然如此，我们这次就先行推出两个"子系列"，即"地区研究·中东系列"和"地区研究·拉美系列"。——如果再算上我以往主编的两套"东亚研究"，那么或许也可以说，这大概是美国"地区研究"的主要精华所在了。

　　最后，尽管在前文中已经述及了，但行文至此还是要再次强调：在我们规划与期望中的，既有中国特色又有全球关怀的"地区研究"，必须围绕缺一不可的"三根主轴"，即第一，本土的历史经验与文化价值；第二，在地的语言训练与田野调查；第三，与国际"地区研究"的即时对话。从这个意义来讲，我们在这套丛书中引进的，就属于对于那"第三根主轴"的打造，也就是说，它既会形成学术对话的基础，也将构成理论创新的对手。也就是说，一旦真正展开了这种学理形态的对话，那么，"前两根主轴"也势必要被充分调动起来，既要求本土经验与价值的参与，也要求在地调查的核实与验证。由此一来，也就逻辑地意味着，对于既具有强大主体性又具有亲切体验性的，因而真正够格的"地区研究家"来说，无论这些著作写得多么匠心独运、论证绵密、学殖深厚、选点巧妙，也都不可能被他们不假思索地"照单全收"了，否则，人类知识就无从继续谋求增长了，而学术事业也将就此停滞不前了。

不过话说回来，不会去"照单全收"，并不意味着不能"择优吸收"。恰恰相反，至少从我个人的角度来看，从这套书逐渐开始的、逐字逐句和恭恭敬敬的迻译，恰恰意味着在起步阶段的、心怀诚敬和踏踏实实的奠基。也就是说，从这里一砖一瓦缓缓堆积起来的，也正是这个学科之标准、资格与威望的基础——当然与此同时，也将会是我们今后再跟国际同行去进行平等对话的基础。

刘东

2019 年 8 月 28 日于青岛海之韵

怀着爱与感恩，致我的父母鲍勃和伊芙琳，以及拉内尔

# 目 录

# 插图目录

# 致　谢

　　我在加利福尼亚、埃及和北卡罗来纳工作多年，终于写成了这本书，这得益于一路以来引导和支持我的各路友人，谨在此向各位致以衷心的感谢。伯克利的教授们，包括艾拉·拉皮德斯（Ira Lapidus）、芭芭拉·戴利·梅特卡夫（Barbara Daly Metcalf）和托马斯·梅特卡夫（Thomas Metcalf），不仅在生活中给予我真诚的友谊，也在学术上成为我的榜样。希望此书中的文字足以反映三位对我产生的影响。我的第一位大学历史教授杰克·麦丘恩（Jack McCune），多年来一直是我的良师益友，在此书编写过程中，他也给予了多方面的支持。

　　在开罗，乔治城大学的阿米拉·阿扎里·松博尔（Amira al-Azhary Sonbol）一直对我百般呵护，还帮我查阅了很多埃及档案。此外，开罗美国大学中也有许多出色的教师帮助并鼓励我读、写和说阿拉伯语，其中对我影响最深刻的两位教师就是纳迪亚·哈布（Nadia Harb）和阿扎·瓦克德（`Azza Waked）。当然，他们并不负责文本和文件的翻译和阐释，但在传授阿拉伯语技能方面则居功至伟，没有阿拉伯语技能，就没有这本书。多年以来，拉加达·伊萨维（Raghda el-`Essawi）、伊玛德·丁·鲁什迪（`Emad al-Din Rushdie）、泽纳布·易卜拉欣（Zeinab Ibrahim）、克里斯汀·布鲁斯塔德（Kristen Brustad）和马哈茂德·巴塔尔（Mahmoud al-Batal）一直督促着我铭记真正重要的事情，其中最重要的是阿拉伯语。

本项目的研究主要在埃及、英国和美国的档案馆进行。此外，还要感谢埃及书局（*Dar alKuttub al-Misriyya*）、埃及档案书店（*Dar al-Watha'iq al-Misriyya*）、埃及教育部教育博物馆、开罗埃及研究所（*l'Institut d'Égypte*）和开罗美国大学克雷斯韦尔图书馆的工作人员。在英国时，牛津大学博德利图书馆、牛津大学圣安东尼学院的档案馆和图书馆，以及邱园（英国皇家植物园）的公共档案馆给予我极大的帮助和支持。在美国时，加州大学伯克利分校和费城长老会历史协会的档案员和图书馆员也热心地帮助了我。在北卡罗来纳大学威尔明顿分校，谢尔曼·海斯（Sherman Hayes）和苏·科迪（Sue Cody）一直源源不断地为我们提供各种素材。

国际研究费用昂贵，幸运的是，埃及美国研究中心、社会科学研究委员会、梅隆基金会和北卡罗来纳大学威尔明顿分校随缘乐助，在此致以衷心的感谢。我也非常感谢开罗美国大学海外阿拉伯研究中心（Center for Arabic Studies Abroad）。

纯粹出于阅读兴趣，我的许多朋友和同事已经读完了全部或部分手稿。感谢普雷蒂·乔普拉（Preeti Chopra）、帕特里夏·库格林（Patricia Coughlin，她读了两遍！）、布鲁斯·金泽（Bruce Kinzer）、伊丽莎白·奥兰（Elizabeth Oram）、莫娜·拉塞尔（Mona Russell）、弗吉尼亚·斯图尔特（Virginia Stewart）和克里斯托弗·托恩辛（Christopher Toensing），感谢他们乐于花费大量时间阅读并向我提出许多建议，帮助我提高了本书质量。还有两位加州大学出版社的匿名读者，在意见和评论中展现了学术和合作精神的典范。

卡姆隆·阿明（Camron Amin）和埃伦·弗莱舍曼（Ellen Fleischman）在伊朗和巴勒斯坦从事妇女和国家方面的工作，他们的经验也使这份手稿的内容更加丰满。20世纪早期埃及妇女消费主义研究之母——莫娜·拉塞尔，一开始就向我分享了她的研究项目，其中饱含着深厚的友谊和渊博的学识。已故的米内·埃内尔（Mine Ener）女士是我早期在开罗进行研究的启蒙老师，谨在此铭记她的广阔胸襟和不朽精神。感谢琳内·哈尼（Lynne Haney）以及《新世界之家庭》（*Families of a New World*）的其他撰稿人分享了他们自己在全球的关于国家和家庭的工作。在 2001 年夏的开罗学术之旅中，我有幸结识劳拉·比尔（Laura Bier）和胡萨姆·巴哈加特（Hossam Bahgat）并与他们成为好友，得到许多帮助，在此致以衷心的感谢。

此外，感谢加州大学出版社的琳内·维希（Lynne Withey）、凯特·沃恩（Kate Warne）和朱莉·布兰德（Julie Brand）对《培育国家》的鼓励和投入。感谢技艺精湛的文稿编辑马特·斯蒂文斯（Matt Stevens），感谢他的辛勤和耐心。

还要感谢一些远在加州圣罗莎和埃及贝尼苏韦夫的朋友们，他们在此书编写的许多关键时刻一如既往地爱我、支持我。良师益友甚多，举不胜举，难免有遗漏。但不得不提及德威达尔·伊法特（Dewidar-`Effat）家族，尤其是与众不同的祖祖（Zuzu）夫人，她接纳我成为其"家族政治" [xiii]（family politics）中的一员，帮助我了解到在档案中无法获得的许多埃及知识。

最后，还要感谢我的父母鲍勃·波拉德（Bob Pollard）和伊芙琳·波拉德（Evelyn Pollard）一直以来的爱与支持。

这本书的终稿在北卡罗来纳威尔明顿写成，这是我 1997 年以来的家。北卡罗来纳大学威尔明顿分校的学生和同事们一直激励、支持和鼓舞着我。感谢我的研究生斯科特·亨特利（Scott Huntley）和马特·帕内尔（Matt Parnell）对 1919 年的历史有着极大兴趣。东南地区中东和伊斯兰研究研讨会（Southeast Regional Middle East and Islamic Studies Seminar，简称 SERMEISS）和卡罗来纳州伊斯兰研讨会（Carolina Seminar on Islam）的成员热情欢迎我访问他们的社区并开展这个项目。特别感谢萨拉·希尔兹（Sarah Shields）和哈格尔·哈迪迪（Hager el-Hadidi）对于中东无限热情并待我以诚。我从旧金山迁居到美国南部的这个小镇时，简·洛韦（Jane Lowe）、卡佳·坎贝尔（Katya Campbell）、杰基·詹金斯（Jackie Jenkins）和佩吉·卡纳迪（Peggy Canady）给予了我莫大的帮助。随后，拉内尔·克隆茨（LaNelle Clontz）慷慨地接纳了我，让我成为这个亲切的南方家庭的一员，不止一次帮我渡过难关，让我在欢声笑语中完成这部作品以及其他作品（如果可能的话）。《培育国家》献给她，也献给我的父母。

# 英文版翻译和音译说明

为了便于非专业人士阅读，我在写作过程中省略了阿拉伯语的变音符号，除了 `ayn(`) 和 *hamza* (′)。根据《国际中东研究杂志》规范，我将阿拉伯语和英文名进行了音译。除了为大家熟知的埃及常见翻译（例如，吉萨 [ Giza ]），其余埃及字母 *gim* 均翻译为 *j*。

除非另有说明，所有翻译内容均由我个人编写。部分译文需进一步解释说明的，括号内已注明改动部分。

# 引　言

　　1919 年 5 月，埃及代理总领事，米尔恩·奇塔姆爵士（Sir Milne Cheetham，1869—1938）向英国外交部递交了一份情报报告，试图解释埃及为何会爆发一系列暴动。仔细阅读埃及政治新闻后，奇塔姆向英国外交大臣寇松勋爵（Lord Curzon，1859—1925）报告称，他发现埃及的农民、工人和资产阶级民族主义者（effendiyya）对政治基本不感兴趣。布尔什维克主义、土耳其民族主义的蔓延和埃及人民普遍的无可统驭性（unruliness）——而非独立与自治的愿望——是引起暴动的关键因素。[1] 他的评论既揭示又辩解了 1919 年埃及革命的起因，旨在说服寇松维持埃及作为英国保护国的地位。奇塔姆在报告中写道：

　　　　比起出现在新闻中的事件，那些人们完全忽略的事情更加深刻。（新闻中）到处充斥着对埃及人民热情好客的溢美之词，以及对以示威方式彰显政治团结所取得成功的赞扬，却巧妙地回避了知识分子揭露暴民暴行的责任……内阁的辞职几乎没有引起任何关注……此后，更是鲜有人提及扎格卢勒帕夏（Zaghloul Pasha）代表团。人们的注意力主要

---

[1] 英国国家档案馆（以下简称 PRO）/ 外交部（以下简称 FO） 141/522/9085，1919 年 4 月 10 日。这份特别的文件包含了外交部就欧洲和美国对 1919 年游行示威进行的报道所做的报告。

转向其他问题，如埃及人在贸易中获得更多利益、贸易联合原则的必要性，以及**富人对穷人施以慈善行为的必要性**等。[1]

在解释这场革命时，英国人忽视了埃及政治中的一些关键点，以及埃及政治的形成方式。在 1919 年至 1922 年的动荡年代，慷慨和慈善（"培育国家"）等行为是强有力的政治象征。到 1919 年，像照料家庭那样照料国家的观念已经成为现代埃及政治的必要条件。1919 年埃及革命期间，对于慈善的专注象征着政治敏感，而非政治冷淡。

1919 年革命的图景表明，关心本国儿童和改善人民家庭生活也意味着真正关注国家进步和幸福。此外，它还表明传统的母性行为并不局限于妇女：家庭和家庭活动是一个大舞台，其核心是两性共同践行的母性主义。在这个大舞台上，埃及人创造了新的两性关系和社会关系，展示其政治敏锐性，并定义了新的资产阶级文化。

事实上，在革命期间，资产阶级的男性民族主义者自豪于自己的"母性"行为。[2] 如照顾国家的儿童、穷人、病人和无家可归者等行为，均被赋予重大的政治意义。男性的婚姻行为和家庭习惯似乎是展示埃及自治决心的关键。在分析埃及革命活动时，英国人忽视了埃及民族主义的这个层面，真是一个巨大的历史讽刺。实际上，将慈善和家庭生活与政治混为一谈，是埃及人对成为英国被保护国这一政治现实的回应。1919 年，和那之前的几十年一样，埃及民族主义者回应了英国在埃及殖民政策的基本前提：埃及民族在自治方面的无能，是源于埃及统治精英的家庭和婚姻习惯。

---

[1]  PRO/FO 141/751/8941，公文 216 号（Dispatch no.216），从奇塔姆到寇松，1919 年 5 月 11 日。

[2]  塞斯·科文（Seth Koven）和桑妮雅·米歇尔（Sonya Michel）将母性主义定义为女性支持家庭活动（例如养育和照料小孩），以此作为确保自己政治权力的一种手段。见他们主编的书，《新世界的母亲：母性主义政治与福利国家的起源》（*Mothers of a New World: Maternalist Politics and the Origins of Welfare States*），纽约和伦敦，1993 年。

1882 年，英国入侵并占领埃及后，英国官员不得不将海外统治规则扩展合法化，尽管这耗资巨大且似乎没有必要。摆在他们面前的任务是要制定政策以便统治埃及，而不是把埃及完全变成一个殖民地。英国人声称，埃及人民在接管埃及政府之前，必须进行改革，这样一来，英国人可以合法且无限期在埃及境内逗留。在英国的监督下，埃及的统治高层获准在自己的政治体制内工作，直到能够向监督者证明自己已经成为现代的、有能力的统治者。[1]

埃及总领事兼保护国制度缔造者伊夫林·巴林爵士（Sir Evelyn Baring，1883—1907 年在任，1892 年后晋升为克罗默勋爵）表示，要进行改革，必须首先彻底改变埃及家庭事务的现状。克罗默勋爵及同时代人将埃及赫迪夫和大臣们的政治和经济才能与一夫多妻制的保留混为一谈。英国人认为，埃及政治等同于埃及统治者的家庭习惯，如婚姻习惯、生活方式、父母和子女之间的关系。由于埃及精英阶层的婚姻关系不符合维多利亚时代一夫一妻制的完美典范，因此英国人认为埃及的政治和经济制度在道德层面上是不可接受的。英国外交政策的现实政治以国内事务的道德政治（moralpolitik）作为支撑，将家庭实践转化为家庭政治——本质上来讲，家庭道德就是衡量民族国家自我治理能力的标准。 [3]

英国人以国内现状为标准，对非西方统治对象进行分类，制定殖民统治政策并将其合理化，这一政策的实施对象远不止埃及。此外，英国人也声称对印度的习俗感到毛骨悚然，诸如焚烧寡妇（殉夫自焚）、童婚和禁止

---

[1] 在英国殖民想象中，关于埃及的开创性著作是蒂莫西·米切尔（Timothy Mitchell）的《再造国家：埃及在 19 世纪》（*Colonising Egypt*，剑桥，1988 年，中文版参：张一哲译，北京：生活·读书·新知三联书店，2022 年）。当我和他审视英国对埃及人所谓的无法自治的不同衡量标准时，我受惠于他的范式。

寡妇再婚等。[1] 英国人刻薄地抨击这样的惯例和习俗，运用法律加以禁止，以区分"现代的、道德的英国人"与印度人。对于英国人来说，为殖民统治进行辩护似乎十分容易，因为"落后的、不道德的"民众一直保留着如此骇人听闻（后来成为非法）的传统。鉴于印度人的家庭政治，限制印度人进入政府体制也更是易如反掌：如果一个柔弱的印度男人不能保护自己的妻子和女儿免受火葬的危险，他就无法胜任治理国家的任务。[2]

类似地，在当时的非洲殖民地，英国殖民政策的实施在很大程度上得益于基督教传教士和白人定居者的帮助，家庭实践和性行为将欧洲人和非洲人、基督徒和异教徒、现代化和传统性区分开来。20 世纪初，肯尼亚各种教派的基督教传教士开始发起一系列运动，旨在消灭阴蒂切除或女性割礼的做法，并将这些做法称为"野蛮""异教仪式"，他们想通过这些运动，使肯尼亚人基督化，并脱离"传统"习俗。[3] 20 世纪 20 年代，关于此类运动的争议达到顶峰，一些教派威胁称要将支持该习俗的肯尼亚基督徒（无论男女）逐出教会。

20 世纪 20 年代末，肯尼亚基库尤省的人民"参与了一场大范围运动，要求恢复最残酷的女性割礼，宣称这是真正基库尤民族必需的做法"，由于担心传教士和肯尼亚基库尤人民之间的紧张关系，英国政府介入了关于阴蒂切

---

[1] 见拉塔·马尼（Lata Mani），《有争议的传统：印度殖民时期关于萨蒂的辩论》（Contentious Traditions: The Debate on Sati in Colonial India），伯克利，1998 年；帕沙·查特吉（Partha Chatterjee），《国家及其碎片：殖民和后殖民历史》（The Nation and Its Fragments: Colonial and Postcolonial Histories），普林斯顿，1993 年；塔尼卡·萨卡（Tanika Sarkar），《印度教妻子与印度教国家》（"The Hindu Wife and the Hindu Nation"），《历史研究》（Studies in History）1992 年第 8 卷第 2 期，第 213—235 页。

[2] 姆里纳利尼·辛哈（Mrinalini Sinha），《殖民时期的男子气概：19 世纪末期"有男子气概的英国人"与"娘娘腔的孟加拉人"》（Colonial Masculinity: The "Manly Englishman" and the "Effeminate Bengali" in the Late Nineteenth Century），曼彻斯特和纽约，1995 年。

[3] 见罗纳德·海姆（Ronald Hyam），《帝国与性别：英国体验》（Empire and Sexuality: The British Experience），曼彻斯特和纽约，1990 年。

除的辩论。[1] 从表面上看，有关如何减少这种做法的议会辩论似乎旨在保护                [4]
非洲妇女免受 "野蛮" 行为的伤害。众议院最著名的女性保守党阿索尔女公爵
（Duchess of Atholl）说道："我认为肯尼亚基库尤人残害女孩的习俗相比寡妇
殉夫自焚的做法，对种族伤害更大。"[2] 然而，关于阴蒂切除的争论最终反映
在非洲男性身上，将这些肯尼亚人划分为 "可改革的" 与 "不可改革的"。虽
然工党政府致力于逐步减少英国定居者的特权，同时扩大非洲人的自治权，
但也开始担忧这一规则会助纣为虐，使支持残害妻女的原住民更加猖狂。[3]

　　和印度人一样，非洲人（如基库尤人）利用反对其 "传统" 的英国人运
动塑造民族主义纲领。19 世纪，印度知识分子一直主张讨论和辩论家庭习
俗和婚姻习俗，通过这种方式将自己与英国人区分开来，并在私生活中使
用他们在公共场合中失去的控制权。[4] 基库尤民族主义者声称诸如阴蒂切除

---

[1] 爱德华·格里格爵士（Sir Edward Grigg）文件第 7 部分，格里格致帕斯菲尔德·悉尼·韦伯
（Passfield Sidney Webb）男爵，1929 年 9 月 11 日，牛津大学博德利图书馆藏，引自苏珊·佩
德森（Susan Pederson），《国家机构，无法言说的行为：殖民政策制定的性别政治》（"National
Bodies, Unspeakable Acts: The Sexual Politics of Colonial Policy-Making"），《现代史杂志》（The
Journal of Modern History）1991 年第 63 期，第 653 页。

[2] 《议会辩论（下议院）》（Parliamentary Debates [ Commons ]），第 5 编，第 233 卷，1929 年 12 月
11 日，第 600—603 页，引自佩德森，《国家机构，无法言说的行为》，《现代史杂志》1991 年第
63 期，第 658 页。

[3] 关于其他殖民主义国家利用家庭和家庭实践统治非西方人民的问题，请参见，如朱莉娅·克兰
西 – 史密斯（Julia Clancy-Smith）和弗朗西斯·古达（Frances Gouda）主编的《驯化帝国：法国
和荷兰殖民主义的种族、性别和家庭生活》（Domesticating Empire: Race, Gender, and Family Life
in French and Dutch Colonialism），夏洛茨维尔，1998 年；以及琳内·哈尼（Lynne Haney）和
丽莎·波拉德（Lisa Pollard）主编的《新世界的家庭：全球视野中的性别、政治与国家建设》
（Families of a New World: Gender, Politics, and Nation-Building in Global Perspective），纽约和伦
敦，2003 年。

[4] 见萨卡，《印度教妻子与印度教国家》；帕沙·查特吉，《殖民主义、民族主义与被殖民女性：印
度的竞争》（"Colonialism, Nationalism, and Colonized Women: The Contest in India"），《美国民族
学家》（American Ethnologist）1989 年第 16 卷第 4 期，第 622—633 页；帕沙·查特吉，《城市
家庭生活的宗教：室利·罗摩克里希那和加尔各答中产阶级》（"A Religion of Urban Domesticity:
Sri Ramakrishna and the Calcutta Middle Class"），载帕沙·查特吉和贾南德拉·潘迪（Gyanendra
Pandey）主编的《底层研究 7：关于南亚历史和社会的著作》（Subaltern Studies 7: Writings on
South Asian History and Society），第 40—68 页，德里，1992 年。

等惯例是"根深蒂固"的基库尤习俗，在部落历史上占据中心地位。[1] 20 世纪 30 年代初，英国官员鼓励民族主义的基库尤中央协会（Kikuyu Central Association）成员不可将其纲领与捍卫习俗混为一谈，结果却导致"一个基库尤爱国主义的问题。"[2] 对于基库尤人和印度人而言，规定和控制婚姻、性以及家庭问题是自我界定和界定传统与现代的本质要求。参与家庭内部秩序相关辩论是质疑殖民者所谓的非洲人野蛮主义和落后言论的一次机会。

在埃及，英国并未将禁止一夫多妻制或童婚的规定列入法律。但其实际上构建了一个伪殖民国家，限制埃及人的政治参与。被保护国性质模糊、开放，殖民地官员有权自行任命和裁撤埃及官员，反映出英国人认为"埃及人只有经过改革才有能力统治国家"的信念。英国发现这个最新纳入帝国版图的国家欠缺某种东西，然而几乎未采取措施进行改善。

实际上，埃及民族主义者却实实在在地致力于改变英国人口中他们"欠缺的"（wanting）的领域。与印度和非洲其他地区情形类似，埃及知识分子顺势利用使英国人惧怕的婚姻和家庭关系，参与激烈的争论。国家未来和家庭转变之间的联系成为了媒体、课堂以及后来政党的话题，无权的民族主义者也可以借此谈论国家的未来。

这本书以一夫一妻制下夫妇、子女和改革后的现代化住所形象的改善，作为讨论从 19 世纪中期到 1919 年埃及革命的政治变革的模板。[3] 作为 1882 年英国占领前埃及政治和经济转型的结果，以及后来对英国殖民话语的回应，维多利亚时代的家庭逐渐成为现代化、经济偿付能力以及民族国

[5]

---

[1]  佩德森，《国家机构，无法言说的行为》，《现代史杂志》1991 年第 63 期，第 663 页。

[2]  PRO 533/392/11，引自佩德森，《国家机构，无法言说的行为》，《现代史杂志》1991 年第 63 期，第 660 页。

[3]  埃及革命通常被定义为发生在 1919 年至 1922 年之间。

家崛起和成功的象征。[1]这种结果是一夫一妻制与政治成熟联系起来；在一个现代化、独立的民族国家申请公民身份，需要遵守一系列外来的新家庭传统。尽管埃及中产阶级从未完全"欧洲化"，但他们已经开始通过家庭行为定义国民性格。[2]

　　事实上，从19世纪90年代开始，埃及的新闻报刊中就已经充斥着专栏、文章和广告，以证明家庭状况与国家形态和功能之间的联系，无论过去或是现在。同样地，资产阶级的男男女女也规定了婚姻和家庭行为，使埃及转变成一个遵循欧洲方式的自由的立宪国家，或者，使埃及重现过去的辉煌。不论是哪一种情形，有关家庭讨论的内在逻辑表明，任何形式的政治变革都必须从彻底审视家庭习俗开始，并以新习俗取代某些旧有习俗。

　　这些对话和辩论的核心是埃及妇女，包括现实的和理想的埃及妇女。在男性和女性所撰写的出版物中，未受过教育、迷信的埃及妇女通常被认为是埃及过去罪恶的象征，而文雅、有能力的妻子和母亲则预示着一个新时代的到来。"女性问题"，或关于女性教育和解放的辩论，似乎伴随着民族主义者们兴起的愿望，在1919年埃及革命前的几十年里，一直主导着有关国家状况和未来的政治评论。

　　妇女及其改变在家庭讨论中所占据的中心地位，让历史学家们深信，关于家庭改革的辩论完全是为了创造一种新的埃及女性。这些结论忽视了"妇女"相关的辩论对于同时重塑男人和女人的影响。例如，莱拉·艾哈

---

[1] 关于维多利亚时代的家庭理想，请参见利奥诺尔·大卫杜夫（Leonore Davidoff）和凯瑟琳·霍尔（Catherine Hall），《家庭财富：英国中产阶级的男人和女人，1780—1850》（*Family Fortunes: Men and Women of the English Middle Class, 1780–1850*），芝加哥，1987年。

[2] 爱德华·萨义德（Edward Said）所著的《文化与帝国主义》（*Culture and Empirism*）（李琨译，北京：生活·读书·新知三联书店，2016年）与玛丽·路易斯·普拉特（Mary Louise Pratt）的《帝国之眼：旅行书写与文化互化》（*Imperial Eyes: Travel Writing and Transculturation*，纽约和伦敦，1992年，中文版参：方杰、方宸译，南京：译林出版社，2017年）针对欧洲思想对非西方文化的强加干涉进行了充分的讨论。

[6]    迈德（Leila Ahmed）在其 1992 年出版的著作《伊斯兰教中的女性与性别》
（*Women and Gender in Islam*）中，将男性民族主义者关于女性的论述置于
一种新环境，在这种环境中，教育、政府结构和世界经济等问题的变化使
埃及男人以不同的方式思考自身和周围的世界。[1] 在 "关于面纱的论述" 中，
崇尚宗教的改革者和世俗的改革者都致力于改善埃及妇女的现状。这两个
团体都倾向于认为妇女在整个伊斯兰社会，特别是埃及社会中的地位已经
下降，但可以通过仔细审问过去而恢复。他们认为，戴面纱和隔离最能体
现男人对女人的统治，而这些导致了埃及社会、知识界和政治界发展迟缓。
改革家庭习俗和废除戴面纱的规定等同于将埃及从过去压迫的枷锁中解放
出来。当男人们 "觉醒"，意识到政治制度衰败时（以 1882 年埃及被占领
为标志），他们就开始采取行动。他们决心培养新一代受过教育的家庭主
妇、道德健全的母亲和合适的婚姻伴侣，纠正过去不公正的行为，确保所
有埃及人有一个光明的未来。[2]

　　艾哈迈德的分析延续了研究世纪之交埃及的历史学家的倾向，将变化
（特别是妇女地位和处境的变化）归因于少数开明的精英 [3]，而对 "凸显" 女
性问题的环境（知识分子和其他方面）轻描淡写。艾哈迈德的著作是最早

---

[1]　莱拉·艾哈迈德（Leila Ahmed），《伊斯兰教中的女性与性别：现代辩论的历史根源》（*Women and Gender in Islam: Historical Roots of a Modern Debate*），纽黑文，1992 年。

[2]　该论点出现在贝思·巴伦（Beth Baron）所作的《1919 年之前埃及的母亲、道德和民族主义》（"Mothers, Morality and Nationalism in pre-1919 Egypt"）中，该文载于拉希德·卡里迪（Rashid Khalidi）主编的《阿拉伯民族主义的起源》（*The Origins of Arab Nationalism*）一书，纽约，1991 年，第 271—288 页；和丽贝卡·尤宾（Rebecca Joubin），《培养现代职业家庭主妇：向 20 世纪二三十年代的中上层阶级的埃及女性提供有科学依据的建议》（"Creating the Modern Professional Housewife: Scientifically Based Advice Extended to Middle and Upper-Class Egyptian Women, 1920s – 1930s"），《阿拉伯研究》（*Arab Studies Journal*）1996 年第 4 卷第 2 期，第 19—45 页。

[3]　历史学家贝思·巴伦（Beth Baron）对这种趋势的描述最为敏锐，他写道："无论女权主义的定义多么宽泛，专注于追溯女权主义的起源导致产生了一种将这一思想视为接力棒的方法，将其从一位思想家传给下一位思想家。" 请参见巴伦所著的《埃及女性的觉醒：文化、社会与新闻媒体》（*The Women's Awakening in Egypt: Culture, Society and the Press*），纽黑文，1994 年，第 4 页。

将妇女在伊斯兰社会的地位置于历史背景中的著作之一。但是，她的文章中，并未明确说明引发改革话语的历史过程，这些话语将过去的罪恶和可能的未来均归因于家庭生活。[1]男性改革者没有受到周围制度和意识形态的影响吗？或者他们关于改革的话语是否揭示了现代化和英国占领的战略和计谋？毫无疑问，某些世纪之交的（男性）改革者希望解放妇女，或者相反，希望限制妇女在埃及社会中所发挥的作用。然而，此时"妇女""女性"和"女人"的形象已经掩盖了其他更大的争论，如埃及男人、被殖民国家的角色和地位以及欧洲政治和经济制度相对于传统伊斯兰制度的优势。[2]

　　埃及女权运动的学者决心记录 20 世纪初妇女离开住宅的情形以及妇女对家庭以外世界与日俱增的知识和好奇心，但他们同样忽视了家庭生活实际上对女性与政治舞台形成联系有多大程度的影响。例如，玛戈特·巴德兰（Margot Badran），研究了埃及最著名的女权主义者侯达·沙拉维（Huda Sha`rawi，1879—1947），开创了埃及一代女权主义学术的先河，将女权主义的最早表述置于 19 世纪后期整个中东地区大觉醒的背景中。她指出，女性开始注意到她们与男性之间的差别，开始质疑权力和特权方面的差异，并提出解决问题的方案。巴德兰写道："19 世纪的埃及正在形成一种新的现代化文明，中上阶层女性初期的'女权主义意识'最早表现出来。……中上阶层的女性发现，男性在家庭中享有更多改变的自由，而女性却受到更多限制。随着女性扩大自己的女性圈子，她们发现自己作为女性，不分阶层、宗教和种族，普遍受到控制。她们开始憧憬新的生活，开始团结起来，

[7]

---

[1]　艾哈迈德承认欧洲对伊斯兰社会中的女性以及埃及女性教育变化的态度。但是，她并没有完全阐明这些用语被引入一般政治和知识界的过程，或者人们是如何学习或解释这些用语的。

[2]　关于性别化女性角色和意象在塑造男性文化中的作用，参见迈克尔·罗珀（Michael Roper）和约翰·托什（John Tosh）所著的《勇敢断言：1800 年以来英国的男子气概》（*Manful Assertions: Masculinities in Britain since 1800*），纽约和伦敦，1991 年。

反抗自己的从属地位。"[1]

巴德兰提到，在埃及男性改革者、世俗民族主义者和伊斯兰现代主义者的"觉醒"（awakenings）过程中，女性也"觉醒"（woke up）了，她们意识到了自己正遭受压迫，并开始明确表达获得权力的方式。19世纪后期，随着新闻报刊中"女权主义意识"的兴起，女权运动转变为"个人和集体形式的政治行动"。巴德兰认为，无论是男性还是女性，民族主义都是一种集体的自我反省，通过这种自我反省，个人和国家的地位才能得以调整和改变。类似地，历史学家贝思·巴伦（Beth Baron）在《埃及妇女的觉醒》（*The Women's Awakening in Egypt*）一书表示，埃及女性报刊的兴起说明了处于世纪之交的埃及人愈加了解当时所烦扰的问题。她阐释道，19世纪90年代，女性报刊为女性提供了一个新天地，在这里，"女性知识分子是积极的行动者，改变和权衡各种观点，取其精华，去其糟粕，并与其他思想抗争，形成自己的见解"。她认为，妇女"被迫"（compelled）执笔支持民族主义，才能实现其近期和长远目标。[2]然而，巴德兰认为民族主义使妇女们有了更多的机会进入公共领域，此时她们必须抛弃家庭领域。对于一些女性来说，家庭生活变成一种"信仰"（cult），而另一些女性则把目光投向政治和公共领域。根据巴德兰的说法，这是一个相当矛盾的现象，"女性报刊的先驱们正在突破家庭生活的局限，要求从事一种新的职业，而她们却利用文字赞扬这种她们正设法逃离的真实家庭生活"。[3]

[8]

这项研究并未将家庭领域视为男性智力活动的唯一目标，或者说男性（和某些女性）并未特意挑选家庭领域以使女性脱离公共角色。相反，研究

---

[1]  玛戈特·巴德兰（Margot Badran），《女权主义者、伊斯兰教与民族：性别与现代埃及的形成》（*Feminists, Islam, and Nation: Gender and the Making of Modern Egypt*），普林斯顿，1995年，第4页。

[2]  巴伦，《埃及女性的觉醒》，第8页。

[3]  同上，第61页。同样，巴伦认为，虽然男性刊物将政治作为其中心关注点，但女性主要写的是与家庭有关的话题。

说明了 19 世纪国情与家庭状态关系的话语最终在一定程度上将埃及民族主义的辩论和讨论限制在一个相当有限的范围。家庭辩论、家庭活动和婚姻关系构成了一个基本框架，从 19 世纪早期现代埃及民族国家建立之初，埃及人就开始基于这个框架设想、阐述和讨论国家以及与之相关的忠诚和公民权等抽象概念。男性和女性并非为了成为民族主义者而捍卫家庭（或者抨击家庭）。确切地说，正是家庭生活引起了现代资产阶级关于两性民族主义的辩论。[1]

然而，19 世纪和 20 世纪早期资产阶级民族主义话语中的家庭性质对两性产生了巨大的不同影响。通过展示自己在家庭政治改革中的影响，埃及男性可以自诩正在力求政治成熟和清除国家的政治弊病。换言之，鼓励男性对自己和家庭进行改革，似乎可以保证男性活跃于独立的埃及政治领域。然而，通过遵循 19 世纪家庭和政治领域之间的制衡局面，男性民族主义者创造了一个依赖于健全家庭秩序的政治领域。如果女性离开家庭领域，政治领域则无法运作。因此，虽然男性和女性所撰写的民族主义话语往往都支持妇女解放和政治解放，但实际上，民族主义已经创造了一个独立埃

---

[1]　将家庭经验作为一个分析范畴能够允许其他领域的学者跨越严格界定的男性与女性、男性化与女性化、私人与公共的范畴，并说明政治变革在多大程度上影响和塑造了男性和女性的生活。例如，研究奥斯曼帝国和现代土耳其的历史学家已经开始将家庭政治作为一个分析范畴，用以揭示性别化的意识形态和制度、中上层城市家庭之间的关系，以及家庭与国家之间的关系。请参见莱斯利·皮尔斯（Leslie Pierce）所著的《帝国后宫：奥斯曼帝国的妇女与主权》（The Imperial Harem: Women and Sovereignty in the Ottoman Empire），牛津，1993 年。关于奥斯曼帝国终结与现代土耳其其崛起之间的过渡时期，请参见阿伦·杜本（Alan Duben）和谢姆·贝哈尔（Cem Behar）所著的《伊斯坦布尔家庭：婚姻、家庭和生育，1880—1940》（Istanbul Households: Marriage, Family and Fertility, 1880-1940），剑桥，1991 年。另见杜本，《从历史角度看土耳其家庭》（"Turkish Families and Households in Historical Perspective"），《家庭史杂志》（Journal of Family History）1995 年第 10 期，第 75—97 页；杜本，《奥斯曼伊斯坦布尔晚期的家庭结构》（"Household Formation in Late Ottoman Istanbul"），《国际中东研究杂志》（International Journal of Middle Eastern Studies）1990 年第 22 期，第 419—435 页。作者指出，民族理想需要对异性恋、生育和亲子关系有一定的关注，因为这些因素都影响到男性和女性在家庭以及在公共领域的行为和情感。

及的愿景，而在这个愿景里，埃及的母亲们不得不待在家里。[1]

虽然英国占领后的几年里，家庭完全以政治评论和批评的隐喻形式出现，但关于家庭领域和家庭实践的讨论都反映了整个 19 世纪的政治和经济变革。在殖民时期，埃及与印度和非洲其他地区的区别在于：英国占领之前，新生民族国家在政治和经济变革中的作用。虽然英国人占领埃及时称，埃及人的婚姻和家庭习俗标志着专制和政治落后，但埃及人已经开始认为家庭生活方式的变化是政治和经济集中和现代化的预兆。与此同时，他们早就开始将家庭习俗作为一种方式，将自己与欧洲人或奥斯曼土耳其人区分开来。

[9]

穆罕默德·阿里总督（Viceroy Mohammad `Ali，1805—1848 年在任）是穆罕默德·阿里王朝的创立者。在 1952 年之前，该王朝一直统治着埃及。与之前的奥斯曼帝国统治截然不同，穆罕默德·阿里致力于使埃及政府更有效率，更忠诚，让埃及人接触到大量的新思想和新实践。例如，在 19 世纪，埃及政府逐渐集权化，以基于血缘关系的家庭取代军事、政治和经济联盟的"家庭"（household）形式。随着 18 世纪落幕和 19 世纪开启，血缘关系或婚姻关系，而非军事、经济或政治联盟成为了家庭成员的特征。[2] 为了巩固自己的权力，穆罕默德·阿里还一改之前马穆鲁克的建筑风格。他阻止建造容纳多人的大型房屋，并命令按照欧洲方式建造小型家庭住宅，

---

[1] 这是卡罗尔·佩特曼（Carole Pateman）在《兄弟社会契约》（"The Brothernal Social Contract"）中提出的论点，该作品载于约翰·基恩（John Keane）主编的《公民社会与国家：新欧洲视角》（*Civil Society and the State: New European Perspective*），伦敦，1988 年；卡罗尔·帕特曼，《性契约》（*The Sexual Contract*），斯坦福，1988 年。

[2] 见阿法芙·卢特菲·赛义德·马尔索（Afaf Lutfi al-Sayyid Marsot）所著的《18 世纪晚期埃及的男性和女性》（*Women and Men in Late Eighteenth-Century Egypt*），奥斯丁，1995 年；以及简·海瑟薇（Jane Hathaway）所著的《奥斯曼埃及的家庭政治：加齐达格利家族的崛起》（*The Politics of Households in Ottoman Egypt: The Rise of the Qazdagli*），剑桥，1997 年。

以防止形成可能与之权威相抗衡的联盟。[1] 新的建筑风格和生活因此标志着政治结构的变化。

在穆罕默德·阿里的统治下，埃及经济、官僚体制和教育制度的变革造就了一批品味和习惯与上一代大不相同的埃及人。[2] 穆罕默德·阿里将国有土地授予政府官员、家庭和亲属以换取其忠诚之心，此政策的实施导致一批拥有大量土地的埃及富人涌现。这一批新的中坚分子的子女是总督有限的培养对象之一，他旨在建立一个国家教育系统，为新的国家官僚机构培养公务员。这类学生不仅可以了解传统的学习形式，还能学习总督所提倡的建设中央集权国家必不可少的西方科学。通过研究欧洲语言和文学，这一代受过教育的埃及人了解到了西方的制度、意识形态、习惯和习俗，包括家庭结构和家庭生活方式的知识。家庭习俗成为词汇的一部分，通过这些词汇，新一代埃及人开始了解欧洲政治，并融入现代国家的新宇宙观。 [10]国家公务员（父亲和儿子）都了解到了新的婚姻和家庭习俗。

在英国占领前的二十年里，这一新阶层的埃及人受到了西方家庭习俗的影响，进一步发生了改变。穆罕默德·阿里的孙子伊斯梅尔（Isma`il，1863—1879 年在位）决心按照西方路线使埃及转型，促进了欧洲对埃及的投资。开罗和亚历山大的欧洲移民商人社区的发展，为资产阶级和埃及市

---

[1]　安德鲁·雷蒙（André Raymond），《18 世纪开罗贵族住宅区的地理随笔》（"Essai de géographie des quartiers de résidence aristocratique au Caire au XVIIIième siècle"），《东方经济史与社会史杂志》（*Journal of the Economic and Social History of the Orient*）1963 年第 6 期，第 58—103 页。另参见奈莉·汉纳（Nelly Hanna），《住在 17 和 18 世纪的开罗》（*Habiter au Caire aux XVIIième et XVIIIième siècles*），开罗，1991 年。另见珍妮特·阿布－戈卢德（Janet Abu-Lughod），《开罗：1001 年的胜利之城》（*Cairo: 1001 Years of the City Victorious*），普林斯顿，1971 年；F. 罗伯特·亨特（F. Robert Hunter），《赫迪夫统治下的埃及，1805—1879：从家庭政府到现代官僚制》（*Egypt under the Khedives, 1805–1879: From Household Government to Modern Bureaucracy*），匹兹堡，1984 年。

[2]　见阿法芙·卢特菲·赛义德·马尔索，《穆罕默德·阿里统治时期的埃及》（*Egypt in the Reign of Mohammad `Ali*），剑桥，1984 年。

民带来了新的行为和消费模式。伊斯梅尔本人决定按照欧洲贵族的生活方式改变自己的家庭，正如历史学家莫娜·拉塞尔所述，他在国内的消费习惯成为了埃及资产阶级（尤其是渴望在伊斯梅尔政府中占有一席之地的人）的标杆。于埃及的统治精英而言，购买开罗地区独特设计的房屋，并进行东方和欧洲风格的装饰，既可以区别于奥斯曼帝国的前辈，又有助于显示出自己对伊斯梅尔及其纲领的忠诚。[1]

同样，随着经济的不断变化，许多埃及资产阶级在英国占领时期就开始实行一夫一妻制，摒弃一夫多妻制，以此作为区别于奥斯曼土耳其人的方式。[2] 陶菲克（Tawfiq，1879—1892 年在位）统治期间，埃及被英国占领。与父亲伊斯梅尔不同，陶菲克只娶了一位妻子。他的婚姻行为是否为埃及人树立了榜样，目前尚无定论。但在陶菲克的统治下，采取同样婚姻模式的埃及精英数量确实有所增加。虽然这种婚姻习俗的改变并不是国家关于现代化和中央统治的官方愿景（换言之，一夫多妻制并未受到官方的否定或被定为非法）的附属产物，但政治和经济结构的改变不仅改变了家居装饰，也改变了埃及家庭习俗。

因此，在英国占领前的几年里，房屋和家庭伴随着经济和政治的变革而改变。家庭行为成为了新思想人群、精英阶层的"埃及人"自我区别于"奥斯曼人"的一种手段。处于世纪之交的埃及，是否会因英国占领或埃及自身的政治和经济改革进程，将有关个人习惯的评论与政治批判相联系？这仅仅是一个历史猜想。然而，很清楚的一点是英国人对埃及家庭习俗的

---

[1] 莫娜·L. 拉塞尔（Mona L. Russell），《创造新女性：1863 年至 1922 年埃及的消费主义、教育和民族认同》（"Creating the New Woman: Consumerism, Education, and National Identity in Egypt, 1863–1922"），博士学位论文，乔治城大学，1997 年。另参见亨特，《赫迪夫统治下的埃及，1805—1879》。

[2] 见哈纳菲·马哈拉维（Hanafi al-Mahalawi），《埃及国王们的后宫：从穆罕默德·阿里到法鲁克》（*Harim muluk misr, min Mohammad `Ali ila Faruq*），开罗，1993 年。

[11]

论述迫使这个"戴面纱"的被保护国迎头直面埃及中产阶级、受过教育的精英们变化着的思想和做法。随着埃及内部改革以及埃及与欧洲的交流日益频繁，他们在行为和思想上已经开始对这些变化做出反应。

因此，1882年英国对埃及的占领，并不是决定此后埃及人受殖民话语潜移默化的影响，并被其信息说服的关键性时刻。然而，与此同时，英国人关于政治和家庭结构关系的观念并没有完全扎根于外国领土。准确地说，在埃及资产阶级文化中，家庭政治隐喻的兴起和流行，说明了在被外国占领的社会中，以及殖民和本土话语不透明的界限中，社会思想传播的复杂方式。虽然本研究并未探讨英国在埃及的殖民经验对于英国本国文化有何影响，但也确实阐明了家庭形象和隐喻在埃及人和英国人之间的传播方式，以及家庭政治的意义远不止是为殖民征服辩解这一点。[1]《培育国家》本身是一项案例研究，旨在揭示受异族统治的人们在面对殖民话语时会使用何种暗喻。在使用家庭政治隐喻设法解决现代化、"埃及性"（Egyptianness）以及自己国家在现代国家等级制度中的地位的时候，埃及人反对英国人论述埃及落后和无能的言论。与此同时，埃及人使用与提问者相同的语言回答"埃及问题"，向英国人暗示，这种家庭隐喻已经在埃及文化中产生了共鸣。1919年，民族主义者以家庭为手段宣告准备自治时，提到1882年之前的政治和经济改革计划已取得成功，也暗示不愿容忍外国势力进一步阻挠这些计划。

本书第一章考察了"旅行文学作品"，这些作品由在19世纪20年代到19世纪40年代前往欧洲的埃及公务员所撰写。他们赴欧洲学习外语，并将欧洲文本译成土耳其语和阿拉伯语供埃及国家使用。这些国家公务员来

---

[1] 玛丽·路易斯·普拉特称这个过程为文化互化。她在自己的研究著作《帝国之眼》中，根据欧洲旅行文学及其在创造殖民话语中的作用以及当地人对旅行文学伪装的反应，对文化嫁接进行了考察。关于殖民经历对英格兰的英国文化的影响，最好的研究例子是辛哈的《殖民时期的男子气概》。

自于穆罕默德·阿里所创建的新官僚阶级，在日渐庞大的政府机构中工作。在记录自己欧洲生活的同时，他们密切关注欧洲的居住环境及其居民的生活方式。这些政府官员兼旅行作家以家庭习俗作为衡量其目的地国家现代化程度的方式。[1] 与此同时，由国家出版的欧洲历史和世界地理作品译本向新一代埃及人灌输了一种实证主义历史观，这种历史观把西方民族国家的崛起和成功归因于欧洲统治者和公民的个人习惯和习俗。虽然前往欧洲旅行的埃及人并非仅仅关注欧洲女性及其地位，但由国家出版的旅行文学明确显示出现代化与独特的居住环境之间的联系。19 世纪的埃及人认为，家庭习惯是民族国家及其公民崛起和成功的原因。

[12]

　　第二章考察了埃及实施国家现代化计划期间，旅居埃及的欧洲人所创作的旅行文学。19 世纪，欧洲文化对埃及人房屋、纪念碑和大厦背后的文化根基进行了彻底渗透，其所宣称的建筑底蕴也与埃及本质特征和结构完全脱离。这种意象使西方人想象出，并导致后来英国殖民政府将埃及塑造成一个带有母性色彩的领土和历史实体。欧洲人通过了解埃及人的家庭活动"了解"了埃及人。尽管埃及社会已经在 19 世纪经历了实质性的变革，但欧洲旅行文学将埃及及其传统描绘为永恒。两个"埃及"就这样同时存在了：一个是现代民族国家领土，国家公务员们正在这片领土上建立自己的地位；另一个是欧洲人想象中的埃及。英国殖民的是这两者中的哪一

---

[1] 感谢丹尼斯·坎迪约蒂（Deniz Kandiyoti），她在现代性以及现代性对奥斯曼帝国和土耳其"现代化"所具有的意义方面，深化了我的理解。我发现与她对话就非常有帮助，更不用说她的作品了，尤其是《现代性别化：土耳其现代性研究中缺失的维度》（"Gendering the Modern: On Missing Dimensions in the Study of Turkish Modernity"），该作品载于斯贝尔·博兹多根（Sibel Bozdogan）和雷萨特·卡萨巴（Resat Kasaba）主编的《重新思考土耳其的现代性和民族主义身份》（*Rethinking Modernity and Nationalist Identity in Turkey*），第 113—132 页，西雅图，1997年。当然，对于我对她作品的解释，她无需承担任何责任。
　　关于 19 世纪和 20 世纪中东地区女性作为现代性的象征，请参见莉拉·阿布－卢戈德（Lila Abu-Lughod）主编的《重塑女性：中东的女性主义与现代性》（*Remaking Women: Feminism and Modernity in the Middle East*），普林斯顿，1998 年；特别可关注阿布－卢戈德的序言和坎迪约蒂写的后记。

个呢？

　　第三章论述了旅行文学和欧洲的中东学术中频繁出现的错误在多大程度上对英国的殖民政策产生了影响。[1]这一章阐述了19世纪80年代初，伊斯梅尔帕夏及其大臣所谓的家庭实践在创建和管理英国保护国中扮演的角色。外交部与埃及当地官员的来往公函、文章和回忆录（由在埃及当地制定和实施英国政策的官员所写）揭示出，埃及的家庭习俗（包括真实和虚构的习俗），不仅被用于粉饰英国统治埃及的政策，而且用于证明英国在埃及无限期统治的合理性。这些通信中的形象并未捕捉到统治阶级正在发生的转变，而更倾向于描绘一个《一千零一夜》（*A Thousand and One Nights*）中的埃及。尽管1882年英国入侵埃及起因于英国本国的领土和金融危机，但一旦军事占领成为既成事实，英国和埃及之间关系的核心就是英国对埃及及其体制的愿景。这个愿景与货币或领土问题无关。如果说"埃及问题"由王权和资本的推动力所塑造，其解决方案则通过旅行者的想象以及大多虚构的艺术和学术形象而形成。 [13]

　　第四章考察了埃及在英国占领前后的教育系统。这套教育系统始终倡导学生学习和实践新的家庭关系。19世纪和20世纪初的儿童教科书、教师指南和教学大纲说明了处于世纪之交的家庭的政治化程度。通过使公民的家庭生活正常化，并将家庭习俗与政治成功联系起来，这个既属于埃及人的又是殖民地的新生民族国家将"手"伸进了公民的私生活。

　　第五章探讨了从19世纪70年代至第一次世界大战爆发期间，埃及新闻报刊在定义埃及性、反驳和推翻殖民话语中发挥的作用。直至20世纪初，埃及记者一直利用埃及房屋和家庭形象回应英国人对其社会的批评。

---

[1]　此论点是爱德华·萨义德在《东方学》（*Orientalism*，纽约，1979年，中文版参：王宇根译，北京：生活·读书·新知三联书店，2019年）中提出的，后来蒂莫西·米切尔也在《再造国家》中提出了这个论点。

与此同时，家庭意象也用于攻击英国话语并提出抗争策略。看似无伤大雅的家政学和餐桌礼仪专栏往往包括对英国人的严厉批评、埃及历史的教训和反抗方式。这一章提出，1900 年左右埃及新闻报刊中出现的"妇女问题"实际上根本无关妇女，而是解放和改造被殖民国家计划的一部分。"揭开（埃及家庭习俗的）面纱"，此举措暴露了男性及其妻女的习惯和习俗。

第六章讲述了 1919 年的示威游行，来说明革命爆发时，改革后的埃及家庭已经成为埃及资产阶级寻求独立自主的具体象征。在革命年代，埃芬迪（effendiyya，意为显贵，包括贵族、接受西方教育的贵族后代、官僚和毕业于公立学校的人才）的诗歌、小说和传记揭示了培育国家已经成为男女两性共同的的政治理想。政治漫画以多种女性化形式描绘了这个国家，说明母亲的乳汁已经喂饱了这个国家，并赋予这个国家最强大的力量。[1] 但是，正如丹尼斯·坎迪约蒂（Deniz Kandiyoti）的准确论述，这个国家并未被描述为仅仅受到保护或受到性和道德监督的妇女。[2] 而"妇女"自身、其美德及其家庭活动却都展现了这个国家的风貌，孕育了这个国家，并保障了国家的成功。对于男性和女性来说，培育国家不仅需要培育一个现代化、独立自主的民族国家，还需要在家庭内外实践现代母性的理想，以确保国家的成功。

然而，1919 年埃及革命期间的家庭政治对两性产生了截然不同的影响。

[14]

---

[1]  关于女性作为新埃及民族的象征，参见贝思·巴伦（Beth Baron）的《民族主义图像学：女性埃及》，该作品载于詹姆斯·扬科夫斯基（James Jankowski）和伊斯雷尔·格索尼（Israel Gershoni）主编的《重新思考阿拉伯中东地区的民族主义》（*Rethinking Nationalism in the Arab Middle East*），纽约，1997 年，第 105—126 页；丽莎·波拉德，《1882 至 1919 年埃及殖民和解放时期的家庭政治》（*The Family Politics of Colonizing and Liberating Egypt, 1882–1919*），《社会政治》（*Social Politics*）2000 年第 7 卷第 1 期，第 47—79 页。

[2]  丹尼斯·坎迪约蒂，《身份和对身份的不满：女性与民族》（*Identity and Its Discontents: Women and the Nation*），该作品载于帕特里克·威廉姆斯（Patrick Williams）和琳达·克里斯曼（Linda Chrisman）主编的《殖民话语和后殖民理论》（*Colonial Discourse and Post-Colonial Theory*），纽约，1994 年，第 429—443 页。

展示改革后的中产阶级埃及家庭，使男性民族主义者有机会展示他们在改造这个国家过程中所做的贡献。通过展示自己的家庭政治，一众埃及男人开始炫耀自己的价值观和美德，最重要的是，他们已经做好了自我统治的准备。通过对改革后的家庭政治进行阐述，他们开始创造和展示一种针对埃及人的新型家长式统治：埃芬迪阶级可以在埃及社会中获得完全的特权地位，因为他们证明自己已经学习并实践了现代化和民族主义斗争的个人经验。他们可以宣称已经创造了一种新的埃及身份，并承诺培育被统治的阶级进入一个新时代。

　　不过，革命期间以及革命爆发前几十年的话语给女性带来了负面影响。"过家家"（playing house）使得男人们在政治领域活跃起来，而此前他们无法插手政治，只是政治局外人。与此同时，革命期间以及革命爆发前几十年的话语巩固了改革后的政治领域和埃及妇女家庭地位之间的关系，这些妇女既是被改革者又是改革者。虽然真正有政治抱负的妇女出现在了革命的游行示威中，但在第二种埃及妇女的形象及其相关话题映衬下，她们却显得黯然失色。第二种埃及妇女代表着母性埃及的形象及其一系列特征，没有她们，就没有独立的埃及。革命结束，男人们开始着手建立一个民族国家时，真正的妇女被要求在扮演母性埃及的角色——这一次是在家里。

# 第一章　我的家，你的家：
# 埃及国家公务员与民族主义新地理学

19 世纪初的几十年里，这个新生的埃及国家一直寻求推动体制的现代化改革，强化机构，并创造新的体制，由此产生了一种有关埃及境外世界的"旅行文学"。通过成立海外学生代表团和翻译团队，国家认可和资助了认识西方的实践，并将其制度化。尽管国家出版的西方知识并非为了主宰欧洲，它们还是揭示和分析了欧洲人的过人之处。

显然，19 世纪并非埃及人首次走出国门的时间，也不是游记首次作为一种文学体裁出现的时间。[1] 然而，这种新兴旅行文学的独特之处不仅在于其意图成为推动国家完成改造自身使命的工具，而且通过这种文学，国家和公务员最终可将埃及置于现代改革后民族国家的瓦尔哈拉神殿（Valhalla）[2] 上。

穆罕默德·阿里的改革对世界上的"国家"（nations）进行了等级划分，将埃及和其他国家置于发展的等级体系中进行比较，处于顶端的则属于"现代性"（modernity）。对国家有益的知识创造出一种关于现代性

---

[1]　参见伯纳德·刘易斯（Bernard Lewis）所著的《穆斯林发现欧洲》（*The Muslim Discovery of Europe*），纽约，1982 年。

[2]　瓦尔哈拉是北欧神话中的天堂，亦意译为英灵神殿。——译者注

的地图，家庭活动中的细枝末节不仅是地图中的主要特征，还成了衡量
现代性的工具。在 19 世纪，由国家编纂并用于国家发展的旅行文学把
世界绘成一幅现代地图。根据埃及人的制度、习俗和关系，欧洲人和埃
[16]　及人自己将埃及置于地图当中。[1] 这种旅行文学表明，当埃及人的习俗
（包括居住环境习俗）改变时，埃及将在现代民族国家的宇宙中占据一席
之地。

　　最初，穆罕默德·阿里推动国家进行改革的内容包括：定义现代性及
其社会政治制度，并阐明如何在埃及建立这些机构。与此同时，建设一个
现代的埃及需要脱离不符合现代性标准的制度和意识形态，并对此类制度
和意识形态进行改革。这两方面重塑埃及的行动得到了国家的支持，国家
积极地生产了用于构建和模仿或摒弃和排斥的科学和结构相关知识。正如
欧洲人发表的关于埃及的各种话语，19 世纪早期，埃及国家支持的知识公
开展示了埃及居住环境和居民，将埃及和其他地方的家庭行为与西方科学、
进步和政治改革相联系。[2] 根据描述家庭领域及其活动相关内容的埃及文
学，上层阶级的风俗习惯已与过去无关，而将埃及与现代性和西方联系了

---

[1]　在这里，本尼迪克特·安德森（Benedict Anderson）所著的《想像的共同体》（*Imagined Comm-unities*，伦敦，1991 年，中文版参：吴叡人译，上海：上海人民出版社，2016 年）、安妮·戈德勒斯卡（Anne Godlewska）和尼尔·史密斯（Neil Smith）所著的《地理与帝国》（*Geography and Empire*，牛津，1994 年）极大地影响了我的思想。但是，对于作为欧洲统治和民族抵抗工具的"测绘"和了解世界的项目，最有说服力描述可以在通猜·威尼差恭（Thongchai Winichakul）的《图绘暹罗：一部国家地缘机体的历史》（*Siam Mapped: A History of the GeoBody of a Nation*，火奴鲁鲁，1994 年，中文版参：袁剑译，南京：译林出版社，2016 年）中找到。威尼差恭认为，暹罗新生的"国家"在 19 世纪中叶对政治权力和技术的控制导致了暹罗的"领域性"建设。领域性包括国家试图对一个地区进行分类，并通过边界的建设和严格执行来与其公民沟通地区分类。他指出，19 世纪晚期暹罗地图上出现了关于内部和国内领域的深入知识，正如当地绘制的地图也将暹罗置于国际背景下一样。地方性或领域性既有国际层面，也有非常个人的层面。

[2]　我不想争辩说，在伊斯兰历史过程中，没人对房屋及其中的居民进行过讨论和辩论。恰恰相反，男女之间的关系以及家庭事务经常成为辩论的主题，正如它们经常作为比喻，也常被用来评论那些几乎与婚姻和家庭活动无关的事务。但是，我的意思是，埃及在 19 世纪早期的 （转下页）

起来。

对于埃及国家来说，掌握现代民族国家的意识形态和制度后会激发对西方制度的探索，而这些制度往往就像欧洲游记一样完全渗透埃及。最终，为了收集西方及其制度的相关信息，埃及的公务员们不知不觉地成为了拓荒者，开始探索未知领域。他们之中的一些人就这样开始在埃及的国土上"旅行"。而另一些人开始出国旅行，寻找新的知识领域，这些新的知识领域后来也有助于建立现代埃及。

事实上，自 19 世纪 20 年代以来，越来越多的西方游客和自命为埃及学家的人乘船来到亚历山大，也有越来越多的埃及人乘船前往欧洲。踏上西行之旅的埃及人，并非遍游欧洲大陆的度假者，也非想在冬日暖阳里寻求治疗的中上层阶级长者和病人，更不是寻找文物的考古学家。确切地说，从亚历山大启航的埃及人都是学生和公务员，他们被派往欧洲学习欧洲国家的"科学"、欧洲军事技艺的奥秘、工业发展的机制及其语言。19 世纪的欧洲人前往埃及是为了寻找古老、具有异国情调和奇异的事物，与他们不同，离开亚历山大前往欧洲的埃及人却是为了探索实用的知识。欧洲人前往埃及旅行，通常是为了重新探索过去的事物——世界曾经的模样，而埃及人在欧洲却开始探索埃及的未来——一个他们自己试图构建的未来。 [17]

尽管不同群体旅行的行程内容有别，但对他们而言，出国旅行都大同小异。到访埃及的欧洲旅行团和来到欧洲的埃及留学生团都期望深入了解

---

（接上页）改革产生了谈论房屋和家庭的新方法，并将家庭领域与已经在伊斯兰世界中有过不同讨论的政治和经济结构联系在一起。关于将女性和家庭领域作为其他议程比喻的挑衅性讨论，请参见丹尼斯·斯佩尔伯格（Denise A. Spellberg）所著的《政治、性别和伊斯兰的过去：阿伊莎的遗产》（*Politics, Gender, and the Islamic Past: The Legacy of `A'isha bint Abi Bakr*），纽约，1994 年；法蒂玛·梅尔尼斯（Fatima Mernissi）所著的《面纱与男性精英：伊斯兰教中女性权利的女权主义解释》（*The Veil and the Male Elite: A Feminist Interpretation of Women's Rights in Islam*），玛丽·乔·莱克兰（Mary Jo Lakeland）译，雷丁，1991 年；法特纳·萨巴赫（Fatna A. Sabbah）所著的《穆斯林女人无意识》（*Woman in the Muslim Unconsciou*），玛丽·乔·莱克兰译，纽约，1984 年。另请参见莱拉·艾哈迈德所著的《伊斯兰教中的女性与性别》的前几章。

对方国家的运作机制，并将其作为此行的目的，比如事务如何安排或者不做安排、国家如何发挥作用抑或毫无作用、如何组建体制、人民如何处世。正如那些来自欧洲的游客一样，埃及的学生们都肩负着观察、记录、感知外部世界，并将所见所闻转述给同样感兴趣的目标受众的责任。虽然这两个冒险旅行项目也有着非常明显的区别（埃及国家传播关于欧洲的知识并非为了占领后者，或将其变成殖民地），但它们对于理解改革后的住所面貌作为现代性及现代民族国家崛起的象征是至关重要的。

埃及有两个由国家资助建立的机构，它们在 19 世纪上半叶均输出了大量知识，帮助该国人民了解外部世界。这两个机构分别是语言学院（*Dar al-Alsun*）和留学生团。其中，语言学院的前身为翻译学校（*Madrasat al-Tarjama*）。它们在穆罕默德·阿里增强国家实力的项目中发挥了关键作用。语言学院和留学生代表团的建立也表明穆罕默德·阿里总督希望增加埃及国家公务员的数量。他原计划任命家庭成员、聘用欧洲人才承担某些重要的行政职务，但后来发现仅依靠这些人无法满足国家的发展需求。到 19 世纪 20 年代，埃及显贵的后代纷纷就读于穆罕默德·阿里建立的学院。19 世纪 50 年代，这些学院的毕业生进入开罗和各省政府机构，在随后的国家扩张和发展计划中做出了重要贡献，并在翻译、民政、财务、教育（*diwan al-madaris*）、工业等领域大放异彩。[1] 国家起初以赏赐土地和高级管理职位来犒劳效忠国家者，随后通过教育帮助这些贵族们的后代提升职位，最终成为忠诚的国家公务员。

翻译学校于 19 世纪 30 年代初成立。该学校由穆罕默德·阿里创办，旨在培养精通欧洲语言和多种欧洲科学的官僚。最终，学校的主要业务是

[18]　翻译和出版各类文本，向全国和埃及文化精英传播有关西方意识形态、制

---

[1]　哲马鲁丁·沙亚勒（Jamal al-Din al-Shayyal）所著的《翻译和文化运动史》（*Tarikh al tarjama wal-haraka al-thiqafiyya*），开罗，1951 年，第 3 部分。

度和创新的知识。[1]

早在穆罕默德·阿里统治的初期，埃及就开始向欧洲派遣学生代表团，但直到 1826 年 4 月 13 日，首个庞大有组织的留学生代表团离开埃及，这一做法这才真正具备分量，势头猛劲（20 世纪的前几十年里，学生代表团相继被派往国外）。和语言学院作用一样，这些代表团旨在收集和编写埃及以外世界的知识；出国留学的学生不仅要学习欧洲语言，还要学习所有欧洲所谓的"现代"制度。

直至 19 世纪 70 年代，伴随这些制度而来的现代性隐喻才对大量埃及人产生深刻影响。同样，直至 19 世纪末，人们才开始对现代性的意义进行激烈辩论。然而，在尝试了解欧洲的初期，国家就发现了"现代"埃及形状和结构以及其中的"现代埃及人"（其核心是改革后的家庭）的根源。在英国军事占领和殖民话语（将家庭政治与埃及政治失败混为一谈）之前，关于家庭及其习惯的国家出版知识塑造了一代埃及官僚，并成为这些官僚们了解和衡量自己和他人的一种手段。改革后的习俗，如家庭习俗，成为现代埃及风貌的重要标志。

埃及精英们并不是唯一推动 19 世纪埃及文化和知识改革的人群，欧洲制度也并不是埃及国家推进改革所参照的唯一模式。可是，为了解释埃及人和欧洲人都把埃及房屋和家庭作为改革目标的原因，必须挖掘和分析家庭作为地理和历史"标记"的根源。这种精英制度产生的现代化局面有助于将家庭政治与民族国家的形态和功能联系起来。

---

[1] 关于国家及其公务员在 19 世纪的埃及在创造被称为"现代史"的文学体系中的作用，请参见小杰克·A. 克拉布斯（Jack A. Crabbs Jr.）所著的《19 世纪埃及的历史写作：国家转型研究》（*The Writing of History in Nineteenth-Century Egypt: A Study in National Transformation*），开罗，1984 年。

## 穆罕默德·阿里家族和现代国家的建立

[19]

　　穆罕默德·阿里以创新和模仿的方式统治着埃及。他效仿之前的马穆鲁克王朝，采用了中央集权制度。然而，在农业和工业项目中，他一改马穆鲁克的统治，建立了一支现代化部队和一个由国家支持的世俗教育新体系。[1] 此外，穆罕默德·阿里还建立了一支公务员队伍。在 20 世纪的历史进程中，公务员们愈加忠于埃及国家，并始终为其成功而奋斗。"在贵族和技术官僚的帮助下"，总督才能有效实施专制统治。[2] 穆罕默德·阿里统治时，埃及仍然是奥斯曼帝国的一部分。1841 年，苏丹阿卜杜勒·迈吉德一世（Abdulmejid Ⅰ，1839—1861 年在位）将埃及作为世袭领地授予总督，总督的后代在 1952 年之前一直统治着这片领土。

　　1801 年，穆罕默德·阿里作为奥斯曼帝国军队的副指挥官抵达埃及。同年，法国远征队离开埃及，法律和秩序崩溃，奥斯曼人趁机赶走马穆鲁克人，自 1517 年以来，马穆鲁克人就一直与伊斯坦布尔争权。18 世纪的埃及形式上被奥斯曼人所统治，但事实上，埃及真正的掌权者是一支由自由的突厥–切尔克斯（Turco-Circassian）奴隶组成的军队。由于马穆鲁克人控制了埃及军事，因此他们负责向埃及人民征税。从 1517 年至穆罕默德·阿里掌权期间，埃及统治者分为两类：一类是奥斯曼人，法律上统治埃及；一类是马穆鲁克人，统治埃及的军事和经济。没有马穆鲁克人，奥斯曼人对于埃及原住民几乎毫无军事或经济上的影响力。

---

[1]　马尔索，《穆罕默德·阿里统治时期的埃及》。

[2]　胡安·科尔（Juan R. I. Cole），《中东地区的殖民主义和革命：埃及乌拉比运动的社会和文化起源》（*Colonialism and Revolution in the Middle East: Social and Cultural Origins of Egypt's `Urabi Movement*），普林斯顿，1993 年，第 28 页。

　　1801 年，奥斯曼帝国未能重新获得埃及的统治地位，原因之一就是奥斯曼军队中的阿尔巴尼亚部队，这些部队以其残暴和反叛的行为而闻名。[1]穆罕默德·阿里利用这些部队（他最初也是这些部队的副指挥）使自己成为了埃及最强大的势力。到 1805 年 7 月，穆罕默德·阿里被任命为埃及统治者（瓦利[*wali*]），在当时，埃及是帝国最富有的省份之一。为了巩固统治，穆罕默德·阿里请阿尔巴尼亚卡瓦拉的亲属定居埃及，并担任军队和民政管理部门的重要职位。[2]1805 年以后，埃及的政治结构与马穆鲁克王朝时期截然不同，此时的政治权力集中于个人和其家族。[3]与马穆鲁克家族不同，穆罕默德·阿里家族能够完全控制埃及，直至 1811 年。[4]

　　为了进一步巩固权力，穆罕默德·阿里从马穆鲁克家族和当地宗教精英（乌拉玛[*ulama*]）手中夺取了土地，并将土地国有化。土地征用在两方面使总督获益。首先，穆罕默德·阿里开始了一系列经济改革。穆罕默德·阿里不但通过国家支持的灌溉项目提高了埃及的农业产量，还规定了土地上的作物种类和收购人。按照国家规定生产和出口的经济作物，如长绒棉、甘蔗、槐蓝属植物和亚麻，为穆罕默德·阿里带来了大量资金，这些资金随后继续用于国家扩张的项目。直接征税制度和国营工业也为总督增加了不少收入。

[20]

　　与此同时，穆罕默德·阿里利用土地培养了一个忠诚的精英团体。他

---

[1]　哈立德·法赫米（Khaled Fahmy），《穆罕默德·阿里帕夏时代，1805—1948》（"The Era of Mohammad 'Ali Pasha, 1805–1948"），该作载于 M.W. 戴莉（M.W. Daly）主编的《剑桥埃及史》（*The Cambridge History of Egypt*），第 2 卷，《现代埃及，从 1517 年至 20 世纪末》（*Modern Egypt from 1517 to the End of the Twentieth Century*），剑桥，1998 年，第 142 页。

[2]　同上，第 145 页。

[3]　亨特，《赫迪夫统治下的埃及，1805—1879》，第 22 页。

[4]　埃胡德·托莱达诺（Ehud Toledano），《"漫长 19 世纪"的社会和经济变革》（"Social and Economic Change in the 'Long Nineteenth Century'"），该作载于戴莉主编的《剑桥埃及史》，第 2 卷，《现代埃及，从 1517 年至 20 世纪末》，第 256 页。

把大量土地分给亲属，虽然他们不会阿拉伯语，但只要获得了埃及不动产，他们就在某种程度上成了埃及人。此外，穆罕默德·阿里又把土地分给了奥斯曼精英，这些精英通过为奥斯曼帝国服务发展了与埃及的关系。为了打破旧有的关系框架，穆罕默德·阿里将奥斯曼帝国的前官员任命为地主。土地也是培养埃及显贵忠诚度的一种手段。通过购买大量土地，埃及当地显贵可以投资穆罕默德·阿里及其项目。生产经济作物使这些人越来越富有，因此他们对国家感激不尽。尽管后来阿拉伯裔埃及显贵和讲奥斯曼土耳其语的埃及显贵就管理机构内的平等问题发生了冲突（直到 1882 年英国军事占领之前，奥斯曼精英在政府等级制度中一直居于阿拉伯裔埃及人之上），但纵观 19 世纪整个历史进程，这些新兴显贵们始终是忠诚的国家公务员。

穆罕默德·阿里还利用未成熟的国立教育系统，培养拥有大量土地的新贵族的后代的忠诚度。初期，穆罕默德·阿里的国家类似一个马穆鲁克家族，总督将大量权力授予了自己的家庭成员。例如，1807 年，穆罕默德·阿里任命其子易卜拉欣（Ibrahim）为开罗总督，开启了任命直系亲属担任开罗和各省重要文职和行政职务的趋势。此外，穆罕默德·阿里还将很多亲属安排在军队中。但是，随着国家的发展壮大，对公务员的需求也在增长。因此，新教育系统就成为了跻身穆罕默德·阿里军事和行政官员"家庭"（family）的第二条途径。

埃及国家教育系统源于总督改革军队并使其完全忠于自己的愿望。穆罕默德·阿里招募普通埃及公民加入军队并建立一支采用欧洲式训练的军官队伍，从而废除了马穆鲁克制度。稳固权力后，总督立即开始雇佣欧洲人，培养新兴军事精英。由于埃及人不了解欧洲语言，穆罕默德·阿里必须将埃及人送往欧洲，并引进欧洲人教授外语。语言教学的趋势使少数军事学校纷纷建立，以培养贵族阶层子弟；一种西方世俗教育取代了传统的

[21]

古兰经学习。学生们从这些学校毕业后，要么担任军队职务，要么成为经验尚浅的公务员，为扩大政府奠定基础。1809 年至 1849 年，共计 1.1 万名埃及人从穆罕默德·阿里的学校毕业。[1]

建立这支受过国家培训的公务员干部队伍，有助于让为国效力的人们获得埃及人身份。[2] 穆罕默德·阿里及其后裔，以及 19 世纪期间被授予土地的显贵和国家公务员大量收购土地，这大大巩固了统治王朝和埃及这片领土之间的关系。然而，一种国家塑造的文化从此产生，并经由拥有地产的贵族及其子弟的行动在开罗和各行省传播，从而导致一个拥有越来越多共同利益的阶层的崛起。此外，一个新的专业人士阶层开始认同这种新文化，这个阶层由国家培养却未必拥有土地的官僚和技术官僚（埃芬迪）组成。随着 19 世纪历史进程的发展，由土地和国家特权阶级塑造的文化开始缩小阿拉伯裔埃及人和讲奥斯曼土耳其语的埃及人之间的差距。[3]

直至 19 世纪 50 年代，穆罕默德·阿里学校的毕业生占据了埃及政府的大部分职位。在穆罕默德·阿里孙子——阿拔斯一世（Abbas I，1848—1854 年在位）的领导下，埃及政府继续发展，变得更加 "埃及化"（Egyptianized）。阿拔斯本人讲阿拉伯语，并偏向于任命国立学校和海外学生代表团中讲阿拉伯语的毕业生担任中低级政府职位。尽管阿拔斯对阿拉伯裔埃及人表现出明显的蔑视，但由于他们经过了科学训练，阿拔斯仍然会在政府内部提拔他们。再则，由于定居埃及的土耳其人不断减少，因此

---

[1] 亨特，《赫迪夫统治下的埃及，1805—1879》，第 103 页。

[2] 这是亨特在《赫迪夫统治下的埃及，1805—1879》中的论点。

[3] 埃胡德·托莱达诺在他所著的《19 世纪中叶埃及的国家和社会》（*State and Society in Mid-Nineteenth-Century Egypt*，剑桥，1990 年）中提出了一个非常有说服力的反驳观点。他声称，在 19 世纪后期的几十年中，两个群体之间的区别仍然十分坚固。尤其参见第 68—93 页。

[22]　　必须依赖埃及原住民。[1] 阿拔斯关闭了穆罕默德·阿里的许多学校（翻译学校和学生代表团除外），以此压制教育，但又建立了新的管理机构，雇佣讲土耳其语和阿拉伯语的受过教育的埃及人。

　　和阿拔斯一样，在促进教育方面，赛义德（Sa`id，1854—1863 年在位）并未做出努力，但却致力于扩大埃及政府规模，因此需要增加大量官僚。赛义德接受过欧洲教育，会说法语和阿拉伯语，他称自己是埃及人并提出埃及人必须接受教育，从而结束外国人管理政府的传统做法。他声称，几个世纪以来，埃及人一直受外国人的奴役。在赛义德的领导下，讲土耳其语的埃及人逐步减少，但政府的规模逐步扩大。因此，赛义德喜欢提拔农村显贵及其子弟，让其担任民政和军事管理部门中的好职务，并在这些子弟中选拔一部分人任命为省长。[2]

　　伊斯梅尔也进一步推动了阿拉伯裔埃及人在政府中担任要职的趋势。在他任职期间，官僚人数从 2 万人增至 5 万人。[3] 同时，政府机构的规模也扩大了：伊斯梅尔建立了全新的行政委员会和全新的迪万（diwans，即政府部门），包括 1864 年建立的公共工程部，1872 年建立的司法部。他建立新委员会负责研究和讨论从税收至政府结构等诸多方面的各种问题。越来越多的埃及人被提拔为各省的政府官员；此外，一些人被任命担任了议会中的职务。为了巩固农村显贵的忠诚，伊斯梅尔于 1866 年建立了一个民选众议院（Majlis shura al-nawwab）。75 名当选成员中，大多数来自"与政府保持长期联系的家庭"，任期 3 至 4 年，决议各种问题。[4]

　　到 19 世纪 70 年代，埃及人在各省和开罗各级政府中担任了各类职务。

[1]　F. 罗伯特·亨特，《穆罕默德·阿里接班人统治下的埃及》（"Egypt Under the Successors of Mohammad `Ali"），该作载于戴莉主编的《剑桥埃及史》，第 2 卷，第 183 页。

[2]　同上，第 192 页。

[3]　科尔，《中东地区的殖民主义和革命》，第 101 页。

[4]　亨特，《赫迪夫统治下的埃及，1805—1879》，第 52 页。

阿拉伯语已经"战胜了土耳其语成为行政语言"。[1] 此外，向农村和开罗的土地管理者下放土地后，拥有大量土地的精英增多。19 世纪 60 年代，埃及棉花生产呈现出一派繁荣景象；19 世纪 70 年代，与欧洲的贸易往来日益增加。以上种种，使得这些精英富裕了起来。

在伊斯梅尔统治期间，官僚机构成为国家的支柱，其发展也导致了埃及国家霸权的萌芽。[2] 同时，国家的发展也促进了埃及国家官僚新文化的形成，这些官僚接受国家的教育，依靠国家，并愈发渴望在国家内部获得更多的权力。[3] 从穆罕默德·阿里统治时期开始，政府赠地的做法就将精英与统治者紧密联系在一起。但随着官僚机构规模的逐步扩大，并且由于行政机构进一步向农村延伸，埃及的统治者愈加依赖于各级国家官员。尽管穆罕默德·阿里在很大程度上创造了现代埃及，但他的家庭及其后代则开始依赖受过国家教育的"家庭成员"来管理他们的家族政府。　　　[23]

## 用语言述说（现代性）：翻译学院与认知民族的科学

虽然阿拔斯和赛义德很少支持由国家资助的教育，但他们保留了穆罕默德·阿里的翻译学校，并继续向国外派遣埃及学生代表团。到了 19 世纪 50 年代，在政府部门任职的大多阿拉伯裔埃及人都是这些机构的毕业生。

穆罕默德·阿里曾说过，翻译，包括印刷译本，是实现埃及现代化和

---

[1]　科尔，《中东地区的殖民主义和革命》，第 101 页。

[2]　托莱达诺，《漫长 19 世纪的社会和经济变革》，第 260 页。

[3]　亨特，《赫迪夫统治下的埃及》。

让埃及了解西方科学和文化的最佳手段。[1] 历史学家艾哈迈德·伊扎特·阿布德·卡里姆（Ahmad `Izzat `Abd al-Karim）将穆罕默德·阿里统治的时代称为"翻译和阿拉伯化"（`asr altarjama wal-ta`rib）的时代。阿布德·卡里姆提到穆罕默德·阿里认为"现代性"及其所有有效手段的相关书籍均由其发明者撰写；通过穆罕默德·阿里的翻译项目，他将能够把这些手段应用到自己的国家。[2]19 世纪 20 年代，当穆罕默德·阿里开始关注埃及现代化时，他发现缺少土耳其语和阿拉伯语的书籍。起初，他从伊斯坦布尔借来书籍，但这些书并不能满足需求。[3] 语言学院可以向总督提供他认为埃及现代化必需的各种文本。[4] 此外，由语言学院（自创办以来的几十年间）翻译、由布拉克和亚历山大国立出版社出版的译本成为了埃及文化阶层的主要精神食粮，且有助于培养新一代埃及知识分子精英。[5] 到 1848 年穆罕默德·阿里逝世时，约有一千种欧洲语言文本已译为土耳其语和阿拉伯语文本。[6]

翻译学校创建于 19 世纪 20 年代，最初是"皇家行政学院"（*Madrasat al-idara al-malakiyya*）的一部分，旨在培养精通多种欧洲语言和科学的官僚。宗教学校（*madrasa*）的学生既要学习民政管理、会计、工程和地理的"技艺"（arts），又要学习法语。翻译学校的最初愿景是培养一批新的公务员，从而使国家受益；学校发展初期，学生们学习翻译就是为了在行政部

[24]

---

[1]  沙亚勒，《翻译和文化运动史》，第 200 页。

[2]  艾哈迈德·伊扎特·阿布德·卡里姆（Ahmad `Izzat `Abd al-Karim），《穆罕默德·阿里时期的教育史》（*Tarikh al-ta'lim fi 'asr Mohammad 'Ali*），开罗，1938 年，第 329 页。

[3]  沙亚勒，《翻译史和文化运动》，第 46 页。

[4]  同上，第 73 页。1827 年，埃及创办了第一所现代医学院，由于没有教授和学生精通同一门通用语言，因此首次提出了翻译和翻译人员需求。

[5]  路易斯·阿瓦德（Louis `Awad），《埃及现代思想史：从法国入侵到伊斯梅尔》（*Tarikh al-fikr al-misry al-hadith, min al-hamla al-faransiyya ila 'asr Isma'il*），开罗，1987 年。

[6]  沙亚勒，《翻译和文化运动史》，第 147 页。

门谋职。

1835 年，在皇家行政学院最杰出的教师之一——里发阿·拉斐阿·塔哈塔维（Rifa`a Rafi` al-Tahtawi，1801—1873）建议下，一所名为语言学院的独立翻译学校得以建立。由于翻译能力出色，塔哈塔维由此开始了漫长的国家行政生涯。语言学院的课程包括一个五年项目，该项目要求学生学习奥斯曼土耳其语、波斯语、意大利语、法语，后来还有英语。除此之外，学生还要学习会计、历史、地理、文学（adab）和伊斯兰教法（shari`a）。

1837 年，塔哈塔维被任命为语言学院校长，大部分学生都是由塔哈塔维从爱资哈尔和各省小学（kuttabs）中挑选出来的佼佼者。1839 年，该项目的第一批学生毕业。之后，他们被任命到政府各部任职，或者担任翻译。他们大多将欧洲的文学和历史译成阿拉伯语文本，这些译作被用来培养未来的学生群体。[1]

语言学院创办初期，翻译了各种主题的文本，包括：医学，会计、代数和各种工程等科学，造船、武器制造、军事管理等军事科学，以及社会科学、历史、地理、哲学和逻辑学。[2] 这些涵盖不同科学的翻译文本用于"以穆罕默德·阿里想要的方式服务于创造现代化"。[3]

国家将其认为有用的知识引入学校活动，并通过翻译过程在将现代性引入国家和其公务员时就提供了一种理解方式。如此记载的现代性可能不会以"穆罕默德·阿里理想的方式"出现，这位埃及赫迪夫释放的力量远远超出了他的意图。医学和工业与工程科学翻译文本本身就是一项具有吸引力的研究，因为它们揭示了设计和构建现代性内部机制的多种方式，并为

---

[1] 阿布德·卡里姆，《穆罕默德·阿里时期的教育史》，第 333 页。

[2] 这所学校一直运营至 1849 年穆罕默德·阿里的继承人阿拔斯一世下令关闭，并直到伊斯梅尔统治期间，才再次开放。

[3] 沙亚勒，《翻译和文化运动史》，第 45 页。

了解国家和其公民之间建立的新关系提供了一个很棒的视角。[1]

[25] 　　但这里所关注的是关于社会科学的文本，尤其是历史和地理。通过对世界上许多"国家"的风俗习惯进行详尽"科学的"讨论，这些译本使人们发现了其中所描绘和阐释的"现代性"。埃及人对地理和历史并不陌生，而关于地理和历史的译本并不是真正向埃及人介绍"科学"（science）。它们向埃及人介绍了一种非常具体的关于历史和国家发展的实证主义目的论。在这种目的论中，统治者和被统治者的习惯和习俗被认为产生了一种特殊的"现代性"。虽然在以前，统治者及其臣民的行为方式和道德是伊斯兰世界政府所关心的事，也构成了一个完整的文学体系，但通过这一新的翻译项目，行为被纳入了一个新的框架，在这个框架中，根据新的地理科学，各国被"置于"（placed）相对位置。[2] 这一科学常常通过世界各国人民的习惯和习俗描绘"国家"并说明每个国家的政治状况。随之产生了一种新的"道

---

[1] 从 19 世纪 30 年代开始，有数十本有关医学以及如何护理身体的书得到翻译。首先是贝尔（Bayle）所著的《人体解剖学》（*Anatomie du corps humain*）的阿拉伯版本（1833 年），然后是同年出版的阿拉伯版本的《适用于人体的卫生和医学规则》（*Les Règles de l'hygiène et de la médecine appliquée au corps humain*）。以下著作都谈到了身体与国家之间的关系：米切尔的《再造国家》；阿米拉·阿扎里·松博尔（Amira al-Azhary Sonbol）的《埃及医学专业的设立，1800—1922》（*The Creation of a Medical Profession in Egypt*，1800—1922），锡拉丘兹，1991 年；拉维恩·库恩克（Laverne Kuhnke），《生命危险：19 世纪埃及的公共卫生》（*Lives at Risk: Public Health in Nineteenth-Century Egypt*），伯克利，1990 年；南希·伊丽莎白·加拉格尔（Nancy Elizabeth Gallagher），《埃及的其他战争：流行病与公共卫生政治》（*Egypt's Other Wars: Epidemics and the Politics of Public Health*），锡拉丘兹，1990 年；哈立德·法赫米，《所有帕夏的人：穆罕默德阿里及其军队以及现代埃及的形成》（*All the Pasha's Men: Mehmed `Ali, His Army, and the Making of Modern Egypt*），剑桥，1997 年。
　　语言学院翻译的所有作品均可在沙亚勒所著的《翻译和文化运动史》附录 1 和附录 2 中找到。

[2] 关于文学的主体，这些文学作品中最著名的一部是公元 8 世纪和 9 世纪时期贾希兹（al-Jahiz）的作品，他主要在巴士拉和巴格达生活和工作。请参见查尔斯·佩拉特（Charles Pellat）主编、D. M. 汉克（D. M. Hanke）翻译的《贾希兹的生活和作品》（*The Life and Works of Jahiz*），伯克利，1969 年。

德地理学"，这种地理学将风俗习惯与政治科学的进步联系在一起。[1]

19 世纪 20 年代，埃及政府依靠流亡的叙利亚人和海外学生代表团为其提供翻译，同时国家也关注一些关于改革者（改革自己国家的男人和女人）的历史选集。[2] 据说穆罕默德·阿里讲述了一个法国人杜哈迈尔上校（Colonel Duhamel）的故事，他告诉总督，是否能成为伟人在于是否阅读历史。[3] 因此，穆罕默德·阿里下令将各类文本译为土耳其语，如先知穆罕默德和亚历山大大帝、凯瑟琳大帝、拿破仑等统治者的传记。后来，其中的一些文本被出版发行。例如，1824 年，马基雅维利的著作《君主论》（*The Prince*）由埃及图书出版社（*Dar al-Kuttub alMisriyya*）出版（将意大利语版本译为了阿拉伯语版本，书名为 *al-Amir fi`ilm altarikh wal-siyassa wal-tadbir*，即《以历史、政治和组织的学识而闻名的君主》）。同样，布拉克出版社（*Bulaq Press*）出版了卡斯特拉（Castera）的著作《俄罗斯帝国凯瑟琳二世女皇的历史》（*Histoire de l'Impératrice Cathrine II de Russie*），并在当地以 15 个埃及比索的价格出售。[4]

语言学院建立后的数年里，该校的毕业生持续将欧洲历史译为土耳其语和阿拉伯语。由国家主持翻译的历史文本包括拿破仑流亡期间所写的回忆录，于 1832 年由法语版本译为土耳其语版本。19 世纪 40 年代，塔哈

---

[1] 拿破仑探险队最引人注目的活动之一是测绘，他们不断地对埃及进行绘制和测量，最终使埃及能够被绘制和"放置"。这些测绘活动，再加上探险队对刚刚崭露头角的"埃及学"的痴迷，有助于在新的空间和历史框架中对埃及进行"定位"。

[2] 参见沙亚勒，《翻译和文化运动史》第二章。

[3] 同上，第 160 页。

[4] 马基雅维利作品的译者是安东·拉斐尔·扎克赫（Anton Rafa'el Zakhur），他是穆罕默德·阿里最早的翻译之一。卡斯特拉（Castera）由雅可拉基·阿吉罗普洛（Jacoraki Argyropoulo）翻译。参见比安基（Bianchi）的《自该国引入印刷术以来，在埃及布拉克印刷的阿拉伯、波斯和土耳其书籍的总目录》（"Catalogue général des livres Arabes, Persans, et Turcs imprimés à Boulac en Égypte depuis l'introduction de l'imprimerie dans ce pays"），该作载于《新亚洲杂志》（*Nouveau Journal Asiatique*）1843 年第 2 期，第 24—60 页。

[26]   塔维发表了《意大利国家史》（"A History of the Italian State"）的译本，名
*Tarikh dawlat italia*。同时期，布拉克出版社也出版了大量伏尔泰描绘欧
洲统治者历史著作译本，如 1842 年将《北境雄狮：瑞典查理十二世历史》
（*Lion of the North: A History of Charles XII of Sweden*）和《彼得大帝的一生》
（*Life of Peter the Great*）由法语版本译为阿拉伯语版本。[1] 此类文本将历史
描绘为英雄意志所造就的过程，将民族国家描绘成英雄改革项目的产物。

埃及公务员翻译并发表此类文本，一方面供其他公务员使用，另一方面
供公众阅读。这类翻译作品将穆罕默德·阿里与其他伟大统治者并列，这类
统治者的伟大、人格和独特个性在各自引领的改革中彰显无遗。[2] 此外，此
类文本还将成功的改革方案与伟人（男性或者女性）的个人习惯联系在一起，
将建立强大国家的能力与特定的习惯和行为相等同。因此，现代民族国家的
形成历史被描述为一种民族志（ethnography），在这种民族志中，人们通过习
惯和习俗的变化，尤其是统治者的习惯和习俗，来了解和描绘历史进步。[3]

1833 年，塔哈塔维发表了法国乔治－伯纳德·戴平（Georges-Bernard
Depping）的《各国习俗历史概述》（*Aperçu historique sur les moeurs et coutumes
des nations*）的译本，很好地阐释了作为历史的民族志，此译本也成为了

---

[1]  这最后一本书的译者是穆罕默德·穆斯塔法·巴耶阿（Mohammad Moustafa al-Baya`a），他毕业
于语言学院，随后担任外语翻译的编辑。（这本书的译本于 1841 年在布拉克出版，在出版之前，
曾由塔哈塔维本人对译文进行过修正。）哈利法·马哈茂德（Khalifa Mahmoud）是最早从语言
学院毕业的人之一，后来担任翻译局局长，他将众多历史文献从法语翻译成阿拉伯语。参见萨
拉赫·马格迪（Salah Magdi）所著的《国家公仆的岁月精华：里发阿·拉斐阿·塔哈塔维传记》
（*Hilyat al-zaman bi manaqib khadim al-watan. Sirat Rifa`a Rafi` `al-Tahtawi*），哲马鲁丁·沙亚勒
编，开罗，1958 年，第 43—54 页。

[2]  根据克拉布斯的说法，穆罕默德·阿里打算编写一本记录他统治时期历史的百科全书以及他的
回忆录。但是，很显然，其他项目分散了他的精力，导致他无法完成这两部作品中的任何一项。
参见克拉布斯所著的《19 世纪埃及的历史写作》，第 68 页。

[3]  关于行为、进步和种族的最终建构之间的关系，请参见约翰和让·L. 卡马罗夫（Jean L. Cama-
roff）所作的《图腾崇拜和民族》（"Of Toteism and Ethnicity"），该作载于《民族志和历史想象力》
（*Ethnography and the Historical Imagination*），博尔德，1992 年。

20 世纪埃及公立学校系统中的常用文本。[1] 它分为两个部分。第一部分"论人类的需求以及人类与家人和家族相处的方式"，根据人类的家庭和习俗对国家进行了分类，分类主题包括服装、清洁、婚姻及各种婚俗、妇女、后代、老年、葬礼、陆上和海上狩猎、商业和金钱。[2] 第二部分"论道德和风俗与民族及其思想状况的关系"，分析了道德和习惯对国家形态及其发展的影响。其章节主题包括娱乐和体育、诗歌和音乐、写作、文学和法律、舞蹈、好客、节日和季节、奴隶制度、信仰和政治等。

在第一部分关于"清洁"的那章里，戴平将文明人与未开化（uncivilized）民族进行了比较：

> 在非伊斯兰国家[3]，人们非常注重物品的清洁，尤其是居住环境的清洁。荷兰人最爱清洁：在荷兰的城市里，大多数街道都是鹅卵石铺成，整齐干净。房子外观很漂亮，窗户也洗得干干净净……英国人和一些美国人也比较喜欢清洁。法国人和德国人不太爱清洁……
>
> 未开化民族则是肮脏的。许多人的身上有虱子，还会吃虱子。他　　　　[27]

---

[1] 戴平著作的全称是《民族风俗习惯的历史概述：包含古代和现代不同民族在住房、饮食、服装、婚礼、葬礼、游戏、节日、战争、迷信、种姓等方面的习俗和仪式的对照表》（*Aperçu historique sur les moeurs et coutumes des nations: Contenant le tableau comparé chez les divers peuples anciens et modernes, des usages et des cérémonies concernant l'habitation, la nourriture, l'habillement, les marriages, les funérailles, les jeux, les fêtes, les guerres, les superstitions, les castes, etc*, 巴黎，1826 年）。关于塔哈塔维以作者身份创作的自己的地理著作，请见伊芙·特劳特·鲍威尔（Eve M. Troutt Powell）所著的《从奥德赛到帝国：19 世纪中叶通过埃及文学绘制苏丹》（"From Odyssey to Empire: Mapping Sudan through Egyptian Literature in the Mid-Nineteenth Century"），该作品载于《国际中东研究杂志》1999 年第 31 期，第 401—427 页。

[2] 塔哈塔维，《古今奇闻中的杰出壮举》（*Qala'id al-mafakhir fi ghara'ib `aw'id al-awa'il wa al-awakhir*），开罗，1833 年。

[3] 阿拉伯语为 "bilad al-kufar"（异教徒的国度），我想这一定是塔哈塔维对法国所做的让步；他引用了"清洁度"一词及其在伊斯兰法律和摩西法律中的地位，使用了所有传统上在提到他们名字时会使用的敬语，而这些敬语是戴平不会使用的。这也可能是塔哈塔维以"作者"自居的一个例子。

们用猪油涂抹身体。许多美洲和亚洲人在一年中的大部分时间会待在空气质量极差的地下。污浊的空气中混合着其他腐烂气味，比如他们的食物腐烂的气味。这些人长期不做任何清洁……用手抓肉吃，从来不用叉子、刀子或勺子。[1]

　　这种清洁等级与政治组织和发展的等级互相对应。戴平提到，王权与清洁密切相关，从没有国王，人们以部落形式生活的时代起就是这样。后来，王权持续发展，统治者们（如亚历山大大帝）开始征服大片领土，迫使被征服者进贡。在欧洲，有许多实力各异的国王和苏丹，拥有了足够的权力制定规则，指导产品生产并采取措施维护领土秩序、发展和稳定。这些就是现代国家，是会管理内务的国家。提起自己国家时，戴平写道："如果法国人热爱科学……如果他们能够享受繁荣的经济生活并继续培养高尚的习惯和道德，这一切都应归功于良好的政治秩序。"[2]

　　在亚洲这个"肮脏的"（filthy）地区，并没有真正的政治领导。通常，他们有强大的国王，但没有秩序，特别是没有欧洲部分地区控制农业和工业生产的那种秩序。他说：

　　　　在亚洲，有强大的国王（*muluk*）和苏丹（*salatin*）。他们中的大多数人都随心所欲地统治着领土，任意地残杀被统治者并花费被统治者的钱财。权力是一种统治者给予的恩惠。

　　　　大多数统治者大部分时间都待在后宫，因此很少接见其他人。他们从来不会听取受到不公待遇者的请愿……亚洲公民有一个习惯，在统治

---

[1] 塔哈塔维，《古今奇闻中的杰出壮举》，第 20—21 页。

[2] 引自安瓦尔·鲁卡（Anwar Luqa）的《19 世纪法国的埃及旅行者和作家》（*Voyageurs et écrivains Égytpiens en France au xixième siècle*），巴黎，1970 年，第 62 页。

者面前不会显露自己的财产；统治者也有一个习惯，他们会在公开演说和公告中，把自己比作太阳和月亮……这种统治者从来不会不带兵就出行，他们的房屋就像一座座小城市。[1]

因此，通过洞悉构成"国家"的各种景观（包括隐蔽景观）以及国王和臣民的生活条件，其政治和历史发展也随之凸显出来。虽然文中未提及各国如何突破"恶臭的"生活条件，但戴平暗示只有这样，才能确保一个社会的中央集权和工业发展。此类历史观不仅强化了主张家庭生活与政府形式和职能相联系的观点，还产生了一种现代性愿景，即统治者推动历史发展，且国家和君主是同义词。因此，头重脚轻（top-heavy，上层权力极大）的国家才能使国家"现代化"，而民众政府无法实现这一点。 [28]

19 世纪 30 年代，地理教科书的译本强化了将国家分为文明和未开化、干净和不干净的观念。人们把地理定义为一门可以对国家进行划分和排序的科学。[2]1838 年，塔哈塔维将马尔特 - 布戎（Malte-Brun）的《世界地理》(*Géographie universelle*) 法语版本译为了阿拉伯语版本；当时，描述性地理学、宇宙学、自然地理、宗教、政治、历史地理学以及道德地理学的欧洲文本都被译为了阿拉伯语版本。档案证据表明，地理文本译本有助于培养新的埃及地理学家团队和激发人们对于地理这种新实践的兴趣。在语言学院，塔哈塔维的学生会参加"描述性地理学、宇宙学、自然地理、

---

[1]　塔哈塔维，《古今奇闻中的杰出壮举》，第 104—105 页。

[2]　地理学作为研究埃及地面非常具体的一种实践，对穆罕默德·阿里的许多现代化计划（例如铁路、电报和灌溉渠建设）也具有至关重要的作用。在这里，我对地理学很感兴趣，因为地理学是对宇宙进行排序的更为抽象的实践。正如威尼差恭所建议的那样，当用地图来划定国家之间的边界线时，这种"抽象"的地理就会变得更加具体。

宗教、政治和历史地理学"的考试。[1]1901 年以来的中小学参考书目表明，塔哈塔维翻译的马尔特－布戎著作译本是 20 世纪埃及课堂的主要内容。[2]

此书共 50 "卷"（books），马尔特－布戎在前 23 卷进行了地理理论概述，包括宇宙学和水文学，自然和大气地理学，以及数学地理学。[3] 文本中附带精确地图和行星图。理论的部分将地理呈现为一个文字系统，一个将世界划分、测量和排序的系统。通过这个系统，读者能"看到"（see）地球上的事物，并定位自己周围的众多国家。"难道地理和历史不是相伴而行而又彼此对应的吗？如果一个人拥有世界时间上的帝国，另一个人不就可以理所当然声称拥有空间上的帝国吗？"[4]

马尔特－布戎的"严谨科学"（precise science）也延伸到了对国家习惯和习俗的实证讨论，包括公共和私人的习俗和习惯。有时，全球居民的私人习惯会被置于"世界体系"（universal system）应用的标准中。马尔特－布戎的一般性"地理学理论"（theory of geography）坚持认为，通过研究

---

[1] 埃及国家档案馆（*Dār al Wathā'iq al Qawmiyya*，后简称 DWQ），伊斯梅尔时期（*Ahd Isma`il*），12 号箱，"教育"（*Ta'lim*），《巴黎地理学会公报》（*Buletin de la societé de géographie à Paris*）1835 年第 3 卷第 2 辑：《埃及地理教育》（"Enseignement de la géographie en Égypte"）。

[2] 《第 849 号部长令批准的初等教育和中等教育课程，1901 年 9 月 16 日》（*Programmes de l'enseignement primaire, et de l'enseignement secondaire, approuvés par arrêt ministériel No. 849, au date du 16 Septembre 1901*），未发表。

[3] 马尔特－布戎作品全称为《根据地球自然区划，描述了已知世界中所有帝国、王国、州和省的一个通用地理系统，是附有分析表、天气表和元素表的通用地理系统或新计划中对世界各地的描述》（*System of Universal Geography, Containing a Description of all the Empires, Kingdoms, States, and Provinces in the Known World, Being a System of Universal Geography or a Description of All The Parts of the World On a New Plan, According to the Great Natural Divisons of the Globe, Accompanied With Analytical, Synoptical, and Elementary Tables*）。这本书的法语全称为《普通地理概要；或新计划下对世界各地的描述》（*Précis de la géographie universelle; ou description de toutes les parties du monde sur un plan nouveau*，布鲁塞尔，1829 年）。我无法使用塔哈塔维的阿拉伯语译本，因此只好使用英语版本。以下段落摘自詹姆斯·珀西瓦尔（James G. Percival）的译本（波士顿，1834 年）。1838 年，塔哈塔维首次将马尔特－布戎的作品译为阿拉伯语版本。

[4] 康拉德·马尔特－布戎，《普通地理学系统》（*System of Universal Geography*），第 1 卷，序言，第 3 页。

道德、政治倾向和民族"性格"可以认识世界。因此，理论综述的最后一 [29]
"卷"标题为"关于人这种道德和政治生物；或政治地理学原理"。在该卷
中，马尔特 – 布戎划分国家的标准并不是自然现象的差别，而是各民族的
语言、宗教、政府形式、饮食习惯以及居住方式。他将世界上民主统治的
地区与神权政治和绝对君主制的地区划分开来，并提供了各种证据证明不
同地区居民的政治倾向。因此，马尔特 – 布戎意图使其地理学成为一门涵
盖全球的科学，全面分析了其外延和内核。其目的是驱逐欧洲边界之外的
怪物，并将"空间转变为地方"（convert space into place）。[1]

> 我们可以观察自然的主要特征；塑造地表多样化的山脉，界定地表
> 轮廓的海洋，以及纵横交错的川流峡谷。我们可以向地下开辟道路，穿
> 过洞穴和矿井……从而，尽最大努力探索地球结构。探究大气运动和温
> 度规律后，我们可以将动物、植物和所有无尽生长繁衍的地球生物根据
> 其原生区域进行划分。然后，基于人的自然状态和政治状态，我们将对
> 这幅画进行总结。我们可以依据外貌和性格对种族进行分类，依据人们
> 所使用的不同语言，或使人的心灵得到慰藉、堕落或受约束的信条，抑
> 或是标志着文明进步或黑暗野蛮的法律来对种族进行分类。[2]

因此，这种新的地理学可以视为一门科学，通过这门科学，人们可以
根据不同的自然现象将国家归类，并通过对举止、道德、习俗和脾性的实证
的、科学的分析，区分野蛮的民族和文明的民族。在马尔特 – 布戎的有序的

---

[1] 帕特里克·沃尔夫（Patrick Wolfe），《帝国主义的历史：理论的世纪，从马克思到后殖民主义》
（"History of Imperialism: A Century of Theory, from Marx to Postcolonialism"），《美国历史评论》
（*American Historical Review*）1997 年第 102 卷第 2 期，第 388—420 页。

[2] 马尔特 – 布戎，《普通地理学系统》，第 1 卷，第 1—2 页。

世界体系中，一个地区居民（无论是统治者还是被统治者）的行为犹如该地区的经纬度、地形和动植物，对于一个国家的定位和排名至关重要。

马尔特－布戎为读者呈现了数百页涵盖大量表格、图表和公式的"精确"（exact）科学，以次作为后序科学证据的序言。事实上，此章节专门致力于将"精确"科学应用于世界，应用于"一个又一个国家"（nation by nation），其中对道德、习惯和习俗（一连串"民族志"）进行了主观分类。例如，在"其总体自然地理"（Its General Physical Geography）这一章节中，阿富汗并不是特定的自然、物理形态或构造的产物。作者也未通过精确科学（如宇宙学）向读者展示阿富汗的方位。他将阿富汗的自然地理描述为"波斯的一部分，以东波斯闻名；但基于其物质的、国民的和政治的特点，它有资格被单独描述"。[1]

[30]

马尔特－布戎在描述阿富汗的特点之后，才给出它的精确地理位置（纬度和经度）和边界："北部边界兴都库什山脉（Hindoo Coosh）……将它与独立鞑靼（Independent Tartary）分隔开来。"根据作者的说法，这种公式是一种让步，当内部瓦解（implosion）在**认知**过程中至关重要时，科学和主观性就会相互瓦解。马尔特－布戎提道："我们甚至不应苛责自己和读者偶尔将我们的地形学描述与……轶事混在一起来说明人们的举止并以此为乐的行为，这通常是为了使人们记住地名，否则就很难记。"[2]

马尔特－布戎的地理理论和其他类似理论，创造了一个各国边界既固定又流动的世界。国家将继续按照自然现象来划界。然而，这些国家的定位又是基于各国公民可改变的习惯。换言之，阿富汗纵然毗邻"兴都库什山脉"，随着其政治和文化习俗进一步发展时，它又会被以某种方式与波斯联系起来。因此，对国家定位会使边界变得不太稳定：正如阿富汗，根据

---

[1]  马尔特－布戎，《普通地理学系统》，第 1 卷，第 322 页。

[2]  同上，序言，第 4 页。

民间和政治习俗，其国民被武断地视为波斯人或非波斯人。如果其特点改变，阿富汗也可以与其他国家联系起来。

　　除军事科学、工程、农业、工业和被视为国家发展一般性"政策"的文献以外，国家关心的是各国相对于其他国家的长处和短处，以及公民的私生活。翻译和出版此类文本时，不管是对他国还是本国公民而言，国家都在无形中扮演了一个民族志学者。翻译活动将社会经济改革政策、改革需要的知识和服从改革者的私人行为联系起来。有关"现代"世界的官方知识明确地将国家机关工作人员、公民行为导致的"民族性格"以及他们在世界国家体系中的位置联系起来。[1]

---

[1]　在此，我希望提请注意国家雇佣译员在两个领域（即"现代性"问题和"现代"习惯和行为的作用及意义）中的活动和利益，尤其注意与"女性问题"相关的问题是 19 世纪末和 20 世纪初民族主义辩论的核心：奥斯曼伊斯坦布尔和伊朗卡扎尔王朝。在伊朗卡扎尔王朝，特别是在阿巴斯·米尔扎王子（1833 年逝世，第一个领导激进改革和现代化项目的卡扎尔人）统治时期，要求翻译类似文本，这与奥斯曼和穆罕默德·阿里的改革并无二致。后来米尔扎·塔吉·汗（Mirza Taqi Khan）部长（又名阿米尔·卡比尔[Amir Kabir]）统治时期，他翻译的一些书籍被印刷传阅，阿米尔·卡比尔创建了伊朗第一所欧式高等教育机构——达拉弗农学校（Dar al-Founun）。19 世纪，达拉弗农学校的出版社出版了其教师的译文和原创作品。和语言学院创造的文章一样，达拉弗农学校出版的文章最初用于培养新军队和新官僚。（除了军事科学、工程和医学出版文章以外，我在此列出了其余标题。）阿巴斯·米尔扎翻译了伏尔泰的《查理十二世历史》《凯瑟琳大帝历史》《彼得大帝历史》。大量法国文学被译为其他版本，包括大仲马（Alexandre Dumas）和莫里哀（Molière）的一些作品。该校的许多出版物包括欧洲人和海外波斯人的旅行文学。（此项研究后不久，纳赛尔丁·沙[Nasr ad-Din Shah]——阿米尔·卡比尔在其机构任职——出版了自己在欧洲旅行和学习时撰写的四卷日记。）地理学译本众多，例如约 1850 年出版的《展示世界的贾姆希德高脚酒杯》（Jám-i-Jam），似乎是威廉·皮诺克（William Pinnock）《地理学》（Geography）的译本。该文章由阿巴斯·米尔扎之子法赫德·米尔扎（Farhad Mirza）翻译。在整个 19 世纪，无论是在地理学译本还是波斯人的作品中，"展示世界"（world-showing）的概念反复出现。参见爱德华·格伦维尔·布朗（Edward Granville Browne）的书籍，《现代波斯的报刊和诗歌》（The Press and Poetry of Modern Persia），剑桥，1914 年，第154—166 页。《现代土耳其的崛起》（The Emergence of Modern Turkey，伦敦，1961 年）中，伯纳德·刘易斯还指出，19 世纪 30 年代伊斯坦布尔的一项更为重要的改革是创办了一间"翻译室"（tercüme odasi），用于培养服务于奥斯曼帝国驻伦敦、巴黎和维也纳大使馆的政治家。翻译室的设立并未产生与语言学院相媲美的机构。直到 1868 年开设奥斯曼帝国加拉塔萨雷公立中学（Galatasaray Lycée），才算一所新国家官僚培养、语言及其他的成熟行政管理学校。但刘易斯指出，一些受过翻译室培训的国家行政官员不断地将各种欧洲文本译为奥斯曼土耳其版本。据刘易斯称，其中最值得注意的是除了长期担任驻巴黎大使和大维齐尔外，艾哈迈德·韦 （转下页）

# 国家派遣出国：学生代表团和欧洲考察

19世纪20年代和30年代，由穆罕默德·阿里派往欧洲的学生代表团的课程中包括戴平的另一部著作——《夜间娱乐》(*Evening Entertainment*)。[1]《夜间娱乐》是一部虚构的环游世界小说，书中一位父亲向他的孩子们讲述了自己作为世界旅行家的冒险经历。这本书旨在让学生们在开始研究整个地球时，了解地理和历史的"精确科学"。该课程所用的文本还囊括了彼得大帝等人物的传记、改革计划的历史以及各国习惯习俗的目录（包括公共习俗和私人习惯）。

鉴于其接受教育的方式，19世纪被埃及政府派往欧洲的学生们往往会关注欧洲和埃及的地理和道德位置，这并不奇怪。像语言学院一样，这些代表团的目标是收集和出版埃及以外世界的知识；留学生们不仅需要学习欧洲语言，还要学习欧洲彰显其现代性的所有制度。

穆罕默德·阿里教育改革的首项措施是从欧洲引进顾问和教员。这项措施最初设计用于军事改革。而后来，国家采用了更实用且实惠的方式，那就是直接将学生和年轻官僚派往欧洲学习先前欧洲人在开罗教授的语言

---

（接上页）菲克帕夏（Ahmed Vefik Pasha）还撰写了一本土耳其语词典，并将莫里哀的一些作品翻译为土耳其语。他还翻译了费奈隆的《特勒马科斯纪》(*Adventures of Télémaque*)，塔哈塔维和阿米尔·卡比尔达拉弗农学校的一名成员也翻译了此书。

我要感谢卡姆隆·阿明使我关注到了德黑兰译者们的翻译活动。

[1] 乔治-伯纳德·戴平（Georges-Bernard Depping），《夜间娱乐；或者，不同国家礼仪与风俗白描，穿插地理注释、历史学与传记学轶事与自然史描述》(*Evening Entertainment; or, Delineations of the Manners and Custom of Various Nations, Interspersed with Geographical Notices, Historical and Biographical Anecdotes and Descriptions of in Natural History*，费城，1817年）。蒂莫西·米切尔认为这本书的主旨乃是怠惰，而不是生产力。我认同米切尔的观点，他指出此书给出了消除懒惰的具体规范准则，且埃及国家改革计划包括创造更有生产力的埃及人。米切尔并未提及此书的其他内容，然而，其中重要的是通过道德和行为评估现代化进程。见米切尔，《再造国家》，第104—108页。

和科学。"将国民送往欧洲，发现自己国家所缺乏之处，以及需要西方人传授和教导之物"，这成为了穆罕默德·阿里的"标志性"（typical）做法。[1]早在 1809 年，他就开始派遣学生前往意大利学习如何建立军火工厂、军库和其他技术设施，以便教授国内埃及人进行同样的实践。曾经，埃及学生相继前往米兰、罗马和佛罗伦萨学习军事科学、造船、工程和印刷。1818年，第二批学生（约 30 名）被派往英国学习造船和力学。1818 年到 1826年之间，埃及无派出代表团的记录，直到 1826 年塔哈塔维所在的代表团被派往法国。[2] 由于其规模和上级组织，该代表团通常被视为首批真正的留学代表团。1826 年的代表团大约 40 人，均由国家选出。[3] 留学法国的 5 年期间，学生们的学习课程复杂，首先需要攻克的就是法语课程。代表团中大多数成员以土耳其语或阿拉伯语为母语；虽然有些人曾经在开罗学习了意大利语，但没有人学习过法语。据塔哈塔维描述道，学习法语课程期间，这些学生从早上 7 点到晚上 6 点一直都在学习，并不断练习。[4]

　　一旦学生们的法语流利到能接受更高水平的教育，他们就会开始其他学科的训练，如行政管理，包括民事的和军事的。工程学是指定的一门专业，机械学也是如此。军事科学的学习项目包括军事工程、炮术、金属铸造、武器制造和外交。此外，学生还可以学习印刷、平版印刷和雕刻课程。

[32]

---

[1] 海沃斯 – 邓尼（Heyworth-Dunne），《现代埃及教育史导论》（*An Introduction to the History of Education in Modern Egypt*），伦敦，1968 年，第 104—105 页。

[2] 据阿兰·希尔韦拉（Alain Silvera），1830 年，自早期代表团以来的大部分记录在档案存储地的大火中被摧毁。参见阿兰·希尔韦拉的《穆罕默德·阿里领导下的第一支埃及留法学生代表团》一文，载埃利·凯杜里（Elie Kedourie）和西尔维亚·格海姆（Sylvia G. Haim）编《现代埃及：政治与社会研究》（*Modern Egypt: Studies in Politics and Society*），伦敦，1980 年，第 1—22 页。

[3] 同上，第 8—9 页。

[4] 参见里发阿·拉斐阿·塔哈塔维，《巴黎精华》（*Takhlis al-ibriz fi-talkhis Pariz*），载穆罕默德·伊玛拉（Mohammad `Imara）编《里发阿·拉斐阿·塔哈塔维全集》（*al-`Amal alkamila li Rifa`a Rafi` al-Tahtawi*），贝鲁特，1973 年，第 2 卷，《国家教育政策》（*al-Siyassa wal-wataniyya waltarbiyya*），第 189 页。

医学核心课程包括化学、外科、解剖学、生理学和卫生学。其他学生还可以学习水力学、农业、博物学和矿业学。除了这些项目外，他们还将翻译作为特殊的学习课程。[1] 在法国，这些学生们时刻受到监督，并被要求遵守严格的军事纪律。学习法语期间，学生们都住在克里希路（Rue de Clichy）的一家旅馆里；一旦他们的学习项目开始不同，学生们就被送到各种廉租屋和校舍，或者和自己的指导教师一起居住。尽管纪律严明，学生很少有时间和埃及同伴以外的人交往，后来他们却被允许与法国人交往。周日，他们会去公园远足，去博物馆、书店和咖啡馆。

## 政治家还是居家者？里发阿·拉斐阿·塔哈塔维与盛大的巴黎之旅

　　长期以来，历史学家一直认为，派遣埃及学生出国留学的目的和议程非常狭隘，他们所获得的关于欧洲及其制度的知识只是为了服务于国家的改革和发展项目（即工业和军事基础设施）。学生们由于在国外留学期间受到严格的纪律要求和监督，常常与法国同龄人相隔离，因此少数研究学生代表团及其历史的学者得出结论：政府不希望本国的受监护人过多接触欧洲人。换言之，此类代表团的发起并非出于鼓励两种文化交流的目的。因此，历史学家们普遍认为，埃及只关心对改革项目"有益的"（useful）或对建设现代化国家和培养国家公务员"有帮助的"（instrumental）的学习，并

[33]

---

[1]　关于学生每日学习计划的详细叙述，参见塔哈塔维，《里发阿·拉斐阿·塔哈塔维全集》，第2卷，第189—193页。

不欢迎留学生探究当地居民的习惯、风俗和喜好。[1] 而从该国在 19 世纪 20 年代和 19 世纪 30 年代翻译的各种文本，及其"国家"风俗习惯的中心地位来看，此类结论似乎相当短视。尽管不能断定该国派遣学生出国留学的首要目的是评估现代欧洲人的生活习惯，但是不应该排除其国外探索与随后国内现代化建设的关系。

由国家"放任"（set loose）在巴黎学习多方面科学的学生中，最著名的就是塔哈塔维。他对"巴黎科学"（'ulum bariz）的调查记录，包括家庭方面，不仅是一部著名的阿拉伯文学作品，也是一部关于"现代性"及埃及人需要什么的开创性著作。塔哈塔维前往法国时，并不是政府的官员，而是爱资哈尔大学的毕业生。他被穆罕默德·阿里任命为代表团的伊玛目（imam）或宗教顾问，并负责监督和辅导学生。尽管如此，在法国生活期间，他学到了值得赞扬的法语知识以及解决将法语译为阿拉伯语时固有问题的知识。在巴黎，塔哈塔维花费了大量时间广泛阅读哲学著作（尤其是伏尔泰和卢梭的著作），以及小说、诗歌、历史和地理著作。离开法国回埃及后，他应用自己在法国学习到的知识和技能以服务国家。[2]

塔哈塔维是上埃及地主家族的成员，这个家族据说拥有巨大的财富和悠久的学术传统。虽然穆罕默德·阿里的土地改革极大地剥夺了塔哈塔维家族的财富，使他们的土地持有量大量减少，但这并没有结束塔哈塔维家族的

---

[1] 阿尔伯特·胡拉尼（Albert Hourani）认为，穆罕默德·阿里不想让学生过多地看到法国生活，因此采取了相当严格的隔离政策。然而，希尔韦拉认为，学生们实际上尽量多地出现在公众的视野中，并经常出现在巴黎读者面前。参见胡拉尼，《自由时代的阿拉伯思想，1798—1939》（*Arabic Thought in the Liberal Age, 1798–1939*），剑桥，1962 年，第四章；希尔韦拉《第一支埃及学生代表团》。

[2] 目前，有大量关于塔哈塔维的传记。沙亚勒的《翻译和文化运动史》；马格迪的《国家公仆的岁月精华》；以及吉尔伯特·德拉诺（Gilbert Delanoue）载有大量关于塔哈塔维及其事迹的《19 世纪埃及的穆斯林伦理学家和政治家》（*Moralistes et politiques musulmans dans l'Égypte du XIXième siècle*，第 2 卷，开罗，1982 年），其中对塔哈塔维作为翻译家、教育家和行政人员为国家服务的职业生涯进行了深入探讨。

子孙们在爱资哈尔大学接受学校教育的传统；因此，在 1817 年，塔哈塔维离开了上埃及，前往开罗，由此开始他的学业生涯。根据阿尔伯特·胡拉尼（Albert Hourani）的说法，在爱资哈尔大学，虽然塔哈塔维学习的是典型课程，但通过他的导师哈桑·阿塔尔谢赫（Sheikh Hasan al-´Attar），他接触到了新的"欧洲科学"。他的导师频繁出入拿破仑·波拿巴的埃及研究所（Bonaparte's Institut d'Égypte），是一位坚定的"新"欧洲科学支持者。[1] 阿塔尔为他的学生塔哈塔维争取到了一个头衔，那就是在新的埃及军队担任一个团的伊玛目，后来又成为 1826 年赴巴黎教育代表团的伊玛目。

[34]      除了众多翻译作品以外，塔哈塔维旅居法国期间最大的文学贡献是他的《巴黎精华》（*Takhlis al-ibriz fi talkhis bariz*）一书。该书于 1834 年由穆罕默德·阿里下令出版，详细叙述了塔哈塔维在法国的经历，他对法国社会、法国人、法国政府和法国经济的印象，以及法国习惯和习俗，最重要的一点是，该书描绘了法国的科学。塔哈塔维创作该书的目的显然是为了尽可能多地向埃及人讲述欧洲社会及其习俗，并就埃及如何参照法国的样子来打造自身制度提出了建议（尽管是以间接方式提出的）。[2] 穆罕默德·阿里向国家官员以及公立学校的学生免费提供了这本书。[3] 塔哈塔维解释了他写这本书的原因："我写这本书，是希望激励伊斯兰国家去研究国外的科学和研究；众所周知，欧洲的科学研究已经十分完善了……我想了解那些伊斯兰世界里所缺乏的东西。"[4]

---

[1]    关于阿塔尔（al-`Attar）、塔哈塔维和"科学"的内容，参见约翰·利文斯顿（John W. Livingston）的《里发阿·拉斐阿·塔哈塔维思想中的西方科学和教育改革》，《国际中东研究杂志》1996 年第 28 期，第 543—564 页。

[2]    该文本于 1839 年译为土耳其语版本。参见安瓦尔·鲁卡的法语版本，《巴黎的黄金：1826—1831 游记》（*L'Or de Paris: Relation de voyage, 1826–1831*），巴黎，1988 年。

[3]    德拉诺，《伦理学家和政治家》，第 388 页。

[4]    塔哈塔维，《里发阿·拉斐阿·塔哈塔维全集》，第 2 卷，第 4 页。

　　文学评论家罗杰·艾伦（Roger Allen）将《巴黎精华》收入被他称之为 19 世纪中后期埃及 "大旅行" 的文学著作之列。[1] 和 19 世纪后期出版的阿里·穆巴拉克（`Ali Mubarak）所著的《宗教世界》（`Alam al-din）一样，《巴黎精华》讲述的也是一个充满乐趣又宜人的异域国度，向埃及人展示了一个 "现代" 国家是如何构建和运作的。穆巴拉克的著作是对欧洲和欧洲人的虚构，主要通过一位爱资哈尔谢赫与一位英国东方主义者在欧洲旅行时发生的一系列对话写成。与该著作不同的是，塔哈塔维在他的著作《巴黎精华》中呈现的是他在法国旅行期间所观察到的 "事实"。但是，就这两部著作而言，作者穿越欧洲、遍访欧洲各大机构的旅行，无论是真实还是虚构的，都是展示法国社会的一种载体；两人都参观了欧洲的各大机构、游览了诸多不同的公共办事处、博物馆、公共图书馆、医院、银行、交易所、剧院，甚至还有私人住宅，让埃及读者 "看到" 欧洲是如何组织起来的，以及欧洲人的行为举止又是怎样的。[2]

　　虽然下一代的国家公务人员接受了塔哈塔维及其同伴在著作中表达的观点，并明确地将其家庭习惯与自身 "埃及性" 联系起来，但塔哈塔维没

---

[1]　艾伦认为在阿拉伯作家用于记录欧洲印象的系列作品中，《巴黎精华》是第一部。他声称欧洲 "大旅行" 的主题后来成为 20 世纪东西方关系系列小说以及自传的比喻，如塔哈·海珊（Taha Hussein）的著名自传《日子》（al-Ayyam）。参见罗杰·艾伦（Roger Allen）的《阿拉伯小说：历史与批判导论》（The Arabic Novel: An Historical and Critical Introduction），锡拉丘兹，1982 年。

[2]　罗杰·艾伦，《浅析〈伊萨·本·希沙姆〉：穆罕默德·穆瓦利对英国占领时期埃及社会的观点》（A Study of Hadith `Isa Ibn Hisham: Mohammad alMuwaylihi's View of Egyptian Society during the British Occupation），奥尔巴尼，1974 年。
　　虽然《宗教世界》（`Alam al-din）是虚构的欧洲之旅小说，但后来阿里·穆巴拉克（`Ali Mubarak）于 1867 年跟随代表团前往法国，当时他在伊斯梅尔的统治下担任教育部副部长，此行任务是考察法国学校。安瓦尔·鲁卡称，法国旅居期间，穆巴拉克的最大影响在于他的公共教育部活动。他按照法国国家图书馆（Bibliothèque Nationale de Paris）在开罗建造了赫迪威图书馆（Khedival Library），并帮助撰写了《1867 年法》（Law of 1867），该法将埃及的学校分为初等学校、中等学校和高等学校。鲁卡声称，像塔哈塔维一样，穆巴拉克在法国时习得了翻译方面的才能，并培养了自身对于历史和地理的喜爱之情。参见鲁卡，《19 世纪法国的埃及旅行者和作家》，第 87—88 页。

有留下迹象表明他已将自身的家庭行为与产生这些行为的"国家"联系起来。塔哈塔维有没有自称埃及人，或将自己区别于奥斯曼埃及（Ottoman-Egyptian）精英，一直是引起广泛争论的根源。塔哈塔维被贴上一个虔诚奥斯曼主义者的标签，他声称自己忠于穆罕默德·阿里和伊斯梅尔帕夏，因为他们是苏丹的代表。[1] 又有一些学者声称，塔哈塔维指责奥斯曼的统治导致了埃及的政治和经济衰退，并呼吁将埃及发展成为一个由埃及人自己统治自己的共和国。[2] 对于那些将塔哈塔维放在奥斯曼阵营的人来说，尽管塔哈塔维说阿拉伯语，在埃及拥有大片土地，并声称绝对忠诚于他所服务的政府统治者，但这些事实加起来也无法为他增添任何民族身份。塔哈塔维很可能将"地理科学"应用于埃及，或者应用于他自己与埃及的关系上，从而将他这类埃及人的习惯与埃及政府的形式和结构联系起来。即使塔哈塔维确实保持对奥斯曼帝国的忠诚，但他的知识和专业输出也提供了思考跨国身份和本国身份的方法。

《巴黎精华》由 6 篇随笔构成。前两篇是塔哈塔维法国之旅（先从开罗到亚历山大，然后从亚历山大到马赛的旅行）的开篇。第三篇和第四篇是对法国人及其"科学"、宗教、家庭生活和饮食习惯的总体描述。第五篇则是对教育代表团成员在法国的具体状况的描述，包括他们的生活条件以及感兴趣的科目等。最后一篇随笔讲述了法国的政治制度以及塔哈塔维对 1830 年革命的看法，他亲眼目睹了这场革命。

虽然《巴黎精华》描写的是塔哈塔维个人对法国的印象以及他在法国经

[35]

---

[1] 科尔，《中东地区的殖民主义与革命》，第 38—44 页；利昂·佐隆迪克（Leon Zolondek），《塔哈塔维与政治自由》（"Al-Tahatawi and Political Freedom"），《穆斯林世界》（The Muslim World）1964 年第 54 期，第 90—97 页。

[2] 胡拉尼，《自由时代的阿拉伯思想》，第 4 章；阿瓦德，《埃及现代思想史》，第 268—286 页；巴哈·塔希尔（Baha´ Tahir），《里发阿学派：文化和自由》（Ibna´ Rifa`a: al-Thaqafa wal-hurriya），开罗，1993 年，第 31—48 页。

历，但这部著作在许多意义层面上都符合"科学"的惯例，正如戴平和康拉德·马尔特–布戎的那些作品中所反映的科学惯例一样。[1] 和戴平、马尔特–布戎一样，塔哈塔维在对法国做总结时，也是以讨论如何定位法国以及如何将法国融入"世界体系"开始的。这本书的第三篇随笔《巴黎及其文明的记述》（"A Description of Paris and its Civilization"）的第一部分叫作"关于巴黎的地理位置以及巴黎人的风俗习惯"。这部分介绍了法国在地球上的确切位置、它的经度和纬度、法国与包括埃及在内的世界其他地方的距离，以及由此形成的法国气候等内容，这些都有助于读者了解法国的位置以及由此而产生的"法国"特征。用作者的话说：

> 巴黎位于北纬 49 度 50 分，也就是说距离赤道很远。巴黎与亚历山大港的距离是 769 帕勒桑 [2]，与开罗的距离是 890 帕勒桑，与圣地麦加的距离是 740 帕勒桑……巴黎离地中海不远，众所周知，法国人温文尔雅，这是因为法国的气候既不太热也不太冷。巴黎这座城市树木繁多、植被茂盛，这主要得益于所处的地理位置……巴黎共有 75 个公园，是巴黎人欣赏优美自然风景的好去处。[3]

[36]

　　就像马尔特–布戎倾向于主张科学与人的融合一样，塔哈塔维先前主张以科学方式对法国进行定位，但很快就转为不遗余力地探讨法国的地理位置或其居民的习惯和习俗。法国的社会和政治制度就是这样被揭露和分

---

[1]　塔哈塔维在其第三篇散文《巴黎人民》（"ahl paris"）的第二章（描述了一些制度和习俗）中提到了对戴平作品的翻译。参见塔哈塔维，《里发阿·拉斐阿·塔哈塔维全集》，第 75 页。

[2]　帕勒桑（parasang）是古波斯的距离单位，1 帕勒桑约合 3.5 英里（约为 5.6 公里）。

[3]　塔哈塔维，《里发阿·拉斐阿·塔哈塔维全集》，第 2 卷。此内容用于解释第 63—65 页。塔哈塔维将法国与世界上几乎所有其他国家联系在一起。他为国家及其周围的海洋命名；为欧洲以外的国家及其首都命名，便于读者理解巴黎的重要性。

析的。事实上，第三篇随笔中包含"巴黎人在家里的习惯""巴黎人的饮食""巴黎人的着装"等章节。塔哈塔维还在该篇中包含了一章有关公园、咖啡馆等娱乐场所的内容。

塔哈塔维专注于描写法国制度和习惯的章节与 19 世纪欧洲人关于埃及的旅行记录并没有太大的不同。例如，他对巴黎住宅的探讨，首先是简要描述巴黎街道的秩序、不同阶级之人所居住的房屋类型，以及建造这些房屋所使用的材料类型等。[1] 塔哈塔维说，对一个城市有了这样的概述之后，人们就可以推测出这个城市的人是文明的还是野蛮的。[2] 但是，正如与他同时代的许多欧洲人的作品一样，塔哈塔维对法国的描绘通常是从内到外进行的：他的关注点很快从巴黎街道转移到了一位巴黎上流社会之人的家中，在那里，塔哈塔维详细观察了此人家中陈列的所有物品以及家中发生的各项活动。和同一时期产生的欧洲旅行文学一样，塔哈塔维的记述非常详细地记录了这所房屋以及其中的物件："每个房间都有大理石壁炉，壁炉的架子上摆放着一个钟。在钟的两边各有一个由大理石或人造大理石制成的花瓶，里面插着各种真花和假花。花瓶的一侧是烛台……大多数房间里都有一架叫钢琴的乐器……并且大部分房间都挂着画。"[3] 塔哈塔维提醒读者注意这样一个事实，那就是巴黎中产阶级的家居装饰展现的是一个家庭的历史："大多数房间里都有照片，尤其是房屋'主人'父母的照片。通常，办公室里会陈列各种奇妙的艺术品和有趣物件，而这些物件很有可能是'主人'祖先的。"[4]

类似地，塔哈塔维也是通过他对房屋的调查得出有关巴黎人兴趣和癖

---

[1] 一方面塔哈塔维欣赏法国的建筑和工艺，但另一方面他认为巴黎人房屋建造材料普遍劣质，相比开罗建筑时，差距尤为明显。参见塔哈塔维，《里发阿·拉斐阿·塔哈塔维全集》，第 2 卷，第 107—109 页。

[2] 同上，第 107 页。

[3] 同上，第 108 页。

[4] 同上。

好的结论。例如，他说： [37]

> 　　如果是工作室或阅览室，那么就会摆放一张桌子，桌子上放着白纸和其他书写工具……我看到某个房间有放着不同类型文件的桌子，我也在上流社会人士的房间里看到了明亮的枝形吊灯，那种用蜡烛点亮的吊灯。我在接待客人的房间里看到桌子上放着一摞书和各种报纸，供客人们阅读……所有这些都使我相信法国人非常重视阅读。[1]

　　塔哈塔维在巴黎人住所的游历也让他相信男人和女人不会睡在同一间卧室。

　　他评论说：一般来说，法国家庭的特点是非常干净且十分有序（他只是把法国人与低地国家的人民相比较，例如他说低地国家的人民是世界上最爱干净且最有秩序之人），并提到巴黎人居住的房屋光线充足，空气流通，这提升了巴黎居民的总体幸福感。[2] 现代巴黎人的家庭习惯中，最吸引塔哈塔维的似乎是餐桌礼仪。虽然最初他对巴黎餐厅里出现桌椅感到有些震惊，但似乎是餐桌本身的井然有序引起了他的最大注意力。他说："餐桌上总是放着银制的刀子、叉子和勺子。对他们（法国人）来说，不用手去触摸食物，是一个卫生问题。因此，每个人面前都有一个盘子和一杯饮料……没人用别人的杯子喝饮料。盐和胡椒装在单独的容器里……餐桌上的一切都井然有序。"[3]

---

[1]　塔哈塔维，《里发阿·拉斐阿·塔哈塔维全集》，第 2 卷，第 108 页。许多埃及旅行者发现文学在法国十分流行。艾哈迈德·扎基（Ahmed Zaki）于 1892 年和 1900 年两次前往巴黎，他注意到即便是司机也知道如何阅读。对于他来说，巴黎众多图书馆的存在证明了法国人的文化程度。参见鲁卡，《法国的埃及旅行者和作家》，第 212 页。

[2]　同上，第 107—110 页。

[3]　同上，第 113—114 页。

关于女性在家庭中的地位、她们的活动和责任，塔哈塔维鲜有论及，他只是说所有家庭的财产及其陈列都会因"家中有女主人，换句话说就是房屋主人的妻子"而变得更加美丽。[1] 对此，他补充说：当客人来到家中时，首先欢迎他们的是"女主人"，随后是她们的配偶。塔哈塔维将这种情形与埃及进行比较后发现，在埃及，欢迎客人的是仆人。

关于巴黎上流社会人士走出家门后的生活习惯，塔哈塔维写到，男人和女人都会去剧院，他们在舞会上跳舞，周日去教堂做完礼拜后，会成对儿在公园散步。虽然所有这些活动都需要男女共同参与，并且也确实是基于男女共同参与之上的，但男女一起出现在公共场合这个事实并未引起作者的任何直接评论。塔哈塔维对法国女性在法国社会中的地位很少发表评[38] 论，更少谈到产生男女自由交往等风俗的原因。在这本书的开头，他倒是提到法国社会的一个有害特点是法国女性缺乏贞操。但是，对于缺乏贞操与法国社会的习惯和习俗之间的关系（如有的话），塔哈塔维给读者留下了空间，让他们自己得出结论。他说："法国人不好的素质之一就是很多法国女人缺乏贞操……在法国，通奸是二等罪（尤其是在那些没有结婚的人之间），而不是大罪。"[2]

塔哈塔维还提到，巴黎人非常关注自己的健康，他说法国人习惯去澡堂洗澡，也可以在买来的浴缸里在家里洗澡。他还提到了巴黎中产阶级人士有参加塞纳河畔学校（*madaris*）的习惯，男男女女都可以在那里学习游泳，以保持身体健康。[3] 他说，如果关心身体和健康就代表智慧，那么法国人无疑是所有民族中最有智慧的。

在描绘完巴黎上层社会人士的习惯和日常活动后，塔哈塔维带着读者

---

[1]  塔哈塔维，《里发阿·拉斐阿·塔哈塔维全集》，第 2 卷，第 108—109 页。

[2]  同上，第 121 页。

[3]  塔哈塔维称之为维持健康"政治"（*siyasat al-siha*）。同上，第 128—130 页。

开启了另一场旅程，那就是游历巴黎已诞生过无数"科学"的各大机构，此次旅程首先从全面参观巴黎图书馆开始，他记录了图书馆里面有哪些图书以及这些图书是如何陈设的，并且还评价法国男性和女性能阅读的比例很高。阿瑟纳尔图书馆、法兰西学术院、植物园大受推崇，无论是内部还是外部，无论是学者还是普通巴黎人，它们的实用性和使用频率都无法论比。这样，读者也"参观"了各大博物馆。

塔哈塔维指出：对中产阶级和上层社会的法国男性，和一定比例的法国女性而言，从小学到大学的各种学校是他们日常生活中的"普遍"存在，正是这些学校创造了科学奇迹。在塔哈塔维的"机构"之旅中，他参观了配置有天文学和工程学"工具"的各大"音乐学院"，以及各类"学院""研究院"和"公立中学"，这些都是诞生和传播科学的地方。例如，关于巴黎的各种"皇家学院"，他说："这些学院是学习和应用重要科学的学院。巴黎共有五所皇家学院，人们可在这里学习工业与写作、古代和西方语言、数学与工程、历史与地理、哲学等……每年都有大量的人被这些学院录取。"[1] 对于学校的广泛普及以及法国政府对教育的财政支持，塔哈塔维印象深刻。法国有大量报纸和杂志，并且每天都在印刷，通过这些报纸和杂志，法国[39] 人可以"在教室外"接受教育，而且报刊杂志的种类繁多，阅读报刊杂志的人也非常多，这些也是塔哈塔维极为感兴趣的。根据塔哈塔维的说法，巴黎人对阅读和教育的专注是推动法国科学非凡发展的原动力。他说："在巴黎，科学每天都在进步……没有哪一天法国人没有新发现。几年来，他们甚至发掘了很多新的学科，诸多新的行业，以及许多新的流程。"[2]

在结束他的旅行后，塔哈塔维停下来提醒读者什么已经完成了，什么被"看到"了，什么被他纳入了现代性的描述中。他刚刚参观了巴黎的"科

---

[1]　塔哈塔维，《里发阿·拉斐阿·塔哈塔维全集》，第 169 页。

[2]　同上，第 132 页。

学"，科学是法国进步的根基，也是法国取得成功的源泉。他声称，从这些科学中涌现出了很多意识形态和实践：

> 汇集巴黎各类科学的科学年鉴；新的人口普查、经更正的婚姻登记名册等类似事项。
>
> 每年都会出现很多年鉴，记录艺术和科学方面的新发现，记录政府事务，并按姓名、地址和职业列出法国的精英人士。如果有人需要这些家庭成员的姓名，或者需要查找他们居住的房子，只要看看年鉴即可。
>
> 在巴黎，人们在家里都有专门用来读书的房间，还有公共阅览室，他们在那里学习，阅读所有最新的报纸、杂志和书籍。巴黎人借阅他们需要的书籍，读完之后再还回去。[1]

于是，科学产生了许多习俗。它引发了很多年度发现，这些发现编录在新的出生和死亡记录以及政府编制的已婚夫妇名单中。国家和公民都有权过问其他公民的家事；感兴趣的读者从自己的家庭就可对此类事件一探究竟。组织良好又科学的国家，涉足公民的私人事务和家庭事务，并将其了解到的这些事务公开。

在对法国国家进行讨论后，塔哈塔维结束了他对巴黎的记述。他写了一章关于"法国的国家构成"（*tadbir al-dawla al-faransiyya*），"目的是让我们了解法国是以何种方式组织起来的，这样我们就可以通过大部分组织原则充分受益，并且法国的非凡成就将助益所有寻求者"。[2] 以某种谱系学的方式，塔哈塔维把政治领域的组织结构与教育和家庭习惯联系起来。

---

[1]  塔哈塔维，《里发阿·拉斐阿·塔哈塔维全集》，第 2 卷，第 172 页。

[2]  同上，第 93 页。

# 开罗日益现代化的面貌

[40]

　　随着国家现代化的持续推进，开罗的部分地区开始呈现出塔哈塔维文本中描述的面貌。虽然开罗地区最重大的变革直到 19 世纪 60 年代才在伊斯梅尔的统治下发生，但穆罕默德·阿里及其继任者的统治见证了开罗出现塔哈塔维所描述的现代性标志。

　　在 1808 年，穆罕默德·阿里开始在开罗古城墙以北的舒布拉修建一座带花园的欧式宫殿。连接宫殿和城市的是一条宽阔的大道。为了进一步彰显家族掌权，他于 1812 年将注意力转向了城堡，他下令清除了几乎所有的马穆鲁克建筑，并代之以自己的宫殿、军营、政府建筑，以及后来的清真寺。总督的现代化成果，还体现在开罗及其周边村庄和省份出现的棉花厂、丝绸厂和造纸厂上，这里出现了工业繁荣，并且一直持续到 19 世纪 20 年代末。[1] 同样，开罗以北的布拉克，1818 年建造了纺织厂，1820 年建造了铸铁厂，1822 年建立了国家出版社。开罗和布拉克也开设了学校；1821年，在布拉克土木工程学院成立，该学院于 1834 年成为一所多学科工业学院。[2]1827 年，阿布扎巴尔（Abu Za`bal）医学院和医院在开罗北部成立。1835 年，语言学院在阿兹巴基亚（Azbakiyya）成立。

　　穆罕默德·阿里在他执政的后期关注的是开罗的公共工程。他颁布了清理、清扫和拓宽街道的相关法律。根据一位欧洲人的报告，1832 年，开罗的街道一天清扫三次，收集的垃圾在城外焚烧。[3] 总督禁止人们在屋内使

---

[1]　马尔索，《穆罕默德·阿里统治时期的埃及》，第 7 章。

[2]　珍妮特·阿布 – 卢戈德（Janet Abu-Lughod），《开罗：胜利之城的 1001 年》（*Cairo: 1001 Years of the City Victorious*），普林斯顿，1971 年，第 90—91 页。

[3]　引自安德鲁·雷蒙（André Raymond），《开罗》（*Cairo*），威拉德·伍德（Willard Wood）译，剑桥，2000 年，第 301—302 页。

用通常悬挂于街道上的木制栅格结构（*mashrabiyya*）覆盖窗户，同时下令代之以玻璃窗户。[1] 穆罕默德·阿里在 1845 年成立了一个专门负责城市秩序和组织的委员会，这标志着开罗的进一步转变。他命令该委员会给街道命名并对街道两边的建筑物进行编号。[2] 该委员会提议拆除某些旧街区，然后修建两条宽阔的林荫大道，以此开放开罗这座城市，但这个项目是在伊斯梅尔的领导下才完成的。

[41] 　　与此同时，穆罕默德·阿里和他的精英阶层（奥斯曼人和阿拉伯裔埃及人）开始采用新的居住方式。总督及其家庭成员以及掌权的精英们在开罗各地修建房屋和宫殿。[3] 但是，他们并没有按照其先辈的风格建造。穆罕默德·阿里于 1811 年杀光了马穆鲁克人，他们的建筑风格也随之消亡。但是，曾经容纳 150 至 200 人的马穆鲁克人房屋并没有被拆毁，事实上，总督将其作为礼物赠送给了家人。新的住宅风格很快取代了旧的形式，每一所住宅都只容纳一个家庭，而不是家庭联合会。到 1850 年，一种希腊风格的住宅，叫作君士坦丁堡式住宅，受到了穆罕默德·阿里家族和新精英阶层的欢迎。据阿里·穆巴拉克说，新的精英阶层们为效仿王室而开始修建君士坦丁堡式住宅，[4] 并且穆巴拉克本人就住在这样的房屋里。到 19 世纪下半叶，这种潮流在新古典主义和洛可可风格的冲击下黯然失色。所有这些都成了新精英阶层地位和权力的象征。19 世纪 50 年代，阿拉伯裔埃及人崛起成为官僚阶级，他们获得了土地，越来越渴望与有着土耳其背景的公

---

[1] 据说之所以禁止木制栅格结构，原为预防火灾发生。然而，一些历史学家认为，帕夏打算通过新的建筑风格标志新时代的到来。珍妮特·阿布－卢戈德，《开罗》，第 94 页。

[2] 同上，第 96 页和第 106 页；尼哈尔·塔姆拉兹（Nihal Tamraz），《19 世纪开罗的房屋和宫殿》（*Nineteenth-Century Cairene Houses and Palaces*），开罗，1998 年，第 5 页。

[3] 塔姆拉兹，《19 世纪开罗的房屋和宫殿》，第 1 页。

[4] 阿里·穆巴拉克（`Ali Mubarak），《陶菲克的开罗新计划：古城和名城》（*al-Khitat al-tawfiqiyya al-jadida li misr al-qahira wa muduniha wa biladiha al-qadima wa-al-shahira*），第 1 卷，开罗，1980 年，第 214—216 页，引自塔姆拉兹，《19 世纪开罗的房屋和宫殿》，第 26 页。

务人员划清界限，从而催生了一种新的埃及官僚文化。"他们（阿拉伯裔埃及人）觉得有义务以某种方式生活，购置"恰当的"房子，并适当装修。"[1]历史学家罗伯特·亨特（F. Robert Hunter）认为，到 19 世纪 60 年代，官僚精英阶层的土地所有权和生活习惯缓解了奥斯曼土耳其人和阿拉伯裔埃及人之间的分裂，取而代之的是共同的利益和共同的"埃及"官僚文化。虽然这两个群体在谁有权统治埃及的问题上仍然存在敌意，并且埃及人对自己实际上被排除在军事和民事管理的最高层之外感到不满，但个人财富使这两个群体之间有了更多的共同点。[2]

开罗的外在变化显然不只是对穆罕默德·阿里教育和翻译项目所产生的文本的简单反应，开罗不仅仅是"按照书本"发生变化。总督对建设和发展的授权满足了日益繁盛的埃及精英阶层在品味和需求方面的变化。精英阶层通常不会把投资回报用于他们的土地。相反，他们习惯把获得的利润花在消费和欧式生活方式上。[3]

当这些新的住所在开罗各地修建起来时，阿拔斯开启了建造社区的习俗，专门为那些国家公职人员提供住房。宫殿建筑显然是阿拔斯帕夏的最爱，他为自己建造或重建了七座宫殿。[4] 他最著名的宫殿之一，位于一个以他的名字命名的叫作"阿拔斯亚"（`Abbasiyya）的新郊区的核心位置，阿拔斯亚位于开罗东侧的沙漠中。阿拔斯授予身边的王室成员土地，并命令他们建造宫殿。[5] 阿拔斯亚的建筑景观包括军事学校和军营、阿拔斯宫殿和医院。[42]此外，这个地区也逐渐发展出一些商业活动。阿拔斯修缮了开罗与阿拔斯亚

---

[1]　亨特，《赫迪夫统治下的埃及》，第 100 页。

[2]　同上，第 99—110 页。

[3]　托莱达诺，《"漫长 19 世纪"的社会和经济变革》，第 274—275 页。

[4]　托莱达诺，《19 世纪中叶的埃及国家和社会》，第 54 页。

[5]　塔姆拉兹，《19 世纪开罗的房屋和宫殿》，第 46 页。

之间的公路，使自己及其部长们出行更容易，同时也使这片地区对精英阶层
更具吸引力。历史学家和旅行者对阿拔斯的宫殿是这样描述的："阿拔斯宫
殿树立了一个美丽宫殿的典范，而阿斯巴本人和其他皇家王子们都偏爱按照
欧式建筑风格建造的宫殿。"[1] 对于埃及房屋，一位欧洲旅行者的描绘与塔哈
塔维的描述有类似之处："内部有装饰华丽的砌砖大厅。家具有时也很华丽，
风格大多是路易十四式，而不是摩尔式……所有的一切都来自巴黎：各类织
物、门、桌子……所有物品。"[2] 阿拔斯还在开罗和亚历山大港之间修建了一
条铁路，并且还开始修建一条连接首都和苏伊士的支线。彼时，开罗成为了
铁路枢纽，越来越多的埃及人可到达开罗。出于对阿拔斯的仇恨，赛义德中
止了阿拔斯亚地区的发展计划，让其陷入了被忽视的境地。但是，在伊斯梅
尔的领导下，这个街区又开始繁荣起来，他在阿拔斯亚修建了两座宫殿，并
在 1867 年为这个街区铺设了一条输水管道。[3]

陶菲克居住在阿拔斯亚附近，在他的统治下，阿拔斯亚又经历了一段
发展期。1896 年，当开罗的有轨电车开通时，该街区成为理想的居住区。
街区的东边是别墅和豪宅，里面住着欧洲人和最精英阶层的埃及人，而西
边生活的则是埃及中产阶级。19 世纪 70 年代，开罗人口增长，同时也有
英国官员及其家人搬来开罗，这些也促进了阿拔斯亚以及开罗其他中产阶
级郊区的持续发展，包括法格拉（al-Faggala）、达希尔（al-Dahir）和萨卡
基尼（Sakakini）。

开罗面貌彻底焕然一新，是在伊斯梅尔统治时期。伊斯梅尔认为埃及属

---

[1] 伊斯梅尔·萨汉克（Ismail Sarhank），《关于海洋国家的事实》（*Haqa'iq al-akhbar `an duwal al bihar*），第 2 卷，布拉克，1898 年，第 260 页。引自塔姆拉兹，《19 世纪开罗的房屋和宫殿》，第 45、46—47 页。

[2] 加斯帕林伯爵夫人瓦莱里·博西耶（Valérie Boissier de Gasparin），《黎凡特游记》（*Journal d'un voyage au Levant*），巴黎，1948 年。引自塔姆拉兹，《19 世纪开罗的房屋和宫殿》，第 42 页。

[3] 雷蒙，《开罗》，第 307 页。

于欧洲而不是非洲，因此他希望让开罗看起来像一座欧洲城市。在1864年至1865年间，他创建了公共工程部，以帮助完成开罗的转型计划。他出席了1867年巴黎世界博览会，亲眼目睹了豪斯曼（Hausmann）作品的巅峰。回国后，总督决心按照他在欧洲看到的样式改造开罗。他指派阿里·穆巴拉克承担监督公共工程部的任务，并委托穆巴拉克负责开罗的现代化工作。他给穆巴拉克布置了三项任务，分别是：建造一个以总督名字命名的郊区，重新开发阿兹巴基亚，以及起草一份开罗现代化总体规划。[1]

[43]

伊斯梅尔希望在1869年向出席苏伊士运河通行仪式的外国政要们展示开罗的新面貌。他颁布了拓宽街道的法律，尤其是伊斯梅利亚（Isma`iliyya）和阿兹巴基亚的街道。阿兹巴基亚是伊斯梅尔使开罗豪斯曼化的核心；他下令拆除阿兹巴基亚的老旧建筑、街道和小巷，代之以宽阔的街道、豪宅和政府建筑。因此新的街区中出现了新的商店、娱乐场所、花园、歌剧院。那些愿意建造君士坦丁堡式住宅的人将获得政府赠地。

伊斯梅尔开始开发以自己名字命名的社区。他以网格形式布置街道，并为房屋提供了最现代化的便利设施。到1865年，街道上开始点缀着瓦斯灯，而两年后，精英阶层的家中开始有了自来水。和他在阿兹巴基亚所做的一样，伊斯梅尔向有能力建造华丽欧式房屋的人提供免费土地，以此鼓励他们来此新社区发展。总督计划将此社区变成一个欧洲化社区，并通过它向外国游客炫耀。

正如莫娜·拉塞尔在其对新精英阶层中消费主义兴起的研究中所表明的，埃及媒体为上层阶级明确说明了如何装饰这些新房屋。[2]到19世纪80年代，各种期刊开始为读者提供有关房屋地理位置（如配备有各种现代化设施[最好是学校和医院]的社区）、建筑材料和邻居选择等方面的建议。

[1]　珍妮特·阿布－卢戈德，《开罗》，第105页。

[2]　拉塞尔，《创造新女性》，第81—85页。

关于样板房，从 19 世纪 80 年代后期开始，学校教科书中给出了有关房屋中房间类型的精确细节，建议读者应购买带藏书室的房子。对于这些新家庭来说，合适的家具、恰到好处的装修与整洁性一样重要，因此各种期刊都在长篇大论地讨论适合现代精英阶层家庭的卫生习惯和房屋装饰。

在伊斯梅尔和陶菲克的领导下，开罗还陆续修建了动物园、公园、饭店、音乐学院、图书馆、博物馆、剧院、体育俱乐部和学校。国家剧院于 1868 年建成揭牌，歌剧院于 1869 年对外开放。1870 年，埃及国家图书馆（Khedival Library）向第一批读者开放。1875 年，埃及国家地理协会（Khedival Geographic Society）成员庆祝了埃及国家地理大楼的落成典礼。[1]

[44] 新精英阶层的风俗习惯也由此开始改变。尽管一些精英阶层偏爱传统服装，但许多埃及男女开始穿着欧式服装。精英阶层女性穿着来自巴黎的时装，用土耳其毡帽（fezes）取代了头巾，乘坐马车比骑马出行更普遍。[2] 埃及精英阶层以雪茄和香烟替代了水烟，而伊斯梅尔本人就是雪茄的忠实拥护者。[3] 尽管如此，但并非所有西方化创新都被埃及人所接受。实际上，当地媒体展开了关于如何把握接受西方风俗习惯的程度的辩论。一些奥斯曼土耳其裔和阿拉伯裔倾向于抵制创新，他们宁愿坚持自己的传统。[4]

这种变化也明显体现在男女关系中。直到 1877 年，当白人奴隶习俗被废除时，埃及的精英阶层开始选择切尔克斯女性作为妻妾。除统治家族外，一名男子在四位合法妻子外还有多个妾的情况并不常见，虽然埃及对男子纳妾的人数并无任何限制。[5] 对阿拉伯裔家庭和奥斯曼土耳其裔穆斯林家庭而

---

[1] 阿布 – 戈卢德，《开罗》，第 106 页。

[2] 亨特，《赫迪夫统治下的埃及》，第 103 页。

[3] 拉塞尔，《创造新女性》，第 33 页。

[4] 科尔，《殖民主义与革命》，第 33—34 页。

[5] 朱迪思·E. 塔克（Judith E. Tucker），《19 世纪的埃及妇女》（*Women in Nineteenth-Century Egypt*），剑桥，1985 年，第 182 页。

言，在奴隶市场购买的来自高加索的女孩是他们地位的象征。这些女孩通常都是小时候被买来，然后在内闱中培养成为精英人士。她们接受传统的伊斯兰教育，或者，随着时间的推移，由居住在埃及的欧洲人妻子和女儿提供家庭教育。[1]穆罕默德·阿里及其继任者都对他们的女儿进行了教育。伊斯梅尔和陶菲克的女儿接受了欧洲女家庭教师的教导，赫迪夫和高级官员的女奴隶也是如此，这些女奴通常在被释放后嫁给自己主人的儿子。[2]

将白人女性奴隶作为妻妾是马穆鲁克时代残留下来的习俗。为了补充他们的队伍，马穆鲁克人经常从埃及以外的地区（主要是从高加索地区）购买大量奴隶，并维持妻妾众多的庞大后宫。尽管妾并不享有与马穆鲁克妻子同等的正式权利，但她们仍被视为家庭的一员，一旦她们为自己的主人生了一个儿子，就会获得释放。通常，奴隶一旦生下男孩，就会被当作妻子。众所周知，马穆鲁克人也会释放他们的奴隶，并把她们嫁给其他马穆鲁克人或高等级的埃及人。[3]即使在奴隶制被废除后，一些精英阶层的埃及人仍将白人奴隶占为妾室。但是，越来越多的政府官员实行一夫一妻制，尽管还不是很普遍。自19世纪70年代起，虽然精英阶层往往不止结一次婚，但他们一次只娶一位妻子，这种模式被阿里·穆巴拉克等国家公务人员采纳。[4]伊斯梅尔是一夫多妻，但陶菲克不是。随着越来越多的男性接受教育，他们开始坚

---

[1] 参见胡达·沙拉维（Huda Shaarawi），《闺房岁月：埃及女性主义者回忆录（1879—1924）》（*Harem Years. The Memoirs of an Egyptian Feminist [1879-1924]*），玛戈特·巴德兰（Margot Badran）译，纽约，1987年，尤其是第1、2部分。参见埃尔米内·福阿特·图戈伊（Ermine Foat Tugay），《三个世纪：土耳其和埃及家族史》（*Three Centuries: Family Chronicles of Turkey and Egypt*），韦斯特波特，1973年，尤其是第8、11、12章。

[2] 塔克，《19世纪的埃及与妇女》，第182—183页。

[3] 参见上书；和默瓦特·哈坦姆（Mervat Hatem），《实行隔离的父权制度下的性别政治：18和19世纪埃及的案例》（"The Politics of Sexuality and Gender in Segregated Patriarchal Systems: The Case of Eighteenth-and Nineteenth-Century Egypt"），载《女性主义研究》（*Feminist Studies*）1986年第12卷第2期，第257—259页。

[4] 亨特，《赫迪夫统治下的埃及》，第102页。

持与受过教育的女性结婚，友伴式婚姻由此开始流行。

[45]　　因此，虽然到了穆罕默德·阿里及其后裔崛起的时代，开罗的大部分地区仍没有任何改变，但是，随着新建筑、新习惯和新时尚的不断引进，开罗的一小部分城市面貌开始发生变化。[1]随着世纪的发展，越来越多的开罗居民开始自称为埃及人，并将自己的习惯称为"现代"埃及人的习惯。


<h1 style="text-align:center">结　论</h1>


　　在比较塔哈塔维和与之同时代的爱德华·雷恩（Edward Lane，当塔哈塔维在法国时，爱德华·雷恩在埃及）写作的旅行文学时，文学评论家桑德拉·纳达夫（Sandra Naddaf）注意到两人的探究对象颇有相似之处。她认为，塔哈塔维和雷恩所创作的旅行文学之间的本质区别在于，两位作者试图将自己融入或者抽离其旅途风光的程度不同。她表示，塔哈塔维愿意寻找自己国家与欧洲之间的相似之处，而雷恩则是简单地被二者之间的差异所吸引。纳达夫认为，雷恩是为保持自己与埃及之间的距离而去搜寻并将其注意力集中在陌生和奇特之物（彻头彻尾的外国事物）上，而塔哈塔维则是尝试从他在法国所看到的事物中看见自己和自己的社会。[2]

―――――――――

[1]　拉塞尔，《创造新女性》。

[2]　桑德拉·纳达夫，《镜像：里发阿·塔哈塔维和西方》（"Mirrored Images: Rifaà al-Tahtawi and the West"），载《阿利夫：比较诗学杂志》（*Alif: Journal of Comparative Poetics*）1986 年第 6 期，第 73—83 页。雷恩是一名阿拉伯裔英国学者，他被埃及深深迷住，并于 1825 年前往埃及创作出一部关于埃及人民及其历史遗迹的作品。后来，雷恩在埃及定居三年，其间写了一部民族志研究，名为《现代埃及人的风俗习惯》（*An Account of the Manners and Customs of the Modern Egyptians*）。

纳达夫引用雷恩的话指出：虽然欧洲咖啡馆和开罗咖啡馆有很多相似之处，但雷恩的任务是将开罗的咖啡馆认定为一个"与众不同的地方，一种专门针对其所处文化而存在的机构……没有任何物理特征能够表明开罗咖啡馆与西方咖啡馆存在可比性"。[1] 他痴迷于一种据说在咖啡馆里吸食的大麻，以及在咖啡馆中表演的音乐家和说书人，雷恩完成了作为东方学家的任务，即通过远距离观察，脱离东方来了解东方。

纳达夫认为，塔哈塔维是另一种痴迷形式的受害者，即将西方视为东方的一面镜子。对塔哈塔维而言，"了解"是一件在东方和西方两极之间"穿梭"的事情，也是一件自我反省的事情。在下面引用塔哈塔维的话中，纳达夫找到了她所认为的东方旅行文学背后"驱动力"："第一次去这家咖啡店的时候，我以为这是一座繁华的城市，因为人太多了。一群人进进出出，他们的影像会出现在每一面镜面墙上，所以无论他们是坐着、在走路还是站着，他们的人数似乎都在增加。然后，咖啡馆看起来似乎在无限延伸，直到我在镜子里看到自己的影像。"[2]　　　　[46]

纳达夫当然是正确的，她认识到埃及旅行文学就像一面镜子，在"现代"国家的面貌和制度中让人们看到埃及自身的影像。但是，关于塔哈塔维开展工作所基于的社会氛围，还有另外一个说法。塔哈塔维在描述法国咖啡馆中使用的镜子象征着支撑《巴黎精华》等类似文学创作的项目。埃及从欧洲这面镜子看到了自己，自然就会被置于它试图效仿的国家等级制度中。但是，镜子并不代表埃及人愿意看到相似之处而欧洲人只能看到差异，这揭示了塔哈塔维作为穆罕默德·阿里统治国度下的公务员所面临的危急关头。

19世纪初埃及建立国家的过程使埃及国家、公民和埃及境外世界之间产生了一种对应关系。作为一名民族志学家，无论是稀里糊涂地还是有意

---

[1]　纳达夫，《阿利夫》，第75页。

[2]　同上，第75—76页。此为纳达夫的翻译。

为之，穆罕默德·阿里通过一群公务员创作了大量关于现代性及其象征的文学作品和蓝图。那些以扩大国家及其统治范围为目的而产生和出版的文学作品，涉及并记录了国内外公民的家庭领域，并将其作为衡量现代性的一把码尺。通过"旅行文学"，埃及开始认为自己是现代国家，并为自己设想了在现代世界中的地位。

很明显，埃及国家创作的民族志和民族志学者在 19 世纪期间走出了语言学院和学生代表团的教室。随着 20 世纪的发展，塔哈塔维和阿里·穆巴拉克编写的文本被公立学校系统用作教科书。例如，《世界地理大全》（*Céographie universelle*）的翻译艾哈迈德·侯赛因·拉什迪（Ahmed Hussein al-Rashid）在开罗医学院任教并从事翻译工作。同样，将伏尔泰的彼得大帝历史翻译成阿拉伯语的艾哈迈德·阿比德·塔哈塔维（Ahmed `Abid al-Tahtawi）后来成为开罗商会（*Wakil majlis al-tujar*）的代表。负责翻译《统治法国者最高级行为》（*The Superlative Behavior of the Men who have Governed France*）的阿卜杜拉·阿布·萨乌德（`Abdullah abu al-Sa`ud）是翻译局的一[47]位杰出人物，他在 19 世纪后期成立的师范学院（*Dar al-`Ulum*）任教，后来成为伊斯梅尔·帕夏的宫廷报刊《尼罗河谷》（*Wadi el-nil*）的主编。[1] 从师范学院开始，现代"制图"和地理被纳入中小学课程，因此，以至于后来的埃及学龄儿童都了解家庭行为与国家位置之间的关系。

---

[1]　参见沙亚勒，《翻译和文化运动史》，第 3 部分。

# 第二章 埃及国内：
## 闺房、小屋和西方建构的国家面貌

埃及现代化和集权化催生了一夫一妻制、中产阶级夫妇和现代单一家庭居住方式等产物，而与此同时，欧洲旅行者却强调埃及的一夫多妻制、大家庭、永恒的家庭习俗，以及奇异的性生活习惯。虽然埃及的上层阶级假定现在的婚姻和家庭关系实际使他们在文化上与前面几代的埃及精英阶层区隔开来，但欧洲旅行文学将19世纪的埃及人与一系列社会、文化和政治传统联系在一起，而这些传统与当代改革计划的现实几乎没有任何关系。19世纪展开的"控制"埃及的斗争，不仅涉及现实政治层面，而且在话语层面也产生了激烈交锋。[1]精英阶层的埃及人越来越多地用维多利亚时代的欧洲人所熟悉的术语来定义自己，而西方作家则决心将埃及上层阶级的习惯和习俗与他们想象中的习俗或过去的传统相联系。[2]

本章思考旅行文学在19世纪构建埃及的西方图景中的作用，以及后来对塑造英国政府对"埃及问题"的后续理解所发挥的作用。当19世纪的欧洲艺术和旅行文学将巴勒斯坦地区描述为人口不足、缺乏制度时，他们也

---

[1]　此为爱德华·萨义德在《东方学》和蒂莫西·米切尔在《再造国家》中提出的论点。

[2]　参见本书第三章。

把埃及的形象刻板化和一般化了。[1] 用上层阶级闺房的家庭习惯和性政治、
[49] 肮脏的农家小屋来定义埃及的国家形象，有助于英国人了解他们在 1882 年
占领的领土，也有助于他们的埃及改革计划，以及阐明对最终撤退条款的
表述。

在埃及被占领之前的那个世纪，旅行文学和旅游指南中很少在不提及
其家庭空间的情况下描述或描绘埃及。上流社会闺房和与之对照的农家小
屋（虽然西方旅行者对它们感兴趣）中的日常习惯，构成了 19 世纪中后期
令人关注的两个固定对象。要了解埃及和其独特的政治、经济制度，就要
走进埃及人的家庭，穿过家庭的内部空间，看到家中的女性。在 19 世纪，
欧洲人逐渐从埃及人的住所中了解埃及。

虽然东方专制主义的故事让 17、18 世纪的欧洲读者感到敬畏和恐惧，
但似乎正是这些专制独裁者的众多妻子引发了 19 世纪人们的想象。在维多
利亚时代，随着女性家庭地位的概念被越来越严格地定义并清晰表达，与
之相对立的另一个概念也变得越来越清晰。当维多利亚时代的人越来越推
崇女性作为母亲、家庭主妇、家庭"科学家"和丈夫的伴侣时，他们却贬
低了那些在其幻想中与世隔绝、遭受迫害而又无助的妻妾，认为她们仅仅
是欲望、权力和无限任性的对象。当维多利亚时代的"家庭天使"在家里接
受教育和技艺培训，并且在家里相对独立时，她的另一面（埃及女性）却
是文盲、无技艺、懒惰、落后且无助的。同样地，与维多利亚时代将自由
扩大到自己妻子和女儿的理想丈夫相反，中东地区的男性既不是伴侣，也
不是解放者。相反，他们残酷而又无理，在私人和政治领域都表现得十分

[1] 爱德华·萨义德在《巴勒斯坦问题》（The Question of Palestine）中展示了艺术和文学在巴勒斯
坦殖民政策形成过程中所发挥的作用，其内容令人信服；在此，我追循他的足迹。萨义德声称，
巴勒斯坦的空白（empty）图像（特别是画家和小说家创作的那些图像）有助于"了没有土地的
人民，建造一个没有人民的土地"，由此更是有助于促成犹太复国主义政纲以及英属巴勒斯坦托
管地（1920—1948）的英国政策。参见萨义德，《巴勒斯坦问题》，纽约，1979 年。

专制。

　　这种对闺房及其囚徒的迷恋激发了人们对深入探索东方内部空间的艺术和文学的喜爱。与此同时，随着欧洲在埃及的经济和土地权益的不断延伸，越来越多的游客、画家和摄影师争相前往埃及，他们将埃及上层阶级的闺房和私人世界呈现给观众供他们消遣，这些观众对此等见闻或兴趣盎然，或嗤之以鼻，或欲罢不能。早期的民族志，例如爱德华·雷恩的《现代埃及人的风俗习惯》（*Manners and Customs of the Modern Egyptians*），通过对闺房女性活动（既有真实的，也有想象中的）的详细描写，揭示了埃及上层阶级的私人世界。在雷恩所著的这本书中，流传最广的一章是"家庭生活（上层和中层阶级的女性）"，在该章节中，作者将女性描绘成是一类过着既快乐又匮乏的生活的人。[1] 她们的活动，诸如吸食水烟、喝咖啡、躺卧、闲聊和拜访其他闺房女性等构成了雷恩"调查"的焦点。这种民族志掩盖了埃及上层阶级女性在家庭中的实际地位以及她们更为广泛的活动和责任。其结果是导致欧洲人迷恋上东方懒散、与世隔绝、无助又受虐的女性。[2]

[50]

---

[1]　爱德华·威廉·雷恩（Edward William Lane），《现代埃及人的风俗习惯：写于 1833—1836 年》（*An Account of the Manners and Customs of the Modern Egyptians: Written in the Years 1833–1836*），伦敦，1836 年。

[2]　阿法芙·马尔索，《革命妇女》（"The Revolutionary Gentlewoman"），载露易丝·贝克（Lois Beck）和尼基·凯迪（Nikki Keddie）编，《穆斯林世界的女性》（*Women in the Muslim World*），剑桥，1978 年。另见莱拉·艾哈迈德，《西方民族优越感和闺房观念》（"Western Ethrocentrism and Perceptions of the Harem"），载《女性主义研究》（*Feminist Studies*）1982 年第 8 卷第 3 期，第 521—534 页；朱迪·马布罗（Judy Mabro），《隐藏的片面真理：西方旅行者对中东女性的看法》（*Veiled Half-Truths: Western Travellers' Perceptions of Middle Eastern Women*），伦敦，1991 年。

## 关于家庭生活和家庭的"奇怪"习惯

在前几个世纪的游记中，埃及通常被描绘成东方众多地区中的其中一个，而在 19 世纪，埃及则作为一个独特的"国家"实体出现，游记中充满了埃及特有的制度、行为和癖好。例如，法国历史学家让－马利·卡雷（Jean-Marie Carré）曾得出这样的结论：直到 19 世纪早期，在旅行文学中，埃及一直被描绘成只是一个人们去别处时经过的地方而已。卡雷认为，虽然 1721 年出版的孟德斯鸠的《波斯人信札》（*Lettres persanes*）为人们带来了大量其他类别的"信件"（有来自伊斯坦布尔的、莫斯科的、利马的），但《埃及人信札》（*Lettres égyptiennes*）却从未出现过。[1] 欧洲人认为埃及处在"已知"世界与充满怪物和异常凶险的世界之间的边界地带上。[2] 埃及被投射为神圣家族寻求庇护的福地、希腊遗产的宝库、伊斯兰教的殿堂，或一个危险帝国的首都。[3] 但是，埃及很少作为一个独立的实体出现。

然而，在 19 世纪早期，人们对埃及有了新的迷恋，随之而来的是研究埃及的新方法，也就是用来分析埃及这个国家的新类别。同时，也保

---

[1] 让－马利·卡雷（Jean-Marie Carré），《在埃及的法国旅行者和作家》（*Voyageurs et écrivains français en Égypte*），第 2 版，开罗，1976 年。

[2] 例如，参见约翰·曼德维尔爵士（Sir John Mandeville），《曼德维尔游记》（*Mandeville's Travels*），由 M. C. 西摩（M. C. Seymour）编辑，牛津，1967 年；杰弗里·乔叟（Geoffrey Chaucer），《坎特伯雷故事集》（*Canterbury Tales*），芭芭拉·寇恩（Barbara Cohen）改编，纽约，1988 年。

[3] 例如，参见玛丽·沃特利·蒙塔古（Mary Wortely Montagu），《玛丽·沃利·蒙塔古夫人全集》（*The Complete Letters of Lady Mary Wortely Montagu*），罗伯特·赫尔斯本德（Robert Halsband）编，牛津，1967 年。南亚研究在很大程度上影响了我对于旅行文学的想法以及对欧洲"外部世界"的了解，尤其是罗纳德·因登（Ronald Inden）的《想象中的印度》（*Imagining India*，伦敦，1990 年），极好地描述了印度几个世纪以来的变化方式。我还要感谢托马斯·梅特卡夫（Thomas R. Metcalf），我和他一起参加了两次加州大学伯克利分校信息丰富、引人入胜的研究生研讨会，研讨会的两个主题——"欧洲与外部世界"（Europe and the World Outside）和"想象中的异同点"（Imagining Differences and Similarities）——构成了本章内容。

留了一些传统上用来观察埃及的"视角"：比如伊斯兰教仍然是评估现代埃及人意识形态和制度的一个范畴。同样，"专制主义"仍然是解释埃及国家及其统治者行为的最常见方式。但与此同时，旅行者的注意力转向了新的领域。虽然埃及国民并没有被遗忘，但埃及人的住所却成了揭露和理解埃及秘密的一个焦点。西方关于"皇宫怪癖"的一系列故事，玷污并破坏了伊斯梅尔的统治，虽然这些故事都具体地介绍了他的家庭习惯和"内在"本性，但讲述这些故事的人已注定了会给伊斯梅尔及其行为贴上"埃及的"标签。[1] 因此，人们用从埃及统治阶级精英生活空间里发现的秘密来塑造埃及面貌，后来的殖民过程也是在这个面貌上陆续展开的。

[51]

　　19 世纪以前的旅行文学当然也包括对埃及人生活区的描述。然而，早期的评论似乎对家庭主题不感兴趣。旅行者经常站在一个较远的有利位置，从外部视角描述埃及人的住处，就好像描述埃及人住处的任务是把它放在某种更宏伟的远景或更大的城市景观中。在评价埃及人的生活区时，关注城市空间的安排和设计是司空见惯的，正如英国人亚伯拉罕·帕森斯（Abraham Parsons）在 18 世纪晚期对开罗的描述中所表现的那样：

　　　　开罗有许多宽阔的街道以及空旷通风的地方，但这只在城镇边缘才有，因为大部分街道都很狭窄，房子有两层的、三层的、四层的，所有的焦砖都向外突出，这样街道两端都能看到风景，但是也因此而产生了不便之处，因为与对面靠得太近会使人不愉快。房子的顶部是平的，夜

---

[1]　米歇尔·福柯（Michel Foucault）讨论了给性"疾病"（disease）和堕落命名的重要性，以便对其进行分类，更好地监督，并最终对其进行控制或改革。参见福柯，《性史》（*The History of Sexuality*），第一卷，罗伯特·赫里（Robert Hurley）译，纽约，1978 年。同样，我希望提出一点：埃及殖民化进程包括将其命名为一个独特的政治、文化和领土实体，并赋予其"民族"（national）特征——可对其进行类似控制或改革。

晚，人们可以在上面享受新鲜空气。[1]

开罗房屋的颜色、建筑材料和装饰风格都吸引着 17、18 世纪去埃及旅行之人的眼球，并且开罗房屋的总体外观同样如此引人注意。法国人让·科平（Jean Coppin）在 17 世纪晚期来到埃及，虽然他从未进入过任何埃及人的住宅，但他喜欢各种不同房屋的外观，并对房屋的建筑材料非常感兴趣。相对而言，虽然他对开罗房屋的描述非常少，但他的确描述过："一般来说，从外部看，组成一个城镇的房屋并不美观，房屋窗户紧闭，看起来相当阴郁。" [2] 虽然科平的评论反映了他对周围环境有些反感，但同时也体现出一种浅薄的漠视，这也许表明房屋在他对周围环境的理解中并不重要。

然而，在研究农民房屋的外观时，欧洲人经常就建筑物的大小、形状和建造方式进行长篇大论的描述。与科平同时代的安东尼厄斯·冈萨雷斯（Antonius Gonzales）在一段颇具时代特色的文字中提道："农夫的房子大部分是利用太阳晒干的砖和黏土建造的。屋顶是由板条和木板制成的，或者是由横梁接棕榈叶的形式制成的。除此之外，他们还会涂上两三层黏土，在烈日的烘烤下，黏土会变得和石头一样坚硬，这样的屋子够人住一辈子。村子里所有的房屋都粉刷过。" [3] 在冈萨雷斯的描述中，没有出现一个关于房屋内部的字词。

[52]

到 19 世纪，从远处描述埃及人的房屋已被详细描述房屋内部世界所取

---

[1] 亚伯拉罕·帕森斯（Abraham Parsons），《亚洲和非洲旅行》（*Travels in Asia and Africa*），伦敦，1808 年，第 306 页。

[2] 让·科平（Jean Coppin），《让·科平埃及记，1638—1639 和 1643—1666》（*Voyages en Égypte de Jean Coppin, 1638–39 et 1643–66*），开罗，1976 年，第 290 页。

[3] 佩雷·安东尼厄斯·冈萨雷斯（Père Antonius Gonzales），《佩雷·安东尼厄斯·冈萨雷斯的埃及之旅，1665—1666》（*Le Voyage en Égypte du Père Antonius Gonzales, 1665–1666*），开罗，1977 年，第 196 页。

代，这些描述既细致又全面。一位自称"里亚·萨利玛"（Riya Salima）的作者完美地总结了 19 世纪了解埃及人房屋内部世界的现象，她说："你会想要进入闺房，这样你就可以近距离地了解它。"[1]如果从外面看房屋是一个谜的话，只有走进它，里面的一切才会显露在你面前。[2]

萨利玛的文字对闺房大小、形状及内容描述详尽，没给读者留一丝想象空间。她详细地记录了她在房屋内部空间中发现和目睹到的一切，并将其呈现给读者：

> 让我们进入其中的一座闺房……这是门口的宦官……我们现在所在的位置是入口，这个入口和我们的入口一样，但更开阔，光线更强。房屋中摆放着多张沙发、一张圆形嵌花小桌、一盏枝形吊灯、几张放着烟灰缸和香烟的小桌子，这些都是埃及人的经典家具。这是夏天接待客人的地方，也是一家人喜欢聚集的地方。至于闺房的其他部分，在我看来，房间没有那么大，也没有那么奢华。[3]

在这里，与其说萨利玛是一个"参观者"，不如说她是被邀请的客人。而事实上，萨利玛写这本书的时候就好像她是后宫的主人一样，在给西方读者写书。"在给你描述我的房子时……我想象得到你肯定得出了一些奇怪

---

[1] 里亚·萨利玛（Riya Salima），《埃及的闺房与穆斯林》（*Harems et musulmanes d'Égypte*），巴黎，1900 年，第 6 页。"你要深入闺房并完全了解它。"里亚·萨利玛是拉奇德夫人（Madame Rachid-Pasha）的笔名。尽管她对欧洲和埃及家庭的"了解"（knowledge）使我深信她是欧洲人，但是仍然尚未明确她的国籍。

[2] 萨义德在《东方学》中也提出了这一点。

[3] 萨利玛，《闺房与穆斯林》，第 9—10 页。这段引语摘自题为《"闺房"内部》（*Intérieur du "harem"*）的一个章节；萨利玛描述的似乎是沙拉米力克宫，也就是（男）主人接待客人的地方，而不是女人的住处（haremlik）。萨利玛编写这本书时，好像是在向西方读者描述自己的家乡，人们不禁要问，她只是想象去过闺房吗？

的结论。"[1] 她描述的画面详细而具有个人色彩，而不是客观的、抽象的。

人们对农家小屋内部的关注一点也不亚于对后宫的关注。到 19 世纪中叶，对农家小屋全方位的细致描述也随处可见。旅行者对小屋内部空间的污垢、疾病和肮脏的痴迷程度不亚于他们对自己房间内部的关注：

> 农民房屋的内部布置极其简单。这些房间可以比作两个破旧的蜂箱，最宽处约有六英尺。阿卜杜勒－哈吉谢赫（Sheikh Abd-al-Haj）故事中提到的"forn"是最重要的一件家具。这是一种永久性的床架，由砖制成，包含一个拱形的炉子或烤箱，其作用是在冬天取暖，尤其是晚上，此外，还可用来做饭。有时，一家人，包括父亲、母亲和孩子，会把他们的垫子铺在这个用牛粪做燃料取暖的床上，炉火他们，直至早上……至于椅子和桌子，埃及农民闻所未闻，这也是他们所渴望拥有的，但是有一些人有一种几英寸高的圆形架子，叫作"soofra"，类似于城市中使用的家具。我承认这是我描写过的最贫穷的一类住宅……如果不冒着窒息及刺激娇嫩鼻孔的危险，人们是无法参观这类住宅的。我无意冒犯房屋的主人。事实上，无论是在埃及或是其他地方，干净与贫困，健康和潦倒从来都很少并存。[2]

这个房间，与其说被旅行者围观，不如说在接受一项非常特殊的调查。了解埃及人的家庭空间，不仅意味着要走进去，而且还要详细记录。人们看埃及的角度不是早期文学中所特有的从远处观望全景，而是侵入性地走进来看的。外人寻求进入埃及内部空间、揭露其秘密的过程中，认识埃及

---

[1] 萨利玛，《闺房与穆斯林》，第 1 页。

[2] 贝尔·圣约翰（Bayle St. John），《埃及乡村生活（附赛义德的写生）》（*Village Life in Egypt [With Sketches of the Said]*），伦敦，1853 年，第 136—138 页。

和窥探隐私如影相随。

## 深入古埃及：欧洲对法老历史的探索

伴随着 19 世纪人们争相涉足埃及的家庭方面，他们也决心通过探索埃及古代遗迹来揭开埃及法老文化遗产的秘密。19 世纪中叶，欧洲见证了人们对埃及法老文化遗产的痴迷，这是一种"埃及狂热症"，导致每年越来越多的游客来到埃及，并扩大了研究埃及历史的社会队伍。其结果是混合了埃及的过去与现在，欧洲人倾向于将法老时代的过去与当代埃及人及其制度相联系。[1] 因此，苏丹和地中海之间的领土很快就充满了欧洲人声称的典型的埃及遗产。现代埃及人被塑造成令人惊叹的、令人钦佩的、最重要的且有洞察力的埃及人的后裔。因此，在西方人的想象中，埃及人与生活在北非、黎凡特和阿拉伯半岛的同代人截然不同。

1798 年，拿破仑登陆埃及时，他的随行人员有 150 多名学者和技术人员，其中包括制图师和测量员。拿破仑很快让他们开展探索埃及历史的工作。[2] 他决心寻找古埃及，其结果是确立了将埃及作为一个"研究领域"。由此，埃及文物第一次接受严肃、系统的研究。入侵埃及后不久，拿破仑

[54]

---

[1] 关于民族志和目的论之间的关系，参见乔纳斯·费边（Johannes Fabian），《时间与他者：人类学的研究对象如何建立》（*Time and the Other: How Anthropology Makes its Object*），纽约，1983 年，中文版参：马健雄、林珠云译，北京：北京师范大学出版社，2018。

[2] 参见琼·里斯（Joan Rees），《关于尼罗河的书写：哈丽雅特·马蒂诺，弗洛伦斯·南丁格尔，阿梅莉亚·爱德华兹》（*Writings on the Nile: Harriet Martineau, Florence Nightingale, Amelia Edwards*），伦敦，1995 年。

就建立了埃及研究所（*l'Institut d'Égypte*），旨在安置他的学者骨干以及他们的研究项目。在寻求"了解"埃及和书写埃及历史的过程中，拿破仑的研究团队不遗余力，力求无所遗漏，最终写出了《埃及记述》（*Description de l'Égypte*）这部巨著。

该书制造关于埃及的知识方面树立了重要先例。首先，该书表明：通过详尽描述人们在埃及所发现的一切事物，从埃及的语言、宗教、纪念碑、地形到埃及的历史和自然资源等，可以清楚地了解埃及。部落关系、军事征服和战败，以及农业实践等内容均包含在《埃及记述》中。此前，从未有任何欧洲人写过比这更详尽的埃及事物记述。事实上，最终撰写《埃及记述》的学者们确实花了大量时间来编录埃及建筑物的内部详情。他们进入并考察埃及的清真寺、教堂、堡垒、政府所在地、私人住宅，以及令欧洲观众兴奋的法老神庙、法老墓和法老纪念碑。[1]

1822 年，随着商博良（Champollion）发现罗塞塔石碑并破译了它的语言代码，以及随后产生的关于象形文字的"知识"，埃及的法老历史变得越来越容易理解。《埃及记述》等关于埃及过去的"指南"以及对象形文字秘密的掌握，使西方人在寻找法老文化历史时对埃及进行文字入侵成为可能。人们急于"发现"埃及过去的辉煌。到 19 世纪 70 年代，伦敦的托马斯·库克旅游公司（Thomas Cook Travel Company）制作了一份旅游指南，

---

[1] 参见詹姆斯·史蒂文斯·库尔（James Stevens Curl），《埃及热：埃及的复兴，一个品位史上反复出现的主题》（*Egyptomania: The Egyptian Revival. A Recurring Theme in the History of Taste*），曼彻斯特，1992 年；彼得·弗朗斯（Peter France），《强暴埃及》（*The Rape of Egypt*），伦敦，1991 年。

简单浏览《埃及记述》就足以说明，描绘埃及古代和现代建筑内部领域，对于了解这些建筑的过程至关重要。大多数插图都附有详细的平面图，以此了解最内部的领域。例如，参见其中《现代时期》（*Étape Moderne*）这部分的第 2 卷，插图 189，"位于旧入口附近的阿拉伯围墙塔；探索内部"。清真寺、教堂、宫殿——所有这些建筑都被精细而精确地描绘出来，统治精英的私人住宅也是如此。我想感谢加州大学伯克利分校艺术史系的达西·格里斯比（Darcy Grigsby）在《埃及记述》上给予的帮助。她的建议以及她对于此项目的关注十分有益。当然，本作中出现的任何错误或曲解与她无关。

其中包括一部完整的象形文字词典和用于理解象形文字的"入门书"；要去埃及的游客，被鼓励在学习现代埃及阿拉伯语的简单短语之前，先去了解"古埃及人"，并且人们认为阿拉伯语 – 英语词典远没有"入门书"那么充实。[1]

因此，19 世纪早期和中期见证着人们对埃及特定历史叙述的热情的增长。这种叙述会掩饰大段的历史，并且会忽略其他历史。这种历史叙述并没有讨论罗马和希腊的入侵以及他们在埃及的定居，也没有讨论之后基督教被确立为埃及的主流宗教。也许最重要的是，它忽略了从 7 世纪中期开始的阿拉伯人的入侵历史。阿拉伯人通过入侵，把阿拉伯语、阿拉伯文化和伊斯兰教带到了埃及，导致法老文化和基督徒典范边缘化。[2] 一位维多利亚时代晚期的旅行者很好地总结了由此产生的对埃及过去的忽视。例如，他说"对我们大多数人来说，埃及只意味着三四件事：穿过埃及绿道的一条狭长的永恒环绕的河流……河流两岸都是……芦苇，其中居住着无处不在的蚊虫……（和）莲花般的空气，在这样的空气中，甚至木乃伊……都有可能出现"。[3] 埃及已经不再是阿拉伯 – 伊斯兰世界的中心，而是"法老的土地"。

除了对法老的痴迷，无疑还有其他的原因主导着这次对"埃及"新领土的支配和文化建设：拿破仑军队登陆埃及，以及随后英国和法国之间为争

[55]

---

[1] 参见 E. A. 华理士·布奇（E. A. Wallis Budge），《库克指南：埃及和苏丹》（*Cook's Handbook for Egypt and the Sudan*），伦敦，1876 年。另见皮尔斯·布伦登（Piers Brendon），《托马斯·库克：150 年的旅游热》（*Thomas Cook: 150 Years of Popular Tourism*），伦敦，1991 年。

[2] 例如，《库克指南》的序言中写道："此指南包含四个部分。第一部分分为若干章节，这些章节中描述了埃及历史，还有关于古埃及人的写作、艺术、建筑、学习等叙述……一些关于穆罕默德或现代埃及人的……宗教、建筑等重要事实也包括在内。"出处同上，第 iv—v 页。关于古埃及人的章节一共 117 页，而"穆罕默德"时期的相关描述占了 10 页。

[3] 威廉·莫顿·富勒顿（William Morton Fullerton），《在开罗》（*In Cairo*），伦敦和纽约，1891 年，第 1—2 页。

夺埃及的统治权而发生斗争；在印度的活动不断增加，需要维持通过埃及前往印度的安全通道；以及 1805 年穆罕默德·阿里建立分离式政治王朝。尽管如此，19 世纪西方对埃及的描述风格和游记使埃及的边界变得固定而独特，因为这些描述和游记把这片被称之为埃及的领土及其历史上不断变化的所有边界都融入了一段以法老为主体的历史，而这样的历史是阿拉伯－伊斯兰东方世界的任何其他领土都不具有的。埃及游览"计划"会不可避免地将游客置于埃及的过去：

> 爬上大金字塔顶，和狮身人面像共度一天，然后再下来，钻进金字塔的深处，站在法老的墓室里，倾听那里的寂静，用你的手去感受它——在这不朽木乃伊的热牢里，它是那么具体——你感觉自己像个鬼鬼祟祟的侏儒一样蠕动着，爬上那些又长又陡的光滑的石头斜坡，看着狭窄墙壁的阴郁的黑暗，看着指引你的贝都因人携带的遥远的光点。……现在，你知道大金字塔了。你知道你能爬上塔顶，并能进入塔内。你已经看到它了，全方位无死角。你已经熟悉它了。[1]

从吉萨金字塔开始，"了解"埃及需要攀爬和进入金字塔内部，爬上去再下来，这样才有可能揭露金字塔的建造秘密。阿梅莉亚·爱德华兹（Amelia Edwards）在描写她第一次参观吉萨金字塔时，透露了"了解"古埃及需要深入到何种程度："我们在吃完早午餐之后立即出发了，走的是一条路况极好的公路，我们准时在六点半回来吃晚饭。但必须说明的是，这

---

[1] 罗伯特·史密斯·海金思（Robert Smythe Hichens），《埃及及其历史遗迹》（*Egypt and Its Monuments*），
纽约，1908 年，第 14 页。

次我们并没有去了解金字塔。我们只是看看金字塔而已。"[1]游记和旅游指南 [56]
教游客如何按照严谨的程序去了解埃及的过去，1885 年出版的一本旅游手
册中有一段话就证明了这一点："攀登金字塔是非常安全的。游客从一群缠
扰不休的贝都因人中选择两位，然后一起前往金字塔的东北角，人们通常
是从那里开始攀登金字塔的……身体强壮而又积极热情的服务人员会过来
以推、拉和托举等方式帮助游客攀登金字塔。"[2]

　　旅行文学也引导游客进入金字塔的内部深处，这种文学详细地描绘了
在其中发现的生动细节。爱德华·雷恩的妹妹索菲娅·雷恩·普尔（Sophia
Lane Poole）在 19 世纪 40 年代参观了金字塔，并记录了她进入金字塔的活
动以及她在游历埃及期间获得的"知识"。她对如何进入金字塔内部作出了
生动的说明，并且她对金字塔尺寸的了解是全面的："在进入金字塔之前，
需要脱掉一些衣服……我们进入大金字塔的通道只有 4 英尺高（约 1.2 米），
且宽度只有 3 英尺 6 英寸（约 1.1 米）。"[3]

　　雷恩·普尔对金字塔内部领域、通道和墓室的描述与她对埃及后宫的
描述几乎如出一辙，这说明 19 世纪中期的埃及旅游在一定程度上是以在古
代和现代建筑物内部游览的形式进行的。虽然像托马斯·库克这样的新兴
公司提供的旅游是通过遗址和纪念碑定义埃及的，但是，像雷恩·普尔等

---

[1]　阿米莉亚·爱德华兹（Amelia Edwards），《尼罗河上游一千英里》（*A Thousand Miles up the
　　Nile*），伦敦，1877 年，第 17 页。

[2]　卡尔·贝德克尔（Karl Baedeker），《埃及：旅行者指南》（*Egypt: A Handbook For Travellers*），
　　莱比锡，1885 年，第 17 页。另见加德纳·威尔金森爵士（Sir I. Gardner Wilkinson），《埃及旅
　　行者指南》（*Handbook for Travellers in Egypt*），伦敦，1858 年；以及《库克的埃及、尼罗河和沙
　　漠旅游指南》（*Cook's Tourists' Handbook for Egypt, the Nile and the Desert*），伦敦，1897 年。

[3]　索菲娅·雷恩·普尔（Sophia Lane Poole），《埃及的英国女人：1842 年至 1844 年在开罗居住
　　期间写的信》（*The Englishwoman in Egypt: Letters from Cairo Written during a Residence There in
　　1842, 43, & 44*），伦敦，1844 年，第 133—135 页。另见《埃及记述》第五卷，插图 13，展示了
　　法国人完全被淹没于大金字塔的内部通道中。其中一人似乎消失于金字塔深处；当他穿过通道
　　时，只有腿部可见。

人写的回忆录则见证了第二次埃及"游览"，即通过隐藏在视线之外的领域来勾勒埃及。当一个人从里向外看的时候，实际上是看不到古代和现代之间的区别的，人们对大金字塔和穆罕默德·阿里后宫的描述就证明了这一点："一出来，我们就发现自己在大通道（Grand Passage）脚下……这条通道是上升至主室的通道，与那些将人们引至这条通道的其他通道相比，这条通道又宽又高。它的上下以及两侧都砌有石灰岩石块。通道顶部由两两相靠的长石块构成。"[1]

　　这种描述方式与雷恩·普尔走进并穿过后宫的描述方法完全相同："然后，我们登上一道宽阔的大理石楼梯，来到一楼的客厅。这是一间无比华丽的房间，房间和所有的通道都用大理石铺成，此时，我想象着底层所有房间的模样……天花板……巧妙地采用深蓝和浅蓝涂色……角落和飞檐装饰华丽。"[2] 旅行者在埃及旅行后描绘出的现代埃及形象，无论是游客实际旅行看到的还是在坐在扶手椅上想象出来的，都是从埃及的隐蔽空间和古迹纪念物中建构出来的，以此将私人世界不可逆转地拉进了人们逐渐了解埃及的过程。

[57]

　　欧洲旅行者喜欢用他们在法老纪念碑内部的发现作为了解现代埃及人的钥匙，以此衡量埃及过去和现在的成就。例如，旅行者们通过他们在寺庙墙壁上发现的艺术作品确定现代埃及人与古人相似："埃及人……保留了同样精致的侧面轮廓，同样细长的眼睛，就像以浅浮雕形式雕刻在法老墙上的古老女神一样。"[3] 人们认为，在外观、技术和机械方面，埃及农夫很像他们的法老祖先。作为"阿蒙霍特普和塞提的谦逊臣民"，他们成为曾经在

---

[1]　普尔，《埃及的英国女人》，第 136—137 页。

[2]　同上，第 54—55 页。

[3]　皮埃尔·洛蒂（Pierre Loti），《埃及》（Égypte），W. P. 贝恩斯（W. P. Baines）译，伦敦，1909，第 11 页。

洪水泛滥的尼罗河畔辛勤劳作的农民的强壮后代，并与普通的东方农民阶层分离开来。[1] 最后，据说后宫女性拥有法老王妃的容貌。人们常说，"只要她们把头发扎成小辫子，就能像霍弗特·哈里（Hofert Hari）或艾森诺菲（Isenophé）一样"。[2]

　　西方旅行者认为过去的法老王国是埃及人性格特征的来源，并且缔造了埃及人的性格特征，因此，他们不可避免地以之衡量现代埃及。古埃及人取得的显著成就提示人们现代埃及人所拥有的巨大潜力，以及他们所掌握的伟大力量。但是，与此同时，法老也作为一个悲伤的符号，表明往日的荣耀早已不复存在。欧洲人发现现代埃及人的能力远远不及他们的祖先。弗洛伦斯·南丁格尔（Florence Nightingale）在结束其埃及之旅后说道："我认为，如果没有过去的法老，那么埃及将完全不适合人类居住。"[3]

## 一家一婢妾：家庭领域的日常习惯

　　旅行者一旦进入现代埃及居民的家庭，就会对他们家中之物进行分类和编目，并研究他们的日常生活。虽然西方旅行者对埃及男人、女人以及他们的日常活动都很好奇，但他们最为好奇的还是埃及女人以及她们的生

---

[1]　珍妮·法赫米 – 贝（Jeanne Fahmy-Bey），《永恒的埃及》（l'Égypte Eternelle），巴黎，1863 年，第 46 页。据说"珍妮夫人"（Madame Jeanne）是一位使用埃及笔名写作的法国女人。

[2]　同上，第 46 页。

[3]　弗洛伦斯·南丁格尔（Florence Nightingale），《来自埃及的信件：尼罗河之旅，1849—1859》（Letters from Egypt: A Journey on the Nile, 1849–1859），安东尼·萨特（Anthony Satt）选编，伦敦，1987 年，第 139 页。

活习惯。在整个 19 世纪，埃及人的家庭领域是外国人"观察"埃及女性日常生活习惯的一个舞台，他们借此评论女性在埃及社会中的地位。

[58]　　就像对埃及房屋的描述一样，对埃及女性及其日常活动的描述在 19 世纪也发生了显著变化。例如，在 17 世纪后期的文学作品中，展现女性身份的是她们的外表，即她们的身材、体型和服装风格，而不是她们的日常活动："农村女性通常是深色皮肤、身材矮小。她们的美在于她们热烈的眼睛。但她们的谈话很无聊，穿着也不讨人喜欢。而上层阶级的女性则在各方面都得到了更好的培养，并且表现得更美。"[1]正如本章开头部分对家庭的讨论一样，对女性的这种描述也并非完全正面。但是，上述对女性的"关注"属于远观性质，并且有点不甚感兴趣的意味，既未涉及"内在"，也没抓住"本质"。

　　然而，到 19 世纪早期，承担各种家庭生活任务和负担的女性开始在旅行文学中占据最大篇幅。在爱德华·雷恩的《现代埃及人的风俗习惯》中，他用大量篇幅描写了家庭生活，让读者陷入有关食物、家具和屋主家庭活动的长篇大论中。关于农村女性的日常生活，他说道："处于社会下层的女性很少有人过着无所事事的生活……她们的主要工作是为丈夫准备食物、取水（她们用一个大容器装水并顶在头上带走）、纺织棉、亚麻或羊毛纱线、以及用牛粪制作被称之为'葛拉'（gellah）的燃料。"[2]

　　旅行者"报道"的通常是最私人的家庭活动："天一亮，这个可怜的女人就从她睡的垫子上起床了，抖抖身子，或者，如果天气很热，她就和家人一起睡在外面。上完厕所后，她就和她的丈夫、孩子们围坐在一起吃早

---

[1]　约翰·迈克尔·万塞本（Johann Michael Wansleben），《以日记形式记录的 1672 年和 1673 年埃及之行的新游记》（ Nouvelle relation en forme de journal, d'un voyage fait en Égypte en 1672 et 1673 ），巴黎，1677 年，第 43 页。

[2]　雷恩，《现代埃及人的风俗习惯》，第 195—196 页。

餐，他们面前放的是一个陶制小盘，里面装有油焖豆子、泡菜或切碎的香草、大葱或胡萝卜。"[1]同样，旅行者们也进入闺房，并向读者讲述闺房内的日常活动："照顾孩子是埃及女性的主要工作……她们的闲暇时间则主要花在针线活上，尤其是刺绣……从一个闺房到另一个闺房的串门儿通常需要花将近一整天的时间。吃饭、抽烟、喝咖啡、喝冰冻果子露、闲聊以及展示她们的华丽服饰，对她们来说就是足够的娱乐活动。"[2]伴随这类描述的是一系列用于备茶、吃饭、吸烟的用具；插图中描绘着男男女女都在吃东西或吸食水烟。萨利玛在她闺房之旅中还不厌其烦地描写了用来制作和盛放 [59] 各类点心的银器以及闺房里抽食的烟草。

在 19 世纪的旅行文学中，吸食水烟等习惯是常见的主题，这代表着埃及人私人家庭空间中发生的"古怪""堕落"的活动。因为这类"古怪"习惯发生在室内，所以房子成了一个引发人们兴趣和神秘感的源头。在 19 世纪，尽管像吸食水烟这样的习惯逐渐象征着"内在神秘感"、女性堕落和东方人软弱无能，但在前几个世纪的文学作品中，这并不代表堕落。

例如，17 世纪，在勒佩雷·安东尼厄斯·冈萨雷斯（Le Père Antonius Gonzales）所著的《埃及之旅》（Le Voyage en Égypte）中，有一幅插图表明，埃及人家中出现的"古怪"和"堕落"习惯曾一度被描绘为发生在户外开放空间。[3]冈萨雷斯把吸烟描述为儿童的单纯行为，而不是闺房中人不道德的纵欲活动。与此同时，冈萨雷斯把吸食水烟描绘成一种共享活动，而不是女性隔离区域内的特有活动。吸烟者站着而不是斜靠着吸烟，因此，这并不意味着懒惰和无能。最后，虽然吸烟者似乎都是住在城市里的上层

---

[1] H. G. 卡特勒（H. G. Cutler）和 L.W. 亚吉（L.W. Yaggy），《国家概论》（*Panorama of Nations*），芝加哥，1892 年，第 28—29 页。

[2] 同上，第 189—190 页。

[3] 冈萨雷斯，《佩雷·安东尼厄斯·冈萨雷斯的埃及之旅》，第 210 页。

阶级，但吸烟活动并不局限于闺房。并且，吸烟活动不是秘密进行的，也不是在封闭的家里进行的，因此，吸烟并没有什么神秘之处。

随着 19 世纪的发展，闺房和小屋中的日常活动不仅成为神秘和好奇的对象，而且还被人们用来对埃及社会发表评论。最典型的评论是：埃及女性的习惯是"奇特的"，说明了埃及女性的"堕落"。但是，在 19 世纪之前，闺房活动虽然也表现东方人的奢华生活，但并不一定意味着"古怪"或"堕落"。例如，在 18 世纪后期，有位萨瓦里（Savary）先生曾评论说闺房女性过着养尊处优的生活，并说大部分的工作由奴仆们完成，而"妻子们"却在休息：奴仆们制作咖啡、冰冻果子露、蛋糕、以及从不断供奉的茶。至于他们的女主人，他这样写道："女人们聊天、欢笑、嬉戏。"[1] 他还提到，女人最喜欢的活动之一是讲故事。据说，女人们彼此之间还会唱歌、朗诵小说、跳舞等。换句话说，作者称这些女性过着悠闲的生活，但他的描述中并没有任何字眼说明她们的活动不道德、无用或落后。

[60]     雷恩对闺房的描述与萨瓦里的相似，但有一个关键区别，那就是在他对女性活动的叙述中包含一些评论，关于女性活动的目的，关于她们所谓的轻浮或无用，既有直接也有隐晦的评论。例如，对于上述关于女性讲故事的叙述，雷恩补充道："当她们惯常谈论的话题谈完后，有时一些人会讲述一些……不合时宜的滑稽故事，来娱乐其他人。"[2] 根据雷恩的说法，女性之间的谈话不涉及智力的运用，也不是为了提升或提高她们的道德境界。相反，她们讲的故事充满了谎言和虚构。

其他人则更直接地诋毁闺房，称闺房活动"有悖常理且愚蠢"，闺房生

---

[1] 克劳德·艾蒂安·萨瓦里（Claude Etienne Savary），《对比古代和现代居民习俗，描述国家状况、贸易、农业和政府的关于埃及的信件》（*Lettres sur l'Égypte où l'on offre le parallèle des moeurs anciennes et modernes de ses habitants, où l'on décrit l'état, le commerce, l'agriculture, le gouvernement du pays*），巴黎，1785 年，第 164 页。

[2] 雷恩，《现代埃及人的风俗习惯》，第 191 页。

活方式"懒散"。一些人将他们在闺房的所见所闻与在《一千零一夜》中读到的有关山鲁佐德（Scheherazade）的行为进行了直接比较。[1] 上层阶级女性的行为，在涉及她们与男性的关系时，尤其会受到抨击。如果女人在讲故事时是"懒散的"和"愚蠢的"，那么当涉及她们的丈夫时，她们就是淫荡的。同样，雷恩的文章在这一点也很有启发性，他说："上流社会和中产阶级男士的妻子们着力研究如何通过持续不断的殷勤关心和各种艺术取悦和吸引她们的丈夫。她们通过一种独特的身体扭动方式卖弄风情，即使在她们外出时的日常步态中也依然如此。"[2]

正如闺房活动通常被描绘成发生在隐蔽、偏远的地方一样，闺房本身也经常被描绘成"隐藏"在黑暗、曲折的小巷里，光线昏暗的街道上，狭窄得几乎连驴都无法通行的巷子里，以此渲染一种使闺房位置如同其中活动一样神秘的氛围。在许多段落中，住所的外观也呈现出与其内部活动相同的背叛和秘密元素：

> 当我们拐入一条穆罕默德城（开罗）里纵横交错的狭窄小巷时，不仅被旅行者们经常描述的不协调但生机勃勃的街景所震惊，而且还被拥挤小巷的喧闹与两边高大房屋的安静之间的强烈对比吸引。这里没有生命的迹象，门被小心翼翼地关上了，窗户也用那些漂亮的网状木质屏风遮住了，这些情形不仅让艺术家高兴，同时也吸引了收藏家的注意。如果我们进入其中一扇门……我们会发现内院几乎像远眺街道时看到的那些被防护起来的窗户一样寂静、荒凉。我们看不到居民的家庭生活，因

[1] 加德纳·威尔金森爵士，《现代埃及和底比斯：描述埃及，包括该国旅行者信息指南》（*Modern Egypt and Thebes: Being a Description of Egypt, Including the Information Required for Travellers in that Country*），伦敦，1843 年，第 228 页。

[2] 雷恩，《现代埃及人的风俗习惯》，第 189 页。

为女性居住的地方已被人小心翼翼地与庭院分隔开来。[1]

这座笼罩在神秘氛围之下的房屋体现了埃及的本质，也包含了埃及的秘密。

[61]                          ## 隐藏在闺房阴谋中的室外习俗

在 19 世纪，女性在公共领域的活动开始使家庭生活愈发具有神秘色彩。尤其是面纱、性别隔离以及公共场所的男女关系，被指责为极具负面意义。街道变成了闺房的延伸，面纱变成了性别隔离和隔绝的公开表现形式。[2]这导致埃及公共领域和私人领域之间的界限变得十分模糊，并将埃及人的行为塑造成了一种无缝的形象。在这种形象中，公共领域只是私人领域的一个延伸而已。换句话说就是，闺房的罪恶无处不在。

19 世纪晚期的游记通常将女性出门蒙面纱的行为比作性别隔离，并将这两种习俗都归因于东方秘密的"封闭世界"。例如，一位旅行者将在埃及人的生活与女性的生活进行了对比，他认为埃及人的生活通常是开放的：

> 生活在开放的街道上继续，并且开放程度总是令我们吃惊。……
> 人们在街上喝茶、抽烟、祈祷、睡觉，在路人的注视下进行他们的所

---

[1] 斯坦利·雷恩 – 普尔（Stanley Lane-Poole），《开罗：历史、历史遗迹和社会生活描述》（*Cairo: Sketches of Its History, Monuments and Social Life*），伦敦，1892 年，第 10 页。

[2] 马布罗，《隐藏的片面真理》。

有交易。……但是，这种开放性，你在闺房深处和女性脸上可能看不到。这最后的神秘和保守几乎压倒了其他所有开放性。旅行者会觉得自己好像在一场化装舞会上，出现在自己身边的女性，世界上真正最重要的组成部分，不过是影子和转瞬即逝的幻影而已。对于从身边走过的这些裹着罩袍、蒙着面纱的女人，从她们射向自己的晦暗的、也许还有些调皮的目光来看，男人会有什么危险呢？……我似乎觉得这是一张充满欺骗和隐瞒的面具。[1]

　　在早期的文献中，女性被限制在家庭领域中，并且在公共场所，男女之间缺乏互动，但这些都没有任何特定的社会性别意义；上流社会的礼仪只是规定了性别隔离。例如，另一篇写于 17 世纪晚期的文章称，不要对男女在街上偶遇但彼此不说话这样的事实感到惊讶："已婚女性和声誉良好的未婚女性……永远不冒险去任何可以看见男性的地方。从来没有人看到过男士同女士在街上说话的情形……女性在街上走动时，表现得谦逊而有教养。当男性拜访其他人的私家住宅时，女人要么蒙脸，要么进入房间回避，直到拜访者离开，即使她们的丈夫在场依然如此。"[2] 在 19 世纪关于性别隔离和蒙面纱的讨论中，虽然这种描述通常会招致对有关蒙面纱和性别隔离的罪恶以及男性实施这种罪恶的野蛮行为的评论，但伴随上述叙述的仅仅 [62] 是对践行这种习俗的女性的进一步描述。例如，对女性的描述是她们穿着"华丽"的服装或戴满各种珍贵的珠宝。有一位作者认为女性的性格就像她们从头到脚都镶金嵌银的衣服一样令人愉悦。[3]

---

[1]　查尔斯·杜德利·华纳（Charles Dudley Warner），《木乃伊和穆斯林教徒》（*Mummies and Moslems*），哈特福德，1876 年，第 50 页。

[2]　冈萨雷斯，《埃及之旅》，第 200 页。

[3]　同上。

科平指出，在街上和开罗的商业区都见不到女性的身影，他简略地说
提道："女性被巧妙地藏在了房屋深处的秘密公寓里，甚至拜访过那些房屋
的人都从来没有看到过她们。"[1] 17世纪的文献已经注意到了街上没有女性，
但这只是现象而未引起评论。同样，在19世纪以前，人们对面纱的描述
似乎是作为一种事后想法包含在旅行文学中。例如，勒佩雷·冈萨雷斯在
对那个时期女性服装的各种不同风格、颜色和材料长篇大论地描述一番后，
才提到了面纱："但是，当女性出门的时候，她们就完全被掩盖在罩袍和面
纱之下，你完全无法说出有关她们的任何事情。"[2]和冈萨雷斯一样，科平在
关注女性面纱的同时，也关注男性佩戴的包头巾，并尽力描述男性闲逛时
是如何遮盖自己的。科平称埃及男性和女性都习惯于遮盖自己的头部和脸
部，以至于很难区分他们。科平特别注意等级制度下不同阶层的开罗人所
佩戴头巾的颜色，并不遗余力地告诉读者如何通过头巾的款式、风格和颜
色来区分一个人的性别和阶层。[3]

其他人则认为使用面纱的原因是出于名誉以及对女性"尊严"的保护，
但并没有将面纱与任何形式的文化退化联系起来。亚伯拉罕·帕森斯
（Abraham Parsons）说："女性出门拜访其他女性时，去清真寺做礼拜时，
或者去洗澡（通常每周一次，固定在星期四）时，她们仅由女性仆人陪同，
并且女仆们也和她们的女主人一样蒙着面纱。对女性而言，如果出门在外
没有蒙面纱，那将是一种罪恶。相反，所有的妓女则必须裸脸示人。"[4]在埃
及，只有"堕落的女人"才会露出自己的脸，面纱象征的是尊严和尊重，而
不是堕落。爱情和激情也被人们认为是导致女性蒙面的原因，同样，迷信

---

[1]  科平，《埃及记》，第119页。

[2]  冈萨雷斯，《埃及之旅》，第200页。

[3]  科平，《埃及记》，第117—118页。

[4]  帕森斯，《亚洲和非洲旅行》，第313页。

也是原因之一。法国人伯努瓦·德马耶（Benoit Maillet），在 18 世纪中叶写道，面纱只是保护埃及女性免受"邪恶之眼"伤害的一种手段，并不意味着社会丑恶。[1]

但是，到了 19 世纪，欧洲人将戴面纱的女性比作死尸、木乃伊和女巫，这反映出欧洲人在某种程度上对女性和面纱既着迷又厌恶的情绪。弗雷德里克·特里维斯（Frederick Treves）爵士解释道："人群中也有蒙着黑色面纱的女性，她们看起来像是葬礼上拆下来的物品，另外还有弯腰驼背的干瘪老太婆，如果给她们加上一顶圆锥形的帽子和……一只猫，她们就会变成女巫。"[2]　　　　　　　　　　　　　　　　　　　　　　　[63]

家庭与外部世界之间的对比是如此普遍，以至于戴着面纱的女性往往看起来只是家庭本身的延伸，她们成了灰色、神秘而又令人害怕的埃及城市景观的一部分："我们发现自己被困在一条死胡同里，不得不折回来。我们遇到一个生物，它完全包裹在一块棕色或条纹灰色的大布条下，当我们的视线落在它身上时，它突然飞奔进了一扇开着的门内。另一个生物……没有立刻找到避难所，当我们经过它时，它将自己挤到靠墙的位置。"[3] 在这里，戴面纱的女性不仅令人感到害怕，而且具有动物特征。这些善于飞奔的棕色生物，她们模仿了开罗很多老鼠的习性，而在英国占领埃及期间，很多英国殖民地官员都痴迷于清除这些老鼠。

[1] 伯努瓦·马耶（Benoit Maillet），《阿贝·马斯柯先生在马耶先生回忆的基础上撰写的关于埃及的描述，包括对这个国家的古代和现代地理、古迹、习俗、惯例、植物和动物的一些奇怪的评注》（ Description de l'Égypte contenant plusieurs remarques curieuses sur la géographie ancienne et moderne de ce pays, sur ses monuments anciens, sur les moeurs, les coutumes, flora et fauna composée sur les mémoirs de M. de Maillet par M. L'Abbé le Mascrier ），巴黎，1735 年，第 114 页。

[2] 弗雷德里克·特里维斯爵士（ Sir Frederick Treve ），《荒凉的土地：巴勒斯坦之旅》（ The Land That is Desolate: An Account of a Tour in Palestine ），伦敦，1913 年，第 52—53 页。

[3] 卡尔·本杰明·克伦辛格（ Carl Benjamin Klunzinger ），《上埃及：其人民及产物》（ Upper Egypt: Its People and Its Products ），伦敦，1878 年，第 40—42 页。

## 每个房子中都有一个家庭：母性与私人领域

随着欧洲和埃及之间的权力平衡开始向有利于欧洲的方向倾斜，埃及政治体的优点越来越受到质疑，在埃及如何改革的这个问题上，西方国家的观点变得更加一致。最后的结果是西方人对埃及衰落的原因进行了不懈的"探索"，这个探索指向了埃及闺房和农家小屋，并暗示私人领域是埃及弊病（以及埃及潜在复兴）的根源。

[64]    19 世纪旅行文学新增的内容是对埃及男性的评论，统治者和被统治者一样都是埃及家庭生活的产物。人们越来越频繁地评论：在闺房和农家小屋里长大的孩子所养成的不同习惯、风俗和道德特征与埃及公共领域及其弱点密不可分。维多利亚时代去过埃及的旅行者认为，埃及上流社会和农民家庭都会产生人格不健全的公民。正如维多利亚时代的旅行者所想象的那样，闺房最有害的后果之一，就是闺房所谓的堕落、孤立和纵欲对母性的影响。根据大多数旅行文学的描述，女性的技能仅限于跳舞、唱歌、吸烟、讲故事等，因此人们认为女性不太可能知道如何成为一个好的家庭主妇，或如何做好自己孩子的榜样。她们没有把家务技能传给自己的女儿，这让埃及的未来岌岌可危：

当然，埃及社会有自己的优点，这是毋庸置疑的。……但是在文明的本质上，埃及人需要学习所有的一切。在教育方面，埃及人普遍缺乏基础知识，而在更高的道德层面上，埃及人几乎还没有开始。致命的一点是……女性的地位。……一个人童年的早期，也许是一生中最关键的几年，却被闺房的堕落影响所玷污。……东方女性很少拥有改革的力量。整个社会几乎从未感受过妻子对丈夫、母亲对孩子，以及女主人对客人的恢复和净化作用。……总而言之，社会缺乏最纯净的清泉。[1]

农村女性同样也没能逃脱这样的批评。像上流社会的女性一样，西方旅行者发现农村女性同样缺乏家庭技能。尽管事实上西方人认为农家小屋是一个简单的结构，几乎不需要女性关注，但他们认为农民普遍缺乏教育，导致年轻农民（农妇）不可能管理好一个家庭的生活事务。根据玛丽·惠特利（Mary Whately）的说法："当然，结果就是这些可怜的小家伙不适合管理他们的家庭。即使是在一个需要做的事情少之又少的农民家庭，也不能任由一个孩子似的农妇去打理。"[2]

农民被认定为懒惰、愚蠢、喜爱肮脏，这些因素也被列入了他们居住区"条件恶劣"的原因。查尔斯·杜德利·华纳（Charles Dudley Warner）写道："什么都没有，只有泥土地面，到处都是尘垢。……总的来说，这是一个示范村……**可能是世界上最懒的一个村**。男男女女……除了给怀中婴儿喂奶的女人外，其他所有人都懒洋洋地在屋子里走来走去，蹲在尘土里，无精打采的。……男性比女性更干净，在各方面表现得都更好。"[3]懒惰和愚蠢也体现在对孩子的照顾上，农村女性通常被称为"埃及最糟糕的母亲"。另一篇文章这样描述："幼小的农夫从出生那一刻起，就几乎没有受到过任何照顾，至少在所有外在表现上都是如此。虽然父母们尽可能晚地给小农夫断奶，但是，当他能走路的时候，就会整天光着身子被丢在家禽和山羊中间蹒跚学步，如同他们当初收到不确定的生命祝福时一样赤身裸体。小农夫从来没有或很少洗过澡，经常有成群的苍蝇停留在他们眼睛周

[65]

---

[1]　雷恩·普尔，《开罗》，第 146 页。

[2]　玛丽·路易莎·惠特利（Mary Louisa Whately），《埃及写给家乡百姓的信》（*Letters from Egypt to Plain Folks at Home*），伦敦，1879 年，第 181 页。

[3]　华纳，《木乃伊和穆斯林教徒》，第 294—295 页。

围。……巨大的生活困难有时会迫使母亲卖掉或遗弃自己的孩子。"[1]

## 一家一政府：埃及家庭的专制与形态

　　埃及男性的古怪习惯，比如软弱无能、懒惰、喜欢斜躺着、喜欢将大把时间浪费在喝茶喝咖啡上、爱说闲话、爱诽谤他人，这些都被归因于家中女性的习惯。一个男人的行为或性格中"缺少"什么，可以追溯到他妻子的缺陷。但是，根据 19 世纪的游记，人们发现闺房和农家小屋最有害的影响并不是反映在街上或咖啡馆里。确切地说，这些影响表现在政府层面上。随着时间的推移，作家们更频繁地将埃及的家庭状况与国家状况联系起来：母亲不仅要为被宠坏的孩子负责，而且还要养育一代又一代不适合做统治者的男人。

　　在欧洲人的描述中，统治埃及的帕夏喜怒无常且不公正。但是，对科平、冈萨雷斯等 19 世纪以前的作家而言，他们更感兴趣的是纵容这类陋习自由发展不受约束的司法制度，而不是导致这类陋习的原因。他们既没有把专制统治说成是一个社会退化的政治表现，也没有暗指女性是埃及潜在的暴政的罪魁祸首。在这样一个局面中，专制统治只是该制度下一个不幸的副产品，而不是埃及公民缺陷的表现。

　　早在 18 世纪中叶，旅行文学就开始明确阐述政府形态与埃及人私人生活之间的关系。但是，那个时期的叙述并没有关注女性对统治者的影响。

[1]　圣约翰，《乡村生活》，第 143—144 页。

例如，1743 年访问过埃及的查尔斯·佩里（Charles Perry）将所谓的奥斯 [66]
曼政府的劣根性归咎于这样一个事实，即奥斯曼统治者在闺房接受过教育，
由此产生了他们"消极"的统治形式。但佩里认为导致闺房消极影响的是隔
离，而不是"女性影响"。[1]

关于维多利亚时代对家庭与政治领域之间关系的解释，其中最引人注
目的先例可以在萨瓦里先生于 1786 年在埃及写给巴黎一位教士的一系列
信件中找到。萨瓦里并没有说女性会最终影响国家，但是，他确实将社会
道德的形成归功于女性，并呼吁女性在超越家庭之外的社会中发挥自己
的"作用"。"在欧洲，女性扮演着非常出色的角色。在那里，她们统治着
世界的舞台。国家的力量往往掌握在她们手中。而在埃及，这一切却完全
不同！！在埃及，女性背负着奴隶制的枷锁。她们被奴役，对公共事务没
有任何影响力。女性的帝国仅由闺房的高墙组成。正是那个地方削减了她
们的优雅和魅力。女性被局限在家庭内部，她们的活动甚至不包括家务活
动。"[2] 尽管萨瓦里声称自己从未进入过闺房，但他倾向于认为，闺房活动使
女性处于"被奴役"状态，将她们的影响限制在一个非常狭小的领域。[3]

到 19 世纪中叶，旅行者惯于认为家庭是埃及暴政的根源。很多旅行
者认为是女性把东方男人教成暴君。在闺房，男人们学会了如何成为"家
庭的首脑、法官和教皇"并发号施令。[4] 据说埃及的每个家庭都是一个小国
家，父亲就是这个国家的"君主"。据萨瓦里的说法，在埃及家庭中，每个
成员都要学会做好自己的角色和职责。而在这些职责中，最重要的职责就
是服从他人的权威，尤其是父亲的权威。萨瓦里的描绘令人想起了一些小

[1] 查尔斯·佩里（Charles Perry），《黎凡特的风景：特别是君士坦丁堡，叙利亚埃及和希腊》（*A View of the Levant: Particularly of Constantinople, Syria, Egypt and Greece*），伦敦，1743 年。

[2] 萨瓦里，《关于埃及的信件》，第 158 页。

[3] 同上，第 158—159 页。

[4] 同上，第 143 页。

国王的形象，他说："王权掌握在年纪最大的男人手中。"[1]据称，手握王权的人受所有人尊重。

维多利亚时代的作家倾向于将埃及"真正"专制统治的兴起归因于19世纪埃及发生的一系列事件。穆罕默德·阿里的统治以及阿里王朝的崛起被人们一致视作埃及真正退步的开始："在阿里政府治下，开罗的大谢赫们具有的影响力和权力比他们在任何其他政府下享有的都更大，因此他们全力支持现有制度，导致士兵欺压百姓，人民受苦，但大谢赫感受不到任何罪恶，机器仍继续运转。"[2]

[67]    19世纪的旅行者声称他们"了解"穆罕默德·阿里及其后代的本性，因为自己曾进入其家庭领域。随着19世纪的发展，维多利亚时代旅行文学中出现得越来越频繁的一个写作惯例是"对话"，即旅行者与埃及人之间的对话，对话中涉及的最能揭露埃及本性的信息来自埃及最私密的空间。这种对话是一种修辞，经常用来揭露穆罕默德·阿里统治的"真实"本质：旅行者声称通过与阿里的闺房成员或其部长核心圈子成员的对话"了解到了有关阿里的一切"。例如，以下内容就摘自纳索·威廉·西尼尔（Nassau William Senior）与其中一位部长阿尔丁帕夏（Artin Pasha）的"谈话"，在谈话中，帕夏承认了穆罕默德·阿里的专制倾向：

　　　　他告诉我，他读过很多关于马基雅维利《君主论》的内容，并请求我为他翻译。于是，我开始工作，第一天给了他十页，第二天又给了他十页……但是，第四天他却阻止了我。他说："我已经读了你给我的所

---

[1]　萨瓦里，《关于埃及的信件》，第144页。

[2]　《阿里·贝在摩洛哥、埃及、叙利亚和土耳其的旅行，1803—1807，阿里·贝自记》（*Travels of Ali Bey [pseud.] in Morocco, Tripoli, Cyprus, Egypt, Syria and Turkey between 1803 and 1807, Written by Ali Bey Himself*），伦敦，1816年，第114页。

有关于马基雅维利的资料。但是，我并未发现多少新东西。……接下来的十页也好不到哪里去，最后几页很普通。我清楚地知道，我已经没有什么可以向马基雅维利学习的了。我知道的把戏比他多得多。"[1]

那些揭露埃及总督专横专制本质的讨论，也充斥着对埃及下层阶级的描述。这些描述称下层阶级完全像孩子一样，并完全受他们暴君"父亲"的冲动支配："从一个野蛮民族的第一视点来看，是有一些有趣的东西，事实上有很多有趣的东西……但是，跟和你没有共鸣的人生活在一起，你很快就会痛苦不堪。对于下层阶级的奴性和堕落，上层阶级的暴政和傲慢，以及所有人的贪婪和幼稚，每一天，我都越来越反感。政府似乎也变得一天比一天更糟糕……因为我越来越了解政府的工作原理。"[2]

同样，旅行者也"了解"埃及的"贵族"。西尼尔呼吁总督的（这次是陶菲克的）核心圈子成员说明埃及贵族的"真相"，并阐述对处于统治地位的精英阶层进行改革的迫切需求："谢赫们以及他们的家人是有史以来最无知、最粗鄙、最没有价值的贵族。他们不工作、不读书、一生都在吸烟中度过，并且一生都在谋划如何压迫同胞和剥夺政府。……我要在一两年的时间里还他们一个全新的儿子，他们受过教育、有教养、对人和事的了解比他们蹲在村口晒太阳的十年里学到的还要多。"[3]

[68]

对于这些关于埃及男人的故事，其核心是埃及女人在塑造埃及男人时所扮演的角色。根据西尼尔与埃及精英人士的"对话"，统治者和被统治者的退步都是由他们的成长环境导致的。埃及男性与外界没有任何联系，他

---

[1]　纳索·威廉·西尼尔（Nassau William Senior），《埃及与马尔他的对话和日记》（*Conversations and Journals in Egypt and Malta*），伦敦，1882 年，第 1 卷，第 155 页。

[2]　西尼尔，《埃及与马尔他的对话和日记》，第 1 卷，第 155 页。

[3]　同上。

们只接触过女人的花言巧语，只接受过父亲的古兰经教育，除了闺房的坏习惯，他们对其他的一切一无所知。他们的命运只是简单地重复自己父母的罪恶，结婚和离婚、吸烟、八卦，碌碌无为、终其一生：

> 15 岁时，他会娶一个 11、12 岁的小女孩，但是，除非他的家庭非常富有，否则他很少管理家务；他和妻子与他自己的父亲或女方的母亲生活在一起。到他 30 岁的时候，他的妻子已经年老色衰；他与她离婚，并与另一个女人结婚，到他 40 岁时，可能有 9 到 10 个妻子，但很少有一次与多名女子结婚的情况。

> 早在他 50 岁之前，闺房的魅力对他而言就已经不复存在了，他的生活一年比一年乏味。……他既不读书也不写字；他在社会上也没什么乐趣，因为东方人很少与人交谈，实际上也没有什么可与人交谈的。

> 我们的城市没有娱乐聚会、舞会，也没有剧院。除了宫廷的阴谋诡计之外，再也没有什么政治能够激起人们的兴趣。……他吸烟的时间可以长达五个小时；他享受自己的人生；也就是说，他可以静卧在沙发上三个小时，什么也不做，不抽烟、不睡觉、不思考；他可以在咖啡馆里盘腿蹲坐两个多小时，听职业艺人讲他已经烂熟于心的故事，或在他的床上熬过剩下的八个半小时，因为他很少脱衣服。当一个民族的贵族阶层习惯是这样的，你要如何使这个民族革新？[1]

要打破这种推定的堕落循环并向统治阶层的精英人士灌输良好品德，需要革新埃及女性。到 19 世纪的最后二十年，旅行文学越来越多地呼吁对埃及女性进行教育和培训，只有这样，才可能使埃及男性精神焕发。对埃

---

[1]  西尼尔，《埃及与马尔他的对话和日记》，第 1 卷，第 151—153 页。

及公共领域的改革是从家庭中开始的。

> 每一个闺房都是一种小小的专制政治体，专制主义的罪恶、无法
> 无天、残忍、阴谋、主人的骄傲和自私，以及臣民的堕落，都在较小
> 的范围内上演，但强度却不会减弱。当然，每一位妻子都是其他所有
> 人嫉妒的对象。……孩子们……是在家庭战争的卑劣欲望及其计谋、谎
> 言、怨恨和报复中训练出来的。……早婚使我们的母亲并不适合抚养自
> 己的孩子。如果说一夫多妻制让妻子堕落，剥夺了孩子的权利，把丈夫
> 变成了暴君，难道这还不能说明一夫多妻制本身就能够解释穆斯林的落  [69]
> 后吗？[1]

19 世纪，当埃及的旅居者们开始大声要求捍卫女性在社会中的地位时，
当他们呼吁将女性改革和教育作为解决公共领域所有问题的灵丹妙药时，
旅行文学便通过具体的描述来提供这样的处方。旅行文学的目的，与其说
是记录欧洲人认为的他们在埃及发现的那些新鲜事物，倒不如说是构建一
套标准，让埃及向着这套标准发展。埃及女性和家庭领域是用来表示埃及
进步的标志，或者反过来，作为埃及发展迟缓的标志。女性的改革象征着
对政治体的改革。因此，详细描述闺房和农家小屋不仅仅是了解埃及的一
种手段，而且还是改变埃及的关键第一步。早期旅行者对埃及及其"特殊"
制度的好奇被欧洲的优越制度、意识形态和生活方式的相关描述所取代，
游记成了实施纸上改革的一个舞台。[2]

---

[1] 西尼尔，《埃及与马尔他的对话和日记》，第 2 卷，第 199 页。

[2] 大量的文学作品描述了南亚的旅行者目光和女人的相似地位。尤其参见查特吉《国家及其碎
片》。另见《南亚：南亚研究期刊》（ *South Asia: Journal of South Asian Studies* ）1991 年第 14 卷第
1 期中的一系列文章；以及马尼《有争议的传统》。第四章将进一步讨论在通过教育改革埃及妇
女的过程中欧洲人所发挥的作用。

# 展现内部空间：1867 年巴黎世界博览会上的埃及

　　19 世纪下半叶，就在欧洲人对埃及的兴趣达到最高点的同时，埃及的内部空间也一再为欧洲公众而重生。[1] 例如，在 1867 年巴黎世界博览会上，这个被称作埃及的国家通过展示三座建筑物来表现自己，这三座建筑物分别代表了埃及历史的不同时代。参观者需要进入展览物的内部，才能了解埃及的过去和现在。在战神广场上展出的是关于"我们前往埃及"（*on se transporte en Égypte*）的一座法老神庙；第二座建筑物是一座沙拉米力克宫（*Salamlik*），或者可将其称作处于统治阶层的（男性）精英人士的住所，即他们进行官方互动的地方；最后一座建筑物是欧克儿（*Okel*），或者也可将其称作驿馆。[2] 博览会的官方文献称法老神庙和沙拉米力克宫为"法老和哈里发这两个已死去的文明"的例子。[3] 而驿馆则是伊斯梅尔帕夏领导下的埃及的一个例子，它见证了一个经济繁荣和工业繁荣的时代。[4] 引导游客参观展览的指南非常详细地介绍了每座建筑物的相关内容。这些建筑物的所有方面都没有留给观众任何想象的余地。参观者得知，建筑物的每一个细节都是经过严谨复制的，展示出了最大的真实性。"从总体到人和物的装饰等

[70]

---

[1]　关于在博览会上代表埃及的出色讨论，请参见米切尔《再造国家》，第 1 章。

[2]　查尔斯·爱德蒙（Charles Edmond），《埃及参加 1867 年世界博览会》（*L'Égypte à l'exposition universelle de 1867*），巴黎，1867 年，第 217 页。

[3]　同上，第 214 页。参见泽伊内普·凯利克（Zeynep Çelik）的书籍《展示东方：19 世纪世界博览会上的伊斯兰建筑》（*Displaying the Orient: Architecture of Islam at Nineteenth-Century World's Fairs*，伯克利，1992 年），以更广泛地讨论 19 世纪博览会及其在向西方展示东方时所发挥的作用。

[4]　由伊斯梅尔出资，由欧洲建筑师设计和建造。法国人雅克·德雷（Jacques Drévet）设计了 1867 年博览会上的埃及建筑。参见凯利克，《展示东方》，第 3 章。

细枝末节，这些都为我们再现了埃及。"[1]在神庙里，参观者仔细观察了这座宏伟的建筑，他们惊叹于古人对待神灵的一丝不苟、壮观的艺术、鲜艳的颜料，以及杰出的象形文字。同样，在沙拉米力克宫，参观者也是欣赏各种细节，但是这一次他们看到的是埃及哈里发住所内部所呈现的各种人工制品，包括精美的地毯、大量的金银、武器、家具、丝绸、茶叶、香料等，所有这些都是为了揭示哈里发住所的神秘，埃及统治者在这处住所里策划战争、签订条约、为战利品讨价还价。沙拉米力克宫的内部世界再现了曾经的哈里发时代。

驿馆展现出的细节最多，因为据说它代表的是活着的埃及。建筑的内部通过一级级阶梯、一层层楼、一块块砖展现出来，参观者们被引导着穿过生活区、商业中心、军事区以及喂养骆驼和驴子的厩。此外，驿馆里面还重建了一座埃及图书馆和一所伊斯兰学校。最引人注目的是驿馆的生活区。参观者通过一个木制楼梯进入，楼梯有多级平台，穿过一个朴素的门框，到达一楼再到露台，尽头是一个由木制栅格结构（*mashrabiyya*）制成的天窗。让我们走下楼梯，去参观大房间。……木制栅格结构值得近距离观察，它们是埃及建筑中最有趣的部分。这些木制栅格结构都是从侯赛因·贝（Hussein Bey）位于开罗的房子里带来的。"[2]参观者们按要求欣赏了被安置在驿馆的大量物品，其中很多物品据称是直接从埃及带来的，参观者们对这些物品布置的极高精准度表示赞赏。

这个在博览会上"复制"出来的"埃及"，并没有过多地向公众展示这个国家的内部空间，无论是出于欣赏享受还是让人们普遍了解埃及的相关知识。确切地说，其最突出的特点在于旅行者们在埃及的旅游中面对的挑战。用官方指南的话来说，旅行者们需要根据他们对埃及过去的了解来决

---

[1]　凯利克，《展示东方》，第 217 页。

[2]　同上，第 219—220 页。

定、主宰这个国家的未来。"今天，埃及的这场展览赢得了全世界人民钦佩的目光，它以微缩模型和小型场景的形式向人们展示了埃及的方方面面，展现了一个辉煌灿烂的埃及，不仅表现了埃及辉煌的过去，还显示了它的光明前途，并留给公众舆论对埃及未来的无限想象。"[1]这趟穿越埃及过去和现在的内部空间的旅行，让参观者展望埃及未来，同时也赋予欧洲人决定埃及命运的权力。

[71]

埃及家庭、家庭的内部世界以及埃及人的习俗，是了解19世纪埃及的核心部分。通过旅游冒险和学术旅行创造出来的埃及风貌，在很大程度上，是通过闺房、农家小屋以及房屋的内部空间塑造和构造出来的。讽刺的是，这些空间很大程度上都隐藏在旅行者的视野之外。女性及其家庭活动对西方人了解埃及及其政治和经济困难的根源具有至关重要的作用。与其问为什么对埃及女性的痴迷总是伴随着"埃及问题"？我们不如开始问：如果没有埃及女性，要如何构建"埃及问题"。

但是，欧洲对埃及私人领域的痴迷，以及随后将家庭领域与政治和经济活动联系起来，不仅仅是将女性与发生在公共领域的斗争混为一谈。对埃及"内部"的不懈追求和随之发现的"秘密"，导致了两种范式的构建，以衡量埃及进步与否。第一种范式是将现代母性与政治成功相等同的结果，它将埃及人与英国人的风俗习惯在关于现代性的竞赛中对立起来。埃及并不现代，因此没有能力管理自己，这些相关证据不仅体现在埃及男人与妻子的关系形式上，同样还体现在埃及政治制度的形式和功能上。在夫妻关系改革之前，埃及不可能向现代迈进一步。

同时，19世纪时对于法老时代的辉煌的构建，以及古埃及的伟大成就与现实混乱无序状态的并存，也凸显了现代埃及的落后状态。在这样的构

---

[1] 凯利克，《展示东方》，第15页。

建中，埃及人不仅没有像欧洲人定义的那样"走向"现代，而且早已偏离了往昔的光辉岁月。因此，英国人把埃及搁置在过去的黄金时代与他们还无法进入的现代之间，并呼吁埃及无限期改革。[1]

使用最本质的、内部的空间来定义埃及也创造出一种"主观性"，埃及人被期待能够从这种"主观性"的角度发言。女性的角色和地位以及家庭的习惯和活动构成了关于现代埃及性的论述。在埃及人和欧洲人就埃及现代性及其装饰展开的对话中，女性是核心，这不仅是因为在埃及被占领的早期，对政治领域的讨论超出了埃及人的掌握范围，还因为在每次"现代"谈话中，对"如何对待埃及"的定义必然让人想起女性。

[72]

最后，上述讨论认为埃及是通过旅行和游记塑造出来的，这一讨论挑战了一种关于"他者"的知识与创造殖民政策之间关系的最常见概念。这种殖民政策的逻辑是："我们来了，看见了，吓呆了，所以我们干预。"[2] 虽然，在很大程度上，英国在埃及的政策是由相关官员在与埃及统治阶层的精英人士互动后决定的，但人们很容易辩称：在伊斯梅尔被迫退位前很久，英国政府就已经"知道"他古怪滑稽的行为。因此，"埃及问题"并不是欧洲银行和政府研究伊斯梅尔账户并发现"真相"时所经历的"恐怖"的产物。克罗默和他的同事可能对他们在宫殿和闺房最私密的空间里"看到"的事物感到震惊，但他们并没有探索或将其揭示出来。这种恐怖早就被通俗文学揭露过了。因此，关于入侵和占领埃及的基本叙述必须重写，以囊括英国在占领埃及之前对埃及的了解，使英国人恐惧的是什么，以及他们是如何因此而制定干预和占领策略的。

---

[1]　参见费边，《时间与他者》。

[2]　拉塔·马尼，《多重中介：多国接受时代的女性主义学术》（"Multiple Mediations: Feminist Scholarship in the Age of Multinational Reception"），《铭文》（*Inscriptions*）1989 年第 5 期，第 18—32 页。马尼称这是对殖民主义的主要叙述。

# 第三章　驯化埃及：英国占领下的性别政治

在英国占领时期，旅居埃及的诸多外国人中有一位英国贵族，名叫威尔弗里德·斯科恩·布朗特（Wilfrid Scawen Blunt，1840—1922）。布朗特在这个侨民群体中是一位比较另类的人物。一方面，他是一位想逃离英国的气候，并且增加自己的阿拉伯马储备量的旅行者。[1]另一方面，他对学习阿拉伯语也很感兴趣，这使他在旅行者圈子之外与埃及人有了更多的接触。其中包括贾迈勒丁·阿富汗尼（Jamal al-Din al-Afghani，1838—1897）和穆罕默德·阿布都（Mohammad `Abduh，1849—1905）。通过与这些人的接触，布朗特对埃及和阿拉伯的兴趣逐渐转变成了对埃及政治的非官方参与。布朗特支持阿富汗尼和阿布都的伊斯兰现代主义和民族主义，并竭尽全力与其他在欧洲和埃及的有共鸣的西方人一起为二人安排听众。[2]无论是在开罗还是伦敦，他都请求英国从爱尔兰和埃及撤军。布朗特对欧洲人入侵伊斯兰世界的担忧反映出他对爱尔兰民族运动的长期支持，他真诚地试图说

---

[1]　威尔弗里德·斯科恩·布朗特（Wilfrid Scawen Blunt），《我的日记：事件的个人叙事，1888—1914》（My *Diaries: Being a Personal Narrative of Events, 1888–1914*），伦敦，1920 年。

[2]　威尔弗里德·斯科恩·布朗特，《伊斯兰的未来》（*The Future of Islam*），伦敦，1882 年。

服女王陛下的政府：延长对埃及的占领无益于英国的王权。[1]

布朗特是第一位见证了埃及被占领的英国人，后来他出版了有关自己在埃及经历的回忆录。[2] 这部特别的作品究竟是他急于表达自己对占领埃及所持观点的结果，还是仅算他相对闲暇生活的一款副产品，我们尚不清楚。但是，他的回忆录《英国占领埃及的秘密历史》(*Secret History of the English Occupation of Egypt*) 确实暗示了布朗特有一个计划，正如下文引用

的他在 1895 年出版的原稿中的一段话。布朗特写道："在官方文件中，人们往往读不到历史上最真实的事实，当然，在埃及，由于各种阴谋诡计如此普遍，单纯的学生需要帮助才能理解那些已经发表了的议会文件。"[3]

布朗特预感到：有关占领时期的官方文件，并没有充分反映出 1882 年英国占领埃及的全部动机，也没有体现英国人对他们所入侵的国家和人民的了解。仔细阅读来往于外交部之间的电讯以及监管英国保护国的官员所著的回忆录，就很容易证实这一点。埃及对欧洲债券持有人负有巨额债务，并且英国有意愿保护他们的贸易路线（议会文件中明确记录的占领埃及的相关方面），虽然这些无疑都是占领埃及背后的关键因素，但是其他官方文件和私人回忆录则揭示，有关埃及和"埃及问题"的讨论包含了关于埃及和埃及人的辩论，并且这些辩论超越了对土地和金钱的关注。这些讨论包括了与旅行文学和艺术中极为相似的形象，认为埃及精英人士的家和家庭成员是理解埃及政治的核心。

---

[1] 麦克斯·艾格蒙特（Max Egremont），《表亲：威尔弗里德·斯科恩·布朗特和乔治·温德姆的友谊、观点和活动》(*The Cousins: The Friendship, Opinions and Activities of Wilfrid Scawen Blunt and George Wyndham*)，伦敦，1977 年；诺尔·安东尼·利顿（Noel Anthony Lytton）（利顿伯爵），《威尔弗里德·斯科恩·布朗特》(*Wilfrid Scawen Blunt*)，伦敦，1961 年。

[2] 见爱德华·马利特爵士（Sir Edward Malet），《埃及，1879—1883》(*Egypt, 1879–1883*)，由桑德森勋爵（Lord Sanderson）编辑，伦敦，1909 年，第 2 节。

[3] 威尔弗里德·斯科恩·布朗特，《英国占领埃及的秘密历史》(*A Secret History of the English Occupation of Egypt*)，纽约，1967 年，1895 年版序言，第 vii 页。

布朗特呼吁人们阅读官方记录字里行间透露出的信息，其揭示出占领埃及的背后存在某些动机，尽管它们不一定是"秘密"，但对解释占领埃及来说却至关重要，就像苏伊士运河和埃及安抚其股东的能力越来越弱这两大因素一样。对占领埃及背后的其他计划以及与之相关的形象进行批判也很重要，原因有很多，其中颇为重要的一点是它进一步说明了第一章和第二章中讨论的欧洲想象与埃及现实之间的关系。但同时，对占领埃及背后的财政动机和领土动机的传统解释，并没有回答那些有关占领埃及的原因以及随后的保护国是如何组织起来的等各种挥之不去的问题：为什么英国人会不顾大不列颠的反帝情绪而选择承担另一个"殖民地"？他们为什么选择无限期占领埃及？殖民地的精英人士们早已声称有证据证明这个国家具有经济偿付能力和自治机构，为什么他们还要如此坚决地进行改革？布朗特暗示这些问题的答案就存在于通常没有包含在官方记录中的文献中。显然，他是正确的。

官方文件和回忆录中充斥着各种腐败的埃及人及其家庭实践，就像埃及被占领前后创作的旅行文学中描述的一样。虽然英国人没有公开声明他 [75] 们占领埃及是因为埃及总督和统治阶级的性行为，但是他们确实暗示过，他们必须留在埃及的原因是埃及人自身出了一些问题，导致他们无法自己管理自己。然而关于这一点已经有相反的可靠证据。这些问题通常与埃及男性的道德状况有关，并且这种状况也是与他们的家庭行为和性行为有关的一种状况。正如家庭和家庭政治是有关埃及面貌的文学作品的核心部分一样，家庭政治似乎也是构建"带着面纱"的保护国的核心要素。

## 入侵和占领

英国占领埃及和英埃共治于 1882 年夏初正式开始。19 世纪 80 年代初，埃及的政治气候中出现了一股排外情绪浪潮，并且这一浪潮似乎威胁到了英国的对外贸易，据称英国对此做出了回应。为应对那年夏初港口城市亚历山大爆发的针对欧洲人的骚乱，英国舰队从埃及北部海岸登陆，试图平息骚乱，恢复秩序。

1882 年 6 月至 9 月，英国人和埃及人在亚历山大港等地发生了一系列战斗。因为英国人出于领土利益和经济利益需要维护埃及的秩序，而埃及人则希望结束外国人对埃及政治和经济事务的影响。参加这场叛乱的埃及人以"埃及属于埃及人"为口号集结，支持提倡建立宪制的艾哈迈德·乌拉比（Ahmed `Urabi）。乌拉比和他的支持者，也就是埃及的本地军官以及地产、商业和行政领域的精英人士，都是改革计划的产物，这项改革计划从穆罕默德·阿里时代开始，然后由伊斯梅尔继续执行并扩大。埃及军官希望在军衔上与土耳其人和切尔克斯人平起平坐。1866 年，伊斯梅尔设立了众议院，而很多当选议员希望他们在政府中的角色少一些咨询性，多一些执行性。例如埃芬迪，即在埃及拥有土地、属于精英阶层，并且毕业于公立院校的专业人才的阿拉伯裔埃及人，他们希望在中央政府内获得更高的地位，从而在国家管理中拥有更大的权力。在 1858 年至 1882 年期间，虽然阿拉伯裔埃及人[76] 几乎垄断了军队和文职政府的所有高级职位，但他们仍然感到被排挤在某些职位之外。[1] 因此，他们团结所有埃及人发起了"埃及属于埃及人"运动，旨在削弱赫迪夫的权力并限制欧洲人侵犯埃及事务，埃及人认为此二者均阻碍

---

[1]  科尔，《殖民主义与革命》，第 33 页。

了他们的权力之路。虽然乌拉比主义者在 1882 年 7 月拿下了开罗的控制权，迫使赫迪夫逃往亚历山大避难，但从 7 月中旬开始，英国入侵埃及，并在 8 月初便将乌拉比主义者的控制权限制在了开罗。到 1882 年 9 月 19 日，英国军队成功击败乌拉比及其追随者，从此开启了英国在埃及的殖民历史。虽然从表面上看，英国入侵埃及只是为了镇压叛乱、保护欧洲国民、恢复公共秩序、以及支持陶菲克的权力，但直到 1952 年英国才离开埃及。[1]

1882 年的英国入侵事件发生在埃及经历金融危机六年之后。当时的埃及负债累累，伊斯梅尔与一些欧洲金融机构及政府起草了一份联合协议，并根据该协议于 1876 年成立了公共债务委员会。成立该委员会的目的是监督埃及统治者偿还其过去和现在所订立的贷款，以及维护赫迪夫的权威和良好的公共秩序。

伊斯梅尔成功将埃及的外债从 330 万埃及镑增加到 9850 万埃及镑，他利用这笔钱实施了一系列城市改革和土地改革。欧洲观察家声称，尽管伊斯梅尔有实现现代化的才能，但他喜欢挥霍无度，对欧洲的一切事物都有无尽的欲望。据银行家戈申（G. J. Goschen，1831—1907）的私人秘书阿尔弗雷德·米尔纳子爵（Alfred Milner，1854—1925）的说法，他在 19 世纪 60 年代对埃及财政进行了调查，并在此基础上促进了公共债务委员会的成立，他说"伊斯梅尔骄奢淫逸、野心勃勃、喜欢炫耀……而同时，他脑子里又充满了有关国家物质改善的各种最宏伟的计划"。[2] 他急于把开罗转变

---

[1] 纳德·罗宾逊（Ronald Robinson）和约翰·加拉格尔（John Gallagher）对英国入侵和占领埃及的经典描述已经成为对 1882 年事件的标准阐释。根据他们的说法，格莱斯顿内阁仅仅意图"干预并撤军"。参见罗宾逊、加拉格尔与爱丽丝·丹尼（Alice Denny）共同发表的书籍《非洲和维多利亚人：帝国主义的官员思维》（*Africa and the Victorians: The Official Mind of Imperialism*），修订版，伦敦，1981 年，第 121 页。

[2] 米尔纳此前一直是记者，于 1884 年担任此职位。后来，于 1918 年至 1921 年间，他担任英国殖民地事务大臣，并于 1919 年 12 月以此身份返回埃及。阿尔弗雷德·米尔纳（Alfred Milner），《埃及的英格兰》（*England in Egypt*），伦敦，1892 年，第 215 页。

为第二个巴黎（伊斯梅尔认为埃及是一个欧洲国家，而不是非洲国家），为此赫迪夫花了大量金钱。到 1876 年，他已经花掉了很多钱，却几乎没有还过，导致债权人怀疑他根本没有偿还能力。

19 世纪 70 年代初，伊斯梅尔试图通过重组贷款和增加某些经济作物特别是棉花的产量来挽救这种岌岌可危的财政状况。1871 年，他颁布了《穆卡巴拉法》（*Muqabala Law*），该法律规定：土地所有者预先缴纳 6 年的税款后，便可获得永久减税。由于土地所有者迟迟没有积极响应，该法律[77] 在 1874 年被强制执行。此外，伊斯梅尔还卖掉了他的部分地产以及其他家庭成员的地产。1875 年，赫迪夫向英国出售了埃及政府在苏伊士运河公司（Suez Canal Company）持有的股份，移交了埃及海洋经济的大量股份和控制权。但是，面对如此巨大的债务，伊斯梅尔的努力显然是杯水车薪，终于在 1876 年，伊斯梅尔进行了一项旨在无限期推迟还款的行动，并宣布破产，导致他的欧洲债权人陷入恐慌。

公共债务委员会的成立正是这次恐慌的结果。为恢复埃及的财务偿付能力，伊斯梅尔同意成立该委员会，但实际上，这是埃及失去政治独立的第一步。欧洲对埃及金融事务的干预与日俱增，在不到十年的时间里，引发了"乌拉比叛乱"，并赋予"埃及属于埃及人"这个口号以意义。该委员会由欧洲债权国的四个代表国和英法两个控制国组成，这种设计体现的是法国和英国的双重控制制度，这两个国家在埃及都积累了经济利益和领土利益。由于该制度的确立，赫迪夫和他的部长随从虽然可以继续统治埃及，但他们的统治不得不接受一群外国行政官员的监督和监护，因此后者将对埃及的经济进行监督。此外，这些外来者还会管理埃及的其他事务，以促使之前借给埃及王室的资本回到欧洲。这个方案的设计者认为：维持赫迪夫的王位及其所有权力完整无损，能够确保公共秩序，并促进完成委员会所面临的任务。因此，无须革命就能实现埃及的偿付能力。

　　截至埃及被占领之时，居住在埃及的欧洲人已经达到 90,000 人，与
1870 年的 68,000 人和 1840 年旅居埃及的 6000 名外籍人士相比，数量大大
增加。[1]赫迪夫的现代化项目吸引了大量欧洲人来到埃及，他们在埃及经
常被授予各类开发项目的特许权，如费迪南德·德·雷赛布（Ferdinand de
Lesseps）被授予建设苏伊士运河的特许权。其他人则受益于埃及对他们技
术技能的使用。尤其是在 19 世纪六七十年代，埃及雇用大量欧洲人服务于
苏伊士运河项目、埃及铁路系统扩建工程，以及伊斯梅尔的许多城市现代
化工程。19 世纪 60 年代的棉花繁荣以及埃及与欧洲贸易的不断增长，导致
埃及的外国商业社区出现增长，这些商业社区往往位于埃及首都以及亚历 [78]
山大港、塞得港等港口城市。随着伊斯梅尔的债务越积越多，此类社区的
规模也在不断扩大。最后，由于英国占领埃及，导致英国社区的规模扩大
了两倍。奥斯曼帝国长期以来允许向其领土上的外来人员妥协的传统导致
欧洲人凌驾于埃及法律之上。因此，埃及的生活具有相当大的诱惑力：欧
洲人发现埃及有一种令人兴奋的改革和经济繁荣氛围，在这种氛围中，他
们可以极大地降低生活成本，自由投资，并且可以享受到很多他们预期的
东方冒险活动。

　　此外，在埃及的生活也让欧洲人增强了自己的力量。随着对欧洲资金
和专业知识的借用，赫迪夫们发现自己的权力被"特许经营者、承包商和
银行家们限制了，这些人利用地位为他其自身的利益创造了一个广阔的机
会蓝海"。[2]此外，外国领事馆办事处还利用投降协议赋予他们的权力，在
政府内部获得了有用的关系，保护欧洲商人免遭埃及人的投诉。

　　对于欧洲社区日益扩大的规模和权力，埃及精英人士的反应是喜忧参
半。因为与欧洲贸易的不断增长和埃及国家现代化，也给埃及精英人士带

---

[1]　托莱达诺，《漫长 19 世纪的社会和经济变革》，第 274 页。

[2]　亨特，《穆罕默德·阿里接班人统治下的埃及》，第 187 页。

来了利益。埃及上层人士取得成功的外在表现形式包括接受西方教育、使用从欧洲进口的商品，以及去欧洲度假等。但是，就像开罗的某些街区变成了纯欧洲街区一样，新的体育和文化俱乐部也仅向欧洲人提供会员特权，公共债务委员会的存在和混合内阁的建立向埃及精英人士发出了一个信号，那就是他们的抱负受到了统治者和西方的威胁。

　　欧洲人在埃及成立了全部由欧洲人担任部长的内阁，这一行为激怒了埃及的名门显贵，以及在部队和中央政府任职并期望参与管理埃及事务的高级官员们。为应对已经成立的公共债务委员会，1878 年，该内阁在努巴尔首相（Nubar，1825—1899）的领导下成立，实际上这也是埃及历史上的第一个行政内阁。[1] 但是，由于欧洲人在内阁中所扮演的角色，无论是赫迪夫还是在内阁中任职的普通埃及人都对该内阁的成立不甚满意。事实上，努巴尔的混合内阁反映了埃及历史上的一个转折点：在此之前，埃及一直由伊斯梅尔直接统治，同时，社会各界知名人士和受过国家教育的行政人员会对伊斯梅尔提供协助，这些人员领导并管理着各行政部门。欧洲人在内阁中任职不仅削弱了伊斯梅尔的权力，还增强了伊斯梅尔的首相的重要性，使首相成为赫迪夫与欧洲内阁成员之间的联络人。

[79]　　公共债务委员会的成立，除了增加埃及人对欧洲人的怨恨之外，还导致埃及出现了各种秘密的政治团体。而这些政治团体的形成和扩张也受到了伊斯梅尔的刺激，因为这些团体的成员对欧洲干预埃及政治感到愤怒，正如他们对赫迪夫感到愤怒一样，埃及之所以如此严重地遭受西方干涉，赫迪夫起到了推波助澜的作用。众议院的一些知名议员在议员家中集会，成立了全国协会（National Society）。1879 年 3 月，该协会要求成立一

---

[1]　赫迪夫于 1878 年 8 月 18 日颁布一项法令，将政府的职责委托给内阁。瓦提裘提斯（P. J. Vatikiotis），《现代埃及史：从穆罕默德·阿里到穆巴拉克》（*The History of Modern Egypt: From Mohammad Ali to Mubarak*），巴尔的摩，1991 年，第 130 页。

个将欧洲人排除在外的国家政府。全国协会的成员起草了一份国家改革计划（*La'iha wataniyya*），其中建议：埃及人自己可以解决埃及的金融危机，双重控制应仅限于金融事务，不得涉及任何其他事务，且议员必须被给予更大的政治控制权。全国协会的这些要求与部队中"乌拉比主义者"的要求是类似的。[1]

"乌拉比主义者"和全国协会的施政纲领都反映了人们对伊斯梅尔的高压统治以及对欧洲干预埃及事务感到失望。但同时也表明了阿拉伯裔埃及人决定进入文职和军事管理领域最高梯队的决心。1879 年 4 月，伊斯梅尔组建了一个新的内阁，该内阁由全国协会的领导人谢里夫帕夏（Sherif Pasha）领导。这位赫迪夫说，他希望遵守国家利益，并已将宪法草案提交至众议院讨论。但是，一些军人仍对伊斯梅尔的姿态感到不满。被任命担任军事职务的英国人越来越多，而且拖欠埃及军官工资的情况也很严重，这当然不可能使埃及军官满意。但是，伊斯梅尔成功地将自己、首相和众议院团结在了一起，看似组成了一个联盟。

这个联盟，以及埃及人显示出的抵制欧洲进一步干涉埃及事务的决心，令英国和法国感到十分不安。1879 年 4 月 22 日，伊斯梅尔颁布了一项有悖于欧洲国家希望或期待的财政安排，德国趁此机会率先讨好奥斯曼帝国苏丹阿卜杜勒·哈米德二世（Abdulhamid Ⅱ，1876—1908 年在位），怂恿他鼓励伊斯梅尔退位。此时的阿卜杜勒·哈米德二世正在极力挽救正处于土崩瓦解状态下的奥斯曼帝国，因此他非常乐意摆脱伊斯梅尔这个野心勃勃的王朝成员，因为这个王室成员自 19 世纪初以来就一直试图完全脱离奥斯曼帝国的统治。1879 年 6 月 26 日，苏丹下令让伊斯梅尔退位，并让他的儿子陶菲克继承埃及王位。伊斯梅尔离开埃及，流亡到那不勒斯生活， [80]

---

[1] 关于秘密协会的最佳阐述，参见科尔，《殖民主义与革命》。

后来又辗转到了伊斯坦布尔，最后于 1895 年在伊斯坦布尔去世。陶菲克继承王位后一直统治埃及至 1892 年。

陶菲克抚慰了欧洲的政治人物和金融人士，他们发现陶菲克比他父亲更顺从，更适合当埃及统治者。但是，对埃及民族主义者来说，陶菲克则是一个软弱且容易让别人操纵的傀儡。到 1880 年，陶菲克已经确立了一套偿还埃及贷款的程序，这导致埃及 60% 的国家支出都流向了欧洲，牺牲了对埃及国内的进一步投资。因此，民族主义者认为陶菲克的继位标志着一个相对自治和繁荣时期的结束，并且敲响了埃及自治结束的丧钟。

对英国人来说，保持陶菲克的王位至关重要，具体原因有很多。英国人认为，有一个强大、稳定的赫迪夫在位，就能成功捍卫他们的经济利益和领土利益，并且在行动和性格上，陶菲克似乎不像他父亲那样抵制外国政府的各种计划和要求。与此同时，英国人在陶菲克这位新的赫迪夫身上看到了某些对宪政和自由统治的倾向，并认为陶菲克比他父亲更有可能在"现代"政治上取得成功。由于这种倾向，英国人认为真正的经济和政治改革可以在陶菲克的统治下开始，如果不进行这种改革，埃及就不可能成为一个现代化的独立国家。

到 19 世纪 80 年代初，埃及的国家安全对某些欧洲国家来说极其重要。自从拿破仑军队于 1798 年登陆埃及以来，无论从现实还是假设角度，埃及这个国家对英法两国来说都非常重要。对英国来说，埃及是通往印度的最可靠且最快的通道。对法国来说，埃及对遏制英国的领土扩张野心至关重要。苏伊士运河的建设不仅占用了英法两国大量的资本，还增加了两国在北非的领土扩张野心。

1879 年掌权后，陶菲克邀请谢里夫组建一个新的内阁，由此开始着手建立稳定的埃及政府。但是，谢里夫只有在陶菲克颁布宪法的基础上才会同意组建新的内阁。因此，1879 年 9 月，赫迪夫陶菲克选择了主张反对宪政改革的利雅得帕夏（Riad Pasha）担任首相，并组建了一个新的内阁。尽管利雅得监督了某些令部分埃及人满意的政策的具体落实，例如税收改革措施和废除奴隶劳动等，但仍被迫同意成立了国际委员会，从而导致欧洲对埃及财政拥有更大的控制权。这些协议再加上利雅得和赫迪夫的专制统治方式，导致了埃及军官、地主和政府官员的进一步抵抗。 [81]

　　1880 年 11 月 4 日，众议院的一些议员与反对赫迪夫的军官联合发表了一份宣言，要求埃及进一步自治。该宣言还呼吁加强对赫迪夫权力的控制，换句话说，就是要制定宪法。从 1880 年 11 月到 1882 年 6 月乌拉比领导的叛乱爆发，陶菲克在此期间陷入了与军方和众议院的权力斗争中。截至叛乱之时，那些反对陶菲克的人已经知道，在某些问题上，他们事实上可以强迫赫迪夫。例如，他们成功使"自己人"出任政府要职。但是，与此同时，这些叛乱力量也看到了赫迪夫在必要时通过法令来打击他们的能力，例如限制服兵役时间、逮捕持不同政见者等法令。1881 年 12 月下旬，陶菲克进行了众议院开幕演说，语气中表现出了一种合作情绪，让人觉得这种对立僵局似乎马上就要自行解决了。[1] 但是，当英法两国在 1882 年 1 月初联合发出支持赫迪夫的声明时，这种情形又发生了变化。乌拉比主义者确信，欧洲列强计划加强对埃及事务的干预。由于没有任何其他支持，众议院的议员们便开始朝着与乌拉比主义者结盟的方向前进。现在，这两股力量联合起来支持出台宪法，反对欧洲对埃及事务的进一步干涉。

　　陶菲克被迫于 1882 年 2 月罢免了他的首相，并任命乌拉比主义者候选人马哈茂德·萨米·巴鲁迪（Mahmud Sami al-Barudi, 1839—1904）出任首相。乌拉比随即着手将众议院置于自己的控制之下。此外，他还在军队内部进行了一些多年以来他一直认为需要执行的变革，来帮助阿拉伯裔

---

[1] 瓦提裘提斯，《现代埃及史》，第 148 页。

埃及人获得更高的地位和薪酬。乌拉比迫使巴鲁迪罢免了政府中的欧洲官员，这预示着所有欧洲人的影响力将从埃及消失。对各个阶层的不少埃及人来说，乌拉比看起来像一位英雄，可能最终会使埃及摆脱基督教和欧洲的影响。

1882 年 6 月初，这股反西方影响的胜利氛围演变成了在亚历山大港发生的排外示威，乌拉比军队要么不愿意控制要么无法控制这场暴力示威。这引起了亚历山大港沿海的法国和英国军队的注意。乌拉比军队准备在军事上对抗英法军队，并且推测苏丹会帮助他。英国要求苏丹解雇乌拉比，苏丹动摇了，却拒绝向埃及派兵。到 7 月，赫迪夫已到亚历山大港避难，而乌拉比主义者还在继续建设他们的政治和军事力量。英国人向乌拉比主义者发出了要求其臣服于英国的最后通牒，但乌拉比主义者拒绝臣服，并继续沿地中海海岸线建造防御工事，于是英国准备发动进攻。当英国明确表示即将发动进攻时，法国撤回了自己的部队。这场战争从 1882 年 7 月 11 日开始，以 9 月英国全面占领埃及而告终。

[82]

1882 年秋，随着英国驻奥斯曼帝国大使兼女王陛下特使达弗林勋爵（Lord Dufferin，1866—1918）抵达埃及，英国在埃及的政策开始正式成形。达弗林的任务是对埃及进行调查，并向伦敦提交一份关于埃及政治状况的报告。在这篇报道中，达弗林详细阐述了英国在尝试平息乌拉比叛乱的无政府状态和混乱中可能会遇到的潜在困难。他提供的建议成为英国统治埃及的基本纲要；达弗林说服英国政府必须首先改革埃及政府，然后才能将军队撤离埃及。改革将确保埃及政体及其经济的稳定，并且将限制占领埃及的持续时间。达弗林写道："欧洲和埃及人民，我们已采取行动把你们从无政府状态中解救出来，你们同样有权要求我们的干预必须有益，干预结果必须持久，应消除有关未来动荡的所有危险，并且应在坚实基础上建立起正义、自由和公共福祉的原则。"[1]

1883 年夏末，克罗默勋爵被派往埃及监督英式管理机构在埃及的建设，这将加强埃及的管理机构，并确保达弗林的目标得以实现。作为总领事，克罗默为埃及的行政结构奠定了基础，并且该行政结构一直延续到 20 世纪的第一个十年。克罗默实施了一项管理体系，旨在监督和"指导"埃及政府的不同部门。达弗林建议埃及设立村务委员会、省委员会、全国大会和立法委员会，其成员将由各省、各村通过选举产生，共设立 8 位部长，部长直接对赫迪夫负责。从理论上来说，外国行政人员应该臣服于赫迪夫及其部长和议会的权力，但事实上，英国人却反过来对他们行使了巨大的权力和施加影响。外交大臣格兰维尔勋爵（Lord Granville，1818—1891）在后来被称为《格兰维尔主义》的文件中建议：告知埃及部长，如果不听从英国最高统治者的建议，将停止任职。[2]

[83]

格兰维尔的建议导致出现了一种统治模式，米尔纳后来将其称之为"戴着面纱的保护国"，因为这种模式的时长和目标都模糊不定。《达弗林报告》和《格兰维尔主义》都认为埃及具有中央集权、自由经济和代议制政府，这些都是欧洲民族国家的印记。[3] 英国官员爱德华·马利特（Edward Malet）公开表示埃及的政治制度是立宪制的。[4] 但是与此同时，这两份文件都给人以这样的假象：英国人对于埃及人的参与能力和最终将移交至他

---

[1] "达弗林勋爵的计划"（Lord Dufferin's Scheme），引自纽曼（E. W. P. Newman）的《埃及英治时期》（*Great Britain in Egypt*），伦敦，1928 年，附录 1，第 284 页。

[2] 格兰维尔勋爵（Lord Granville），引自米尔纳的《埃及的英格兰》，第 27 页。《格伦维尔主义》（Granville Doctrine）的片段可参见 J. C. 赫维茨（J.C. Hurewitz）的著作《近东和中东外交纪实》（*Diplomacy in the Near and Middle East, A Documentary Record*），纽约，1956 年。

[3] FO 141/168，达弗林致格兰维尔，1883 年 2 月 14 日。

[4] PRO 30/20/160，马利特致格兰维尔，1882 年 1 月 2 日。

们手上的政府机构的能力是有信心的。[1]

因此，保护国的这些原则把埃及描绘成政治健全但不稳定、现代而又不太现代的国家（米尔纳提到，在这种特性上，地球上没有任何一个国家可以与埃及相较）。[2] 与此同时，由于保护国的目标模糊，并且没有限制持续时间，英国处于这样一种进退维谷的境地，那就是在致力于改革和治理埃及的同时又急于退出埃及。米尔纳写道："人们经常问到的问题是，如果我们不打算保留这个国家，那么为什么要如此煞费苦心地去改善它呢？"[3] 保护国的模糊性是多重的。

## 1882：不确定的占领

既然埃及国内的改革氛围并不那么热情，那么为什么英国人会参与可能很漫长的埃及改革呢？学者们通常认为：埃及正式进入英国殖民轨道的原因，是英国对埃及领导人参与欧洲主导的对外贸易或外国统治的信心下降。此外，也可列举出一些领土方面的原因：早在 19 世纪 70 年代，一些英国人就主张入侵埃及，因为他们担心英国会失去这些令人觊觎的通往印度的路线。关于英国人是否相信这些路线在伊斯梅尔手中是安全的，议会和新闻界

---

[1] 关于在埃及的英国人，另见马利特，《埃及，1879—1883》（*Egypt, 1879–1883*）；以及阿法芙·卢特菲·赛义德·马克索，《埃及和克罗默：英埃关系研究》（*Egypt and Cromer: A Study in Anglo-Egyptian Relations*），伦敦，1968 年。

[2] 米尔纳，《埃及的英格兰》，第 1 页。

[3] 同上，第 xxii 页。

进行了激烈的辩论。[1] 占领发生后，人们也普遍认为，实际上是债券持有人在埃及的利益导致了他们入侵埃及。海外投资导致了一种新型帝国主义的形成。[2] 有人认为，资本有剩余以及在欧洲以外的地方投资恰好在类别和程度上催生了侵略主义，进而导致了沉重的侵略。[3] 最后，一些英国人认为，英国有责任占领埃及，因为英国具有 "治理或指导更落后国家" 的天资。[4]

　　自 1961 年以来，随着罗纳德·罗宾逊（Ronald Robinson）和约翰·加拉格尔（John Gallagher）所著的《非洲和维多利亚人》（*Africa and the Victorians*）的出版，英国政府占领埃及的意图经常被归因于 "反常事件"，如威胁到英国海外贸易的 "乌拉比叛乱" 等。根据罗宾逊和加拉格尔的论点，入侵埃及已经证明了非正式帝国的帕默斯顿政策（Palmerstonian Policies）的失败。从 1840 年到 1880 年，英国在近东的政策是建立在自由贸易帝国主义或非正式帝国的基础上的，其目的是在当地催生出一个随着商业的日益繁荣而采用自由主义政治的商人阶级。处于这个阶层的当地人会感激英国推进自由贸易，并因此欢迎英国给予进一步指导。这些感激英国的当地人将确保政治稳定和英国支配地位的轻松维持。罗宾逊和加拉格尔认为，"乌拉比叛乱" 及其

[84]

---

[1]　例如，《19 世纪》（*The Nineteenth Century*）杂志上满是基于领土利益而支持英国军事占领的文章。参见爱德华·戴西（Edward Dicey），《通往印度的道路》（"Our Route to India"），《19 世纪》1877 年第 1 期，第 665－686 页；《埃及的未来》（"The Future of Egypt"），《19 世纪》1877 年第 2 期，第 3—14 页；W. E. 格莱斯顿，《对埃及的侵略和东方的自由》（"Aggression on Egypt and Freedom in the East"），《19 世纪》1877 年第 2 期，第 149—166 页。

[2]　例如，参见布朗特的《秘密历史》。

[3]　约翰·阿特金森·霍布森（John Atkinson Hobson）在《帝国主义》（*Imperialism: A Study*，安娜堡，1965 年）中提出该理论；后来其又被与弗拉基米尔·伊里奇·列宁（Vladmir Ilich Lenin）的《帝国主义是资本主义的最高阶段》（*Imperialism, The Highest Stage of Capitalism: A Popular Outline*，纽约，1939 年，中文版参：中共中央马克思恩格斯列宁斯大林著作编译局编译，北京：人民出版社，2020）中的观点相混同。

[4]　米尔纳，《埃及的英格兰》，第 416 页；引用自 A. G. 霍普金斯（A. G. Hopkins），《维多利亚人和非洲：对 1882 英国占领埃及的反思》（"A The Victorians and Africa: Reconsideration of the Occupation of Egypt"），载于《非洲史期刊》（*Journal of African*）1986 年第 27 期，第 363—391 页，引自第 367 页。

后果向英国政府提供了重要证据，证明欧洲对埃及的间接影响实际上弊大于
利。发生在帝国边缘的混乱，如"乌拉比叛乱"等，导致英国发动了其本来
不想要或不需要的占领埃及的行动。帕默斯顿的非正式帝国政策因此转变为
一次不情愿的帝国主义侵略。

　　批评家们对罗宾逊和加拉格尔的分析持怀疑态度。例如，据胡安·科
尔（Juan Cole）关于导致"乌拉比叛乱"的事件的分析，罗宾逊和加拉格尔
从经验和概念出发得出的中东出现无政府状态并且即将分崩离析的观点是
错误的。[1]科尔声称，罗宾逊和加拉格尔对19世纪埃及社会变革的看法，
特别是他们对保守阶层、有"穆斯林"倾向的阶层和新自由阶层之间的假定
冲突的描述，以及他们对奥斯曼制度脆弱性的看法，都扭曲了"乌拉比叛
乱"及其支持者的真实意图。他认为罗宾逊和加拉格尔的论点也歪曲了占
领埃及的原因以及英国在埃及的政策和意图。[2]

　　同样，在重新评价罗宾逊和加拉格尔所著的《非洲和维多利亚人》时，
霍普金斯（A. G. Hopkins）提出：从1874年到1880年，统治英国的保守
党政府并不像罗宾逊和加拉格尔所暗示的那样对占领埃及犹豫不决。霍普
金斯特别提到本杰明·迪斯雷利（Benjamin Disraeli，1804—1881）在1875
年购买了伊斯梅尔持有的苏伊士运河债券份额，这无异于英国政府在埃及
[85]　的直接投资，相应地，这也增加了英国政府对于确保伊斯梅尔信守其承诺
的兴趣。霍普金斯认为迪斯雷利认购苏伊士运河股份混淆了中立立场与承
诺之间的区别。

---

[1]　参见科尔，《殖民主义与革命》，尤其是引言部分。

[2]　另见亚历山大·舍奇（Alexander Schölch），《埃及人的埃及：埃及的社会政治危机（1878—1882）》
　　（*Egypt for the Egyptians: The Socio-Political Crisis in Egypt, 1878–1882*），伦敦，1981年。罗格·欧
　　文（Roger Owen）在其作《埃及与欧洲：从法国远征到英国军事占领》（"Egypt and Europe: From
　　French Expedition to British Occupation"，载罗格·欧文和鲍勃·萨特克利夫［Bob Sutcliffe］编，《帝
　　国主义理论的研究》［*Studies in the Theory of Imperialism*］，伦敦，1972年）中表示，对于英国人和
　　埃及人来说，入侵的原因是多方面的，且反映了两国各种人口因素的影响。

当自由党在 1880 年掌权时，威廉·格莱斯顿（William Gladstone）提出自由贸易帝国主义政策，但这只是少数人对全面占领埃及的意见。霍普金斯指出：外交部副部长查尔斯·迪尔克爵士（Sir Charles Dilke，1843—1911）就像一位"在寻找用英国霸权取代双重控制方法"的将军。[1] 当 1881 年法国人占领突尼斯时，许多人都认为埃及已经被让给了英国。换句话说，在乌拉比叛乱前夕，伦敦大都会已经摩拳擦掌通过占领方式来解决埃及问题。

尽管解释上存在分歧，但入侵的动机是因为英国感知到危机，而且英国方面不愿意打破相对于其他欧洲国家的任何权力平衡。尽管有各种各样的或支持或反对入侵埃及的理由，但在面对可能失去进入埃及的机会并因此而失去进入大英帝国其他地区的机会时，人们还是高声呼吁采取行动。事实上，记者爱德华·戴西（Edward Dicey，1832—1911）曾慷慨激昂地断言，英国通往印度的道路不能靠一个不公正又不称职的赫迪夫来保证。这与迪尔克的主张相差无几。迪尔克认为伊斯梅尔和乌拉比起义所产生的威胁足以使议会和公众舆论相信：占领埃及不仅是正当的，还完全是一项义务。[2] 对占领埃及的呼吁通过这样的语言表达出来，即埃及及其政治和经济机构都处于一种危险且不稳定的状态之中。

---

[1] 霍普金斯，《维多利亚人和非洲》，第 381 页。

[2] 参见爱德华·戴西，《英格兰和埃及》（*England and Egypt*），伦敦，1881 年。1870 年至 1889 年期间，戴西担任《观察家》（*The Observer*）的编辑，并且是一名吞并埃及的坚定拥护者。参见 M. E. 张伯伦（M. E. Chamberlain）《查尔斯·迪尔克爵士与英国 1882 年对埃及的干预：19 世纪内阁决策》（Sir Charles Dilke and the British Intervention in Egypt, 1882: Decision Making in a Nineteenth-Century Cabinet），《英国国际研究期刊》（*British Journal of International Studies*）1976 年第 2 期，第 231—245 页，引自霍普金斯的《维多利亚人和非洲》。

## 证明长期留在埃及的正当性

可是，当占领埃及成为既成事实后，人们对如何处理埃及几乎没有一致意见。格莱斯顿政府不愿意保留埃及，并且关于需要多长时间才能确保埃及国家安全这个问题，在埃及的英国官员也不愿去做任何预测。这样就产生了一种"模糊政策的政策"（Policy of ambiguous Policy），根据这种政策，留在埃及或者离开埃及的决定都是合法的。这样一种计划并没有经过深思熟虑，而是克罗默对他所感知到的困境的回应。他写道："我怀着一种热切的愿望来到埃及，那就是尽我所能帮助格莱斯顿先生成功执行其埃及政策。我认为我理解该政策，如果我的理解正确，那么我确信我大致赞同该政策。但是，我很快就发现，我在追求一种转瞬即逝、难以把握的幻影。"[1]

[86]　　格莱斯顿决定离开埃及，克罗默不愿证实迅速撤离的可能性，这些都导致英国官员对埃及的制度和意识形态进行了大量调查。可以肯定的是，以前也曾有人研究过埃及：19世纪六七十年代，戈申（G. J. Goschen）和斯蒂芬·凯夫（Stephen Cave）使团任务旨在调查埃及及其政府，并在此基础上制定一项复苏战略。戈申和凯夫的调查促成了公共债务委员会的成立。成立该委员会的目的是监督埃及政府直到其开始成功偿还贷款。但是，尽管戈申和凯夫发布的报告似乎是基于对伊斯梅尔财务状况的实际调查以及他们对伊斯梅尔与欧洲银行之间交易记录的查询，在1882年占领埃及之前

---

[1]　FO 633/87。此文件包含手写稿《克罗默在埃及的形势：克罗默勋爵的叙述》("Cromer's Situation in Egypt: Lord Cromer's Account")，后来出版为《现代埃及》（*Modern Egypt*，伦敦，1908年）。手写稿似乎写于1895年。根据克罗默的笔记，《现代埃及》在最终出版时，手写稿的大部分内容被删除了。

以及占领埃及期间进行的调查揭示出的却是调查结果掺杂着想象。[1] 随着达弗林、格兰维尔等官员开始进行调查，对于格莱斯顿政策意味着快速入侵埃及并快速撤出埃及这个观点，他们提出了质疑。在占领埃及后不久，格兰维尔在他写给格莱斯顿的一份急件中指出："事实上，对于埃及这个被我们从无政府状态中拯救出来的国家，从我们开始环顾它的那一刻起，就可以清楚地看到它在独立生活所需的所有条件方面显得匮乏。"[2] 但是，达弗林和格兰维尔都没有清楚解释他们的这些发现到底来自哪里。布朗特批评了达弗林对埃及制度的调查，指责他只是向"任何能提供信息的人敞开了他大使馆的大门"。[3] 但是，达弗林声称，他得出的有关埃及的结论是基于"那些我有义务沟通之人仔细推敲出来的"信息。[4]

格莱斯顿希望达弗林收集有关埃及军事和政治机构潜在改革的信息，因为对埃及实施快速改革计划的这一想法与他希望尽快离开埃及的愿望一致。[5] 因此，格兰维尔和达弗林负责对埃及的政治领域及其军事进行评估，但是事实证明这项任务是极其艰巨的，因为在占领埃及之前，格莱斯顿政府掌握的有关埃及的信息少之又少。[6] 达弗林仅在埃及待了十天就对格莱斯顿的请求作出了回应，他表示在埃及建立自由治理制度将"或多或少是轻举妄动"。[7]

---

[1] 例如，参见彼得·曼斯菲尔德（Peter Mansfield），《在埃及的英国人》（*The British in Egypt*），纽约，1971 年，第 1 章；以及布朗特，《秘密历史》。

[2] 阿尔弗雷德·米尔纳（Alfred Milner），《英国在埃及的工作：由一位在埃及执行公务的英国人所作》（*Britain's Work in Egypt. By an Englishman in the Egyptian Service*），伦敦，1892 年，第 3 页。

[3] 布朗特，《秘密历史》，第 349 页。

[4] FO 141/168，达弗林致格伦维尔，1882 年 11 月 18 日。

[5] PRO 30/29/126，急件，格莱斯顿致格伦维尔，1882 年 9 月 15 日。

[6] 后来，温盖特（Wingate）写道："一位总督、几名执政官、偶尔一个'时报'（原文如此）的记者是他们唯一的信息来源，除了在埃及机构中担任职务的古怪英国人（英国人的功绩足够出名，能够吸引外交大臣的注意）。"温盖特资料，见牛津圣安东尼学院。

[7] FO 141/168，达弗林致格兰维尔，1882 年 11 月 18 日。

　　达弗林的这个结论背后的原因显然并不明确。达弗林的前任凯夫曾得出伊斯梅尔的资源（如果管理得当）足以支付埃及债务的结论。[1]1879 年
至 1883 年出任埃及总领事的马利特后来告诉外交部，埃及的统治事实上是符合宪法的。达弗林表示，埃及有一个他称之为"集智慧与勇气为一体"的名人议事厅（Chamber of Notables）（尽管他也认为该议事厅很容易被赫迪夫的意志左右）。[2]在埃及军队中，达弗林看到了秩序和忠诚。[3]换句话说，达弗林递交给外交部的报告中包含了埃及有自治潜力的证据。事实上，达弗林命令英国政府"在一定的谨慎范围内，建立相关的代表机构、市政府和社区政府……虽然是在同情心的建议和帮助下……建立的"[4]，以此管理"尼罗河谷"。但是，在他影射埃及有自治潜力的同一段落中，他却总结道："对于某种似乎是埃及人民特点的品质，用'幼稚'一词最能表达；埃及人可以立即着手行使全面的宪法职能，但在高度组织化的社区中，不能指望埃及进步到可以立即全面履行宪法职能，毕竟即便在高度组织化的社区中，这种宪法职能有时还会陷入僵局。"[5]因此，埃及人似乎具备管理自己的能力，但同时又像个孩子一样幼稚。

　　在达弗林与外交部的通信中，就是那些肯定会被贴上"官方"标签的通信，他使用的修辞往往会让人觉得读起来像在读旅行文学。在撰写报告时，达弗林所依据的似乎是那些有关埃及遗迹的传闻和故事，而不是与埃及精英阶层及其发挥职能所依赖机构的实际接触。由于 19 世纪东方主义者说话的特有风格，达弗林显然心安理得地将对埃及机构的真实调查与相关传

[87]

[1]　曼斯菲尔德，《在埃及的英国人》，第 8 页。

[2]　FO 141/168，达弗林致格兰维尔，1882 年 11 月 18 日。

[3]　同上。

[4]　FO 141/168，达弗林致格兰维尔，1883 年 2 月 14 日收件。

[5]　同上。

闻和想象混为一谈：他对埃及机构的直接评价与未经证实的所谓的野蛮统治做法并列在一起。有一次，他客观地向格兰维尔报告说："众议院一直是积极存在的……鉴于此，我认为我们应该尝试将代议原则（Representative Principle）引入埃及政府。"[1] 而另一方面，达弗林却又呼喊道："我的主啊，到埃及旅游的人遇到的最痛苦的事，就是无论多最琐碎的事情上，小官员们都能无理由地无限放大，采用鞭笞的方式进行惩罚。"[2] 达弗林的这番陈述使埃及的部长们因此显得既能干又弱智。[3]

克罗默同样直言不讳地承认他对埃及和埃及人的了解来源于他同胞的旅行记述。例如，克罗默对伊斯梅尔及其性格的了解就来源于纳索·威廉·西尼尔所著的《在埃及与马尔他的对话和日记》（Conversations and Journals in Egypt and Malta，1882）一书。克罗默在他的回忆录《现代埃及》（Modern Egypt）中写道：[88]

> 需要记住的是，伊斯梅尔完全没受过教育。西尼尔先生在 1855 年返回欧洲的途中，发现与他同路的英国马车夫曾经为伊斯梅尔服务过。当然，西尼尔先生立刻采访了他。此人对伊斯梅尔私生活的描述值得引用。我不怀疑它的准确性。
>
> "伊斯梅尔，"他（西尼尔）说，"伊斯梅尔和他的兄弟穆斯塔法（Mustafa），当他们在巴黎的时候，常常是看到什么就买什么；他们就像小孩儿一样，没有什么东西对他们来说好得不能再好；他们买了和维多利亚女王或皇帝一样的马车和马，但却不进行保护和清洁，任其

---

[1] FO 141/168，达弗林致格伦维尔，1882 年 11 月 18 日。

[2] 同上，1883 年 1 月 26 日。

[3] 关于对有能力的领导人的看法，他写道："谢里夫（原文如此）帕夏……可能被认为是议会原则的创始人和先知。"FO/141/168，达弗林至格伦维尔，1882 年 11 月 18 日。

损坏。……他最喜欢交谈的人是他的仆人，就是那些给他送烟斗的家
伙，他们双臂交叉站在他面前。他有时会坐在沙发上抽烟，和他们聊上
几个小时，聊的全部都是关于女人之类的事情。……我知道他有时候会
试着读读法国小说，但是他花了两个小时才看了一页。有一两次，我看
见他尝试写作。他写的字有半英寸高，像小孩儿写在临摹簿上的字一
样。我认为他从未写过一句完整的话。"（西尼尔，《对话》，第 2 卷，第
228 页）[1]

在那些读起来通常更像 19 世纪旅行文学而非对埃及财政和领土的"官
方"评论的报道中，对埃及人自治能力的评价是通过对埃及制度的描述来
表达的，从表面上看，这些制度似乎与埃及军队和国家的运作能力几乎没
什么关系。达弗林和克罗默倾向于将旅行文学与确凿事实混为一谈，这就
是爱德华·萨义德（Edward Said）所谓的"东方学的征引本质"的典型代
表：欧洲人对自己给东方做论断充满信心，因为这些论断可以扎根于任何
类型的文学中。[2] 将事实和想象混为一谈，塑造了占领埃及之前埃及在欧
洲人眼中的形象，其中明显的例子就是关于赫迪夫个性的报道。例如，在
英国占领埃及的前几年，克罗默的秘书亨利·博伊尔（Henry Boyle）写了
一本"关于赫迪夫家族背景的备忘录"。[3] 虽然该备忘录的写作意图是作为
在埃及工作的英国行政官员的指南，但却从未印刷或流通过。博伊尔声称，
他写这本书的目的是为了表现埃及王室的心态，以便英国行政官员能够了

[1]  FO 633/84，约 1895 年。《克罗默在埃及的形势：克罗默勋爵的叙述》。

[2]  萨义德，《东方学》，第 2 章。

[3]  博伊尔被称为"隐藏的克罗默"（hidden Cromer），他能够渗透埃及社会，以其他人无法达到的
     方式获取信息。后来，他的女儿克拉拉·博伊尔（Clara Boyle）写道："他的力量甚至可以延伸
     至他们的私人住宅和家庭的最深处。"克拉拉·阿希·博伊尔（Clara Asch Boyle），《开罗的博伊
     尔：外交官的中东冒险之旅》（*Boyle of Cairo: A Diplomatist's Adventures in the Middle East*），伦
     敦，1965 年，第 177 页。

解他们所管理的这个国家。[1] 这本书描述了埃及王室很多成员的个性：据报道，易卜拉欣（Ibrahim）死于纵欲和酗酒；穆罕默德·阿里的所有后代，包括陶菲克，都被贴上了反复无常和残酷的标签；陶菲克的表妹娜兹莉（Nazli）公主据说非常聪明，但却沉迷于香槟酒；博伊尔还表示陶菲克的姑姑贾米拉（Jamila）是一位女同性恋者，她的家庭混乱、无序。[2]

　　博伊尔的备忘录揭示出英国人倾向于将赫迪夫的性格和习惯与埃及及其制度混为一谈："实际上，赫迪夫就等同于埃及。"[3] 克罗默和戴西都将克罗默与法国的路易十四做比较："他，以他自己的身份来说，就代表国家。"[4] 英国人经常运用这种性格与政治之间的联系来描述甚至预测埃及的政治。克罗默在 1882 年写给外交部的信中描述道："我没有理由认为：如果出现任何干扰……埃及政府将倾向于采取过度或不必要的严厉镇压。**的确，赫迪夫的个人性格本身几乎就足以保证不会存在这种倾向。**"[5] 戴西的看法与克罗默就陶菲克对国内骚乱可能具有的反应所做的预测如出一辙，他说：

[89]

---

[1]　博伊尔，《开罗的博伊尔》，第 32 页。

[2]　同上，第 43—44 页。

[3]　戴西，《通往印度的道路》，第 674 页。

[4]　克罗默，《现代埃及》，第 56 页。戴西在《赫迪夫的故事》（*The Story of the Khedivate*，纽约，1902 年）中对此表示附和，第 50 页。1869 年至 1899 年间，戴西时不时地前往埃及。

　　使用《现代埃及》作为关于英国占领和埃及人当代观点的来源，这种做法存在疑点，因为克罗默并未表明他自己如何或何时在序言中写下这段文字。伦敦公共档案馆文件（该文件保存了原始手写稿）中的文本注释表明，该文本于 1895 年就已经开始编撰，但是其是否作为一种日记而编写，或者是否为克罗默事后的经历记录，我们尚且不得知晓。文本中的某些句段表明克罗默于埃及创作其内容。例如，第 145 页中他写道："刚刚埃及庆祝了穆罕默德·阿里的百年诞辰。"穆罕默德·阿里出生于 1769 年。其他句段并未注明写作日期。与此同时，尽管克罗默指出他的写作旨在描述建立英国保护国初阶段的形势，但事实上根本无法辨别他的观察和记忆。但是，尽管该文本存疑，其充满了对埃及堕落、无能、不道德的描述，如果他的官方政策不能被证明合理，那就是无限制的、模棱两可的统治，而因此有助于讨论"埃及问题"的有问题的结构。

[5]　FO 633/87，急件 450，克罗默致格伦维尔，第 32 章附件，《克罗默在埃及的形势：克罗默勋爵的叙述》，未注明日期。

"取决于性格和性情……陶菲克帕夏极不可能像他父亲那样。"[1]了解赫迪夫的性格，显然就是了解埃及。

尽管事实上，当英国占领埃及之时，伊斯梅尔已经下台，但人们似乎将他的统治特点和行为特点与埃及政府无力治理埃及混为一谈。例如，当谈到陶菲克及其部长以及在1879年陶菲克掌权后不久便叛变的埃及军官们的时候，马利特得出了以下结论："伊斯梅尔帕夏时代的传统像幽灵一样在路上穿行。"[2]伊斯梅尔及其性格仍然是埃及政治危机和管理不善的象征。

对于那些自认为认识并了解伊斯梅尔的欧洲人而言，伊斯梅尔在他们心中的形象很奇怪。对一些欧洲人来说，他是一位值得称赞的统治者。的确，他创建了一支现代军队，铺设了长达1000英里（约1600公里）的铁路，挖掘了50,000英里（约80,000公里）的灌渠，并在埃及各地建立了数百所中小学。上层阶级的开罗人在风景优美的公园和花园、博物馆和美术馆、动物园中度过闲暇时光，或者拜访世界上最好的歌剧院。这样的成就让许多欧洲人将埃及视作一个了不起的进步范例。

但是，其他人则不以为然。例如，戴西曾在《19世纪》杂志上发表许多有关埃及的文章，在其中一篇中他声称：这些项目事实上被他变态的野心抵消了。虽然伊斯梅尔成功改造了埃及，但是戴西表示，他"实现目标的方式"是"完全不合理的"，因为支撑他私人生活的是"感官上的自我放纵"。[3]官方银行和国家治理圈内的欧洲人喜欢讲述有关伊斯梅尔及其特殊行为的故事，这些故事构成了欧洲人对埃及的普遍认知。克罗默写道："伊斯梅尔在欧洲太出名了，不能扮演立宪君主的角色。"[4]博伊尔记录在他备忘

[90]

---

[1] 爱德华·戴西，《英国对埃及的干涉》（"England's Intervention in Egypt"），《19世纪》1882年第12期，第174页。

[2] 爱德华·马利特，引自克罗默，《现代埃及》，第1卷，第181页。

[3] 戴西，《通往印度的道路》，第678页。

[4] 克罗默，《现代埃及》，第1卷，第86页。

录中的一个故事说明了欧洲人了解的伊斯梅尔及其统治是什么样的："伊斯梅尔正在访问维也纳……在那里，他看到了一面巨大的镜子，这正是他的阿伯丁宫（Abdine palace）所需要的。他派布拉维（法国人、伊斯梅尔的朋友）去询问价格，得到的报价是 20,000 法郎。但在布拉维的口中，这面镜子当时报价 20,000 法国金币（其价值远高于当时的法郎），而伊斯梅尔对此毫无质疑。"[1]

与财政轻率方面的传说相伴而生的，还有关于伊斯梅尔统治残暴、反复无常的故事。其中讲述最多的是他试图杀害与其意见不合的部长，而且往往屡试不爽。其中最臭名昭著的一个故事，是这位赫迪夫因被部长努巴尔突然惹怒而企图杀死他。在他们从伊斯坦布尔乘船前往埃及的旅程中，伊斯梅尔想要将努巴尔扔下船去。而努巴尔则完全是通过投其所好方得以保全性命：他诱使伊斯梅尔不停地讲述其自身的"传奇事迹"，从而满足这位赫迪夫的虚荣心，直至这艘船在亚历山大港靠岸，而这时再处决努巴尔为时已晚。[2]

米尔纳勋爵认为，除了道德原因，财政原因也对赫迪夫的垮台起到了同等作用。"伊斯梅尔帕夏统治末期发生了极大规模的财政破产，"他写道，"这是漠视造成的后果。不只是对各种经济原则的漠视，还有对各种**道德**原则的漠视。"[3] 米尔纳后来谴责伊斯梅尔的堕落，他写道："除了在娱乐、赏赐、声色犬马、大肆兴建宫殿（这些宫殿不仅在美观上极差，在结构上同样糟糕）方面浪费的无数钱财以外，还有无数钱财浪费在一个规模庞大的农业发展计划上。"[4] 他总结认为，在伊斯梅尔统治的时期，埃及的财政状

---

[1] 摘自博伊尔，《赫迪夫家族背景备忘录》（"Memorandum on the Background of the Khedival Family"），载《开罗的博伊尔》，第 36 页。

[2] 同上。大多数关于伊斯梅尔统治的叙述中以及那个时期的旅行文学中都出现过这个故事。

[3] 米尔纳，《埃及的英格兰》，第 212 页。

[4] 同上，第 176 页。

况大起大落，而且伊斯梅尔的行为对埃及公民的道德体系还产生了诸多不利影响，这些都表明埃及需要欧洲的干预。[1]尽管从表面上看，伊斯梅尔的改革取得了成功，但由于他耽于声色，相较其他维多利亚时代的同辈，他似乎才干稍逊。[2]在此类描述中，伊斯梅尔的形象较为矛盾，他现代但又落后，有才能但又无能。达弗林和格兰维尔并不单是因为伊斯梅尔债台高筑而谴责他的改革方案，还因为他们推定伊斯梅尔在实施这些方案时缺乏道德。

[91]　　流传甚广的有关伊斯梅尔的故事，不止谈到了他的道德败坏，还涉及陶菲克不名誉的出身。普遍的说法是，陶菲克"因偶然而获得其显赫地位。有一次，伊斯梅尔来到皇宫中的一个盥洗室，然后在那里遇到了一个后宫小奴隶——名叫坎迪尔吉（Kandilji）——她的职责是照看后宫中各殿厅的照明装置。这个女孩引起了这位殿下的注意，经过一段时间后，陶菲克便出生了。由于他是伊斯梅尔的长子，他的母亲成为了第一夫人（Birinji Kadin），而陶菲克也成为了王位继承人"。[3]

　　在描述和了解埃及的英国课题中，伊斯梅尔母亲霍瑟尔夫人（Khosayr Hanem）的性政治是其中极为重要的一部分。据说她经常开车在开罗穿行，四处寻找英俊的男人，将他们带回她的宫殿。而且据称，在她闺房过夜后，所有的年轻情人都被她处死。[4]不论这些传闻是真是假，传闻的流传都进一步巩固了埃及精英人士的私生活与其政治才能之间存在的关系。将维多利

---

[1]　米尔纳，《埃及的英格兰》，第 211 页。

[2]　根据历史学家的说法，伊斯梅尔个性的分裂使其统治"复杂化"（complicated）。例如，莫斯廷（Mostyn）说道："伊斯梅尔，一个 19 世纪的美第奇（Medici）和现代埃及的创始人，表现出了分裂的状态……他愉快地将自己的财政部长勒死在为心爱的欧仁妮而建造的宫殿里，而在欧洲摆出一副完美绅士的姿态。"特雷弗·莫斯廷（Trevor Mostyn），《埃及的美好时代：开罗，1869—1952》（Egypt's Belle Epoque: Cairo, 1869–1952），伦敦，1989 年，第 2 页。

[3]　引自博伊尔，《开罗的博伊尔》，第 38 页。

[4]　同上，第 36—37 页。

亚时代的夫妻行为和父母行为模式套用于埃及这个国家时，赫迪夫夫妇的家庭习俗便不仅仅是英国人憧憬或鄙夷的对象。更确切地讲，他们家庭习俗的意义逐渐上升，成为了英国人衡量和理解埃及人及其政治活动的标准。事实上，戴西总结说，作为一个"生于后宫且长于后宫的君王"而言，伊斯梅尔已属成就斐然。[1]

尽管有关陶菲克的出身流传着各种故事，但相比其父亲伊斯梅尔，英国人却对他更有好感，称他"青出于蓝而胜于蓝"。[2] 如果英国人是根据埃及赫迪夫们与其埃及同胞共享权力的意愿来评判他们，那么，对于陶菲克统治时期的这些正面报道就让人意外了，因为继承王位后，陶菲克便立即废止了其父亲在位时组建的众议院。同样是专制统治，其父亲在位时，英国人对此极为憎恶，但对于陶菲克却又明显宽容。

显然有其他标准影响了英国人对陶菲克统治才能的看法。达弗林在1883年初讲到，尽管陶菲克暂停了众议院的运转，但相比其父在位时的表现，他反而更像欧洲的统治者。他写道："无论如何，现在坐在赫迪夫宝座上的这位君王都体现出了自治政府和世袭继承的原则以及商业上的独立性。"[3] 英国总领事马利特认为，陶菲克软弱无力，但他温和宽厚，并且非常感激英国人，"他知道英国人救了他的性命并帮助他得到了王位"。[4] 尽管米尔纳认为陶菲克所受的教育不如其父（例如，他不能熟练地讲任何一门欧洲语言），但他仍认为，"本质上，陶菲克真的更像一位西式的宪政统治者，而非一个东方的专制统治者，而伊斯梅尔则是一个东方专制统治者，尽管 [92]

[1] 戴西，《通往印度的道路》，第 674 页。

[2] "根据集市上的流言蜚语，他的母亲曾在总督的后宫中从事低贱的活计，伊斯梅尔对她产生兴趣后，生下了陶菲克。"戴西，《赫迪夫的故事》，第 227 页。米尔纳，《埃及的英格兰》，第 24—25 页。

[3] FO 141/168，达弗林致格兰维尔，1883 年 2 月 14 日。

[4] 马利特，《埃及，1879—1883》，第 85 页。

他表现得像一个巴黎人。"[1]

虽然有关陶菲克的很多报道实际上都是贬损的，但在统治埃及这方面，他始终备受英国人"推荐"。1882 年，克罗默写道：

> 如果在未来，埃及不再是由一位赫迪夫统治，而是由一位独立君主统治，随之出现的下一个问题便是谁会当选为独立君主。我认为现任赫迪夫必定会当选。[2] 如果一定要选择一位东方人，我不认为任何其他人会是比现任赫迪夫更佳的选择。……他并不具有任何相当重要的权力或不可忽视的才能，但我认为他不止是我所见过最为诚实的人之一，还是最为仁慈和认真的东方人之一。[3]

有关这位赫迪夫是否能够胜任统治的评论常常涉及这位赫迪夫的道德生活和家庭习俗。在戴西的描述中，陶菲克是"一个 27 岁的男人，身材瘦削，面貌平庸但并不刻薄，天生便心存善意，但观点较狭隘；是一位伊斯兰教的虔诚教徒；一个好丈夫；一个有家庭生活道德的人；一个节俭的管理者——就是这样一位君主，因为命运的嘲弄而成为了伟大的伊斯梅尔的继任者"。[4] 布朗特与戴西意见一致，也认为陶菲克是一位合格的统治者，他在描述陶菲克的"美德"时补充说，与其大多数前任相比，这位赫迪夫在家庭生活方面品行端正，并且具有可敬的美德。[5] 有关英国占领埃及的最为官方的记载中，还记录了陶菲克仅娶了一位妻子这一事实。尽管事实上，

---

[1] 米尔纳，《埃及的英格兰》，第 135 页。

[2] 英国曾暂时考虑让一个欧洲人登上埃及王位，打造"东方比利时"（Oriental Belgium）。

[3] FO 633/99，克罗默，《埃及现状备忘录》（"Memorandum on the Present Situation in Egypt"），西姆拉（Simla），1882 年。

[4] 戴西，《赫迪夫的故事》，第 229 页。

[5] 布朗特，《秘密历史》，第 96 页。

陶菲克紧握权力不放，在埃及不得人心，但他的家庭生活似乎让他成为了适任统治埃及这一职责的合适人选。

但是，尽管英国人青睐陶菲克，而且他们坚定地抱持着错误的看法，认为陶菲克没有表现出一丝"昔日埃及总督身上明显表露的无情和专制天性"，达弗林最终还是告诉格莱斯顿，埃及人没有能力对自己进行改革："没错，埃及在完全接受'民族独立'和'宪政'中的任意一项时，既没有能力重新维护（民族独立），也不适合享有（宪政），但如果欧洲宽宏大量地提供帮助的话，埃及可以指望获得前者，而对于后者的发展，埃及可以将之托付给时间。"[1] 达弗林声称，不管陶菲克所谓的西方品质如何，由于埃及的制度过于专制，以致在没有英国人指导的情况下，"自由的种子"是无法生根的。

[93]

正如在殖民地印度，所有臣民都被要求"具有英国人的品位、观点、道德和才智"，但又绝不能完全成为英国人，陶菲克身上便体现出了英国在埃及所实行的殖民政策的含混之处。[2] 作为一个在英国人看来有能力进行宪政统治，同时又具有可塑性和顺从性的人，陶菲克是被霍米·巴巴（Homi Bhabha）称为殖民统治的本质矛盾性的象征。作为一个"模仿者"，陶菲克永远不可能完全现代化，但他明显具有可塑性，这使他成为了殖民机器中一个合适的齿轮。[3]

对埃及的部长们，殖民官员们也会做同样的分析。在 19 世纪 70 年代

---

[1] FO 141/168，达弗林致格兰维尔，1883 年 2 月 14 日。

[2] 托马斯·巴宾顿·麦考利（Thomas Babington Macaulay），《教育备忘录》（Minute on Education），载《印度传统的来源》（Sources of Indian Tradition），第 2 卷，狄百瑞（William Theodore de Bary）编，纽约，1958 年，第 49 页。

[3] 霍米·巴巴（Homi Bhabha），《论拟态与人类：殖民话语的矛盾性》（Of Mimicry and Man: The Ambivalence of Colonial Discourse），载《帝国的紧张局势》（Tensions of Empire），弗雷德里克·库珀（Frederick Cooper）和劳拉·斯托尔（Laura Stoler）编，伯克利，1997 年，第 152—160 页。

后期，克罗默将帕夏的性格与其统治能力挂钩，他称"相比一项赫迪夫法令可能赋予他的特殊职能，帕夏的统治能力更多地取决于当选者的品性和个人影响力。"[1] 米尔纳坚持认为，正是因为帕夏阶级不能胜任统治职责，所以英国才有必要帮助埃及，埃及也因此成为了一个"戴着面纱的保护国"。根据与帕夏阶级接触的经验，米尔纳相信，帕夏们对政府的兴趣差不多仅停留在个人的心血来潮："他们没有强大的性格力量，无法抵制昔日的恶习逐渐重现。"[2] 他痛斥格莱斯顿希望快速撤离埃及的想法，声称这样做会让这个国家回到"腐败而软弱的帕夏统治"时代。[3]

在担任总领事一职后，克罗默声称，对于他要共事的埃及部长们，其家庭行为最令他震惊。他在 1891 年写道："毫无疑问，在过去的几年里，这个国家在物质（即经济）方面取得了真正的进步。但是，一夫多妻制的盛行和家庭生活的缺失导致整个社会体系都遭受摧残，在这样一个国家中，是否能取得道德进步则是另一个问题。"[4]

这一时期英国人对埃及的大多数描述仍含糊其词，未说明"帕夏统治软弱"的根源。达弗林曾向格兰维尔暗指，裙带关系导致整个朝臣体系缺乏效率。[5] 根据克罗默的说法，后宫产生了"帕夏统治的特有风格"。[6] 对克罗默来说，陶菲克与其妻的一夫一妻制关系即是证明，证明埃及摆脱闭塞和一夫多妻制后，会有更好的政府产生。事实是一个没有后宫的男人决定与英国合作，由此开启一段政治经济改革时期，这难道仅是意外吗？

因此，不管将英国干涉埃及政治归结于什么原因，英国方面的结论都

---

[1]　克罗默，《现代埃及》，第 1 卷，第 156 页。

[2]　米尔纳，《埃及的英格兰》，第 394、404 页。

[3]　米尔纳，《英国在埃及的工作》，第 3 页。

[4]　PO 633/5，克罗默致努巴尔帕夏，1891 年 6 月 15 日。

[5]　米尔纳资料，第 443 页，牛津博德利图书馆藏；达弗林致格兰维尔，1883 年 3 月 7 日。

[6]　克罗默，《现代埃及》，第 2 卷，第 528 页。

为"埃及问题"增加了一个维度，即是埃及精英人士的品格和道德塑造了埃及的政治领域并影响了埃及政治运作能力。"戴着面纱的保护国"建立在英国对埃及持续占领的基础上，直到埃及政治和私人领域的习惯都实现改革。它深受英国对埃及及其统治精英态度的左右，而与迫在眉睫的金融和领土危机关系不大。格莱斯顿最终承认入侵必然要伴随占领时，他说道："我们现在已经到了在**道德**教育和撤离中做出抉择的时候了……而问题是……我们是否要做出一些安排，帮助埃及为未来的自治做好准备。而我相信，我们已经做出了选择。"[1] [94]

## 复兴埃及：占领时期的家庭政治

根据对埃及生活的各个方面所做的调查，克罗默得出结论说，当埃及赫迪夫的统治不再专制时，自由就会随之而来。[2] 但实际上，制定一项使埃及走上正轨的政策并不是那么简单。关于一旦被英国抛弃后埃及的政府是否会恢复反动这个问题，流传着两种见解。第一种见解由达弗林勋爵提出，认为埃及人实际上可以在"（英国人）的友好保护下"接受"辅导"。在他看来："教育的魔杖和榜样的微妙力量将结合起来，产生一种'公民意识'，这种公民意识是一种无须许可的自由精神，或适当的独立，这是盎格鲁－撒克逊人的理想。如此过了几年，当选民的心在每一件"传统埃及服装"（*galabieh*）下跳动，选民的坚强智慧充满了每一个埃及人的头脑时，我们

---

[1] PRO 30/29/126，格莱斯顿致格兰维尔，1882 年 9 月 15 日。

[2] 克罗默，《现代埃及》，第 1 卷，第 343 页。

就可以撤回我们的军队和我们的顾问了。到时，一切都会非常好。"[1]

第二种见解来自克罗默勋爵，他并没有这么乐观。在他看来，改革和撤离是不可调和的。克罗默表示，格莱斯顿憎恶事实，导致首相支持撤离的计划。[2]克罗默还表示，任何形式的改革都是一项漫长而不确定的事业。他同时还对埃及人是否真的能够实现改革抱有怀疑，他说，达弗林所说的盎格鲁－撒克逊理想远远超出了埃及人所能理解的范畴。

[95] 在克罗默的叙述中，埃及人如同小孩，需要持续的照顾和监督。他告诉格兰维尔，陶菲克对宪法统治者职责的了解程度，大概只是自己六岁儿子的水平。[3]克罗默喜欢将埃及人比作处于早期发展阶段的儿童，他们还缺乏主动性，而且尚在模仿其父母的行为。"向这个埃及人说一遍他需要做什么之后，他会很快领会内容。他是一个很好的模仿者，会忠实地模仿其欧洲主人的行为，有时甚至过于缺乏独立精神。……但另一方面，由于这个埃及人的领悟能力较低，他往往不能完全理解其老师们推进其走向某些方向的原因，因此，如果撤销英国的监督，他随后肯定会退回原状。"[4]这意味着，如果有英国人在场亲自指导他们的行动，埃及人可能实现改革，但如果欧洲撤回了监督，埃及的状况将会倒退，重新陷入衰败。[5]这种观点不过是附和了斯蒂芬·凯夫早期对埃及的评估。他在1876年写道："埃及可以说是处于一个过渡状态……由于刚刚脱离旧体制并尝试进入新体制，埃及不止受累于旧体制的缺陷，同时也受累于新体制的缺陷。"[6]

---

[1] 达弗林勋爵，引自乔治·安布罗斯·劳埃德（George Ambrose Lloyd），《克罗默统治后的埃及》（*Egypt Since Cromer*），伦敦，1933年，第5页。

[2] FO 633/87。《克罗默在埃及的形势：克罗默勋爵的叙述》，第42章，《为政策而斗争》（"The Struggle for a Policy"）。

[3] FO 633，克罗默致格兰维尔，1883年11月2日。

[4] 克罗默，《现代埃及》，第2卷，第154—155页。

[5] FO 141/168，1882年11月18日，达弗林致格兰维尔。

[6] 斯蒂芬·凯夫（Stephen Cave），1876年3月23日，引自克罗默的《现代埃及》，第1卷，第4页。

克罗默关于改革的论调并没有全部转化为官方政策。事实上，他经常受到指责，认为他忽视了埃及人的道德进步和心智加强，而倾向于注重埃及资源方面的物质发展。然而，官方政策含糊不清的原因，是克罗默认为现代埃及人的道德规范阻止了他们得到最终的改革，并进而阻止了他们摆脱束缚，获得解放。克罗默将道德领域视为现代化和解放的最大绊脚石，并声称家庭领域培育了懦弱的埃及人，他将家庭政治与埃及的现代化和解放进程联系在了一起。

这一表述在克罗默的回忆录《现代埃及》中表现得尤为明显。在他对埃及社会的总结中，克罗默指出，一夫多妻制既是埃及的典型特征，也是其政治和经济状况的根源。在1891年致努巴尔帕夏的便函中，克罗默将政治和经济进步与一夫一妻制联系在一起，克罗默在《现代埃及》中的观点与之一致，认为欧洲社会的整个结构都建立在家庭生活的基础上。他写道："一夫一妻制会促进家庭生活，而一夫多妻制会摧毁家庭生活。"[1]他认为，欧洲的家庭生活有助于培养欧洲男人的各种特质和才能，这些特质和才能可以转移到政治领域并获得成功。如果没有一个健全的家庭秩序，通过反复灌输使埃及男人培养出这些品质的可能性微乎其微。无论是许多埃及官员的一夫一妻习惯，还是伊斯梅尔和陶菲克的高级行政官员有关颁布一部宪法的多番尝试，似乎都无法让克罗默相信埃及精英人士的行为与欧洲精英人士的行为非常相似。 [96]

通过训练埃及人，使其在习俗和品味上像其欧洲主人，可以对他们进行改革，以便用欧洲社会的基本原则取代一夫多妻制和闭塞的有害影响。"如果埃及人学会了自治，"克罗默表示，"换句话说，如果全面实施'埃及人的埃及'政策行得通，那么就可以指望并推测，埃及问题最终将不再给

---

[1]　克罗默，《现代埃及》，第2卷，第157页。

欧洲带来麻烦，不列颠民族也将解除一项繁重的责任。"[1]

训练埃及人学会自治的第一步便是要剔除闺房的种种做法。[2] 克罗默强调，埃及文明完全贬低了女性的价值，而这正是因闺房的存在所导致的。在《现代埃及》似乎最常被引用的一段话中，克罗默将埃及人无法达到欧洲的现代和自给自足水准的情况与其女性的状况联系在一起：

> 如果仅仅着眼于改革那些信奉伊斯兰教的国家的可能性，人们可能会问，假设埃及人对于妇女在欧洲所占据的地位只是从总体规划中抽象出来的，那么是否有人能够想象出在埃及有真正的欧洲文明的存在。就像生来便眼盲的人，能让他想象出颜色的存在吗？改变女性的地位，不只是对欧洲文明，而是对所有基于基督教建立的道德准则都是主要支柱之一，不然的话，基督教本身也会跌落尘埃。因此，由于埃及和伊斯兰教国家中，女性的地位普遍不高，在引入欧洲文明后，纵然它能最大程度地发挥出其有益效果，对本会随之实现的思想和品格提升也是一个不可逾越的障碍。[3]

根据克罗默的说法，在埃及社会的各个阶层都可以发现这种对女性的贬低，两种最恶劣的表现便是佩戴面纱和隔离。隔离会对社会产生"不利"影响，其中最重大的影响便是限制女性的智力发展，并且会进而限制男性的智力发展。他写道："此外，身为妻子和母亲，女性会对其丈夫和儿子的品格产生极大的影响，因此很显然，女性的隔离必然会降低**男性群体**的品

---

[1]　克罗默，《现代埃及》，第 2 卷，第 525 页。

[2]　同上，第 528 页。克罗默认为，这种特性，加上教育经费的缺乏，是改革埃及男性的主要障碍。显然，《现代埃及》中的这一部分于 1894 年或之后编写。

[3]　同上，第 538—539 页。

质，但这一习俗最初便是为了男性群体的利益而树立，且仍在持续。"[1]根据
克罗默的看法，为塑造"更好的"帕夏，继根除闺房后，接下来便是要改革
埃及教育体制。[2]克罗默称，守旧的埃及帕夏缺乏教养、畏惧改变、过分放
纵、持有偏见、自欺欺人且任人唯亲，应该由品格更好的人取代。尽管克
罗默有时会对教养埃及人的方案持怀疑的态度，但他经常将公共教育系统
称作一个特殊场所，在这里，埃及人可能抛弃旧的个性特征，并获得维多
利亚时代的习俗和感知力。但若不对家庭模式进行改革，并对女性开展教
育，希望埃及人能够培养出更佳的品格则是徒劳无益的。"在引入欧洲文明
后，"克罗默认为，"要想让它在最大程度上发挥出有益效果，埃及女性的
地位对于本能随之实现的思想和品格提升会是一个不可逾越的障碍。"[3]

　　尽管按照克罗默的立场，归根结底，埃及人是不可改革的，但他也勉
强承认，教育以及欧洲人潜移默化的影响已开始改变埃及人的习性和品味。
根据克罗默的说法，"开明的埃及人"效仿了一夫一妻制后，展现出了更受
人欢迎的政治倾向。克罗默将谢里夫和利雅得这两位埃及部长称作"一夫
一妻制显要"，他们在道德上无可指摘，且能够做出可靠的政治判断。[4]克
罗默似乎忘却了在关于宪政的辩论中，谢里夫和利雅得站在对立面，而且
一夫一妻制也并未消除利雅得的专制主义倾向。埃及人在经过改革以后，
其家庭习俗及这些习俗在政治舞台上的外在表现显然是埃及获得成功的关
键所在。以家庭习俗作为证据，可证明开展一场无限期的改革既有必要又
有裨益，不管这一证据多么微不足道。

[97]

---

[1]　克罗默，《现代埃及》，第 2 卷。

[2]　同上，第 524—542 页。

[3]　同上，第 539 页。

[4]　同上，第 1 卷，第 158 页。

# 结　论


　　既然埃及的赫迪夫及其精英阶层的私人领域成为了埃及制度的代名词，这就造成人们渐渐把精英阶层的家庭行为与政治体的成功混为一谈。尽管导致英国占领埃及的是一些非常具体实在的领土和经济问题，但英国人似乎是通过轶事、感想、旅行文学成功地将埃及改造成一个"戴着面纱的保护国"，并得出埃及人无法胜任自治的结论。英国人忽略了伊斯梅尔也是一些政策的受害者，这些政策造就了越来越多拥有大量土地的、商业上的以及行政方面的精英，而且这些精英人士与埃及政权的利害关系也越来越大。[98] 虽然众议院几乎不能算作一个议会，而且尽管伊斯梅尔不能被称为一个宪政统治者，但英国人忽略了伊斯梅尔正日益失去对专制主义的掌控。

　　尽管如此，英国官员还是满怀信心地将埃及人在家庭内外的行为捆绑进一个无限期的改革方案中，并宣称这个改革方案能够培育一代有才干的埃及人，并使他们实现解放，获得自由。戴西在 1880 年写道，"英国会允许埃及进入新的历史阶段"。[1] 正如一个潜力巨大但尚无自主性的孩子一样，埃及需要——**父母提供**——引导、教育和监督，这样它才能在某个尚不确定的时间点摆脱束缚，获得解放。[2] 根据克罗默的说法，"按照最初的打算，英国对埃及的占领应该只会持续较短时间，等到赫迪夫的权威再次彻底建立后，占领状态便会结束。但最终事实证明，……这项改革事业……并不

---

[1] 爱德华·戴西，《我们的埃及保护国》（"Our Egyptian Protectorate"），《19 世纪》1880 年第 7 期，第 343 页。

[2] 在此，我的思想受到了阿希斯·南迪（Ashis Nandy）的影响，其著作《亲密的敌人：殖民主义下自我丧失和回归》（*The Intimate Enemy: Loss and Recovery of Self Under Colonialism*，德里，1983 年）认为，英国人对印度的想象，以及帝国主义在印度的政策形式，都是为了使印度人幼儿化，制造幼稚无助的形象。

能按照一些权威人士的期望，在如此短暂的时间内便落地生根，反而只会要求埃及**接受特殊照顾和照管，以便缓缓地成熟**"。[1]

在这个保护国本身的结构中，可以很容易地看出这个"戴着面纱的保护国"受家长控制的本质。克罗默并未就巩固埃及赫迪夫的宪法形式而做出任何努力，相反，他如 M. W. 戴莉（M. W. Daly）所说的"房地产经理"一般，增加了监督埃及人工作的英国顾问的数量。埃及政府保留了下来，未予废除或改变，但需要英国监督者以父母的身份提供引导、教育和监督。[2] 欧洲人并未解除埃及人的管理职位并取代他们，也并未关闭埃及的管理机构。事实上，他们还设立了新的职位，尽管这些职位能够行使的职能非常有限。如此一来，"本国的统治"得以维持，但这种统治必须服从于英国方面霸道专横的监督。外交大臣索尔兹伯里勋爵（Lord Salisbury）将之称为"建议"，但克罗默清楚地挑明，"在重要的事情上，他们（埃及精英阶层）必须听从吩咐"。[3] 虽然对埃及精英阶层进行"改革"仍然是有关英国占领埃及的思想体系中的核心，但克罗默对此并无任何政策或"计划"。[4] 在其政治体制发生变革之前，埃及人将一直在能够自由工作的同时，又受到其监督者的控制。

于是，这个"戴着面纱的保护国"的政治就被比作一种贤妻良母式的政治——培养埃及，使之发展到新的水平。[5] 对埃及人的家庭生活进行改革

[1] 克罗默，引自博伊尔，《开罗的博伊尔》（*Boyle of Cairo*）。事实上，克罗默声称，如果撤除英国的监管，则会"恢复原状"（relapse）。参见克罗默，《现代埃及》，第 1 卷，第 155 页。

[2] M.W. 戴莉（M. W. Daly），《英国军事占领，1882—1922》（"The British Occupation, 1882 – 1922"），载《剑桥埃及史》（*The Cambridge History of Egypt*），第 2 卷，第 242—243 页。

[3] 索尔兹伯里勋爵的态度参见瓦提裘提斯，《现代埃及史》，第 173 页；PRO 633/7，克罗默致格兰维尔，1894 年 1 月 7 日。

[4] 戴莉，《英国军事占领，1882—1922》，第 243 页。

[5] 现代埃及历史通常承认埃及的三位"父亲"：穆罕默德·阿里、克罗默勋爵和贾迈勒·阿卜杜勒·纳赛尔（Gamal abdel Nasser）。因此，父亲的身份及其伴随的伪装，尤其是父权制度关系，通常被用于分析在埃及的殖民使命和民族主义者对此的反应。

会导致一种新的亲子关系（parentage）产生，以一种新的世系传承取代伊斯梅尔的血统传承。在这种情形下，女性或女性的形象及其在埃及家庭中的处境地位，对导致埃及被英国占领的政治或经济危机并不负有直接责任。然而，在解释埃及问题及其解决方案时，人们总会将女性牵连其中，认为 [99] 女性是导致问题的原因或解决方案中的关键。尽管上述对女性的描述都并非事实，只是人们对于深闺妇人所想象出的模糊幻象，但在英国人按自己的看法解释其所占领和改革的埃及时，又会一再激起人们的这些幻象。对于这个"戴着面纱的保护国"，其性别政治中不一定能看到女性，但女性闭塞于闺房中的形象以及女性与埃及统治者之间的关系却又是一种持续的存在。

因此，帝国主义不止如爱德华·萨义德所说导致了东方的女性化，还在某种程度上导致了其幼稚化。[1] 不仅是英国人，后来埃及的民族主义者们同样采用了埃及女性的形象作为象征，区别在于前者是将其用来象征埃及国家的落后，而后者则是将其用来象征埃及国家的强大。任何群体都能够声称自己保护、培育并迎来了女性化的埃及，以此表明其成功改革了埃及。[2] 在英国人的殖民话语中，这相当于，埃及人必须首先实现自我改造，然后才能要求拥有改革埃及的权力。为了在新的埃及秩序下占据家长地位，埃及人不得不在"长大"之前忍耐一段"儿童时期"。

因此，虽然领土和经济上的担忧才是英国入侵埃及的原因，但英国的侵占以及双方之间形成的关系却都产生于英国人对埃及以及埃及人的看法。英国人与埃及人在 1882 年到 1919 年埃及革命期间签订了一份盟约，它基

---

[1] 参见萨义德，《文化与帝国主义》。

[2] 贝思·巴伦（Beth Baron），《民族主义图像学：女性埃及》（"Nationalist Iconography: Egypt as a Woman"），《反思阿拉伯中东地区的民族主义》（*Rethinking Nationalism in the Arab Middle East*），伊斯雷尔·格索尼（Israel Gershoni）和詹姆斯·扬科夫斯基（James Jankowski）编，普林斯顿，1988 年，第 105—124 页。

于以下理解订立：埃及人发展成熟并表现出有别于从前的各种美德、道德和行为后，英国人便会离开。而这种新式的文化和社会规范必须以埃及人的家庭生活为开端。要想表明他们已经做好准备，可以将埃及的政治和经济事务重新收回自己的手中，埃及人将不得不向英国人证明，他们的家庭内部事务都已经井井有条。埃及要想推翻被占领的政治局面，宣称本国是一个随时可以自治的国家，则必须形成、学会并最终展示出来一套现代的埃及家庭行为。

# 第四章 家庭、课堂以及埃及民族主义的培养

从 19 世纪后半叶开始，在殖民政府中工作的英国行政人员和埃及民族主义者便对埃及精英阶层的学童实行一种改革，使学童的个人行为符合埃及国家的需要，这样既能改造本国，又能摆脱英国人对本国的控制。1882 年以后，英国政府官员呼吁培养更富有创造性且更现代的埃及人来为埃及国家服务后，课堂便成为了埃及青少年学习和实践新式习惯、行为和关系的实验室。鉴于埃及在被英国占领之前的改革历史，埃及人和英国人在改变埃及家庭惯例方面都发挥了作用。然而，这些处于世纪之交的埃及儿童，他们所学到的最根本的一课却是，他们的文化传统是导致埃及落后及其随后被英国侵占的原因。所有科目的老师都教导埃及儿童，只有当他们在其私人生活以及公共生活中都学会并实践一套新传统时，他们才有能力使埃及步入一个现代化的独立时代。

从伊斯梅尔时代开始，课堂就成为了一个特别的场所，在此，国家可以让更多的埃及公民学习反映政府目标和理想的课程，从而对他们施加影响。虽然伊斯梅尔初期的公共教育体系并未成功改变埃及精英阶层的家庭习俗，但它确实奠定了一定基础，有助于国家控制更多课堂并且实现课程标准化，并进一步延伸到学生的家庭生活中。

伊斯梅尔的统治时期也见证了外国的传教士教育在埃及的兴起。对于

女孩和男孩来说都一样，这种外国教育让年轻的埃及人接触到有关他们的家庭状况以及国家状况的讨论，在这样的讨论中，国家的衰落要归咎于家庭的落后。英国人试图接近埃及人的最深处的精神世界却最终侵犯了他们的住所，这与欧洲旅行者为进入埃及的内部空间而进行的入侵并无不同。然而，这场关于家庭和家人的对话还伴随着将落后状况转变成现代的具体方法。在伊斯梅尔前任的统治下所构建和促成的图景，以及后来出现在里发阿·拉斐阿·塔哈塔维的笔下的图景，越来越多地被贴上"现代埃及"的标签。到了 20 世纪之交，埃芬迪学童们认识到，在他们日益现代化的家庭中发生的行为都是符合习俗的、属于埃及人的和民族主义的。

在英国的统治下，埃及家庭成为了公共教育体系中年轻埃及人教育的核心。对于在殖民政府中工作的英国人和埃及民族主义者而言，改变年轻埃及人的习惯是使他们更为现代、更富有创造性而且更可能忠于中央政府的关键。但是，与此同时，关于家庭及家庭习俗的课堂同时成为埃及人规避审查以及英国人控制公共教育的场所。现代性、忠诚以及革命纲领的根基都暗含在有关家庭习俗的课堂中。

因此，那一代在 1919 年埃及革命中参加了示威游行的埃芬迪埃及人，正是在课堂上逐渐形成了在创造一个独立的埃及国家中自己将扮演何种角色的想法。[1] 在课堂上，他们形成了现代的习惯和习性，净化了住所中的罪恶，而且对现代国家的道德规范也有了清楚的了解。[2] 在 1919 年的埃及革命中，19 世纪 80 年代以来从新兴的埃及教育制度下毕业的埃及学生展

---

[1] 米歇尔的《埃及殖民化》和格雷戈里·斯塔雷特（Gregory Starrett）的《让伊斯兰发挥作用：埃及的教育、政治和宗教改革》（*Putting Islam to Work: Education, Politics, and Religious Transformation in Egypt*，伯克利，1998 年）是仅有的关于埃及教育的专著（包括殖民地时期前和殖民地时期），论述了国家和学生的内心世界及其道德之间的关系。

[2] 关于国家创造霸权话语（占统治地位的民族主义通过霸权话语而得以形成）时的作用，参见安东尼奥·葛兰西（Antonio Gramsci），《狱中札记》（*Prison Notebooks*），纽约，1992 年，尤其是第 206—275 页，《国家和民间团体》（"State and Civil Society"）。

现出一系列的现代习惯、关系以及行为，而这一切都象征着埃及已经做好了自治的准备。

## 埃及课堂与国家霸权的扩张

在穆罕默德·阿里和他的孙子伊斯梅尔的现代化计划中，其核心是创建一个新生的"国家"教育系统，然后借此系统逐渐将国家目标与埃及学童的思想、习惯以及行为关联起来，尤其是上层阶级的学童。[1] 这样一来，埃及产生了一个受到特殊训练的阶层，他们能有效地处理国家事务，同时也构成了一个行为最先受到国家的影响和塑造的骨干队伍。虽然在伊斯梅尔的统治下，他们的行为非统一或是"国家性的"，但埃及国家对塑造埃及青年的思想和道德所发挥的作用还是日益增大。 [102]

穆罕默德·阿里在19世纪20年代便开始将教育纳入国家控制之下，目的是要打造一支忠于他本人及其新统治机构的欧洲式军队和公务员队伍。伊斯梅尔后来继承并发展了其祖父的教育遗志，继续开展教育改革，目标是让更多的埃及人接受国家支持的课程。总的说来，他在这两方面都做得很成功。伊斯梅尔亲自监督了相关课程的创设，这些课程的设计都旨在让埃及年轻人通过教育系统的学习后形成特定的习惯、习性和行为，从而将国家的影响力延伸到其学生日常生活中最私密的领域。

历史学家将伊斯梅尔的教育改革分为两个时期。从1863年到1871

---

[1] 有关埃及教育改革的经典著作——詹姆斯·海沃斯 – 邓尼（James Heyworth-Dunne）的《现代埃及教育史导论》（*An Introduction to the History of Education in Modern Egypt*），伦敦，1968年。

年，伊斯梅尔继续穆罕默德·阿里的工作，资助为国家提供欧洲式军队的学校。接着，从 1871 年到 1879 年，他致力于创建一个新兴的公共教育体系。1863 年，他重新设立了埃及教育部。在其前任阿拔斯统治的时期，埃及教育部曾经关闭。1868 年，由于其教育部副部长阿里·穆巴拉克（Ali Mubarak，1823—1893）的努力，伊斯梅尔还重新开办了行政和语言学院（School of Administration and Languages），该学院在编制国家支持的学校课程以及栽培学校行政人员方面发挥了核心作用。教育部及行政和语言学院成立后，伊斯梅尔和阿里·穆巴拉克又陆续开办了大量政府资助的小学和预备学校、一所理工专科学校、一所医学校、多所工业学校、一所测量和会计学校以及一所埃及学学校。[1]

为了掌控埃及教育，伊斯梅尔采取了多项措施，其中最有效的一项便是由政府的直接监督相当大比例的库塔布（kuttabs）[2] 或清真寺学校，然后让它们教授国家规定的课程。国家对宗教教育的干预始于 1867 年，当时阿里·穆巴拉克专门成立了一个委员会，以便改革库塔布并增加它们的课程。根据穆巴拉克的自传，他希望这些学校将传统的古兰经教育与满足国家需要的课程相结合，培养出忠心耿耿且精明强干的公职人员。[3] 穆巴拉克的委员会努力的成果便是 1867 年 11 月 7 日（伊历七月十日，the tenth of Ragab）颁布的法律，根据这部法律，凡宗教捐赠（waqf）收入充足的库塔布学校，均须接受政府管理。[4] 之后，这些小学都受到政府管理，但其开支由宗教捐赠款项支付。

由于这项新法律，到 19 世纪 60 年代末和 70 年代初，以下三类学校

[103]

---

[1] 参见海沃斯 – 邓尼，《现代埃及教育史导论》，第 5 章。

[2] 即针对年幼孩童的伊斯兰经堂教育学校。——译者注

[3] 阿里·穆巴拉克，《宗教世界》（`Alam ad-Din），亚历山大，1882 年。引自海沃斯 – 邓尼，《现代埃及教育史导论》，第 361 页。

[4] "waqf" 是一种土地赠予，用于产生收入。

都已经处于国家控制之下：村级基础学校和小学（elementary and primary schools）、城市中心和省会的小学，以及预备学校。其中，小学的毕业生有资格进入预备学校，而从预备学校毕业后，则可以得到政府部门的工作。基础学校的毕业生不会继续读预备学校。然而，为了将国家教育延伸到农村人口，伊斯梅尔及其部长们颁布了法令，规定凡人口 10,000 或以上的埃及地区（*mudiriyya*），均有资格建立一所"初等"（first-degree）学校，这类学校的办学目标和课程设置与政府小学相对应。在初等学校中，学生的学习内容包括古兰经、阅读、写作、阿拉伯语书法、基本算数和分数、几何以及卫生。在居民人口 5000 至 10,000 的地区，国家会开办中等（second-degree）学校。因为从中等学校毕业的学生一般不会继续接受学校教育，所以这些学校的课程增加了阿拉伯语语法、地理、民族历史以及自然历史。[1]

国家在开办新学校、将库塔布纳入其管辖范围并且日益加大对学校课程的掌管力度的过程中起到的重要作用，在于国家在努力创建一个为其需要服务的统一教育课程。各个级别的学生逐渐需要参加更多的定期考试，这"首先是有益于学生自己，如此也就是造福于国家"，而且他们使用的教材也逐渐由教育部指定。此外，所有教师都必须持有由当地要人或教育部代表颁发的证书。[2] 如此便播下了统一的种子。

伊斯梅尔还致力于对师范学院进行体制改革，从而创建一个统一的公共教育系统。这所学院最初开办于穆罕默德·阿里统治期间。其办学目标是将那些毕业后继续在小学和库塔布任教的爱资哈尔大学毕业生所接受的教育现代化和常规化。在两位统治者的统治时期，师范学院这个项目都仅

---

[1] DWQ，部长会议（*Majlis al-Wzara*），教育部（*Nizarat al-Ma'arif*），A4 号箱，系列 2，"国民教育"（*Ma'arif al-`Ummummiyya*），1879 年，第 3—6、9 篇文章。此外，埃及地区（*mudiriyya*）被获准开设第二批初等学校，即每五千名居民设立一所学校，而先前为每一万居民拥有一所学校。在开罗及其省镇，每两万名居民设立一所初等学校，每一万名居民设立一所中等学校。

[2] 同上，第 5—6 篇文章；海沃斯－邓尼，《现代埃及教育史导论》，第 364—365 页。

[104]　仅取得了些许成功，而建立和经营一所现代的师范学院这个项目则是在陶菲克的统治时期才得以完成。无论如何，伊斯梅尔对这个项目重新燃起兴趣非常重要，因为他尝试对一批教师实现全面的国家管理。[1]

　　国家对女童教育越来越关注和重视也是伊斯梅尔统治时期的一大特点。在外国顾问的指导下，这位赫迪夫在 1867 年首次开始计划建造一所女子学校。根据 1867 年的构想，这所学校将容纳 500 名年龄在 9 岁到 11 岁之间的女童，学校的课程将安排为 5 年。奥克塔夫·萨绍（Octave Sachot）是法国教育部派往埃及报告当地公共教育状况的人员，根据他的说法，埃及的课程设置包括"阅读、写作、宗教、道德教育、土耳其语（针对富家女孩）、四则运算……育儿、家政以及烹饪艺术和针线活"。[2] 教职员工中有 5 名负责教育（孩子培养）的教师、2 名家政学教授、1 名烹饪专家和 10 名缝纫和针线活教师。[3] 萨克特提醒埃及官员，他发现他们的妇女教育系统有所欠缺，因为当时只有一所助产士学校。[4] 萨克特提醒说，忽视女童教育将使政府项目面临风险。

　　多亏伊斯梅尔的第三任妻子切什米夫人（Cheshmet Hanim）的赞助，1873 年埃及开办了一所女子学校。埃及第一所官方的女子学校斯尤菲亚（al-Siyufiah）致力于培养穆斯林女孩，尽管之前已经有哥普特教会女子学校以及外国教会女子学校开办，并且接收了少量的穆斯林女孩。当时的上层阶级家

---

[1]　关于师范学院项目及其困难的平静讨论，参见海沃斯 – 邓尼，《现代埃及教育史导论》，尤其是第 378—380 页。

[2]　《致公共教育部长维克多·杜雷阁下关于埃及公共教育状况的报告》（"Rapport adressé à Son Excellence Monsieur Victor Duray, ministre de l'instruction publique, sur l'état de l'instruction publique en Égypte"），奥塔夫·萨克特（Octave Sachot），大学官员（Officier d'Académie），巴黎，1868 年 6 月 1 日，第 21 页。DWQ，伊斯梅尔时期，12 号箱，"教育"。

[3]　同上，第 22 页。

[4]　关于穆罕默德·阿里统治期间建立的助产士学校，参见塔克，《19 世纪的埃及妇女》；哈立德·法赫米，《19 世纪埃及的妇女、医学和权力》（"Women, Medicine, and Power in Nineteenth-Century Egypt"），载《重塑女性》（Remaking Women），莉拉·阿布·卢戈德（Lila Abu-Lughod）编，第 35—72 页。

庭，包括穆斯林和非穆斯林，也已经开始形成雇佣外国家庭女教师和私人教师来教导孩子的习惯。斯尤菲亚学校的学生大多来自大地主和政府官员家庭，以及这些家庭拥有的白人奴隶。1875 年，这所学校招收的 298 名学生学习了土耳其语、阿拉伯语、宗教（包括古兰经和道德）、针线活和洗衣。伊斯梅尔在 1879 年被废黜后，其妻子不得不停止对这所学校的资助，这个项目也因此改由瓦合甫管理部接管。后来，斯尤菲亚学校与一所由瓦合甫管理部创办的类似女子学校合并，并重新命名为萨尼亚学校（al-Saniah）。

　　有几个原因促使国家和选择让女儿接受教育的家庭越来越关注女童教育。[1] 根据埃及国家官员雅各布·阿廷帕夏（Yacoub Artin Pasha）编写的一份报告，女童教育的最初目标是培养更好的家庭佣人，以便更好地管理上 [105] 层阶级的家政，并帮助抚养上层阶级的子女。1877 年废除了白人奴隶制后，不得不形成了一个新的仆人阶层，斯尤菲亚学校为那些希望在上层阶级家庭中寻找工作的年轻女性提供培训。这一点，据阿廷的说法，是贫困家庭将其孩子送到首批女子学校的原因之一。学校的行政部门会免费为这些女孩提供食物和衣服。与此同时，她们学会了埃及上流社会的品位和习惯，而由于欧洲和其他地方的思想、品味和时尚的涌入，这些品味和习惯总是在变化。[2]

---

[1] 见玛丽亚·芬顿（Maria Fundone），《斯尤菲亚学校（1873—1889），开罗女孩接受政府初等教育的首次尝试》（"L'École Syoufieh [1873–1889] une première expérience d'enseignement primaire gouvernemental pour les filles au Caire"），开罗，法国东方考古研究所，埃及社会改革讨论会，1993 年 12 月。芬顿对现代化项目和斯尤菲亚女子学校项目目标之间的相似之处进行了出色的讨论。然而，我不同意她的观点，她认为专为中上阶层女孩开设的学校只代表了政府的利益，并不代表这些埃及阶层的利益。在经济能力强的人群中，传教教育、外国学校和聘请外国导师的流行程度反映了埃及女孩品味和期望的变化。关于伊斯梅尔统治期间的女性教育，另见巴伦，《埃及妇女的觉醒》；塔克，《19 世纪的埃及与妇女》；拉塞尔，《创造新女性》。

[2] DWQ，部长会议，教育部，A4 号箱，系列 27，"国民教育"，雅各布·阿廷帕夏，《向赫迪夫阿拔斯·希尔米帕夏提交的关于女孩教育的备忘录》（Memorandum sur l'enseignement des jeunes filles, soumis à S. A. le Khedive Abbas Pacha Helmy），1892 年 6 月 10 日。另见同系列，M6 号箱，"1889 年底前要求下令改善萨尼亚学校必要条件的说明"，1889 年 11 月 18 日。这封信写给教育部董事会，信中要求为贫困学生提供资金、制作衣服的布料和衣物。

　　根据阿廷的说法，在 19 世纪 70 年代，越来越多受过教育的社会精英会让家里的女孩接受教育。许多上层阶级的男人都娶了受过教育的女人，而且还会送他们的女儿上学，以此表明他们是特权阶级，是"现代"世界的一部分。这些男人接触的大多都是将女儿送去教会学校，或者为女儿聘请外国私人教师的埃及同胞。接受萨尼亚学校的教育是一种学到上流社会时尚和礼仪的途径，而且还不需要支付私人教师的教导费用，也不用担心自己的女儿会直接接触外国人。

　　伊斯梅尔越来越关注埃及女孩的教育，这也是因为欧洲人不断批评埃及人和埃及社会中的妇女地位。这位赫迪夫和他的大臣们很清楚欧洲人对埃及人的种种批判，不只是他们的道德状况，他们据称很差的家庭生活，还有未受教育的妇女在破坏那些可能统治国家的男人的道德方面所起的作用。1875 年 2 月 9 日，时任公共教育部和瓦合甫管理部副部长的利雅得帕夏向伊斯梅尔的一名秘书发出了一份公报。公报附有法国《港口杂志》（*Le Courrier de Port Said*）于前一天出版的一期杂志中的一篇文章，文章批判了这个国家的女童教育、家庭和埃及民族。利雅得建议伊斯梅尔阅读这篇文章，因为文章指出，任何政治改革方案都必须考虑到对男孩和女孩教育的"慷慨政策"（*la politique genereuse*）。这篇文章还指出：通过教育妇女，所有埃及人的家庭生活和道德生活都可以得到拯救；通过干预家庭生活，埃及国家将能保障其道德和政治未来。[1]

　　最后，教育妇女的项目还是伊斯梅尔努力模仿欧洲，并使自己至少在表面上成为欧洲式统治者的方式之一。1869 年 8 月，伊斯梅尔敦促努巴尔帕夏在法国皇后欧仁妮为苏伊士运河的开通而抵达埃及之前，伪造出一所女子学校的假象来。他认为，她不仅要看到埃及在科技发展上的辉煌成就，

[106]

---

[1]　DWQ，伊斯梅尔时期，12 号箱，"教育"，35/1，1875 年 2 月 9 日。

还要看到埃及对其公民的深切关怀。[1]

因此，到了 19 世纪 70 年代中期埃及出现金融危机，"埃及问题"第一次浮出水面的时候，人们就可以彻底明白为何由国家管理的教育"系统"特别考虑国家的利益。到英国占领埃及之时，政府小学和国家控制下的库塔布中的学生人数为 4445 人——比 1878 年的 1399 人有所增加。[2] 在伊斯梅尔统治时期，当时"全国性"学习计划尽管仍处于起步阶段，却旨在培养忠于政府并能高效地为政府效力的埃及人。国家已开始负责选择对埃及现代化项目而言必不可少的课程。学生的思想和身体逐渐成为政府的产品。[3]

## 异教徒国家的模范家庭：教会教育、家庭和现代埃及人的形成

除了在国家资助下开展的教育之外，外国传教士还指导幼童的礼仪和道德以及他们的日常家庭生活。在伊斯梅尔统治期间，大约开办了 130 所外国学校，由英美传教士、希腊人、德国人、意大利人等主办。一些外国学校的办学目的是为外籍商人的孩子提供教育。还有些学校属于欧洲和当地基督教慈善项目的一部分。对于外国传教士，尤其是美国新教的传教士

---

[1] DWQ，伊斯梅尔时期，12 号箱，"教育"，无卷宗号。

[2] 海沃斯 – 邓尼，《现代埃及教育史导论》，第 388 页。

[3] 多尔·贝（Dor Bey）是伊斯梅尔最喜欢的顾问之一，他在一份关于教育的报告中清楚地说明了儿童性格的发展和国家目标在一定程度上属于同一项目的一部分，1872 年，他写道，国家性格的形成是"一个真正文明政府的唯一任务，因此，必须意识到受欢迎的角色的所有缺点……基于这种习惯并出于这种需求，我们将讨论社会组织的原则，公民因而参与公共事务，国家的政治生活由此诞生"。参见 V. 爱德华·多尔（V. Eduard Dor），《埃及的公共教育》（L'instruction publique en Égypte），巴黎，1872 年，第 36 页。

而言，重新塑造礼仪和道德是皈依过程中的第一步：为了关照内在精神世界，必须首先使住所的内部空间得到净化。美国新教传教士为教育所做出的努力，反映并且往往强化了国家对家庭进行教育的进程。直到 19 世纪后期，当国家资助的小学和中学教育开始普及并逐渐受到中产阶级和下层阶级的欢迎时，美国新教传教士在埃及开办的学校才拥有比重最大的埃及学生，而他们的教室也始终都是埃及学校中教室坐的最满的。[1]

[107]    对于冒险前往埃及的新教传教士以及在家里阅读传教活动相关资料的人士而言，埃及家庭及其活动是他们设想埃及人是谁、他们举止如何的核心所在。多亏了各种艺术作品、小说和游记，前去拯救埃及人灵魂的传教士对于他们在埃及的发现事先便有了一些概念。埃及人的住所是传教士们最容易找到其异教文化起源的地方之一。国内外的美国新教徒都认为埃及人的家是埃及人暮气沉沉、懒惰和堕落的根源。

美国长老会在埃及传教事业的教育分支始于 1853 年冬天，当时，一位曾在大马士革做过医学传教士的名叫波尔丁的医生（Dr. Paulding）前往开罗，好在那个更为温暖和干燥的地方旅居。他在开罗的见闻使他确信，有必要在埃及开展传教工作。于是，他写信给传教会（Board of Missions），极力主张把埃及当作一个新的"教育领域"，而且非常重要。1854 年 11 月，牧师托马斯·麦卡格（Thomas McCague）和他的妻子加入了波尔丁的行列，他们夫妻于 9 月 30 日从费城乘船前往埃及，以便开始教育埃及人的任务。大马士革传教团的巴尼特医生（Dr. Barnett）随后也加入了，如此，一个"埃及小组"诞生了。[2]

---

[1] 参见吉尔吉斯·萨拉马（Girgis Salama），《埃及的外国教育》（*Tarikh al-ta`lim al-ajnabi fi misr*），开罗，1963 年。

[2] 参见牧师托马斯·麦卡格（Thomas McCague），《埃及传教历史》（"History of the Egyptian Mission"），长老会历史学会档案（Presbyterian Historical Society Archives，以下简称 PHSA），卷宗号 192，1 号箱，第 1 页。

　　这个小团体在开罗当时最大的科普特人聚居区——爱兹拜齐耶区（Azbakiyya）购置了一栋房子，这栋房子"适合居住和开展宗教服务，且附近开办有男校"。巴尼特开始布道，而麦卡格牧师在男校教英语，与此同时，他也学会了说阿拉伯语。麦卡格的妻子很难找到有文化的埃及妇女来帮助她教育年轻女孩。因此，她试图带几个埃及女孩来她家，培养她们成为家庭主妇和教师。

　　由于大多数埃及家庭担心以这种身份在外国人家里工作和学习会毁掉他们女儿的婚姻前景，麦卡格夫妇很快意识到女子学校必须在他们的住所之外开设。他们找到了适合教学的房间，然后，在1855年，这对夫妇向女学生们敞开了大门。他们的课程很简单：一名埃及妇女教导缝纫并担任家庭教师，而麦卡格夫人则教授英语、拼写和阅读。其他记载称，这对夫妇雇用了一位名叫阿卜杜拉（Abdullah）的埃及青年来教阿拉伯语。根据他们的私人信件，麦卡格夫人非常好奇同时又极为排斥埃及家庭生活，受此驱使，她希望推动埃及对女童的教育。她认为，家不仅是异教文化的源头，而且阻碍了皈依的进程。在1855年4月5日写给一位堂兄弟的一封信件中，麦卡格夫人着重描述了埃及的房屋、其构造以及内部的活动：　　　　　[108]

　　　　回到我最开始描述的房屋。……其构造没有丝毫整齐可言。其主要目的是获得最大程度的隐蔽性。……女性都居住在下层，称为"闺房"。……

　　　　下层阶级的住宅非常简陋。……这些陋室的入口大多看起来很像洞穴的入口，而且墙壁上开有小孔，用于照明和通风。……

　　　　上流社会的妇女通常将其时间花在拜访、闲聊、吃饭、抽烟、照顾孩子和用金色和彩色真丝绣手帕。……但是下层阶级的女性注定要比同阶级男性做更多的苦差事。她们主要是为丈夫准备食物。和丈夫一起出去时，她们的丈夫骑马，而她们则走在后面，如果有包裹的话，她们还要拿包裹。[1]

麦卡格夫人对埃及人内部世界的排斥促使她为埃及的女孩教育制定了一个基本要求：在其他任何宗教或教育任务开始之前，必须改革她们住所的内部世界。

这种对埃及家庭生活的厌恶，导致大量传教活动在埃及人的房屋内和其周围开展。能够进入埃及家庭的工作对于早期传教士教师们尤为有意义。他们将这项任务称为"闺房"（zenana）工作。一本关于传教活动的小册子解释说，"zenana"是印度人对闺房的称呼，长老会用它代指"家庭工作"。闺房工作的重点，是将圣经的要旨传达给那些因隔离在家而无法进入教会学校学习的女性。然而，由于大多数传教士发现妇女的家庭环境极为恶劣，传教计划出现了新的转变：如果闺房工作不能成功地让埃及妇女皈依基督教，它至少可以教授她们家务管理和家政学的基础。即使女性最终没有成为基督徒，新的家庭习惯也将有助于"振奋女性的精神"。

无论是为了使埃及人完成宗教皈依，还是使其实现旧有陋习到现代家政学"科学"转变，面对进入埃及家庭的挑战都是埃及教育使命的任务。虽然再造埃及是男性和女性传教士的共同任务，但女性传教士还肩负着一项特殊任务，那便是渗透到埃及人的家庭领域中，从而拯救埃及的妇女和儿[109] 童。《妇女传教杂志》（Women's Missionary Magazine）1887 年 10 月刊发表了一篇题为《家庭训练及其目前的困难》（"Home Training and Its Present-Day Difficulties"）的文章，这篇文章将家庭视为埃及复兴的"希望"所在。由于她们具有进入私人领域的"特殊"能力，这项工作适合妇女从事，被称

---

[1] PHSA，卷宗号 192，1 号箱，系列 2，麦卡格的传教通信（1854—61）。这封信也刊登在了俄亥俄州辛辛那提的《山谷守望者》（Watchmen of the Valley）上。

为"妇女工作"。妇女工作是振兴埃及精神和改良埃及住所这一项目之基石。一位传教士讲述道："在上帝的帮助下，正是传教士妻子手中的针这样的简单工具打开了接受基督教教义和影响的铁门。"[1]

妇女工作也涉及课堂。在打入埃及人家庭内部方面，传教士并非每次都能成功。然而，他们可以开设课堂，在此接触和培养埃及人的后代。男孩和女孩都在教会学校接受教育的同时，妇女协会也在详细地讨论女孩的教育，而且《妇女传教杂志》上经常充斥着各种专栏和文章，谈论如何最好地教育年轻的埃及女孩，让她们成为合适的妻子和母亲，从而确保埃及走向"救赎"的第一步之类的主题。

直到 1910 年左右，埃及的教会学校似乎都还没有任何标准课程，但各种消息都间接提及，许多学校都有作为标准素材的课程。1888 年埃及传教活动的年度报告中，提到了一种基础课程。学生们会学习地理、数学、语法、教义问答、英语、法语、代数、几何、三角学、生理学和哲学。除最后四门是专为男孩而设置的以外，男孩和女孩似乎同样学过所有科目。除上述课程之外，女生还有涉及家庭主题的补充课程。[2]

《妇女传教杂志》中一篇题为《哈亚特学校》（"The Khayatt School"）的文章总结了 19 世纪针对女孩的教会教育"项目"。这所学校位于卢克索，因当地支付了教师费用的家族命名。该学校是一座经改建的房子，大约有200 名女学生，教授小学和中学课程。在埃及人称作"普通学科"的领域，亦即西方人称之为阅读、写作和算术的方面，这些女孩接受了良好的教育。与此同时，她们学会了如何自己制作衣服和料理家务。课程还包括很强的

---

[1]　《女性在外国领域的需求》（"The Need of Women in Foreign Fields"），《妇女传教杂志》（Women's Missionary Magazine）1890 年 9 月第 4 卷第 2 期，第 31 页。

[2]　根据萨拉马的说法，长老会在 20 世纪初的几十年间建立了一个标准课程，包括：地理、美国历史、阿拉伯语、英语和法语，此外还有家政学（家庭经济，男孩和女孩同等对待）、音乐和体育。

纪律性："西特女士［正］站在一张小桌子后面的矮讲台上……向一长队从未学过'循规蹈矩'的女孩……讲述着约瑟的故事。"这些女孩们学会了礼仪

[110]

和整洁："大家急着给我们搬椅子，同时其中一个小读者主动拿出她的书，让我们看她们正在阅读的内容。……教师们的衣着都干净整洁，学生中也很少看到我们这里所说的脏脸。"[1] 这样重视秩序，让女孩们能够表现出她们受过良好教育。据说在离校时，该校的毕业生都有"很大提高"，这从他们的举止和外表都可以看出："从低年级走到高年级，可以发现女孩们的进步，这很有意思。似乎每过一年，她们的个人卫生就更好，更加干净整洁，面孔也看起来更加聪明。"[2]

及至 19 世纪 80 年代初，新教教会学校公布的数据显示，男孩和女孩都大量入学。到 19、20 世纪之交，学校的入学人数达到顶峰，当时埃及共有176 所美国新教学校，招收学生 11,014 名。相比 1875 年，当时共 12 所学校，招收学生 633 名，这已经有了很大的增长。[3] 随着政府开办的小学和中学越来越多，而且政府对女童教育的关注度提高，对传教教育感兴趣的家长人数逐渐降低，在 1900 年左右，入学教会学校的学生人数开始下降。到了 19 世纪80 年代，传教士也开始报告说，尽管他们的学生中绝大多数是基督教徒，其中大多数是科普特人，但他们的学校也招收了相当多的穆斯林学生。[4]1883

[1] 玛丽·W. 霍格（Mary W. Hogg），《哈亚特学校》，《妇女传教杂志》1893 年 8 月第 7 卷第 1 期，第 4 页。

[2] 同上，第 5 页。

[3] 萨拉马，《埃及的外国教育》，第 196 页。1897 年，根据英国关于埃及和苏丹的年度报告，公立学校招收了 11,304 名学生。截至 1898 年，跃升至 19,684 名。参见议会文件，《女王陛下代理人兼总督 1898 年埃及和苏丹财政、行政和状况的报告》（以下简称《年度报告》，伦敦，1899 年），第 35 页。此外，《年度报告》还列示了截至 1902 年当地穆斯林和基督教慈善团体开办小学和中学的情况，这些学校的开办导致教会学校的学生人数减少。

[4] 报纸上经常出现教会学校的广告。例如，1885 年 10 月 1 日，《选集》（al-Muqtataf）为亚历山大的美国教会学校进行了宣传。这所学校与其他学校不同，它声称除了教授法语、英语和意大利语之外，还会教授阿拉伯语。1896 年 10 月，开罗的美国教会学校宣布它将遵循教育部的标准。它宣称将聘任美国和埃及教师，并向男孩和女孩、穆斯林和基督徒提供教育。

年,《年度报告》称,教会学校共招收了 650 名穆斯林学生。开罗萨基因街区
(Haret as-sak'ain)的男子寄宿学校和走读学校招收了 493 名学生,其中 137 名
是穆斯林。同一街区的女子学校则有 294 名学生,其中也有一小部分穆斯林。
这份报告称,艾哈迈德·乌拉比的四个女儿也是这所女校的学生。[1]

　　19 世纪末,美国人放缓传教布道事业,转而以教化埃及人为使命。家
庭也因此从一个可能使埃及人改信基督教的场所转变为一个可以重塑"国
民"的场所。到了 1900 年,在这个地方付出半个多世纪的努力后,新教传
教士不再简单地将埃及人看作异教乌合之众的一部分,而是真正把他们视
为有具体需求和特征的"埃及人"。在传教士文学中,"埃及家庭""埃及乡
村"和"埃及民族"全面出现,其中埃及和埃及人呈现出一些非常特殊的问
题,而这些都可以通过教育来解决。重塑家庭而非皈依基督教成为了埃及
实现国家复兴"第一步",前者也因此成了一个公共话题。虽然宗教教育并 [111]
未写入教会学校的课程之中,但传教士开展的教育项目的宗旨逐渐变成复
兴埃及这个**民族**。[2]

　　卡丽·布坎南(Carrie Buchanan)是 20 世纪初埃及人有关领域中的杰
出人物之一,她认为传教工作是一件"民族大事"。对她来说,遍布埃及的
一系列教会学校给这个"民族"带来了一种边界感,并使埃及人产生一种
"民族"精神,从而团结起来:

　　　　如果一个人能借助"黎明之翼"的力量,立于高处俯瞰埃及大地,
　　便能看到位于美丽的尼罗河流域的整个国家,从大海一直到苏丹,遍布
　　着学校,这些学校形成了一个良好的网络。在亚历山大、坦塔、扎加齐

---

[1]　报告上未附关于乌拉比女儿入学的说明。然而,人们不禁要问,她们在学校出现,是否意味健
　　全的新教教育使她们远离了父亲的反叛活动。

[2]　参见萨拉马,《埃及的外国教育》,第 4 章。

格、开罗、法尤姆、艾斯尤特、卢克索和喀土穆这些主要的中心地区，学校更加密集。在这个大网中，聚集着各种各样的班级……在这片国土上，一部分最优秀的公民已经受到教导，了解为国家提供适当服务的真正原则。[1]

在这个国家，现代化项目和传教教化项目并行开展着，这在《法里达的梦想》(*Farida's Dream*)中得到了精彩的说明。《法里达的梦想》是传教士在世纪之交刊印的一本宣传小册。这个册子讲的是雷纳·霍格（Rena Hogg）女士记录的一个"故事"，她是20世纪头二十年中埃及传教舞台上的一个中心人物。故事讲述了一个来自村庄的年轻埃及女孩，为接受福音的信息并"学习"现代世界的种种习俗而进行的抗争。法里达是穆斯林还是基督徒？这并未清楚说明。据说她向霍格女士详细讲述了她的梦，在这个"梦"中，法里达意识到她在改造自己和村庄的过程中必须做些什么：

> 村庄原处于一片昏昏欲睡、悠闲从容的生活中，突然，小巷里传来一声大喊——"帕夏来了！快把一切打扫干净！"——这惊起了众人。很快，这个地方就好像因瘟疫而布禁，而且即将进行医学检查一样。各个院子都开始进行彻底清扫，焚烧垃圾并在泥墙上涂抹石灰，一片热火朝天的景象！每个村民都在狂热的期待中行动忙碌着……
>
> 她不需要约瑟夫来为她解梦。只要看一眼那张脸，一切就清楚了。为了做好迎接帕夏的准备，她家必须要清洗干净，不能出错。[2]

---

[1] 卡丽·布坎南（Carrie Buchanan），《埃及的教育工作》(*Educational Work in Egypt*)，匹兹堡，未注明出版日期。

[2] 雷纳·L.霍格（Rena L. Hogg），《法里达的梦想》，匹兹堡，未注明出版日期，第6—8页。"穆罕默德……可以谈论房子和家人，但不能谈论家庭。"

　　然而最终，为帕夏的到来所做的清理准备工作变得不再仅仅是法里达的任务：在帕夏接触村庄之前，整个村庄必须"清理干净"。

　　法里达的故事有两种解读方式。比较明显的信息是有关基督教的，即推动埃及人皈依帕夏这位救世主的传教目标。然而，从世俗角度看，帕夏显然是一位赫迪夫或国家工作人员。他进入村庄，进入村民的内心，正如他的宗教化身一样，将这个国家从"悠闲生活"中唤醒，为其带来了活力和生产力。不管是在哪种解读中，接受一种新秩序，无论是宗教秩序还是世俗秩序，都会给"国家"带来生机——向家政学"转化"是实现"现代化"的隐性基础。

　　重组家庭是"唤醒"村庄并赋予其生命的核心纲领之一。传教士们认为，在他们到达前，埃及尚不存在家庭生活，更遑论家庭生活对现代性做出的重要贡献。随着 20 世纪的发展，传教士文学逐渐成为家庭改革的传声筒，传教士们声称，他们一直负责将"家"及家庭相关活动引入埃及。[1]传教士们决心按照维多利亚时代一夫一妻制的模式来塑造埃及人，赋予每个家庭成员以非常具体的角色，并使其形成相应的行为习惯，同时，他们声称只有在形成了适当的家庭习惯和倾向后，国家才会进步。而教室将提供模型，未来的埃及人可以据此塑造他们的家庭生活。明尼哈·芬尼（Minnehaha Finney）是一名专职传教士，也是约 1915 年以后学校所使用的大部分课程的编写者。他教导说，传教士之家及其家人，以及埃及基督教皈依者的家人，应该树立榜样，以便其他埃及人学习，并形成他们新的民族习惯和习俗。芬尼提到了一对已婚的埃及夫妇，他们都是教会学校的毕业生，而他们的家则是村里其他人的重要榜样：

[112]

---

[1]　雷纳·L. 霍格，《通过学校的学生教会为埃及的家庭生活做了什么》（"What Missions Have Done for Homelife in Egypt through the Pupils of the Schools"），《妇女传教杂志》1909 年 8 月第 23 卷第 1 期，第 11 页。

　　我想到了一位教师的家，我对他们家非常满意：虽是泥墙，但墙上有一些明快的图画，看起来较为美观，屋内也未铺地板，但泥巴地面打扫得很干净，而且铺着一块色彩明丽的彩色垫子，看起来倒不再像泥巴地面；屋内有个垫得柔软舒适的"纸箱"，里面睡着一个小婴儿，当母亲把睡着的婴儿放在她的小床上晒太阳时，这成了全村的话题。那位年轻的母亲有很多机会向那些乡村妇人展示，如何在她们的简单环境中建立一个真正的家。[1]

[113]　　位于卢克索的女子寄宿学校有一个"模范房屋"，这是一个典型的农村屋子，布置得"很容易保持干净。家政课上，她们会在这所模范房屋内学习家居料理课"。[2]

　　新式现代家庭的掌舵人将是一位优秀的家庭主妇，当然她精通家政学。例如，《妇女传教杂志》报道说，因为接受了教育，埃及家庭的日常膳食已经变成了真正的**家庭**膳食，男女双方及其后代会一起进餐。拜访了许多从她学校毕业的学生的家后，霍格很高兴看到她们正把从学校学到的东西应用到家庭生活中："烘烤、洗涤、熨烫、清洁——都有固定的日期和时间。……**东方人做事一向随意懒散，只有熟知这点后，人们才能领会到使埃及人领悟到组织条理的重要性是多大的进步**。"[3]

　　美国传教士总是喜欢声称，通过他们的教育布道，尤其是他们所强调的家庭改革，埃及人已经进入了一个民族意识觉醒并对民族历史产生自豪

---

[1]　明尼哈·芬尼（Minnehaha Finney），《乡村学校和家庭》（"The Village School and the Home"），芬尼文集，PHSA，卷宗号240。明尼哈·芬尼于1894年被教会女性委员会任命为埃及教会成员。她主要在曼苏拉、三角洲和亚历山大港进行教学。她为女子学校制定了课程，将幼儿园教育引入埃及，并建立了女性培训学校。明尼哈·芬尼也是《妇女传教杂志》的长期编辑。

[2]　同上，第11页。

[3]　芬尼，《乡村学校和家庭》，第14页。

感的新时代。不管是男孩还是女孩，只要是从她学校毕业的学生，以及允许他们到学校接受教育的埃及父母，布坎南都将他们看作埃及正逐渐成为的"新东方"的一部分。她说，这种自豪表现在埃及儿童喜欢讲述有关埃及历史的故事，喜欢展示埃及在不同时代的绚烂过往，喜欢带他们的父母去学校观看此类演出，而这类演出的最终目的都是庆祝"新国家"的诞生。

　　布坎南讲述了开罗女子寄宿学校的毕业生欣德·阿蒙（Hind Ammun）夫人的故事。在丈夫早逝后，她发现自己想要做些什么来"帮助这个国家"。因此，她开始写一部埃及历史，希望它能被教会学校或政府学校用作教科书。她将手稿提交给埃及教育部部长，部长接受了手稿用作出版，并许诺付给她第一版的版税。但是部长说，他永远也不会出版一部印有女人名字的历史书，还建议她改名叫哈桑·马哈穆德（Hassam Mahmoud）。这位部长说："这位出色的女士以她新女性的全部尊严振作起来，回答说：'但我确实是个女人。……而且我写了一部真实的埃及历史，我希望……［那些］事实出现在扉页上。'"[1] 部长同意了，他显然是意识到：教育，即使是基督教教会学校的教育，都和创建一个"值得真实历史"的埃及同属一个项目。阿蒙夫人逝世时，她与政府还签有合同，打算写作另一本历史书，供政府小学使用。[2]

　　因此，最初旨在向闭塞的妇女传播福音，然后使家庭领域得到"清理净化"的教育，现在促使埃及人对他们"值得的历史"产生了意识。家庭的复兴不仅被认为有助于国家福祉，还创造了一种"民族"感。对外国传教士和他们的学生来说，民族主义是家庭改革的结果。 [114]

---

[1] 卡丽·布坎南，《埃及视野逐渐开阔》（*Broadening Horizons in Egypt*），匹兹堡，大约1917年，第2—4页。

[2] 另一名学校毕业生（同时也是一位埃及人）所写的一篇文章被传教士用于教授家政学。布坎南声称此文章也为某些政府学校所用。

## 界分领土，塑造身份：
## 占领期政治中的私人领域、民族主义者的回击与国家叙事的建构

英国占领埃及后，国家教育系统成为英国人和埃及民族主义者之间激烈辩论的场所，其中，英国人是教育系统的主导者，而许多民族主义者在国家官僚机构中工作，并在教育部或其许多中央和省级教育委员会中担任职务。对民族主义者来说，教育是继续培养埃及公务员忠诚、效率和生产力的一种手段。然而，随着埃及人与英国人斗争的加剧，教育系统也成为了一种培养"国家"概念及埃及的历史、未来和特征的手段。

英国人对教育埃及人和创建一个有文化的埃及阶级有非常具体的想法，但这与埃及人的想法相冲突。英国为埃及教育体系制作的蓝图，与他们保持埃及的"农业精神"和提高其农业生产力的决心息息相关。这种教育可能会带来真正的智力提高或工业增长，但会转移本用于农业的精力和资源，威胁到对国内纺纱厂的棉花供应。1905 年，克罗默指出，任何使埃及人不适合农业劳动的教育都将是"一种民族罪恶"。[1] 但要在管理埃及事务的同时，不至于让埃及完全成为一个殖民地，英国需要一个受过教育的阶级。在此，他们借鉴了自己在印度的经验，托马斯·麦考利（Thomas Macaulay）对这些经验进行了最好的总结，他在 1833 年 7 月告诉下议院，英国人和印度人之间的有效贸易和政府管理，取决于受教育阶级的产生。他推测，如果"欧洲文明在印度的传播"停止了，印度将近乎一个耗资巨大的附属国。[2]

[115]　　　　然而，对叛乱的恐惧给教育埃及人的前景增加了一种紧张关系，这就

---

[1]　议会文件，《年度报告》，1905 年，第 571 页。

[2]　托马斯·麦考利（Thomas Macaulay），《论印度政府》（On the Government of India），1833 年 7 月 10 日于下议院发表的演讲，载《评论、史论与杂文》（Critical Historical and Miscellaneous Essays），纽约，1866 年，第 141 页。

为英国政府解决"埃及问题"的种种"蓝图"与其实际实施之间的冲突埋下了种子。从理论上讲，英国在埃及的任期取决于一个新的埃及阶级的产生，这个阶级能够很好地、明智地自治。然而，如果英国人要确保自己在占领期结束时拥有最终发言权，教育埃及人的计划就必须经过深思熟虑。事实上，克罗默认为麦考利的建议受到了一定误导，因为西式高等教育在印度的传播已经造成了一群不满的空想理论家。1906 年，他写道："在这里，我试图牢记在印度得到的教训。……我对下一代埃及人的所有期望就是让他们能够阅读和写作。我还想尽我所能培养尽可能多的木匠、泥瓦匠、泥水匠等。除此之外的其他事情，我做不到。"[1] 因此，英国在埃及的殖民计划之中的模棱两可之处再次得到印证。埃及人必须按照英国人规定的路线变得富有生产力，但又不能生产力太强。一些埃及人会学习英语，以便为这个殖民国家工作；其他人只会学习阿拉伯语，将自己排除在政府工作之外，并将自己的前景局限于农业。[2]

　　殖民者和民族主义者之间的利益冲突造成的这种紧张关系，经济生产力和有限的军事开支之间的脆弱平衡，所产生的是一个实用但有限制的基础学校、小学和中学教育系统。按照管理埃及的总政策，克罗默保持教育部不变，并在教育部内保持中央集权的做法，允许教育部长（一名埃及人）对教育部拥有几乎全部的权力。[3] 尽管克罗默执政时期的教育预算极低，约

---

[1]　克罗默，《演讲，1882—1911》（*Speeches, 1882–1911*），爱丁堡，1912 年，第 26 页。

[2]　例如，1895 年，某些私塾有资格获得国家补助，条件是他们不得向学生教授英语。参见斯塔雷特，《让伊斯兰发挥作用》，第 2 章。

[3]　关于英国教育政策的最佳讨论，以及英国军事占领期间行政管理的实际情况，参见穆罕默德·阿布·伊斯阿德（Mohammad Abu al-Is`ad），《英国占领时期埃及的教育政策（1822—1922）》（*Siyasat al-ta`lim fi misr taht al-ihtilal al-britani [1822–1922]*），开罗，1976 年。历史学家阿布德·拉赫曼·拉菲（`Abd al-Rahman al-Rafi`i）在其关于民族主义领袖穆斯塔法·卡米尔（1874—1908）的传记中提到了埃及的教育制度。尽管拉菲把卡米尔的民族主义与其天赋联系起来，但他确实暗示了教育在塑造卡米尔的民族主义倾向中的作用。参见他的《穆斯塔法·卡米尔》（*Mustafa Kamil*），第 5 版，开罗，1984 年，第 31—47 页。

为 1%，比伊斯梅尔治下最严重的金融危机时期还低，而且欧洲人倾向于控制教育部内的管理和咨询委员会，但埃及的部长们似乎在规定学校检查、课程设置和管理，以及教师任命方面拥有相对较大的发言权。

1891 年，当教育部被并入公共工程部（*Nizarat al-ashghal*），教育部长的角色被降格为一个更大部门中的下属时，英国人第一次真正引起了民族主义者的愤怒。19 世纪 90 年代，英国人和民族主义者之间也就教学语言展开了争论：英国人更喜欢小学和中学的教学用英语进行。（直到 1904 年，当法国人同意放弃他们在埃及的利益时，两个欧洲国家之间还就采用哪种语言作为教学语言展开了一场斗争。）民族主义者们更喜欢阿拉伯语，并最终在斗争中"获胜"，使阿拉伯语成为了课堂上的教学语言；甚至在克罗默于 1907 年离开埃及之前，埃及基础学校和小学课堂上的大部分教学是采用阿拉伯语进行，而许多中学课程则是用欧洲语言教授。[1] 接替克罗默的埃尔登·戈斯特爵士（Sir Eldon Gorst，1907—1911 年在任）倾向于将埃及教育系统的阿拉伯化，并通过用埃及人的母语进行教学，从而使该系统更加合理。[2]

[116]

关于埃及人能够学习什么，英国人和埃及人之间也进行了一系列斗争。因为公立学校的绝大多数学生是穆斯林，克罗默认为他们没有能力吸收他所说的"古典"教育，因为现代政治思想和哲学植根于基督教传统之中。此外，克罗默明白政治理论和现代历史是可以用来对抗占领的两把剑。因此，对于可能向年轻的埃及人灌输民主精神的科目教学，他的政策是基于这样

---

[1] 政府监管下的所有私塾均使用阿拉伯语。克罗默声称，中学阶段保留欧洲语言可使埃及人在政府中任职，并组织埃及学生在传教士学校进行学习。参见议会文件，《年度报告》，1906 年，第 109—114 页。

[2] 埃尔登·戈斯特爵士（Sir Eldon Gorst），《自传笔记》（*Autobiographical Notes*），《伊丽莎白·门罗文集》（Elizabeth Monroe Collection），圣安东尼学院，牛津，引自迈克尔·理查德·范·弗吕克（Michael Richard Van Vleck），《英国在埃及的教育政策，1882—1922》（"British Educational Policy in Egypt, 1882–1922"），博士论文，威斯康星大学，1990 年，第 316 页。

一种前提，即这些科目既没用（埃及人不会明白），又危险（他们不**宜**明白）。在占领期的教育"政治"中，一部分是限制这类课程或将其完全从课程设置中剔除。如果要向年轻的埃及人灌输民主自治的理想和实践，那就必须在另一个场所进行。[1]

英国对付埃及人最有效的措施之一是限制和限定课程，这种策略实际上使埃及人无法讲述他们在过去和现在的历史，或塑造可决定他们未来的机构。克罗默认为，古代和现代埃及历史课程等对于"低年级"（基础学校学生）来说没有必要，他们的教育仅仅包括阅读、写作、算术和基础礼仪课程就够了；同样，他认为历史对埃及人来说是多余的，因为他们是为了服务国家而被迫接受系统的教育。因此，即使在最优秀的公立学校，也十分缺乏这类课程。即使学校的课程表上确实出现了历史课，它们每周占用的时间也非常有限。1910 年，在布鲁塞尔举行的一次党代会上，埃及国家党成员哀叹公立学校的课程中缺乏历史课，以及课堂上没有历史教学的危险。代表里法特·瓦菲克（Rifa`at Wafik）在向国会发表的题为《英国和埃及的教育》（"l'Angleterre et l'instruction en Égypte"）的演讲中声称，限制和取消历史课程是英国在埃及统治的最有力手段之一。[2] [117]

1906 年，埃及人能够在课程辩论中更直接地坚持自己的主张。那一年，教育部又一次设立了，萨阿德·扎格卢勒（Sa`ad Zaghlul）被任命为教育部长，这一职务他一直担任到 1910 年。但实际上，正是随着教育部的重新设立，英国人才能够对教育获得最大控制权，他们通过设立参事（*mustashur*）职位来实现这一点，参事能够并且也确实取代了埃及部长在任何问题上

---

[1]　阿布·伊斯阿德，《英国占领时期埃及的教育政策（1822—1922）》。

[2]　《1910 年 9 月 22 日、23 日、24 日在布鲁塞尔举行的埃及国民大会全集》（*Oeuvres du Congrès National Égyptien, tenu à Bruxelles le 22, 23, 24 Septembre 1910*），布鲁日，1911 年，第 141—149 页，特别是第 144—145 页。

做出的决定。1906 至 1919 年，这一职位由道格拉斯·邓洛普（Douglas Dunlop）担任，他蔑视埃及人，对促进公共教育的普及或改善或让埃及人参与教育部管理几乎毫无作为。1910 年 1 月以后，尽管新的省议会法允许省议会资助和"促进所有类型的教育"，然而在英国人的严密统治下，教育部继续制定着埃及教育系统的政策和计划。[1]

因此，虽然在占领埃及后，英国基本并未改变最初在伊斯梅尔统治期间所形成的教育部结构，但它最终还是受到英国人对该系统的要求和想法的指导。英国针对埃及教育所制定的计划，预算非常低，最初只占总预算的 1%，到 1922 年后，提高到了 3%。而且，这个计划还对各个阶层的教育目标进行了强制规定——对于社会阶级较低的人群而言，教育目标是宗教、阅读、写作和"礼仪"，仅此而已。对于中产阶级和上层阶级，教育则仅限于为政府效力所需的培养。为了将中小学的毕业生人数限制在经济和政府能够吸纳的范围内，克罗默开始要求公立学校收取学费。他还开创了考核毕业生的做法：进入官僚机构之前，需要证明成功通过考核。考核内容设定得异常困难，结果很少有学生能通过。

尽管预算很低，以及双方在教育埃及人的政治问题上也陷入僵局（即无法在以下方面达成一致：教育目标及其费用；埃及人可以追求的受教育程度的上限；克罗默设想中基础学校课程设置的不成熟性），教育系统仍继续扩大、集中，并囊括了更多的埃及人。例如，克罗默报告说，尽管提高了学费，但小学男生的入学人数仍从 1902 年的 5785 人增加到 1903 年的 6070 人。到 1904 年，政府监管学校的学生人数已由 1903 年的 92,000 人增至 140,000 人。[2] 1905 年，政府资助的库塔布学校的学生人数已增至 7410

[118]

---

[1] 《埃及现状》（*Al-Waqa`i al-Misriyya*），1909 年 9 月 18 日，引自范·弗吕克，《英国在埃及的教育政策，1882—1922》，第 363 页。

[2] 议会文件，《年度报告》，1904 年，第 71 页。

人，到 1907 年，即克罗默离开埃及的那一年，这一数字又增加到 11,014人。[1] 到 1911 年，即戈斯特和邓洛普开始向中学生提供数量有限的奖学金四年之后，3644 所政府监管学校招收学生 202,095 名，13 所政府高等小学招收学生 3535 名。[2] 英国人和埃及人都继续参与塑造埃及人的过程，旨在使埃及人更有生产力、更文明、更现代。埃及政府追求让埃及人现代化，欧洲人希望让埃及人变得有用和文明，这两者经常有共同之处。尽管他们的目标不同，但两个团体都试图塑造埃及人的思想、习惯和风俗。

埃及民族主义者借鉴了英国的话语，并利用英国对埃及教育的训令中存在的模糊性，对其做出回应。即既要向埃及人推广教育又要限制其范围和重点，既要培养受教育阶层又要限制其视野。事实上，通常正是在塑造埃及学童的举止和习惯的过程中，埃及民族主义者才能够抵制英国的想法，即在限制埃及人教育的同时成功培养出富有生产力的现代埃及人。各种教科书都载有个人行为的养成方法，通常包含在强有力的历史和政治方面的课文中。它们往往将个人行为与推翻殖民统治的事业联系在一起。有时，此类课文会出现在关于礼仪和道德的教科书中——换句话说，出现在实际上旨在教导学生行为得体和更为“现代”的课文中。然而，关于英国的行为及其在解放埃及中的作用的课文也经常出现在阅读、数学和地理等学科的教科书中。这两种情况下所传达的信息是相同的：埃及人的个人行为是古今历史背后的动力，是经济成功和政治领域命运背后的动力。学会数数和阅读，就像学会刷牙一样，会带领国家走向胜利。

根据公立学校在英国占领埃及后几年中的课程，可看出人们越来越关注埃及学童的私人生活和行为。例如，在 1885 年，公立小学的课程设置包 [119]

---

[1]　议会文件，《年度报告》，1905 年，第 84 页；1907 年，第 32—33 页。

[2]　同上，1911 年，第 51 页。

括一门名为"*durus al-ashya'*"的课程，即"实物教学"，其中包括诸如衣物、保持衣着清洁、肥皂的使用、房子及其所有房间，以及如何最好地建造房子等主题。[1] 此外，还包括礼仪（*adab*）和教育（*tarbiyya*）课程，这两类课程包括基本礼仪、卫生、健康、衣着和家庭内外的行为等教学内容。根据 1885 年和 1887 年的课程指南，对教授实物教学课程的教师提供的说明中，将礼仪和教育定义为类似于教师给学生的"家长建议或榜样"。[2] 学生通过模仿教师，学会在课堂之外的得体礼仪和行为。

　　1896 年，礼仪课和教育课与实物教学课分离；1901 年，在欧洲化的私立小学和基础学校中，实物教学课被明确定义为用来提高儿童智力并增加其对"周围事物"兴趣的课程。[3] 新的课程设置中，有一个单独的礼仪和行为课，称为自我熏陶（*tahdhib*）或宗教和自我熏陶（*al-diyanna waltadhib*）。在 1901 年，这种课试图培养学生"在家庭内外的最佳人类互动行为"。它涉及"身体护理、适当衣着、饮食习惯、正确的饮食时间"，以及个人行为的培养，这将确保维护"公共领域的秩序"（*al-hi'a al-'umummiyya*）。[4]

　　到 1907 年，诞生了一门名为国家教育（*al-tarbiyya al-qawmiyya*）的课程，当时的教育部长萨阿德·扎格卢勒重新颁布了 1867 年的一项赫迪夫法令，要求在宗教课上将穆斯林和基督教徒隔离开。因为宗教教育（*diyanna*）而分开的学生现在又因教育课和自我熏陶课而聚在一起，这些科目成为全

---

[1] 开始学习的前两年，这门课每周教授一次，接下来的两年每周教授两次，直到 1887 年，每周教授四小时。参见《课程项目：初级学校（第一级）》（*Program al durus: al-madaris al-ibtida'iyya [al-daraja al-ula]*），布拉克，1885 年和 1887 年。

[2] 同上。

[3] 《1901 年 9 月 16 日关于批准初等和中等教育方案的第 849 号部长令》（*Programmes de l'enseign-ement primaire et de l'enseignement secondaire approuvés par arrêt ministériel 849 en date du 16 Septembre, 1901*），第 12 页。（无出版地点或日期；于埃及教育部 [以下简称 EME] 的私人档案中发现。）

[4] 同上。

国性的而不是宗派性的事务。[1] 该课程在小学和中学以及基础学校中都有教授，到 1916 年，共有 10,421 名女孩和 27,337 名男孩接受这个课程的学习。到了 20 世纪 20 年代，这门课程的名称改为了"国民教养和道德"（*al-tarbiyya al wataniyya wa al-akhlaq*）。[2]

　　习惯和礼仪的"私人政治"是教授民族主义和生产力的这类项目的基石。清洁和个人卫生，以及现代特有的习惯和举止，是从阅读到"礼仪"等课程的教科书中的核心内容。例如，阿拉伯语读本在阿拉伯字母和语法课文中暗含着文化批判，同时也包含实现自我提高的具体指导。例如，1916 年出版的一本读本中包含一个章节，题为"你需要什么来保持你身体的健康？"。它包括一些有关清洁、适当沐浴和衣着得体等主题的短文。紧接这一章之后的是题为"礼仪建议"的一章，内容是以干净有序的方式进食。贯穿课文的是如下句子："行走和端坐时保持身体直立，饮食习惯要平衡"；"保持自己的物品整洁有序"；"永远保持脸颊、双手和衣着干净。"[3]

[120]

　　住所在这些教科书中占据着中心位置。1905 年首次刊印的名为《阅读

---

[1]　1897 年，课程大纲将"社会行为"描述为"向学生灌输……(1) 按照道德原则行事的好处以及 (2) 个人之间的相互依赖而提供的课程"。1901 年，课程描述被重新定义，包括在学习的第三年"在平常的生活环境中进行"（*conduite dans les circonstances ordinaires de la vie*）和学习的第四年"懂得生活"（*savoir vivre*）。参见公共教育部（Ministry of Public Instruction），《中学课程大纲》（*Syllabus of Secondary Courses of Study*），开罗，1897 年；以及《1901 年 9 月 16 日关于批准初等和中等教育方案的第 849 号部长令》。

[2]　1927 年，一项法律规定，埃及所有公立或私立学校都必须教授"爱国主义道德"（*ul-wataniyya wa al-akhlaq*）。所有学校的教师都必须通过师范学院认证，认证过程包括获得该学科的学位（*shahada*）。DWQ，阿比丁宫存档（Mahafiz Abdin），230 号箱，"教育"，《送交部长会议的关于初等教育和普通教育的法律汇编》（"Compilation of laws which were sent to the Majlis al Wuzaara' on primary education and general education"），1927 年 5 月 9 日。

[3]　国民教育部（*Wizarat al-Ma`arif Al-`Umummiyya*），《阅读与发音》（*Al-Tahajiya wal-mutala`a*），第 9 版，开罗，1916。同一本书，其 1918 年版以下列句子作为开篇（称为"使读者受益的句子"）："你在国家的学校里长大"（You are raised in the Nation's schools），以及"用真心热爱你的国家"（Love your nation with a true love）。类似的版本，完全是为私塾设计的，包括古兰经的段落，祷告和禁食辩论，以及国家和适当住所的辩论。本章所采用的所有教科书都收藏在埃及教育部小型图书馆和档案馆。

与发音》(*Reading and Pronunciation*)的读物展示了阿拉伯字母表，并列出了数百个简单单词，包括"木头""砖块""木匠""工程师"和"水管工"。此外，它还会在基础课文语境中重复这些单词，并提出以下问题："家庭需要什么？……我们如何建造真正的房子？"答案是："真正的家"会培育出健全的现代埃及人，这需要"秩序、清洁和通风"。棚屋、帐篷以及黑暗或拥挤的住所被列为属于"另一个世界"的住所，即前现代世界的住所，因此必须予以拆除，以便迎来一个新的时代。[1]

在用来教授"国家教育"(*al-tarbiya al-qawmiyya*)的教科书中也提到了清洁和个人习惯。这些课文告诉学生，他们的个人习惯不仅对保持个人健康很重要，而且还关乎国家的利益。大约在 1910 年，为教授该课程而编写的一本书告诉学生，作为小孩子，他们对国家的热爱包括在学习礼仪时，听从父母和老师的一切指示，"如此一来，你以后就能为国家效力。无知的人行为卑鄙，做出的也绝不是对国家有用的行为"。[2]

"私人"和"个人"的部分也不只是礼仪和清洁习惯的养成，还要包括"个人"品性和情感的培养。胆略、勇猛、诚实和正直等美德需要在学生的私人生活中进行培养，然后应用于民族斗争。革命之前数十年中出版的有关道德的教科书概述了习惯、习俗、美德和情感的极端人性化，而这些正是建立一个强大而独立的国家所需的。日后判定埃及实现独立的所有特征，首先要在埃及人的个人活动中培养出来。教科书对如何塑造和应用适合民族主义议程的个人行为给出了非常明确的指示，在每一个转折点都将自我和国家的利益联系在一起。

[121]　　　1913 年出版的一本关于道德和美德的教科书中，全是假想的师生之间

---

[1] 国民教育部，《阅读与发音》，第 94—98 页。

[2] 赛义德·穆罕默德·阿哈德（Sayyid Mohammad Ahad），《教育中的鼓励与引导》(*Kitab al-tahliyya wal-targhib fil-tarbiyya waltahdhib*)，第 11 版，开罗，1911，第 24 页。

的一系列对话。这场探讨中特别有意思的是题为《关于基本教育和道德的短文》(*Kuttaib fi al-tarbiyya al-awaliyya wa al-akhlaq*) 的课文中的第一章，其中阐述了自我建设与国家建设之间的关系：

> 教师：我已经教授过你如何成为一个品行端正的人。请帮我回忆一下如何做。
>
> 学生：首先，我需要增强自我的力量。意思就是，我应该努力发展我的心理官能——我的智力、我的情感和我的意志。其次，……我需要努力修正性格中的所有缺陷，自我保护以免受到任何可能威胁我品格的事情影响。最后，我还需要热爱美德。
>
> 教师：如何获得幸福感？
>
> 学生：通过履行职责、热爱工作、热爱家庭、热爱国家，我获得幸福感。……通过学习知识、保持礼貌和进取勤奋，我获得幸福感。[1]

虽然从根本上来说，培养礼貌和美德是教育系统的目标，但根据许多学科的教科书，这项任务需要从家庭开始。以上教学的后续部分，教师教导学生说，对国家的爱始于对家庭的爱，家庭则属于一个更大的集体，人们称之为国家。礼仪和道德不仅塑造了小家庭和大家庭，而且还使之蓬勃发展；而且两者互为依存，缺少其中任一项都不能成功养成另外一项。虽然这些课本中大部分教学内容都与培养适合直系家庭的行为有关，孩子们了解到，他们家庭的状况关乎整个国家："国家是由一个个家庭组成。如

---

[1] 哈菲兹·易卜拉欣译，《国民教育和道德：第一册》(*Kuttaib fil-tarbiyya al-awaliyya wal-akhlaq: al-juz'al-awal*)，第 2 版，布拉克，1913 年，第 10—15 页。引言指出，这本书原为法语版本，当时的公共教育部长艾哈迈德·哈斯梅特 (Ahmed Hasmet) 审阅了所有关于男孩和女孩道德和教育的书籍。当未找到令人满意的道德书籍时，他联系了法国教育部长，并将法国中小学所采用的大量书籍翻译成阿拉伯语，供埃及使用。

果组成这个国家的家庭开明、优雅、富有、强大，那么这个国家也将开明、优雅、富有而强大。如果那些家庭道德沦丧，如果他们贫穷，如果他们没有受过教育，那么这个国家，就像那些家庭一样，将会腐败、贫穷和倒退。"[1]

现代家庭的定义中通常包括丈夫、妻子和他们的孩子。很明显，如同与大家庭的成员共享住所这个习惯一样，一夫多妻制也不受鼓励，而且欧洲人常常将其称为过去时代的象征。因此，家庭被重新定义，以符合维多利亚时代的家庭生活模式。阿拉伯语的读本中，课文的标题通常如下："一个男人和他的妻子""一个母亲和她的儿子"以及"一个父亲和他的女儿"。

[122] 这些标题为家庭关系下了非常精确的定义。典型的是，这些教科书中包含规定性的语句，例如："一位父亲希望他和他的妻子之间有爱。他照顾着妻子和孩子。这位父亲必须慷慨而坚定地对待家庭的教育。"[2]

因此，解放埃及的过程变成了一场埃及学童们非常个人的斗争。尽管在埃及公共教育系统的管理中，英国人占据压倒性的优势，但埃及儿童受到的教导告诉他们，他们参与了拯救自己国家的个人斗争。儿童们了解到，他们的每一个动作，从清洁和穿衣到与亲戚互动，都具有更崇高的意义。他们的生活习惯和道德观在家庭中形成，然后表现在家庭外部，成为建立现代而又独立的埃及的基础。

---

[1]  阿布德·阿齐兹·哈桑（`Abd al-`Aziz Hasan），《一年级学生的道德课》（*Durus al-akhlaq al-maqadara `ala tulab al-sana alula*），开罗，1913 年，第 6 页。

[2]  国民教育部，《初级阿拉伯语精读》（*al-Mukhtara al-ibtida'iyya lilmutala`a al-`arabiyya*），开罗，1912 年。

## 未来的母亲，过去的憧憬：现代母性与新秩序的建立

解放国家的任务对埃及母亲们有着巨大的影响：孩子一旦知道自己的行为对国家"工程"至关重要，他就知道一个经过改革、受过教育、理性的母亲会在他的所有事务中教会他一个埃及人适宜的道德和行为。因此，培养能够完成国家使命的母亲成为更加紧迫的任务。女性教育不再仅仅是培养受过教育、有文化的妇女的项目，而是成为了培养母亲的项目，培养能够带领个人的小家庭和国家这个大家庭进入新时代的母亲。

在革命前夕，女童教育自萨尼亚学校早期以来取得了重大进展。1899年，克罗默报道说，女童教育正在取得"缓慢但令人满意的进展"。1000多名女孩在政府资助的库塔布学校上学，200多名女孩在开罗由政府资助的小学上学。[1]到1912年，超过25,000个女孩在国家指导和检查下上学。[2] 1917年，萨尼亚学校招收了91名妇女参加旨在培养中小学教师的课程。[3]

有两个基本前提似乎强调了世纪之交公共教育的任务，因为它与女孩有关。首先，年轻女性需要强有力的道德教养。欧洲人和埃及人都认为，未受过教养、受教育程度低的妇女应对埃及家庭中的堕落负责，这种堕落据称表现在埃及男子的政治和经济行为中。作为补救措施，女子们必 [123]

---

[1] 议会文件，《年度报告》，1899年，第36页。

[2] 同上，1912年，第27页。相比1910年入学时的女生人数，此数字增长了8%。

[3] DWQ，阿比丁宫存档，238号箱，"教育"。《埃及教育的复兴：1917—1922》（"The Renaissance of Education in Egypt: 1917–1922"），此文是公共教育部长穆罕默德·陶菲克·里法特（Mohammad Tawfiq Rifa`at）为福阿德国王（King Fuad）所写，1923年8月1日，第80页。截止1922年，此数字增加至128。

须接受严格的道德训练，以培养出更好的男人。[1] 第二个前提："现代"家庭生活伴随着道德训练培养出一位优秀的母亲，同时她也是一个有能力的现代公民。通过家政学和现代育儿学，以及缝纫、烹饪和清洁，培养出这样的现代家庭生活。19 世纪 70 年代，学校开设洗衣、熨烫和缝纫课程，通过向上层阶级培养仆人，为下层阶级提供"一种职业生活"（*une vie professionielle*）。直至世纪之交，中产阶级和上层阶级的女性也学习了类似的技能，使其家庭现代化、道德化。教育女性项目不仅仅限于培养更优秀的女性的考虑，而有着更大目标——塑造国家未来。

埃及人和英国人都质疑将培养现代母亲作为埃及文化和政治问题的解决方法，并将此质疑列入了教育议程。例如，19 世纪 80 年代末，雅各布·阿廷总结了埃及教育制度的成就并提出改进措施，讨论了女性教育对于国家项目的重要性。雅各布引用塔哈塔维《诚实男女指南》（*al-Murshid al-amin lil-banat wal-binin*）一书称，现代化项目依赖于创造一个女性阶层，这些女性能够管理好自己的家庭，培养出更能为国家服务的一代男性。他提到，在现代国家，教育女性的利远远大于弊，因为优秀的母亲能够培养优秀的民族主义者。[2]

和许多埃及人一样，克罗默认为提升埃及人的道德和政治地位只能通过提升埃及女性素质而实现。克罗默在一份有关埃及和苏丹现状的年度报告中谈道："我不需要在这个问题上纠缠太久。它只是事关埃及和整个东方女性地位的重大且棘手的社会问题的一部分。教育的普及可能会改变 [ 现

---

[1] 例如，穆罕默德·萨义德（Mohammad Said）在 1888 年的一份报告中指出，公共教育的目标是弥补没有接受过适当教育的"家庭妇女"对男孩和女孩造成的伤害。穆罕默德·萨义德，《埃及的公共教育及其改革》（*De l'Instruction publique en Égypte et des réformes a y introduire*），开罗，1888 年，第 12 页。"我们必须……竭尽全力与我们的家庭妇女所培育的迷信战斗……因为迷信削弱了思想，并总是为生活带来愤怒。"

[2] 雅各布·阿廷，《埃及的公共教育》（*L'Instruction publique en Égypte*），巴黎，1890 年，第 121 页。

状 ]。"[1] 尽管克罗默已经确定了自己的政策，但是他仍然犹豫不决，不愿提供教育以改善埃及女性的命运。1904 年，他说道：

目前，支持女性教育的运动进展迅速，而最终会在多大程度上改变 [124]
新一代埃及女性的观念、性格和地位，这还有待考察。如果她们的地位会发生变化，我们希望这将是一个渐进的过程……然而，事实上，这个国家女性的地位逐渐改变之前，无论埃及人如何同化外在形式，他们永远都不想接受欧洲文明真正精神的最好方面。[2]

尽管克罗默决心让女性教育缓慢发展，但为女子提供的教育工作数量以及入学公立学校的女子数量持续增加。例如，1904 年，教育部投入了必要的资金和精力创建布拉克师范学校（Bulaq Normal School），旨在培训年轻女性成为库塔布学校教师。创建一个女性教师团队在这些学校工作的因素有许多。首先，穆斯林父母很难让同意自己的女儿接受男性教师的教育。其次，很难找到教师来指导年轻女子学习基础教育的"女性"分支，从而培养现代母亲和家庭主妇。指导女子的库塔布学校女性教师将道德训练和引导的作用与《古兰经》的全面知识相结合，同时，她们也将成为家政学（domestic sciences）的精英。她们的任务是教授缝纫、熨衣、洗衣、烹饪、打扫房间以及育儿方面的基本知识。[3]

直至 1908 年，年度报告显示，大约 60 名女性报名此学校，学习诸如"普通课本科目、一般的针线活、简单的烹饪、洗熨和家庭园艺"等课程。

---

[1]　议会文件，《年度报告》，1902 年，第 56 页。

[2]　同上，1904 年，第 77 页。

[3]　DWQ，部长会议，教育部，2 号箱，"学校"，引自公共教育部长到财政委员会，1903 年 6 月 2 日，来自 Nizarat al-Ma`arif 部长会议主席艾哈迈德·马祖姆（Ahd Mazloum）。

此外，该报告还指出，无论是开罗还是各省的库塔布学校，对于布拉克师范学校毕业生的需求都很大。这些地方存在两类问题：要么是女子学校师资不足，要么因女子教育需求而开设了新学校。[1] 截至 1909 年，全国的库塔布学校共招收超 1.9 万女学生。戈斯特因此得出结论："支持女子教育的运动不仅限于上层阶级。" [2]

据克罗默称，20 世纪的头十年间，对于女子学校的需求稳步增长。直至 1905 年，他报告称："父母不愿意送女儿上学的现象已经基本不存在了。对……其他公立学校和……私立学校……的需求大大增加了。" [3] 在离开埃及那年，克罗默说道："公立女子学校摩肩如云，私营企业正寻求在全国各地建立女子学校的机会。" [4] 他将这一现象归因于埃及男性品位的改变，归因于越来越多的男性要求妻子成为受过教育的"配偶"（partners）和干练的家庭主妇："中学和大学男子毕业生的稳定数量间接刺激了女性教育运动，因为年轻一代开始要求妻子应具备一些不同于闺房闭塞生活中所获得的品质。" [5]

父母们不仅开始关注女儿接受教育，也在开始决定女儿将接受什么样的教育。一些人认为女性教育过于注重教学，他们要求更多通识教育，其中包括对家政学的强调。克罗默表示，一些人会定期访问萨尼亚学校，当发现缺少这种课程时，他们就宣布将寻找一所国际学校或聘用一名家庭教师。[6] 克罗默还指出，大多数进入萨尼亚学校和小学的女子，其学费都由父母支付。因此，他相信中产阶级和上层阶级家庭对其女儿的教育关注度越

[125]

---

[1]  议会文件，《年度报告》，1908 年，第 43—44 页。

[2]  同上，1909 年，第 44—46 页。这表明自 1905 年以来，女子私塾数量增加了 44%，女生入学人数增加了 111%。截至 1909 年，42 名布拉克学校的毕业生在埃及的各私塾教学。

[3]  同上，1905 年，第 88 页。

[4]  同上，1907 年，第 34 页。

[5]  同上，1905 年，第 88 页。

[6]  同上，1906 年，第 92 页。

来越高。此前,该校还招收低阶层家庭出身的女子,并为她们支付学费。

直至 1916 年,库塔布学校中规模最大、资金最充足的女子高等小学课程包括阿拉伯语(阅读和写作)、宗教、地理和一小点儿历史,还有一门普通会计课程和一门"家庭会计"(*al-hisab al-manzili*)。女孩也会学习健康和卫生知识,每周两小时;学习家政学(*al-tadbir al-manzili*)、针线活、洗衣、熨烫和烹饪,每周十二小时。[1] 初级小学的女孩也会学习针线活和卫生知识,但时长较少。其课程包括一门"职业"(occupations)课,大概就是烹饪和洗衣。[2]

入学政府小学的女孩除了上述用英语教的课程外,还有一门名为"道德教学"(moral instruction)的课程。和小学里的同龄人一样,女学生花费大量时间学习家政学,包括一门名为"家务"(housewifery)的课程。[3] 同一年中,除英语、体育和科学外,伊斯兰教学校的课程几乎没有什么不同。学生们也要学习会计、家政学、刺绣、烹饪、洗衣和熨烫。[4]

终于,在 1908 年,埃及大学(Egyptian University)成立时,开展了 [126] 一系列针对女性的晚间讲座。根据该大学的 1911—1912 学年"运行计划"(plan of operation),此"女性板块"(women's section)致力于"创造个人的

---

[1] DWQ,部长会议,教育部,A4 号箱,系列 143,"国民教育",1916 年关于创建女子高级小学的第 14 号法律(*al-madaris al-awaliyya al-raqiyya lil-banat*)。1915 年,公共教育部长阿德利·叶格恩(`Adly Yeghen)试图终止获取小学证书以及女子小升初或教师培训学校的考试,因为他认为通过考试很困难,使得许多女孩无法上学。他鼓励女孩接受中等教育和教师培训,并认为这是"家庭经济教育"(l'enseignement de l'économie domestique)的传播源。他说:"极为重要的是,不应阻止对女孩的教育,因为女孩的教育必须使她们适应社交生活,并应卓有成效而为家庭带来良好的结果。"DWQ,部长会议,教育部,23A 号箱,1915 年 5 月 25 日。

[2] 关于革命前几年公立学校教授内容的最佳可获信息,参见一份报告,题为《教育部:1882—1922 年间埃及的教育进步》。DWQ,伊斯梅尔时期,12 号箱,"教育"。

[3] 同上。

[4] DWQ,部长会议,教育部,A4 号箱,系列 143,关于 1921 年修正法律(对 1915 年萨尼亚学校法律进行修正)(第 27 号法律)。这些法律大多涉及教师资格和学习时间;然而,这些文件阐明了世纪初学校教授的内容。

家庭幸福"。教育女性的课程包括教育和道德课程，均用法语授课。此外，女子们将学习埃及古代和现代史，均用阿拉伯语授课。最后，家政学课程包括卫生、选择房屋和地基、婚姻生活和家庭幸福、家庭礼仪和道德（al-adaab al-manziliyya wal-akhlaq）。[1] 家政学课程通过阿拉伯语讲授，以使受众范围最大化。

正如前述男子课程一样，住所在女子课程中也发挥着核心作用。由于建设国家被描述为一项家务事，因此整个家庭居住的房屋就是人们十分关注的焦点。房屋发挥着许多作用：其位置、形状和规模以及所有活动都构成了教科书中的一个中心比喻，描述了如何运作现代家庭以及如何重塑埃及家庭。因此，家宅被用来教授适合现代家庭的礼仪和道德。教师将家庭作为历史、国家和现代性故事的符号。对于女性而言，使家庭及其活动井然有序是定义和阐释民族主义议程的内在要求。

教师们通过风靡一时并广为流传的文本——《现代家政学》（al-Tadbir al-manzili alhadith），在私立和国家资助的小学大费周章地教授家政学，将家作为一种物质结构和建立现代化国家的基础。此书第十版中有一章，印刷于 1916 年，题为《居住之所》，包括"如何选择房屋"、"如何确定住所位置"和"健康与家庭"等主题。在这一章中，女子学习到，"人类生活中最重要的事情就是选择住所地。健康、舒适和家庭幸福都取决于这个选择……当一个人有了合适的住所，在家庭之外必须忍受的役使、劳苦和挫折就会变得容易些"。[2] 随后，女子会发现房屋必须靠近市场，因为人需要买卖家庭用品。家应位于丈夫工作地点的不远处，否则一天中的大部分时间，他都要在通勤路上来回奔波。考虑到健康因素，房屋不能距离墓地、医院、煤气厂或死水

[127]

---

[1]　DWQ，阿比丁宫存档，231 号箱，"教育"，《埃及大学：行政局 1911—1912 年大学运营计划》（无出版日期或地点）。

[2]　弗朗西斯·米哈伊尔（Francis Mikhail），《家政学》（Al-Tadbir al-manzili al-hadith），开罗，1916 年。

太近。水管不应置于墙内，也不应过多。墙壁不应由劣质铅或黏土制成。窗户应尺寸足够大，数量足够多，以确保室内光线充足和通风。[1]

　　一些课文明确指导女子如何打扫、安排和整理家庭内部。她们应根据季节进行安排，并结合卫生因素合理划分房屋：就餐和待客的空间应位于底楼；一楼仅设置卧室和更衣室；更高的楼层安置仆人寝室和盥洗室。[2] 一本教科书教导年轻女性家里的各个房间应该如何布置。关于接待室（*salat al-istiqbal*）：木地板需每周打扫一到两次；窗帘最好由厚重材料制成；房间中央设置一张中等大小的桌子，配备三四把小椅子，作为吸烟区；窗户上安装纱窗，防止灰尘和昆虫进入室内；女性应在接待室悬挂家庭照片，并展示埃及地图、著名人物雕像和展示埃及历史的绘画。[3] 这种房屋将现代埃及人与传统秩序隔离开来。

　　现代房屋的结构一旦建立了起来，房屋内部的生活也就有了明确的指示。未来母亲的角色被非常精确地定义：她们是丈夫的助手，是配偶的支持者。现代母亲"负责照料家庭事务；监督孩子的教育和发展，并向孩子灌输良好的道德观。如果母亲自身是优雅的，并且意识到了自己的责任，那么她将是家庭幸福的源泉，也是国家幸福的源泉。她也将是家庭和祖国良好教育和成功的基础。母亲是孩子的第一所学校"。[4]

　　在革命爆发之前的十年里，女子课程一直坚守着一项原则：孩子的第一所学校就是家庭。下文中所提及的《家政学赞歌》（*Nashidat al-tadbir al-manzili*），标志着家庭在培养未来民族主义骨干过程中的作用。这首赞歌出现在家政学中，1907 年后，成为公立和私立教育的中心内容，无论是公立

[1]　米哈伊尔，《家政学》，第4—6页。
[2]　关于家政学课程和课本的长期辩论，参见拉塞尔，《创造新女性》。
[3]　米哈伊尔，《家政学》，第30—35页。
[4]　哈桑，《一年级学生的道德课》，第6页。

小学还是国际学校和慈善组织的走读学校。这首赞歌对这种新的"家庭科学"进行了非常好的总结：

[128]　　　　哦，新一代女孩儿们，在复兴中崛起，黎明已经来临。

　　　　牢记真主——祈祷并崇拜。穿上你的工作服，

　　　　安排好今天必须完成的事情。

　　　　清洗并确保一切事物都变得干干净净；小心地熨烫和折叠衣物。

　　　　为家人准备营养丰富的餐食。筛选、压碎和清洗小麦。

　　　　女孩儿们，家政学是成年女子的一把钥匙。

　　　　阐述着节俭持家和幸福生活的秘密。

　　　　女孩儿们，请塑造孩子的道德，培养他的美德和自我完善的渴望。

　　请教会他如何自立。

　　　　教会他这一切，他就会知道应该如何热爱这个国家。[1]

　　因此，家庭被定位为现代化的基石，民族主义项目将建立于此基石之上。在家政学中教授"家庭科学"的知识，不仅保证了家庭将作为一个干净的、现代的"教室"运转，更保证了母亲将成为称职的教师。家政学旨在突出女性在国家中的地位，描述其作为母亲的地位，描述母亲的义务和活动，并教导女孩作为母亲所享有的权利和应承担的责任。教室教学将应用于女孩的家庭生活，确保埃及人的新秩序将是干净、有组织和道德健全的。对于独立自主的埃及来说，其成功取决于改革后的家庭生活。

　　尽管男童女童都是改革后的家庭生活的产物，但这种现代性和政治现代化的措施强化了女性在住所中所发挥的作用。住所是一个实验室，男孩

---

[1]　米哈伊尔，《家政学》，第96页。

和女孩都在这所实验室学会热爱国家；然而，如果墙体背后没有女人，那么现代家庭不可能成功。

## 结　论

在教室之外，年轻的埃及人还要接受新闻报刊中有关家庭的教育。《学生们》（*al-Talba*）、《学校》（*al-Madrasa*）、《学生》（*al-Talmiz*）、《学生手册》（*Anis al-talmiz*）和《学生指南》（*Dalil al-tulab*）等杂志的年轻订阅者可以了解到一般性的新闻和时事，以及教育、科学、历史、短篇故事、游戏和"文学格言"（literary sayings）等主题的专栏。此类杂志是面向受过教育的中产阶级埃及人的通用指南。[1]　[129]

儿童杂志经常提及一些儿童的活动，以便在私人和公众领域"实践"（practiced）民族主义家政学。有时，此类活动就像简单的模式化家庭活动剧本，老师指导孩子们打扫卫生、做饭并扮演好父亲和好母亲的角色。[2] 一些杂志，如《教育》（*al-Tarbiya*）和《学生们》（*al-Talba*），设有"女子专栏"（girls' column / *bab al-banat*），将男孩和女孩给玩具娃娃洗澡和"茶话

---

[1]　《学生们》（*al-Talba*），第 1 期，第 1 年，1908 年 11 月 20 日。关于儿童报刊在埃及的兴起及其重大时期（1893—1910）的更透彻讨论，参见伯特兰·米勒（Bertrand Millet），《萨米尔，米奇，辛巴达和其他人：埃及儿童报刊的历史》（*Samir, Mickey, Sindbad et les Autres: Histoire de la presse enfantine en Égypte*），开罗，1987 年。

[2]　关于结构化游戏，参见欧米娜·沙克里（Omnia Shakry），《受过教育的母亲和结构化游戏》（Schooled Mothers and Structured Play），载于莉拉·阿布·卢戈德的《重塑女性》，第 126—170 页。

会"（tea parties）等活动描述为"实践"家庭生活的一部分。[1] 除了学校课程，该类游戏和活动旨在完善适合新秩序的儿童行为课程。

其他活动要求孩子们将家政学的原则应用于看似与住所无关的领域和项目。例如，《教育》和《学生们》经常记录一些活动，在这些活动中，学生们被要求展示自己在家里、教室和公共场所学习到的秩序、惯例和清洁的原则。例如，1905 年 3 月初，《教育》杂志宣布，教育部于 2 月 16 日在杰利拉广场举行了一年一度的健康庆祝活动（hafla sanawiyya fil-riyada al-badaniyya）。根据该杂志描述，学生们通过在广场上进行各种有组织的游行和各类体育运动和游戏，展示了教育部的目标。到场人员包括教师、外国和埃及政府成员以及赫迪夫本人。当学生们经过观众面前时，他们会高呼"赫迪夫万岁，埃及万岁"。据说孩子们的秩序和纪律以及他们健康的身体给到场人员留下了深刻的印象。报道称，游行"体现了公共教育的目标、国家生活和埃及青年的进步"。[2] 许多学校和学生在赛跑、跳跃、跨栏和拔河比赛中赢得了奖品。活动也颁发了纪律和秩序奖，将游行组织地最好的学校被给予了特殊奖励。通过将家政学的原则应用到身体上，学生们不仅给领导留下了深刻的印象，赢得了荣誉，还将改革家庭空间的项目延伸到了一个显眼的公共领域。

[130]　　与学校课程相比，杂志更少受到殖民政府的审查，因此通过杂志传递给孩子们的信息往往具有彻底的革命性。[3] 例如，1908 年 11 月下旬，《学生们》杂志发表了阿布德·哈米德·哈姆迪（`Abd al-Hamid Hamdi）编辑在

[1]　这些课程与诸如《著名的欧洲人：他们如何吃喝》（"Famous Europeans: How they Eat and How they Drink"，《教育》[ al-Tarbiya ]，1908 年 5 月）等文章同时出现。还应该指出的是，早期版本的《教育》有插图封面，展示了整洁有序的男孩们一起运动和学习，女孩玩玩偶，练习针线活和其他家务活动，以及安静坐着看书的画面。

[2]　《教育》，1905 年 3 月 1 日，第 24 页。

[3]　第六章将讨论殖民占领时的埃及新闻界。

开罗一个新剧场——阿拉伯剧场（*Dar al-tamthil al-'arabi*）——开幕式上的演讲内容。[1] 在哈姆迪的演讲和《学生们》的其他版次中，民族主义成为了一个被教授或被表演的概念，便于观众学习和践行。哈姆迪把这个国家描绘成一个剧场，各种道德、胆量和勇猛的动作在这个剧场里上演，国家的行为风格由此形成。他谈到，剧场作为道德学校，在剧场中认真吸取教训对于国家戏剧的结局至关重要：只有当所有演员都学会了扮演自己的角色，戏剧的最后一幕——解放——才会发生。

哈姆迪将国家剧院与孩子的家庭联系起来，告诉学生观众们，他们要在家庭中学习，并扮演终将改革家庭、使其更为强大的角色。与此同时，在改革后家庭的剧场里，孩子们实际上是在练习最终解放国家的戏剧。[2] 他说：

> 国家之于大陆，就像家庭之于房屋。现在，假设有一个家庭住在树林中间的房屋里，这个家庭的父亲是一个暴君，禁止家庭成员自由行动，只能吃喝，只能做他认为应该做的事情，除此之外，家庭成员所做的任何事情都会招致这个父亲的愤怒和惩罚。再假设这些家庭成员不知道更好的方式，他们不知道自己有更多的权利，不是只能吃、喝和待在家，或者非得完全服从主宰他们的暴君。这样的家庭有意愿或有能力与父亲一起参与家庭事务吗？家庭成员会认为这种参与是他们的权利吗？
>
> 这正是一个暴君统治下的国家的例子，在无知的丛林中，有一个国

---

[1] 另见 1909 年 2 月 19 日《学生们》第 7 版，回归了戏剧主题，以此作为灌输民族主义的手段。哈米迪写道，国家需要一所道德学校："我们所谈论的学校的角色就像一所公共道德学校……每个人都能根据自己的学习意愿和学校所带来的知识获取一些东西。我们应该把学校的角色作为传播国家所需要的道德和原则的手段。"

[2] 人类学家格雷戈里·斯塔雷特提出了一个非常令人信服的观点，即在埃及和其他地方，这种教学法颠倒了孩子与父母的角色，以至于最终孩子指导了父母新的社会秩序所需的各种行为。因此，国家可以开始管理家庭，管理学生。参见斯塔雷特，《印刷空白：埃及儿童宗教文学》（"The Margins of Print: Children's Religious Literature in Egypt"），《皇家人类学研究所学报》（*The Journal of the Royal Anthropological Institute*）1996 年第 2 卷第 1 期，第 117—140 页。

家被一个独裁的暴君统治，它既不知道自己的权利，也没有能力获得这些权利。它绝不会要求独立。[1]

在这部关于独裁者下台的戏剧中，只有孩子们正确扮演家庭角色，暴君父亲才会消失。为了使这个国家拥有一个消息灵通、政治活跃的国体，好父亲必须取代暴君父亲，并成为改革后家庭的领导者。哈姆迪继续说道：

[131] 　　让我们回到家庭：如果允许他们了解在父亲的统治下自己的权利和责任，那么用不了多久，家庭成员就会要求建立一种更加互惠的关系，同样，家庭成员很快将会在管理的家庭事务中发挥积极作用。如果设法使这个家庭了解它的邻居，了解他们与这些邻居的关系，那么他们的内部（家庭）事务和外部事务都将得到改善。当知识在这个国家传播时，这个国家也会发生同样的改变：这个国家的公民都开始认识到自己对领导者的责任，以及领导者对他们的责任。这个国家开始认识到自己的权利，然后要求公民；渐渐地，家庭开始参与管理国家事务。[2]

将国家及其改革等同于家庭改革时，哈姆迪向埃及儿童传递了一个强有力的信息：旧有的赫迪夫秩序导致了埃及政治、财政和文化腐败，终致埃及被占领，而家庭事务在推翻这种秩序中发挥核心作用。[3] 他们肩负着学习重任，要学习如何使暴君之父垮台并拥立继任者的角色。

---

[1] 《学生们》，1908 年 11 月 20 日，第 2—3 页。

[2] 同上。

[3] 我的这一想法在很大程度上受到了林恩·亨特（Lynn Hunt）的《法国大革命时期的家庭罗曼史》（*The Family Romance of the French Revolution*，伯克利，1992 年）的影响，尤其是她的观点（来自弗洛伊德的《图腾与禁忌》[*Totem and Taboo*]），她认为兄弟之间的关系对民主的形成至关重要，而这种关系取决于父亲的下台和继位者对家庭秩序的改革。

　　1919 年埃及革命出现了一些标志性象征，如萨阿德·扎格卢勒之家的昵称——国家之家（*bayt al-umma*），以及扎格卢勒妻子萨菲亚（Safiya）的昵称——埃及人的母亲（*umm almasriyyeen*）。这些称呼不仅是对受人爱戴的领导者的称呼。在课堂中定义的诸如"房屋"和"母亲"这样的象征形象，实则还体现了民族斗争。

　　对于能最终领导国家独立的领导人的模范行为，埃及的小学生们都熟知于心，并感觉与自己休戚相关。以 1919 年扎格卢勒为代表的新秩序领导人现代、道德健全、有条理的行为被复刻在学生的日常生活中，无论是教室还是他们正在改革的家庭领域。孩子们了解到领导人在私人领域所扮演的角色能使国家在政治领域取得成功。当孩子们和领导人共同扮演此类角色时，他们就直接参与了国家的诞生。

# 第五章　桌边谈话：国家的家政学

自 19 世纪 70 年代起，针对住所、家庭与政治的关系的论述并不仅仅局限于国家出版的文学作品。在一份活跃、受欢迎的私营报刊中，受过教育的一代埃及人（包括奥斯曼裔埃及人和阿拉伯裔埃及人）表达了对于自己以及呼应国家资助项目的政治的看法。埃芬迪关于"成为埃及人意味着什么"的辩论中，涉及许多家庭和婚姻习惯的内容。同样，他们对于埃及政治的批评，反映出通过精英阶层的行为，可以衡量埃及建立立宪政府一事上的进展。继 1882 年英国占领，以及许多著名出版商和记者被监禁或流放后，本土新闻界沉寂了十年。然而，1892 年陶菲克逝世，其子阿拔斯二世·希尔米帕夏（'Abbas Hilmy Ⅱ，1892—1914 年在位）继位后的几年里，政治新闻再次萌芽并蓬勃发展。

与陶菲克不同，阿拔斯公开反对占领，并鼓励埃芬迪记者借助新闻报刊表达他们对于英国的反抗。自 19 世纪 90 年代初，埃及精英利用新闻报刊反驳英国人对其家园、家庭以及政府状况的论述时，从家庭角度讨论民族主义和政治的趋势愈发普遍。直至 1907 年，英国允许埃及人组建政党，此前仅有新闻报刊为埃芬迪提供了表达民族主义情绪和塑造政治纲领的舞台。从 19 世纪 90 年代早期开始，私人印刷的书籍和报刊表达了许多伶牙俐齿但失意的一代埃及人的愿望，这些论述表面上更多地关注家务管理而 [133]

非政治改革。第一次世界大战前夕，144 种本土出版的期刊在塑造公众舆论方面发挥了重要作用，挑战英国统治的家庭政治在所有阶层的埃及人中得以传播。[1]


## 培育、教化和批判：19 世纪 70 年代与性别化民族主义的传播


伊斯梅尔统治的最后几年，新闻报刊愈发成为国家公立学校学生和毕业生表达愿望和诉求的舞台。[2] 自 19 世纪 70 年代中期以来，埃及开设了政治性的私营报刊，其受众包括埃及普通公民。伊斯梅尔本人也对期刊非常感兴趣，并将其视为欧洲文化和政治进步的象征。19 世纪 60 年代至 70 年代，受过教育的埃及人数大幅增加，这就导致 19 世纪 70 年代末，私人印刷的书籍、报纸以及阅读此类信息的埃及公民数量出现惊人增长，这一增长与伊斯梅尔允许埃及人个人资助并印刷报纸的意愿相辅相成。19 世纪 60 年代早期至 19 世纪 80 年代早期，阅读报纸的人数从零增加至数万。[3] 尽管关于 19 世纪 70 年代和 19 世纪 80 年代发行量的统计数据很少，但根据许多人的估计，某些报刊的发行量可能达到数千份。鉴于单份报纸可能在家

---

[1]  阿巴斯·克里达尔（Abbas Kelidar），《埃及的政治新闻，1882—1914》，摘自《透过埃及人的眼睛看当代埃及：向 P. J. 瓦提裘提斯致敬》（*Contemporary Egypt Through Egyptian Eyes: Essays in Honor of P. J. Vatikiotis*），由查尔斯·特里普（Charles Tripp）编辑，纽约和伦敦，1993 年，第 13 页。

[2]  科尔，《殖民主义与革命》，第 106 页。

[3]  同上，第 123 页。

庭成员之间传阅，由此估算的"读者人数"（readership）甚至更高。[1] 自伊斯梅尔统治的末期至 19 世纪 90 年代初，新出版社经常被审查或直接倒闭，这些出版社的编辑时常背井离乡。尽管如此，在四面楚歌的埃及政府和一群努力定义自己以及自己与当地和国际政治之间关系的埃及人之间，出现了一种新的关系。

　　伊斯梅尔对于新闻出版的热情（他于 1866 年创办了自己的宣传机构——《尼罗河峡谷》[ Wadi al-Nil ]），再加上有利的市场力量以及日益高涨的读者热情，使 19 世纪 60 年代后期开始出现了一大批私人资助的期刊，包括 1876 年 8 月开始发行的《金字塔报》（al-Ahram）。后来，《金字塔报》成为了埃及最广为传阅的报纸之一。信奉基督教的编辑，如萨利姆·纳卡什（Salim al-Naqqash）所创办的《新时代》（al-`Asr al-Jadid，1880 年创办）和《马荷鲁斯》（al-Mahrusa，1880 年创办）与米哈伊尔·阿卜杜·赛义德（Mikha'il `abd al-Sayyid）的《国家》（al-Watan，1877 年创办）借助新闻业的繁荣，与穆斯林同行，如阿卜杜拉·那迪姆（Abdullah Nadim）的《嘲讽和羞辱》（al-Tankit wal-Tabkit，1881 年创办）和哈桑·夏姆希（Hasan al-Shamsi）的《消息人士》（al-Mufid，1881 创办）等，一起讨论当地和国际事件、赫迪夫家族、欧洲人在埃及日益增长的影响力、西方化、伊斯兰教改革、独立、经济、赋税以及教育。《金字塔报》是 19 世纪 70 年代唯一一份专注于报道严肃新闻（hard news）的报纸；其他期刊满是文章和社论，其中有许多是对政府的激烈批评，认为政府似乎忽视了埃芬迪需要在国家事务中发挥更大的作用。这些期刊大部分用阿拉伯文出版。[2] 虽然编辑们的政治倾向不同（其中一些人鼓励奥斯曼帝国继续保持主权，而另一些人要求埃及人统治埃及），但是他们似乎一致要求更多阿拉伯裔埃及人参与政治。在阿

[134]

---

[1]　科尔，《殖民主义与革命》，第 123—124 页。

[2]　克里达尔，《埃及的政治新闻》，第 4 页。

拉比起义之前，新闻业十分受欢迎，因此陶菲克于 1881 年制定一项新闻法，限制记者们的活动。根据法律规定，政府可取缔违反公序良俗的出版物。[1]

在这一时期，家庭开始在刊物中作为一个比喻出现。它用于批判赫迪夫政治、欧洲对本地事务的干涉以及抵制建立埃及宪制政府的行为。家庭比喻成为公开讽刺统治精英和描述埃及在"现代"世界中的地位的一种手段。在雅各布·萨努（Yaqoub Sannu，1839—1912）的讽刺性杂志《戴蓝色眼镜的男人》（*Abu Nazzara Zarqa'*）中，可以发现以家庭和家族形象表达政治批评的最显著示例。1877 年，《戴蓝色眼镜的男人》首次在埃及出版。1878 年，伊斯梅尔将该书的编辑流放到巴黎，但忠实的读者又将该杂志偷运到埃及。研究表明，人们广泛阅读这本杂志，还对着文盲大声朗读它。[2] 一位在埃及的外国旅居者谈到萨努的文章时写道："如果开罗或任何一个地方城镇的放驴娃自己不识字没法阅读这本杂志，那他肯定也听别人读过。我可以证明它在村子里的影响力。"[3] 该杂志对伊斯梅尔、其政府和外国军事占领进行了无情的抨击。《戴蓝色眼镜的男人》的语言是埃及阿拉伯语白话，旨在强化区别许多统治精英所说的奥斯曼土耳其语，且便于农民（*fellaheen*）进行阅读。事实上，即使是 19 世纪 70 年代和 80 年代的非阿拉伯语白话期刊，同样使用了简单的散文风格，反映出杂志希望面对更宽泛的读者。[4] 该杂志经常批判伊斯梅尔对待农民和城市工人阶级的方式，并将农民的生活与伊斯梅尔奢侈的生活方式进行了对比。《戴蓝色眼镜的男人》

[135]

---

[1] 克里达尔，《埃及的政治新闻》，第 5 页。

[2] 萨努本人声称该发行量为一万份。参见科尔，《殖民主义与革命》，第 123 页；克里达尔，《埃及的政治新闻》，第 1—21 页；艾琳·L. 根兹尔，（Irene L. Gendzier）的《雅各布·萨努的实际愿景》（*The Practical Visions of Ya`qub Sannu`*），剑桥，1966 年。

[3] 约翰·尼内特（John Ninet），《埃及民族党的起源》（"Origins of the National Party in Egypt"），《19 世纪》1883 年第 13 期，第 127—128 页，引自科尔《殖民主义与革命》，第 124 页。

[4] 科尔，《殖民主义与革命》，第 131 页。

一直对阿拉伯裔埃及人参与政治的机会稀少表示惋惜。

　　萨努是埃及国家教育的产物。他的父亲是移居埃及的意大利人，而他是在亚历山大长大的埃及犹太人。他的父亲是穆罕默德·阿里侄子的家庭教师，萨努本人结束欧洲教育代表团的学习返回家乡后，在赫迪夫家担任家庭教师。19 世纪 60 年代，萨努在开罗理工学院（Cairo's Polytechnic Institute）任教；19 世纪 70 年代初，他开始撰写戏剧性讽刺作品。他尖锐地评论了赫迪夫家庭、一夫多妻制、欧洲人在埃及与日俱增的影响力并大胆地支持王位的竞争者——伊斯梅尔的叔叔阿布德·哈利姆（`Abd al-Halim），因此招致了伊斯梅尔的愤怒。后来，他于1878年被流放到法国。[1]萨努于 1878 年 9 月 15 日出版的《戴蓝色眼镜的男人》漫画讽刺性地描绘了伊斯梅尔放逐萨努时的喜悦。在手舞足蹈的赫迪夫下方，写着这样的文字："说说戴眼镜的男人吧：明天，他将要远行，哦，我的兄弟们！在我们的埃及，他是一朵花。愿他繁荣昌盛，然后回到我们身边。说说'我们街区的大哥'（sheikh al-hara）吧：明天，他将专注于（其他事情），哦，我的兄弟们！戴眼镜的男人结局很糟糕。你们还没听说他最后的消息。"[2]

　　《戴眼镜的男人》对在埃及建立某种形式的宪法统治予以支持，并称赞埃及人对于这种统治形式的决心和能力。杂志通过对伊斯梅尔以及他的家庭进行讽刺性描述——悲伤的（有时是通俗的）文章提醒着人们为什么埃及仍然没有建立真正的代议制政治。萨努针对伊斯梅尔所创作的大量讽刺性漫画都表明对赫迪夫政治的批判，他经常称伊斯梅尔为"法老"

---

[1]　关于萨努生活和工作的最佳阐述，参见科尔《殖民主义和革命》；也见根兹尔的《实际愿景》。

[2]　"sheikh al-hara"是一个低层政府官员的头衔，也可以指邻里间的闲言碎语，或者指对每个人的事情都了如指掌的当地人。"Sheikh al-hara"和"法老"（Pharaoh）一样，是萨努为伊斯梅尔冠上的绰号之一。《戴蓝色眼镜的男人》（Abu Nazzara Zarqa'），1878 年 9 月 15 日。自从萨努来到巴黎，一直到 1882 年春天，这本杂志更换了很多不同的名字，包括《戴蓝色眼镜的男人：自由埃及国家的机构》（Abu nazzara zarqa' lisan hal al-umma al-misriyya al-hurra）。

（Pharaon），并把他描绘成肥胖、笨拙和愚蠢的形象。萨努的漫画影射了伊斯梅尔污秽的家庭生活、糟糕的父母，以及他像极了一个出格的孩子在试图管理埃及、埃及政治和经济事务。

伊斯梅尔轻浮的私生活常常被用于批评这位赫迪夫及其政策。有一个场景中，萨努描绘了赫迪夫被巴黎舞女包围的画面。萨努之所以选择巴黎女人，这既可以被解读为抨击伊斯梅尔对所有法国事物的喜爱，也可以说是在暗示萨努的流亡地。在这幅反讽漫画中，赫迪夫的服装使其看起来有点像神秘主义者：他光着脚，穿着长袍，没有穿裤子和马甲。后来，伊斯[136]梅尔本人被流放后，萨努将他塑造成了一个欧洲"农民"，在一群女人中欢呼雀跃。阿拉伯文字说明写道："流亡者扮演'纳波利塔尼'的角色，通过跳舞减轻自己的焦虑。"[1]在这两个案例中，女人的陪伴和沉浸于毫无意义的欢乐似乎标志着伊斯梅尔政治的主要内容。愚蠢的确就是这两幅漫画的核心。1878 年 9 月 15 日的漫画中，赫迪夫的背上附上了一对翅膀，这暗示了一种另类的世俗。事实上，从 19 世纪 70 年代后期开始，各种赫迪夫的形象都有翅膀，预示着或即将利用翅膀飞走。指导他行动的似乎是魔法和神秘主义，而非谨慎。

伊斯梅尔是一个误入歧途且无能的"孩子"，是 1879 年夏天《戴蓝色眼镜的男人》一幅头版漫画的主题（见图 1）。[2]陶菲克坐在赫迪夫王座上，周围是一大群正在鼓掌的欧洲人。一个与俾斯麦相像的德国人把伊斯梅尔抱在膝上。赫迪夫被扒掉了裤子，露出了臀部。一个埃及农民抓住他的脚，[137]德国人正用力抽打他的屁股。阿拉伯文字标题写道："用皮带惩罚他。抽他

---

[1]《戴蓝色眼镜的男人》，1879 年 7 月 22 日。萨努的大部分标题都采用阿拉伯语和法语；有时其意义完全不同。法语标题为："法老为了忘记过去，把自己装扮成麻疯乞丐，全身心投入到舞蹈当中。"我要感谢阿米拉·松博尔（Amira Sonbol），感谢她帮助我分析这些漫画标题。当然，对于我对她作品的解释，她无需承担任何责任。

[2] 同上，1879 年 6 月 24 日。

图 1　"用皮带惩罚他"，《戴蓝色眼镜的男人》，1879 年 6 月 24 日

的屁股一下。他是个不听话的男孩。他不听我们领袖的话。"农民建议用皮带惩罚他，暗指在伊斯梅尔的统治期间，经常用皮鞭抽打农民。（法语文字说明称这种惩罚是应得的，但还不够。）伊斯梅尔被俘到他的继任者陶菲克和精心策划陶菲克统治的欧洲人面前，此时的伊斯梅尔愚蠢又无助，像一个被惩罚的小孩。

　　该杂志还批评了埃及统治者的"童年"时期。该杂志中的另一张图像显示，政治是"母亲"们的命运——在这个案例中，"母亲"是不健康的（见图 2）。这幅漫画描绘了从伊斯梅尔到陶菲克的权力转移。漫画中，支持民族主义和宪法统治的谢里夫首相怀里抱着"新生儿"赫迪夫。谢里夫最初于1879 年（伊斯梅尔革职前不久）由伊斯梅尔任命，而在陶菲克掌权后不久

图 2  "知识的乳汁",《戴蓝色眼镜的男人》，1879 年 8 月 19 日

[138]    辞职，因为新的赫迪夫不愿意支持议会政治。在这张图中，鼓励奥斯曼人
推翻伊斯梅尔统治的各国站在后面。法语图说写道："埃及首相向他的主人
提供知识的乳汁；朋友们正在为他庆祝加冕，并送给他漂亮的礼物。"[1] 阿拉
伯语的图说写道："'奶妈'谢里夫把他的'乳头'给了'小法老'。诏书[2] 到
来时，大国们给他带来了玩具逗他开心［并宣布陶菲克登上王位］。埃及子
弟们看见了［这种行为］并为此感到极度痛苦。"

对于这幅漫画，可能有许多种不同的解读。谢里夫作为埃及首相的职

---

[1]  《戴蓝色眼镜的男人》，1879 年 8 月 19 日。

[2]  一则奥斯曼帝国皇家法令。

业生涯（1879，1881—1882 和 1882—1884 年在任）与该国的民族主义运动紧密联系在一起。萨努决定将谢里夫描绘成一个"女人"，这可能表明了他的愤怒，因为民族主义者无法在埃及建立宪政，伊斯梅尔及其阁僚们未能阻止权力移交给软弱的赫迪夫，且未能阻止欧洲干涉埃及事务。但是萨努决定给谢里夫穿上女性服装，描绘他正在用"母乳"喂养陶菲克的场景，这暗示了另一项议程。人们不得不怀疑，也许这种讽刺也针对陶菲克：由于陶菲克拥有这样的血统，萨努是否暗示了陶菲克正与英国人合作，以及他对于立法改革的怀疑态度？谢里夫代表了民族主义运动的愿望，还是象征着陶菲克作为被废统治者的私生子和傀儡赫迪夫的继承权？尽管漫画中的谢里夫暗示了首相向陶菲克灌输民族主义美德的潜在力量，但西方国家的出现表明谢里夫失败了。从这个角度来看，外国干涉埃及政治的胜利似乎被描绘成血统的产物，而"母乳"则是不健全统治的传输媒介。欧洲强国拿着拨浪鼓和其他的孩童玩具让人想起保姆，又一次唤起了家庭形象，并将它们与英国军事占领联系在一起。

　　1882 年春，在伊斯梅尔被免职多年后，王室的家庭政治再次受到讽刺。此时，赫迪夫陶菲克正在竭力掌控他内阁的行动以及他与欧洲列强的关系。在《戴蓝色眼镜的男人》的另一张图片中（见图 3），伊斯梅尔偷偷走近一个健壮的女仆人，放肆地盯着她的背部，最后"魔鬼"似乎诱骗了他，使其屈服。一个太监看见了这个场景。[1] 这幅漫画名为"内阁问题"（*Question du Cabinet*），让人想起了家喻户晓的陶菲克出生故事。在这个故事中，伊斯梅尔在一个闺房的"厕所"（*cabinet d'aissances*）中，宠幸了一个美丽标致的女奴，并因此获得了一名男性继承人。赫迪夫的政治愚蠢似乎又与不可靠的父系和家庭习俗联系了起来。 [139]

---

[1]《戴蓝色眼镜的男人》，1882 年 5 月 12 日。

图 3  "内阁问题",《戴蓝色眼镜的男人》, 1882 年 5 月 12 日

因此, 英国军事占领之前, 赫迪夫的私人生活和家庭习俗已经成为批评国家的靶子。即使在阐明民族主义和赫迪夫统治替代方案的早期阶段, 埃及人也无法将政治领域与家庭行为相分离。家庭政治被认为可以创造出现代民族国家应有的行为。

## 新闻界、政治文化和民族主义词汇的出现

许多持不同政见的编辑被流放、《1881 年新闻法》( Press Laws of 1881 )

以及 1882 年的事件导致了几乎整个 19 世纪 80 年代新闻业的沉寂。一位历史学家提到，1882 年至 1892 年间，英国军事占领的冲击使新闻界经历了"知识瘫痪"（intellectual paralysis）。[1] 但是，当阿拔斯二世·希尔米帕夏登基时，一个自由和活跃的新时代开始了，非政府的、私人资助的报纸数量大幅增加。 [140]

　　阿拔斯鼓励新闻界公开谴责英国的军事占领，并鼓励更新和改革赫迪夫统治。阿拔斯宽容大度，释放了被监禁的记者，促使明确反对英国占领的新闻业百花齐放。克罗默决定不限制埃及的新闻自由。这样的决定对于新闻自由在第一次世界大战爆发前的持续发展起了重要作用。由于他的宽容，占领事件以及占领者成了埃芬迪知识分子关注的焦点。

　　整个 19 世纪 90 年代以及 20 世纪头十年，被占领国的政治、埃及人缺乏行政机会以及缺乏有组织的政党，导致"埃及问题"（the Egypt question）仍然是彼时的突出问题。整个十年期间，定义"埃及"的任务，其愿望、历史、公民，以及"民族主义者"对英国占领的回击，共同塑造了新闻业。换言之，虽然民族主义斗争的目标很明确，但斗争的措辞尚未确定。虽然人们尚未对反抗英国的斗争性质达成共识，但是家庭习惯已经是新兴政治运动结构中的一条共同主线。

　　1882 年后，叙利亚基督徒移民在埃及新闻界占据着核心地位。事实上，1873 年至 1907 年间发表的文章中，15% 的内容由叙利亚侨民所写。叙利亚裔埃及人的报纸不注重报道新闻；更确切地说，它们旨在培养埃及埃芬迪的阅读习惯，传播法国启蒙运动的理念。[2] 为了鼓励埃及知识分子（包括原住民和移民）之间交流思想，在 1896 年，雅各布·萨鲁夫（Yaqoub

---

[1]　阿米·阿亚隆（Ami Ayalon），《阿拉伯中东新闻：历史》（The Press in the Arab Middle East:A History），牛津，1995 年，第 51—52 页。

[2]　同上，第 52—53 页。

Sarruf，1852—1927）和法里斯·尼姆尔（Faris Nimr，1856—1951）在埃及首次出版了《选集》（al-Muqtataf），大获成功。据说，截至 1892 年，该报的发行量达到三千份，这在当时是一个非常可观的读者数量。[1] 同样，尤尔吉·扎伊丹（Jurji Zeidan，1861—1914）的《新月》（al-Hilal）于 1892 年创刊，主要"关注人类境况"，专门发表关于阿拉伯历史和文化以及阿拉伯语的文章。[2] 同《选集》一样，《新月》一炮而红，截至 1897 年，发行量达到一万份。[3]

出生于叙利亚的穆斯林·拉希德·里达（Rashid Rida，1865—1935）及其叙利亚同胞共同为 19 世纪 90 年代的知识繁荣做出了贡献。1898 年至 1935 年间，他出版了期刊《灯塔》（al-Manar），探讨"伊斯兰群体的文化和政治倾向"的相关问题，提出了这样的立场："根据现代发展对伊斯兰教进行适当解释是应对当今挑战的唯一办法。"[4]

[141]

19 世纪 90 年代，埃及原住民也加入了发行刊物的热潮。在阿拔斯的支持下，阿里·优素福（`Ali Yusuf，1863—1913）于 1889 年首次出版了《坚强报》（al-Mu`ayyad）。之后，该刊物持续发行了 23 年。该报支持"伊斯兰反抗英国的事业"，发表了穆斯塔法·卡米尔（Mustafa Kamil）、穆罕默德·法里德（Mohammad Farid）、艾哈迈德·卢特菲·赛义德（Ahmad Lutfi al-Sayyid）和萨阿德·扎格卢勒的文章，这些人都是埃及民族主义运动的核心人物。[5] 后来，优素福借助该报宣传他自己的党派目标，该党派于 1907 年成立，名为立宪革新派（al-Hizb al-Islah al-Dusturi）。穆斯塔法·卡

---

[1]  阿亚隆，《阿拉伯中东新闻》，第 53 页。

[2]  同上，第 54 页。

[3]  同上。

[4]  同上，第 55 页。

[5]  同上，第 57 页。

米尔（1874—1908）于1900年出版了自己的报刊《标准》（*al-Liwa'*）。后来，此报刊成为他的政党——民族主义党（*al-Hizb al-Watani*）——的喉舌。和阿里·优素福一样，卡米尔宣扬反对英国，但通过埃及世俗派的术语而非伊斯兰教术语进行宣传。1907年，由艾哈迈德·卢特菲·赛义德（1872—1963）领导的人民党（*Hizb al-Umma*）发表了《时事通讯》（*al-Jarida*），再次明确表达了一种埃及的世俗民族主义。

尽管每篇文章的政治纲领都不尽相同，如思想倾向，但它们似乎都关注着"1900年前后，成为一个受过教育的埃及人意味着什么"。在当时的新闻期刊中，政治文章占据首位；1900年，二十万读者购买了周报和月报，阅读关于政治、经济、历史、西方和伊斯兰文明等主题的文章和社论。19世纪90年代和20世纪初，这些文章一直致力于明确埃及现状，并"摆正"埃及与其他国家和占领它的西方国家的相对位置。

纵观整个19世纪90年代，最常见的是通过辩论和讨论唤醒和表达"埃及性"。至少表面上，这些辩论和讨论与英国、赫迪夫们和宪法等高阶政治无关。虽然新闻界必定参与了反帝国主义斗争中定义埃及角色的活动，但在19世纪90年代，新闻界也帮助定义了现代埃及。新闻界讨论了诸如财政自给自足、先进的科学和历史知识，以及餐桌礼仪等问题。对家庭政治的讨论定义了"埃及""埃及人"和"埃及性"，因为这些定义关乎抗争和国家转型。此类讨论超越了通常是世纪之交埃及人常见的种族或宗教类别，即穆斯林科普特人、奥斯曼支持者和反对者、叙利亚基督教移民。[1] 关于家庭及其活动的讨论和辩论使"埃及现代"（Egyptian modern）成为一种新的宗教、民族主义的基础以及塑造共同的民族（资产阶级）文化的手段。

19世纪80年代的期刊已经发表了不少关于家庭、家居和家庭成员的

[142]

---

[1] 参见克里达尔，《埃及的政治新闻》；以及瓦提裘提斯，《现代埃及的历史》。

文章。例如，莫娜·拉塞尔引用了《选集》中 1881 年的一篇文章《家的装饰》（"The Decoration of the Home"），以及此后关于装饰桌子、布置客厅和家具的文章。[1] 同样，在整个 19 世纪 80 年代，《金字塔报》发表了陶菲克和阿明娜（Amina）这对"皇家夫妇"出席国家活动的相关报道：1883 年亚历山大港阅兵[2]，尼罗河三角洲新火车站运营和公共事业项目开幕式[3]，以及开罗新剧院和其他文化建筑的盛大开幕[4]。尽管英国人仍存在于埃及（或者可能正因为如此），陶菲克和他的妻子似乎与埃及国家的不断进步联系在了一起。家庭和家庭习惯都与现代化有着某种模糊的联系。

从 19 世纪 90 年代开始，这种联系变得愈发明显。报纸专栏致力于探讨家庭相关的话题，经常出现一些定义埃及"国民性"和埃及"现代性"的术语。政治杂志满是关于女性的文章以及埃及社会中女性地位的相关"问题"。通常，聚焦于"政治"和"科学"的期刊也会包括家庭组织和家政学（tadbir almanzil）专栏。在这类专栏中，表面上与女性有关的主题实际上涵盖了更大的讨论和辩论。家政学专栏中结合了定义埃及、叙述埃及历史，以及阐述新生资产阶级民族主义文化方面的内容。

例如，尤尔吉·扎伊丹的月刊《新月》里面有一个半正规的专栏，名为"桌边谈话"（Hadith al-ma'ida）。[5] 据编辑称，该专栏之所以被纳入期刊，旨在提供"关于饮食和其他家庭需求的健康建议"。到 1900 年 9 月初，该专栏还包括关于家庭及健康的建议："我们称之为桌边谈话，是因为本栏目讲

---

[1] 拉塞尔，《创造新女性》，第 82、203 页。

[2] 《金字塔报》（al-Ahram），1883 年 3 月 31 日。

[3] 同上，1887 年 9 月 23 日。

[4] 同上，1888 年 9 月 18 日。

[5] 扎伊丹是移居埃及的叙利亚人。他是一位自学成才的历史学家。历史学家们认为，他在 20 世纪初促成了穆斯林保守派和世俗民族主义者的和解。

述在餐桌上应该谈论的各种东西，比如食物以及其他幽默实用的话题。"[1]因此，这张桌子是为了解决健康问题而设置的；与此同时，食物、饮食和餐桌礼仪塑造了被认为对埃及家庭有益的相关讨论。

阿卜杜拉·那迪姆（1845—1896）因参与"乌拉比叛乱"而被流放，直 [143]
至1892年才返回埃及。他的月刊《教授》（al-Ustadh）于1892年8月至
1893年6月出版，也讨论了家庭话题。《教授》因讽刺攻击克罗默勋爵及其
政策而出名，以至于克罗默要求将那迪姆逐出埃及。该期刊没有固定的家政
学专栏，但涉及家庭领域的"家庭"话题和辩论与政治文章一样频繁出现在
期刊里。1892年的几篇文章反映出编辑们十分关注当时的政治议程：《建立
公众舆论的途径》（"The Path by Which Public Opinion Can be Established"）、
《我们的进步：昨天和今天》（"Our Progress: Yesterday and Today"）、《振兴国
家》（"Uplifting the Nation"）、《宪法》（"The Constitution"）、《进步与政治》
（"Progress and Politics"）、《科普特人、穆斯林和统一》（"Copts, Muslims and
Unification"）。

政治文章也涉足了家庭领域，家庭问题经常被作为讨论民族主义、政
治和国家"进步"（progress）的手段。1892年8月30日发表的《国民生
活》（"National Life"），以及同年11月发表的《人人生而平等，为什么他们
进步了，我们却没有》（"Why They Progressed and We Did Not, Even Though
We Were All Created Equally"），此类文章都将"进步"（progress）和"民族
主义"（nationalism）与政府集中并加强教育的能力相联系。该期刊认为，
重组埃及政府之所以能够巩固家庭，不仅是因为它改善了埃及的物质环境，

---

[1] 参见《新月》（al-Hilal），1900年9月8日。1919年之前，此专栏一直被称为"桌边谈话"
（Table Talk），之后变为"房屋和家庭"（The House and the Family）。我要感谢莫娜·拉塞尔和我
分享了她对《新月》的研究。

还因为它提供了建立新行为模式所需的教育。[1]

无论在家庭内部还是家庭之外，对礼仪和道德的讨论通常是商榷埃及性的一种方式。一篇长文，名为《道德与习惯》（"Morals and Habits"），于1892年夏天在《教授》上发表，该文章将女性服装作为表达埃及内部阶级和区域差异的一种手段，并作为区分埃及女性与其他人（例如阿拉伯人和土耳其人）的一种方式。对女性服装精确、详细的探讨不仅提供了"全国"习惯的概况，而且突出了编辑们所了解的女性及其家庭内外个人习惯的"知识"。

通过虚构不同阶层女性的"对话"（conversations），讨论女性在家庭中面临的"问题"（problems）：她们如何布置家庭、照料家庭事务、抚养孩子以及与邻居来往，在《教授》中，家庭被彻底揭露、审问和政治化。1892年，两个虚构人物——"哈尼法"（Hanifa）和"拉蒂法"（Latifa）的一次"对话"，揭示了女性与儿子之间的各种问题。例如，女性讨论了如何解决儿子酗酒和懒惰的问题。她们策划了如何让儿子与"优秀的"女人订婚，这种未婚妻不仅会继续监督男人们的行为，还会监督稳固的家庭领域，并生育健康的孩子。[2] 同样地，"哈夫萨"（Hafsa）和她的女儿"萨玛"（Salma）谈论了如何整理餐具室，不仅是为了使花销最佳化，还为了维持每一位家庭成员的健康。哈夫萨称，家庭就像一个小小的王国，餐具室（橱柜）的内部秩序将确保各个层级的秩序、健康和作用。[3]

[144]

最后两个女性角色，"扎吉雅"（Zakiyya）和"纳菲萨"（Nefissa），讨论了哪种教育能让自己在生活中的每一个层级发挥作用。纳菲萨的学校会教授钢琴、交际舞、外语以及阅读、写作和缝纫。扎吉雅的学校会教授阅

---

[1] 参见《教授》（al-Ustadh），1892年8月30日和11月29日。

[2] 同上，1892年11月1日。

[3] 同上。

读、写作、数学、道德、教育和组织家庭。她说服她的朋友，教育最重要的部分是教会女性组织家庭，因为家庭是产生和塑造"埃及"习俗的地方。她认为，交际舞是一门有趣而又奇特的艺术，学习交际舞本身并没有什么错。但是，就像学习外语一样，这会让扎吉雅的朋友嫁给一个外国丈夫，生活在一个外国家庭，并在家庭里践行外国习俗。因此，她会生出没有"埃及"习惯和道德的孩子，这类孩子将与他们的埃及同龄人不一样。[1]

婚姻习俗和夫妇在家庭内外的习惯是早期民族主义新闻报刊常见的讨论话题。报纸和杂志讨论了适婚年龄、包办婚姻的正反面以及"合适的"（right）配偶的选择。拉希德·里达的《灯塔》中经常出现关于家庭、家庭问题和"埃及行为"（Egyptian behavior）的文章。在一篇这样的文章中，里达谈道，如果改革者真的想创造一种埃及身份意识（sense of Egyptian identity），他们必须首先改革埃及家庭生活。他认为影响家庭生活的最主要问题是新一代埃及男性的婚姻，这些埃及男性拒绝与没受过良好教育的女性成婚。据里达的言论，女性会对家庭中的丈夫和孩子产生影响，而女性教育则是努力创造埃及民族生活方式的第一步。里达解释道："无论你想让男人变成什么样，先让女人变成那样，因为她们的教化是最有影响力的。"[2]

也许，法里斯·尼姆尔和雅各布·萨鲁夫的《选集》月刊是 19 世纪 90 年代科学、政治和"家政学"融合的最突出例子。[3]《选集》发表了历史、经济、科学和政治方面的文章。此外，它还开设了"家政学"专栏。根据每月专栏的"标语"（banner），编辑将"家政学"列为报刊上的固定专栏，以"解释和说明具有普遍重要性的家庭成员（ahl al-bayt）话题，以及儿童教

[145]

---

[1] 《教授》，1892 年 11 月 1 日。

[2] 《灯塔》（al-Manar），1901 年第 6 期，第 339 页。

[3] 在 19 世纪 90 年代，尼姆尔和萨鲁夫还出版了一份日报——《进步者》（al-Muqatam），被等同于亲英政策。其出版商主张在英国的监督下进行一段时期的行政和经济改革，以此作为实现健全独立的最佳途径。

育、膳食计划、服装、生活区、装饰以及类似内容的知识。这种知识将使每一位家庭成员受益"。[1]

例如,《选集》1895 年 1 月 1 日版刊登了一篇关于"文明的未来"(the future of civilization)的封面故事,该故事赞扬了西欧和美国的政治制度,并对这些社会中体现现代政治特征的制度、个人和关系进行了评估。这篇文章是对美国作家亨利·乔治(Henry George)某篇文章的翻译,并连载了几个版本。5 月 1 日,讨论"清洁"主题的"家政学"专栏紧随其后。《清洁的秘密》的匿名作者提出问题:为什么埃及人的服装和身体变得如此肮脏?对此应该怎么做?他首先讨论了埃及"更干净"的过去,说道:

> 一个法老时代的大祭司见证了诸如拉美西斯大帝(Ramses the Great)等古埃及人统治世界的日子,那个时候,裸体和赤脚的妇女用尼罗河和水道中的水洗澡和饮用,那些水还没有被污染。如果拉美西斯看到了尼罗河现在的样子,他会哭泣。曾经目睹了古人如何崇拜尼罗河,甚至不让动物进入尼罗河的大祭司,要是看到动物的尸体时常从河水中漂浮而下,城市和村庄的下水道把污水排入河里,他会感到惊恐,宁愿回到死亡之地。[2]

作者并没有声称自己知道埃及和埃及人变得如此肮脏的原因。他特别提到,在伊斯兰教和基督教中都有肮脏禁令。然而,他声称现代性的特征是清洁,它需要清洁;因此,向埃及人传授"清洁的秘密"不仅能让他们进入现代,还能让他们模仿自己伟大的祖先。他说,埃及的污垢问题是埃及的特征,所有的国家都会面临污垢,但是埃及的地理环境使现代埃及人理

---

[1] 《选集》,1895 年 1 月 1 日,第 55 页。

[2] 同上。

解和克服污垢变得困难。他提出了解决埃及问题的科学方法：

> 事实上，埃及人的服装很容易变脏，这是因为风中的灰尘和身体 [146]
> 排泄的污垢会粘在衣服上……你不能刷掉或者抖掉这些污渍，也不能只
> 用水清洗这些污垢，因为人体每 24 小时会排出 23 盎司的汗水。汗水干
> 燥后，并不会消失；超过一盎司的汗水会粘在我们的皮肤上。我们不会
> 有任何感觉，但是我们在日常活动中确实会产生这些汗水。汗水进入我
> 们的皮肤，然后通过皮肤进入衣物……除非将碱性溶液倒进洗衣服的水
> 里，否则这些汗渍不会自行溶解。[1]

作者接着描述了肥皂和溶液的正确混合方法，以及热水的合适温度。

因此，"家政学"在由男性撰写的民族主义报刊中发挥着多重作用。它
规定了科学在家庭中的直接应用，确保住所内也不能忽视知识和科学活动。
作者强调"埃及污垢"（Egyptian dirt）时，创造出了一种共同文化或共同埃
及性，提出了所有埃及人都必须努力克服的共同问题。最后，现代埃及家
庭内部对抗污垢的科学斗争不仅让埃及人变得现代，也让他们与古代历史
和谐一致。科学的现代应用使家庭成为一种载体，这种载体既主张了现代
性，也接合了伟大的过去。

19 世纪 90 年代，通过家庭创造埃及性也是女性新闻报刊的一个显著
特征。[2] 由欣德·纳瓦尔（Hind Nawwal，1860—1920）编辑的《年轻的女

---

[1] 《选集》，1895 年 1 月 1 日，第 56—57 页。纵观 19 世纪 90 年代，《选集》的家政学专栏发表了
　　一些文章，标题包括"通过保护健康实现现代化""清洁儿童""喂养儿童""礼仪和习俗""锻
　　炼和休息""晚间聚会和日间聚会""教育"和"儿童服装"。

[2] 关于世纪之交埃及女性新闻刊物的详细讨论，参见巴伦，《埃及女性的觉醒》。另请参见玛丽
　　莲·布斯（Marilyn Booth），《愿她的爱成倍增长：埃及传记与性别政治》（*May Her Likes Be
　　Multiplied: Biography and Gender Politics in Egypt*），伯克利，2001 年。

人》（*Al-Fatah*），是第一份埃及女性杂志。该杂志于 1892 年 11 月 30 日首次出版，并被宣布为"科学的、历史的、文学的、讽刺性的报纸"。《年轻的女人》会定期刊登"家庭教育"专栏，发表关于健康、经济和教育等主题的文章。和男性所撰写的刊物一样，该杂志文章总是模糊公共与私域、家庭与政治之间的界限。例如，1892 年 3 月第四期杂志在"家庭教育"专栏中发表了一篇名为《家庭的政治》（"The Politics of the Home"）的文章，其中明确描绘了家庭和公共领域之间的关系。作者声称，"家庭教育"是那个时代最重要的问题之一，因为它是一门科学，通过这门科学，可以了解并实践丈夫和妻子、母亲和孩子、家庭主妇和仆人之间的节制或平衡。对于家庭内部和公共领域的关系，这种平衡至关重要："房屋井然有序、家具齐全，使得其（男性）主人了解并承担自己对于家庭成员以及**家庭之外事务**的权利和责任。这使得房屋的主人监督仆人，并监督仆人和孩子们的政治活动。"[1] 这些政治包括教导孩子遵守规则、懂礼貌、懂科学以及了解自身权利和责任。因此，家政学负责塑造社会关系，即平等和不等的关系；而家庭之外的关系将有赖于家庭内部的教育，所以住所对于政治来说是不可或缺的。《年轻的女人》随后的一期杂志声称，由于家庭政治由"家庭教育"所塑造，如对家庭政治缺乏关注，将导致国家走向毁灭。忽视"家庭教育"的国家也会"忽视人权，毁灭公民道德，削弱公民思想，减少公民谋生的机会"。[2] 家政学远没有脱离政治，且不仅关乎妇女。在这里，它被描绘为可以塑造道德和生产力，毁灭国家或帮助国家进步的重要因素。

[147]　　亚历山德拉·阿维里诺（Alexandra Avierino，1872—1926）的《亲密伴侣》（*Anis al-Jalis*）并没有为"家庭教育"开设固定专栏，但经常包含关于家庭生活（*al-hayah al-manziliyya*）、家庭事务（*sh'un al-manzil*）、婚姻生

---

[1]《年轻的女人》（*Al-Fatah*），1892 年第 4 期，第 166 页。

[2] 同上，第 167 页。

活（*al-hayah al-zoujiyya*）、家庭作为王国（*mamlaka fil bayt*），以及孩子教育（*tarbiyyat al-atfal*）等主题的文章。这些文章发表后，随之而来的是对王权、科学、地理、文明和国家进步以及工作和生产力的讨论。

阿维里诺还为国内外法裔埃及人出版《莲花》（*Le Lotus*），并称之为"文学、科学、艺术的月刊杂志"。该杂志为女性而设计，承诺"保持当地色彩，讨论埃及人的习惯和习俗，并提供一个最健康的智慧表现平台"。[1]尽管《莲花》也没有"家政学"专栏，但也经常发表家庭和私生活的其他问题相关文章。有一篇名为《农民和他的私生活》（"The Fellah and His Private Life"）的文章，其中，家庭习俗作为描述"埃及人"的一种方式。该书主要取材于爱德华·雷恩（Edward Lane），其内容仅仅是欧洲人对于农民家庭的描述。作者坚持认为，私生活为理解"大多数埃及人"提供了最好的工具，改革农民的私生活将区分文明埃及和未开化埃及。[2]同一期期刊中还有另一篇文章，名为《机智的苏丹王后》（"La Sultane Adroite"），对一个苏丹和他的爱妻进行了虚构的描述，妻子在家政学方面的高超技能帮助丈夫管理王国，并做出明智的政治决策。 [148]

家庭是美德的"学校"，经常作为小说的主题通过世纪之交的新闻报刊进行传播。大多数杂志都有"文学"专栏，其中的诗歌和短篇小说以连载形式发表。浪漫的爱情、友谊、政治进步——都在一个已改革的、科学的、健全的家庭背景下发生。在这样的小说中，只要家庭被"打扫干净"（cleaned up），妇女接受教育，明智的母亲向儿子传授民族主义的"秘密"（secrets），无论什么性质的冲突都会得到解决。

1909 年 3 月，一家名为《生活组织》（*Jama`iyyat al-Hayah*）的月刊，

---

[1] 《莲花》（*Le Lotus*），1901 年 4 月第 1 卷第 1 期。该杂志被成为运营成本极高的杂志，仅一年后就宣告倒闭。

[2] 参见《莲花》，1901 年 8 月第 1 卷第 5 期，第 270—279 页。作者是 S. 纳哈斯（S. Nahhas）。

自称是"关注宗教、自我完善、文学、科学、社会学和历史的杂志"，在
"本月故事"（Story of the Month）部分发表了一篇题为《民族主义和爱情》
（"Nationalism and Love"）的文章。[1] 这个故事的作者是一名埃及人——
穆罕默德·埃芬迪·艾哈迈德·阿卜杜法塔（Mohammad Effendi Ahmad
`Abdalfatah），讲的是一个名叫克里希纳（Krishna）的印度人在英国牛津
大学学习时，与一个英国女人博蕊特（Brit）相遇并彼此相爱。克里希纳
意识到，自己对博蕊特的爱与在牛津建立印度民族主义党（称为红掌［Red
Palm］）的工作相矛盾，该工作旨在指导自己的同胞们如何制造和使用炸
药，以及如何利用炸药对付殖民压迫者。尽管党内成员已经告诫他停止对
博蕊特的爱（他们说，既然已经对国家作出承诺，就不能爱上一个英国
人），但是克里希纳仍然爱着她。

　　这个故事篇幅很长，情节曲折，充满了阴谋、刺探和策反，以及这对
恋人的悲剧。完成了教育和炸药工程后，年轻的克里希纳从英国回到印度，
与母亲在火车站相遇。母亲递给他一件浸满血渍的衬衫，那是死去的父亲
的衬衫。在克里希纳离开后，他的父亲为了印度民族主义事业而牺牲了。
克里希纳亲吻了父亲的衬衫，并向母亲承诺，他会为父亲的死报仇，他会
一直遵守这个承诺，但他满脑子都是与心爱的人的回忆。

　　母亲很快察觉出他的眼里闪烁着苦乐参半的回忆，她很高兴，但是当
克里希纳说出未婚妻的国籍后，母亲勃然大怒，不敢相信。她拒绝了他的
拥抱，拒绝承认他是她的儿子，拒绝他进入家门。克里希纳迫不得已放
弃博蕊特，并发誓为父亲报仇。此时，他才意识到自己必须选择的道路：
［149］　　"母亲的话对他的影响太深。那一刻，父亲坟墓的画面击溃了他。他的母
亲——爱他，养育他，教导他热爱国家的母亲——是她，亲手把浸满鲜血

---

[1]　此月刊是一个名为"生活组织"的穆斯林慈善组织的机构的官方刊物。

的衬衫递给了他，要求他为父亲的死报仇。他从母亲手里接过衬衫，放在手提箱里，并承诺为父亲报得血仇之前，不会再回到她的身边。"[1]

因为母亲的告诫，克里希纳和印度民族主义党的成员加倍努力，创办了名为《真理之声》(The Voice of Truth) 的期刊。该杂志的创办使某些印度民族主义者摧毁了大量英国企业。当一名英国法官判处该杂志编辑死刑时，克里希纳决定报复。他前往加尔各答，深夜进入法官的住所。进去之后，他发现法官是博蕊特的父亲。克里希纳被迫要在民族主义和爱情之间做出选择，而他选择了民族主义并杀死了法官。后来，克里希纳回到了母亲身边，承认她是他的第一所民族主义"学校"。母亲也再次欢迎他进入家门。

这个故事以及世纪之交流传的许多类似故事都告诉人们，是母亲教导儿子热爱国家，更重要的是，教他们忠于国家。克里希纳以相同的方式开始并结束民族主义者"事业"，出生于适当的家庭，有适当的家庭关系，有强大的母亲监督。

到了世纪之交，家庭成为定义民族主义生活方式、批判不"支持"埃及现代化或解放进程的生活方式，以及谈论政治的主要工具。虽然女性是这些讨论的核心，比如作为更好的家庭主妇、伴侣、母亲和受过教育的女性，但男性也受到巨大的影响。虽然女性是通过教育进行改革的对象，但预想中，男性应该是家政学的间接受益者——将他们在家庭内部"学习"到的知识带入公共领域。"家庭教育"不仅仅是女性的工作：为了使国家变得强大，男性也必须精通这项工作，并被它所改变。

---

[1] 《生活组织》，1909 年 3 月，第 101 页。

## 营销现代性：符合民族主义生活方式的商品

　　将自己重塑为中产阶级民族主义者，这不仅仅是一场智力辩论。新闻
报刊上满是预示着现代的商品广告。通常，销售此类商品是为了"提升"消
[150]　费者的健康状况；然而，它们经常被抬高为"民族主义"产品，将身体和家
庭融入现代的、经济自给自足和政治能力的新阵营。购买和使用此类产品
的人不仅改善了自己，同时也为反对帝国主义的斗争做出了贡献。[1]

　　在世纪之交的市场中，药品是最常见产品。埃芬迪埃及人十分关注自
己的身体状况并购买促进健康的药剂和保健品。19 世纪 90 年代，《新月》
杂志充斥着各种药品广告，既有进口药品，也有本土药品。各式各样的药
丸、油和霜都预示着更健康和更长寿。例如，整个 19 世纪 90 年代，鱼肝
油的广告一直刊登在《新月》上，声称可以治疗面色苍白、贫血和肺结核，
无论成人还是孩童均适用。此外，广告还承诺可以缩短疾病后的恢复期，
并使身体更强壮。[2] 这种保健品广告一直持续到 20 世纪。例如，1905 年
初，《金字塔报》上满是关于牙膏、背痛疗方、常规止痛药、止咳糖浆和治
疗贫血的药剂等广告。[3] 而其他产品也都得到了推广，如栀子花（一种从巴
黎进口的新型古龙香水、须后水和肥皂）。它们不是为了健康，就是为了全

---

[1]　关于消费主义和民族主义的讨论很少，参见拉塞尔的《创造新女性》。

[2]　参见，例如，《新月》，1896 年 9 月 1 日。同一版次中刊登了两种新药的广告、一种新牌子的肥
　　　皂和几种治疗贫血的药物。

[3]　1905 年初，奥多（Odol）牙膏的广告占据了《金字塔报》的版面。它的广告篇幅很大，详细描
　　　述了蛀牙、口腔以及如何使用牙膏改善口腔健康。参见《金字塔报》，1905 年 1 月 12 日。兜安
　　　氏（Doans）药丸用于治疗"由肾病引起的背痛"；《金字塔报》，1905 年 1 月 15 日。止痛药的广
　　　告提出一个问题："我怎样才能保持最佳健康状态？""Pilules de Blanchard"被描述为一般止痛
　　　药；《金字塔报》，1905 年 1 月 15 日。"Siroline Roche"被描述为一种用于治疗"胸闷、鼻窦阻
　　　塞或百日咳"的糖浆。广告中，"Kona monavon"和"Fer Bravis"都用于治疗嗜眠；《金字塔报》，
　　　1905 年 1 月 5 日。

面改善身体、外表和卫生。[1]

　　产品也促进了一种所谓的新生活方式。例如，对于吸烟者来说，许多烟草产品预示着"民族主义的生活方式"。1905 年 3 月 9 日，一家烟草工厂的广告推广了一种"专供希望过民族主义生活的人群"的烟草品牌。其他烟草商称他们的商店是"民族主义的"（nationalist）。[2] 其他企业则为男男女女提供欧式服装。通常，服装的宣传内容都是提升外在形象和提高穿着舒适度。1910 年，《金字塔报》上也刊登了防缩水内衣裤的广告，称这种内衣裤更耐用，也更舒适。这种内衣裤在埃及各地的精品店均有出售，成人和孩童均可用。[3] 此外，书籍也常被宣传为"民族主义的"或促进"民族主义"。《新月》上经常刊登历史和地理教科书的广告；埃及在现代世界中的地位及其在过去的强大作用，显然有着可观的市场。[4] 扎伊丹写了大量埃及历史书籍，《新月》均进行了宣传。广告中，家用产品也占据了相当大的部分。1905 年初，土耳其浴池、陶瓷浴缸和电热浴池面市。同年，成功商店（Mahal al-najah）为家用"最好的产品"——桌布、餐具和床罩刊登了广告。[5] 此外，广告中也经常出现炉灶、烤箱和保暖锅等家庭用品，还有家居装饰的创新产品。[6]

　　吸引女人的产品中也混杂着男性产品。例如，杂志和报纸促进了工作

[151]

---

[1] 《金字塔报》，1905 年 1 月 10 日。

[2] 1900 年 2 月 4 日，"民族主义"烟草商"萨阿德和达乌德"（Sa`ad and Da`ud）在《金字塔报》上刊登了一则广告，宣传他们的新店。

[3] 《金字塔报》，1910 年 10 月 15 日。在 20 世纪的头十年，服装店自称为"民族主义者"或向"民族主义者"顾客销售服装的情况并不少见。例如，1900 年 2 月 14 日，某位卡莫恩先生（Mr. Kamoin）开始进行一项销售，向他的"民族主义者"客户提供半价的男女老少欧洲服装。

[4] 1900 年 9 月 9 日，《新月》杂志刊登了一则篇幅较大的广告，宣传一本名为《埃及地理》（Egypt's Geography）的书籍。其中载有一幅大图，描绘了被法国占领军包围的大金字塔和狮身人面像。

[5] 《金字塔报》，1905 年 3 月 6 日。

[6] 针对以"民族主义"女性为主题的家居装饰以及教育对于这些物品喜好的影响，其精彩讨论参见拉塞尔的《创造新女性》。

场所可用产品的增加，包括汽油发动机、电器和工厂重型机械。此外，银行也常在世纪之交的期刊上刊登广告。同时，也出现了促进女性健康产品的广告。而此类广告并没有占据单独的空间，而是混于银行、商业和机械广告中。一则埃马根裁缝（Hemagen Tailleur）月经疗法广告就穿插于汽油发动机和男装广告版面之间。虽然女性新闻报刊刊登了专为女性消费设计的产品广告，但《金字塔报》等期刊上的广告在提供解决办法和疗方的同时，也宣传并加深了男性民族主义者对于困扰女性身体的"问题"的认识。大多数产品都承诺让女性变得"更好"、更强、更有生产力。兜安氏（Doan's）宣传了一种女性专用产品，称其为"仅针对女性疾病的疗法"。其广告称，妇女生病时，不应做家务或照顾孩子，而这种药丸会阻止生产力缺乏的情况发生。[1]

这些广告使人们对女性身体以及困扰她们的问题有了更深入的了解。例如，兜安氏广告大胆地表示："女人比男人更容易生病……因此，我们发明了一种专门治疗她们的方法。"同样地，一则关于月经疗法的广告指出"某些疾病……需要特殊治疗"。广告中也提到了年轻女性的青春期及伴随的疾病。宾克药丸（Hubbub bink）帮助女孩们度过青春期："对于少女来说……这是最困难和最关键的时期之一……青春期的女孩儿经常感到虚弱，有时会贫血。"[2]

关于女性身体的疗法和信息与文学、服装和烟草等"现代民族主义的"（modern nationalist）产品，占据着同等地位。就像恰当的行为、服装和家具一样，关于女性及其身体的"科学"（scientific）知识，被囊括到关于埃及特性的话语中。杂志经常刊登诸如"女性与科学""女性与自然历

---

[1]《金字塔报》，1905 年 1 月 18 日。这则广告还配了一幅画，画中是一位极具欧洲风情的女子站在壁炉前，抓着疼痛的后背。

[2] 同上，1900 年 2 月 4 日。

史""紧身服装对女性器官的影响"和"气候与女性健康"等主题的文章。女性是传播科学知识的媒介，也是民族主义者与"他们的"（their）妇女建立专有关系的媒介。[1]

最后，身体健康的儿童及其教育成为了世纪之交商品市场的重要组成 [152] 部分。报纸经常刊登关于如何养育健康和遵守纪律的儿童的书籍广告。[2] 广告还宣传了专为儿童设计的"恰当"（proper）的服装和食物。《金字塔报》和《新月》经常刊登强化营养法里埃儿童食品公司（Phosphatine Falière's Children's Food）的广告，这则广告的代言人是一群身体健康的儿童，穿着欧洲服装，跳入一个巨大的餐盘中。报刊上未显示广告文字，但孩子们都身体健壮、快乐、精力充沛。[3] 在其他广告中，这样的儿童形象经常与"民族主义"男性相伴。例如，世纪之交的一则兜安氏药丸广告描绘了在一个现代化餐厅里有一个背疼得厉害的男人，他的妻女陪在身边。他的女儿看起来似乎服用过儿童营养食品。此外，广告内容还包括育儿书籍，如《儿童礼仪》（Adab al-Fata'）和《关于孩子教育的一本书》（Kitab Tarbiyyat al-Atfal）。[4]

在世纪之交的埃及，由经济能力和科学知识主导的民族主义纲领也包含了"女性问题"。承认并宣传女性的需求有助于证明民族主义男性是"现代的"（modern）。在构建资产阶级埃及民族主义的过程中，浴缸、家具和现代育儿都发挥了作用。食用营养品，就像用碱性溶液洗涤一样，不仅意味着进一步了解了现代化及其服饰，还意味人们开始关注埃及现状和进步。

---

[1] 例如，1896 年 9 月 9 日，《新月》发表了一篇名为《束腹》（"al-mashdu"）的文章，其中包括女性器官和肠管的详图，以说明"这种捆绑和挤压"可能造成的伤害。

[2] 整个 1905 年 1 月，《金字塔报》一直刊登着一则关于《宝贝之书》（Kitab al-Aghla）的广告。广告中，它被称为"关于礼仪和道德的最佳书籍"。

[3] 《金字塔报》，1905 年 3 月 6 日。

[4] 《旗帜》，1902 年 11 月 3 日。

## 女性的最佳面貌就是国家的最佳面貌:
## 现代性、民族主义和“新女性”辩论

关于“政治”、现代性和改革的早期民族主义讨论模式揭示了（男性）民族主义者和“女性问题”之间的关系。卡西姆·艾敏（Qasim Amin, 1865—1908）的两部作品引发了对埃及社会中妇女地位的民族主义辩论: 开罗的受教育精英对《妇女的解放》（*Tahrir al-mar'a*）褒贬不一，议论纷纷，因此艾敏用 1901 年出版的《新女性》（*cal-Mar'a al-jadida*）进一步回应他们。在这些文章中，艾敏主张提高妇女在社会中的地位，并表达了对于使用“头巾”（*hijab*）以及对于离婚和一夫多妻制等问题的立场。艾敏呼吁推进女童教育，改革离婚法，并重新考虑头巾的使用及其在伊斯兰历史

[153] 中的地位；因此，女权主义和民族主义学者都称他为埃及第一位“女权主义者”（feminist）和埃及女权主义运动之父。[1] 同样，人们认为他的文章“开启”了关于如何解决埃及“女性问题”的辩论。学者们对艾敏两篇文章的作者身份及其对于“改革”的定义存在分歧（例如，一些学者声称这两部作品实际上是由艾敏的老师穆罕默德·阿布都所写）。[2] 然而，历史学家们一致认为，他的著作使埃及妇女现状第一次受到民族主义普遍的关注，也初次使人们下定决心改善这种现状。

此外，艾敏的著作也引起了埃及各种派别知识分子的激烈反应，新闻

---

[1] 胡安·科尔，《世纪之交埃及的女权主义、阶级和伊斯兰教》（Feminism, Class and Islam in Turn-of-the-Century Egypt），《国际中东研究杂志》1981 年第 13 期，第 387—407 页。

[2] 这是穆罕默德·伊玛拉的意见，他编辑的艾敏作品集将于下文讨论中使用。

界展开了激烈辩论并相继出版了驳斥艾敏立场的文章。[1]艾敏倡导女性改
革，特别是教育改革，一方面受到了攻击，另一方面也得到了赞赏。同时，
他关于女性"戴面纱"的评论也引发了激烈的争论。然而不管是艾敏的支持
者还是反对者，关于其作品的讨论有一个共同点：在所有这些讨论中，妇
女及其活动（家庭或其他方面）都象征着埃及的政治状况。艾敏的著作让
人们深入了解一个问题：世纪之交的奥斯曼裔埃及人是否认为自己是埃及
人。艾敏的父亲——穆罕默德·贝·艾敏（Mohammad Bey Amin），是一位
奥斯曼土耳其地主，并娶了一个来自上埃及的阿拉伯裔埃及人。在库尔德
斯坦爆发反对奥斯曼人的起义之前，穆罕默德·贝曾是该省的省长，后于
起义爆发时卸任。伊斯梅尔执政初期，他掌管了埃及巴哈利亚省，并成为
了伊斯梅尔军队的高级成员。凭借父亲的继承权及其在伊斯梅尔政府中的
地位，卡西姆·艾敏一定可以进入奥斯曼埃及人的阵营中，很有希望占据
行政机构中的好职位（这种期望很可能已经实现），并对阿拉伯裔埃及人持
轻蔑态度。然而艾敏的作品可作为如何成为埃及人以及如何将埃及民族从
外国占领下解放出来的初级读本。

　　在很大程度上，艾敏是埃及国家建设项目的产物。他接受过亚历山
大和开罗的国立小学和预备学校的教育，然后就读于法律和行政学院
（School of Law and Administration）。1881 年，他跟随学生代表团前往法国；
1885 年，在蒙彼利埃大学（University of Montpellier）获得法国法学学位。
接着，他又获得了伊斯兰法学学位。艾敏回到开罗时，被任命为混合法院　　[154]
的法官；1887 年，又被任命为政府法院的法官。1889 年，艾敏被任命为

---

[1]　莱拉·艾哈迈德声称，30 多本书籍和文章都是对 1899 年《妇女的解放》的响应。参见艾哈迈德，
　　《伊斯兰教中的女性与性别》，第 162 页。民族主义者和埃及唯一银行（埃及银行［Bank Misr］）
　　的未来创始人塔拉特·哈布（Tal`at Harb, 1876—1941）发表对艾敏关于妇女权利的反驳时，首
　　次获得埃及读者的关注。参见穆罕默德·塔拉特·哈布（Mohammad Tal`at Harb），《女性教育
　　和面纱》（*Tarbiyyat al-Mar`a wal-Hijab*），第 2 版，开罗，1914 年。

贝尼苏韦夫地区的首席法官；两年后，又被调任坦塔。在坦塔，他接触到了参加乌拉比运动的一些人，其中包括阿卜杜拉·那迪姆。艾敏的作品包括法语和阿拉伯语文本，而没有土耳其语文本。因此，虽然他的出身是奥斯曼土耳其人，但所接受的教育使他成为地位日渐上升的埃芬迪知识分子，这些知识分子的世界观和利益似乎也体现埃及人的世界观和利益。

艾敏的作品出现之前，人们就家庭政治及其与民族国家的关系已经展开了激烈的讨论，在这种背景下重读艾敏的文本，可以从另一个角度看待"新女性"（the new woman）辩论的兴起。对于艾敏在《妇女的解放》和《新女性》中的讨论，与其说是解放妇女，不如说是揭露家庭及家庭关系，以此说明埃及是"现代的"并且具备政治能力，因此能够在现代独立国家中获得一席之地。艾敏的文本和其他类似文本中的女性问题，是一种为埃及书写民族历史的方式，一种彰显其多种制度力量的方式，以及一种为埃及的未来规划道路的方式。通过揭开埃及社会的"面纱"，暴露其私人领域的现状，现代埃及——以各种表现形式——得以展现。学者们通常将艾敏所使用的 hijab 一词解释为"面纱"。艾敏认为改变埃及的第一步是废除"面纱"，因此人们通常认为反对"面纱"是促进女性地位改革的核心。[1] 这种观点或多或少符合 19 世纪的欧洲话语，即面纱代表放荡堕落、社会和政治腐败以及全体埃及人对妇女的不尊重。[2]

---

[1] 事实上，莱拉·艾哈迈德认为艾敏的文章创造了一种"关于面纱的话语"（discourse of the veil），关于女性是否应该戴面纱的辩论使知识分子之间形成了不同的派别：自由派、民族主义者或保守的反动派。参见莱拉·艾哈迈德的《伊斯兰教中的女性与性别》。

[2] 参见萨米哈·西德霍姆·彼得森（Samiha Sidhom Peterson）译，《卡西姆·艾敏：妇女的解放——埃及女权主义的一份历史文件》（*Qasim Amin: The Liberation of Women. A Document in the History of Egyptian Feminism*），开罗，1992 年；艾敏，《新女性》，开罗，1995 年。我认为"面纱"（veil）不是 hijab 的统一正确翻译，因此我并未采纳西德霍姆·彼得森的译法。因此，下文所引用的关于艾敏的所有段落均由开罗美国大学的拉加达·伊萨维和我本人共同翻译，于1995 年完成。我们采纳了穆罕默德·伊玛拉（Mohammad `Imara）编辑的《卡西姆·艾敏全集》（*Qasim Amin: al-`Amal al-kamila*，第 2 版，开罗，1988 年）。

因此，在解释 *hijab* 时，学者们未能将现代民族主义体系与全体民族主义者对清理家庭领域的痴迷（这种痴迷包括"女性问题"）联系起来。[1] 艾敏经常使用这个词表示一种服装，特别是讨论埃及不同种类的"面纱"时，他区分了诸如遮盖面部的薄纱（*birqa'a*）和披肩式长斗篷（*habara*）一类事物。此外，他还用 *hijab* 表示妇女与社会相隔离，妇女被当作财产，被迫处于未受过教育的状态，人们决心不让她们知道自己的合法权利。[2] 换言之，他使用 *hijab* 一词，旨在改变妇女和社会的状态。

在《新女性》中，艾敏提到社会和政治改革等同于"揭开埃及社会的面纱"（lifting the hijab）。这种行为不仅会使妇女的面孔暴露在外，同时也扩大了她们的权利。揭开埃及的面纱旨在揭露家庭及其习俗，并将在家庭中发现的东西作为解决埃及政治领域、历史、体系和未来状况的一种手段。此外，艾敏也并没有忽视穿着服装的本身的负担。但是，通过使读者对 *hijab* 以及"揭开"（lifting）进行更全面的理解（这意味着对埃及及其所有制度，尤其是家庭制度，进行全面揭露），他改变了早期的民族主义辩论，尤其是在性别和家庭改革方面。 [155]

事实上，艾敏把埃及历史发展的核心（政治和其他）置于家庭和家庭结构中。随着历史朝着现代发展，艾敏对历史的看法是：家庭结构和家庭关系的变化对进步至关重要。[3] 在出版有关"妇女"的两篇文章之前，艾敏利用阿里·优素福的刊物《坚强报》作为讨论埃及改革和现代化进程的论

---

[1] 参见莉拉·阿布·卢戈德，《重塑女性》。

[2] 这并非卡西姆·艾敏所独有的比喻。泛泛浏览世纪之交的报刊就足以发现，尽管一些关于 *hijab* 的文章明确地将其作为一种服装，但另一些文章非常明确地提到了妇女的孤立和无知。

[3] 艾敏针对民族主义辩论的首个重大贡献是 1894 年发表的《埃及人》（*Les Égyptiens*）。此文是为了回应 1893 年出版的一篇关于埃及社会"本质"（nature），名为《埃及与埃及人》（*L'Égypte et les Égyptiens*）的本质主义文章，其作者是法国人哈科特公爵（le Duc d'Harcourt）。哈科特主张建立一个可以根据其习俗，特别是与妇女有关的习俗进行理解的埃及。艾敏的回答和本质主义者一样：在本文中，我们可以发现他对女性在反映一个国家现代性所扮演的角色的第一次阐释。

坛。[1]1895 年至 1898 年期间，这些文章发表成《原因和结果》（*Asbab wa nata'ij*）系列，对埃及的社会、政治和经济状况进行了调查。这些文章涉及的主题包括：独立、生产力、埃及阶级差异、瓦合甫财产的社会和金融效果、教育及其在"生产"（producing）埃及人中的作用。

艾敏在该系列的引言中指出，历史既是过去及其"真理"（truths）的指标，也是未来及其前景的指标。他声称，推动历史发展的不是偶然的运气；他相信因果关系，因此致力于探索推动埃及前进的动力。艾敏的答案是改革公民的习惯和习俗——即公民的本质。他说道：

> 一个国家的幸福与不幸、进步与衰落都不是偶然的；相反，这种状况是危机所导致的结果，除非改变该国的内部状况，否则危机并不会自行解除。
>
> 如果一个国家活力四射、行为端正、文明礼貌，它将成为世界上成功的国家。如果一个国家慵懒怠惰、愚昧无知、粗野无礼，它将陷入不幸和痛苦。
>
> 当一个社会知道了自己的起点，它将会知道自己的终点以及到达终点的途径。变化只有一种来源，它不是源于一个人或一百个人的意愿，也不是源于一个或数百项法律的颁布。它只来自历史。[2]

---

[1] 艾敏匿名进行写作——人们并没有立即认为这些文章是出自他手。关于《坚强报》在出版艾敏和其他改革者作品时的作用，参见阿巴斯·克里达尔，《阿里·优素福谢赫：埃及新闻工作者和伊斯兰民族主义》（Shaykh 'Ali Yusuf: Egyptian Journalist and Islamic Nationalist），《阿拉伯东部的思想生活（1890—1939）》（*Intellectual Life in the Arab East, 1890–1939*），马尔万·布赫里（Marwan R. Buheiry）编，贝鲁特，1981 年，第 11—20 页。

[2] 艾敏对"原因和结果"的介绍，引自穆罕默德·伊玛拉编辑的《卡西姆·艾敏全集》，第 171 页。需要注意的是，"拉开帘幕"（lifting the curtain）这个表达，用于讨论揭露国家的缺陷，这是艾敏关于女性的文章中经常使用的一个表达，描述了使女性脱离孤立进入社会的过程。她们的无知和孤立之"帘幕"将被拉开。

艾敏在《原因和结果》其余部分中的任务，是告诉埃及人他们从何而 [156]
来，以及他们如何才能"进步"，就像《妇女的解放》和《新女性》中的任务
一样。艾敏认为，历史有一个发动机：家庭可以改变一个国家的习惯和习
俗（无论好与坏），它终究推动了历史，促使国家前进。艾敏声称，历史经
历了一系列阶段，所有这些都在家庭的形态和结构中得以反映（或受到影
响）。在艾敏叙述的历史第一阶段——游牧阶段，家庭还未出现，因此，男
人和女人生活自由。在这个阶段，女人不结婚，然后根据孩子的长相确定
父系。他声称，在这种状态下，女性独立，自食其力，与男性平等。他认
为日耳曼部落和阿拉伯人已经经历了这样一个阶段，而暹罗和非洲的达荷
美，以及塔希提岛、美拉尼西亚、印度和非洲的其他一些地区仍处于这种
状态。

社会不断进步，当人们定居后，就进入了历史的"第二阶段"。在这个
阶段，"家庭秩序"（order of the household）建立，妇女也因此失去了独立
性。一家之主控制着自己的妻子，就像获得奴隶或牲畜，对她们的自由毫
不关心。男人们可以迎娶不止一个妻子，她们只是财产而不是伴侣。在这
样一种制度下，妇女既不能继承金钱或其他财产，也不能离婚或获得子女
的监护权。男人们把妻子安置在住所里，并强迫她们不得离开。

艾敏认为，在许多方面，"第三阶段"与"第二阶段"相似，但也有重
要区别。政府开始呈现出家庭特征：专制统治者囚禁着自己的公民，就像
专制的丈夫（父亲）囚禁自己的妻儿一样。在第三阶段的社会，男人们并
没有摆脱统治者的暴政。因此，为了彰显自身的能力，他们欺压着自己的
妻子。在这样的社会中，妇女几乎没有什么权利。比如，即使可以继承金
钱和其他财产，她们仍完全屈从于丈夫、父亲和主人的幻想、欲望和意志。
艾敏阐述道："这种专制政府在世界上首次出现。在西欧延续了几代之后，
逐渐变弱，最终消失。取而代之的是一种宪法秩序，这种秩序基于一种原

则，即统治者无权拥有人民或其财产，除非法律规定。"[1]

[157]　　社会受宪法管辖时，历史进入"第四阶段"。根据艾敏的说法，当"人们在思想上的进步使之认识到，把自己的意志交予君主处置是对他们的尊严的侮辱，以及对他们的权利的侵犯"时，第三阶段开始过渡到第四阶段。家庭结构也开始反映了这一点。根据艾敏的模型（schemata），当家庭和政府一起被改革并变得完全相似时，就进入了第四阶段。当家庭内外的专制丈夫（父亲）被废，由一个公正开明的统治者取而代之时，社会秩序将进入最后阶段。二者兼备，才能进行改革："如果有人问两者中谁影响了谁，我们只能说这两个条件是相互的：政府的形式影响家庭的形式，家庭的习俗影响政治秩序。"[2]

　　艾敏表示，在欧洲和美国，男人和女人的私生活和他们面对统治者时一样自由。他认为在美国尤其明显，政府已经不再干涉公民的生活："男人们的私生活是完全自由的，几乎不存在政府的权威及其对个人事务的干涉。"[3]他将英国、法国和俄罗斯作为例子，在这些国家中，暴政要么不复存在，要么正处于"垂死挣扎"（death throes）之中。因此，政治领域和家庭领域都享有相对自由："我们看到西方人的家园以强大的支柱为基础，就如西方国家在不断发展一样。"[4]

　　艾敏在《新女性》中描绘了在不同国家的"旅行"（实际上，其中的文章让人回忆起了前文所讨论的旅行文学），他承认一个社会可以首先改革女

---

[1]　卡西姆·艾敏，《新女性》，拉加达·伊萨维和丽莎·波拉德译，未发表的手稿，开罗，1995 年，第 9 页。

[2]　同上，第 10 页。

[3]　同上。

[4]　同上。

性，从而推翻专制君主并改革男性。[1] 彼得大帝（Peter the Great）了解这一点，因此打破了男女隔离状态；凯瑟琳大帝（Catherine the Great）坚持让女性接受教育，从而完成了彼得大帝的任务。[2] 英国女性了解科学，从事工业劳作，并积极参与慈善和市政组织。他声称，俄罗斯和英国等国家的女性教育和女性与外部的接触使家庭生活发生了巨大变化。正如不断演进的家庭形式，政府亦是如此。

据艾敏称，埃及仍处于第三阶段。他声称，阿拉伯人的规则形式中，没有任何一个接近宪法的"秩序"："阿拉伯人的政府形式由一个不受（政府契约）约束的苏丹或哈里发（通过同样不受约束的行政官员进行统治的统治者）构成。因此，统治者和与之类似的人群以他们所认为合适的方式管理着行政机构……该制度中没有任何东西迫使他们按照伊斯兰教法来统治。"[3] [158]

艾敏声称，阿拉伯人的家庭领域中也有这种不受约束的权力。他阐释道："女人是男人的奴隶，男人是统治者的奴隶。埃及男人在家里是压迫者，在外是被压迫者。"[4] 在家庭中，女性没有自由，而在家庭之外，男性也同样受到压迫。尽管，根据法律，男性和女性均享有无数的权利。

艾敏无法解释为什么埃及人在改革方面做出了巨大努力，并且表达了强烈的愿望，而埃及的专制仍然久久无法消失。不过，他的确认为如果家庭得以重塑，专制就会消失。以女性作为起点，埃及可能被"推入"历史的最后阶段：艾敏所说的"新女性"，以及新女性对家庭领域的影响，将结束埃及的政治奴役。通过"新女性"，男性将获得让他们能够结束公共领域专

[1]　显然，艾敏知道关于埃及发展的各种理论，这些理论是旅行文学的通用内容。在《新女性》的最后一章，他驳斥了有关埃及落后的"气候"理论、"地理"理论和"宗教"理论。

[2]　在此，艾敏使用了"强迫妇女脱离面纱"的表达。艾敏，《新女性》，第14—15页。

[3]　同上，第98页。

[4]　同上，第10页。

制的道德、理智德性和能力。

艾敏主张废除一夫多妻制并建立伙伴式婚姻关系，在这种关系中，男女双方将学习和践行自己的权利以及应当对彼此承担的责任。他说拥有离婚权并能自由选择伴侣的女性将成为废除旧秩序（在旧秩序中，女性只是奴隶）的首要步骤，并开启一个丈夫和妻子相互学习的新时代。教育和离婚权，将增强女性的独立意识（理想情况下，她们将不再依赖于男性），并成为吸引男性的伴侣：

> 对男性来说，有什么比身边有一个无论家里还是旅途中日夜相伴的伴侣……一个有头脑和良好教养的伴侣……一个管理其收入、促进其工作、提醒其职责并指出其权利的女人更有益的呢？……她是一个朋友，美化了他的房子，给他带来了快乐，充实了他的时间，化解了他的烦恼……我可以毫不犹豫地说，除非我们自己能培养出这样的柔情，让男人们以上述方式与女人建立联系……否则到目前为止，我们所做的一切以及将来为发展国家所做的一切，都将是徒劳的。[1]

[159]　　新女性料理和组织家庭的能力将进一步促进这种伙伴关系。她的家庭事务知识不仅会使家庭成为一个干净、健康、高效的空间，也将成为一个男人们想要停留更久的地方。[2]

最后，新女性将培养出下一代新男性。女性的教育将使其做好充分准备，成为家庭中现代教育的原动力，造就一代又一代身心健康的埃及人。艾敏说："让我来陈述一个简单的事实：我们在孩子身上所看到的所有缺

---

[1] 艾敏，《新女性》，第 73—74 页。

[2] 从世纪之交开始，让男性进入住所，在家庭事务中扮演更重要的角色，这种现象在新闻报刊中很常见。

点——说谎、恐惧、懒惰和愚蠢——都是因为母亲们对教育规律的一无所知。"受过良好教育的女性会利用科学、历史和家政学的基础知识取代懒惰和愚蠢。她们的家庭要么是现代性的实验室，要么是过去罪恶的"复制品"。艾敏继续说道："教育的轴心围绕着母亲。不管是男孩还是女孩，从出生到青春期，除了自己的母亲，他们并不认识其他榜样，只和自己的母亲有着联系，且只根据母亲呈现出的模式做出反应。他们的头脑就是一张白纸，母亲们随心所欲地在上面进行创作。"[1]

同时，艾敏也关心他称作"道德教育"（moral tarbiyya）的问题。他认为，埃及儿童健康的身体和思想显然很重要，但当儿童的道德不健全时，健康的身体和思想对于社会几乎不起作用。他把自己这一代人的道德归咎于母亲几乎没有受过教育或道德教育。他说："妇女们……把她的道德传递给孩子们，孩子们又反过来把道德传递给他们所接触到的人。因此，道德成为母亲的道德之后，又成为了家庭的道德，最终成为社会的道德……相比一个优秀的男人，一个优秀的母亲对人类更有益，而一个堕落的女人比一个堕落的男人更有害。"[2]

通过作为家庭产物的民族主义者的例子，艾敏说明了改革家庭对于国家的重要性。他以"可疑"（questionable）的民族主义者易卜拉欣·赫尔巴维（Ibrahim al-Hilbawi）为例，易卜拉欣在丹沙威（Denshawi）屠杀事件后的审判中作为英国人的一名律师，站在埃及被告的对立面。1906 年，在丹沙威的尼罗河三角洲村，一群英国军官在一次射击赛程中意外射杀了当地一名埃及官员的妻子。随后发生斗殴，几名埃及人和两名英国军官被枪击，其中一些人被打死。四名埃及被告被判绞死，另外四人被判处无期徒刑。英国人判处重刑，以阻止未来发生类似的事件。然而，丹沙威事件成 [160]

---

[1]　艾敏，《新女性》，第 67 页。

[2]　同上，第 88 页。

为了民族主义者的战斗口号，使埃及各个阶层都开始质疑英国在他们国家的统治。艾敏引用了《坚强报》中赫尔巴维的信，其中写道他从欧洲返回埃及时，在一艘船上看到了克里特岛（Crete）。他这样写道：

> 这是我第一次亲眼见到这个从奥斯曼帝国分离出来的岛屿……经过它时，我带着悔恨试图回忆起这一裁决前后所发生的事情。谋杀案，岛上遍布穆斯林的鲜血……我试图记住这一点，作为一个真正的穆斯林，我感受到了穆斯林同胞的痛苦。我发现自己心中没有空间，也没有被触动的血液；你不会在我身上找到任何悲伤或怜悯的空间。[1]

赫尔巴维到达埃及时也有类似的感受。在从亚历山大开往开罗的火车上，他经过了 1882 年埃及人与英国人的战场。1882 年的这场战役直接导致英国占领埃及："这是我一生中第一次经过特拉卡比尔（Tel el-Kabir）、卡萨辛（al-Kassasin）、迈赫萨马（al-Mahsama）和纳菲沙（Nafisha）。1882 年，这些地点都曾是对抗英国军队的防线，而当我第一次经过这些地方时，我本应该感到悲伤痛，苦并记起已经失去的国家荣誉和独立地位。然而，我并没有感到痛苦或悲伤。"[2] 艾敏把赫尔巴维对国家无感的表现（此外，他大概有能力通过起诉同胞而欺骗他们）归因于他儿时没有学习爱国主义。（"这种感觉丧失的真正原因……是小时候对于教育的忽视。"）[3] 换句话说，艾敏把这归咎于赫尔巴维的家庭生活及其母亲。

艾敏将赫尔巴维的经历与他在法国的所见所闻置于相同位置，他认为适当的家庭会产生典范的民族主义，他说：

---

[1]　艾敏，《新女性》，第 78 页。

[2]　同上，第 79 页。

[3]　同上，第 80 页。

　　我在法国旅行时，有一次看到一群从北圻战役 [1] 归来的法国士兵，在我身边站着一个十岁的男孩。当法国国旗从他身边经过时，他尊敬地站起来，举起帽子，向国旗敬礼，眼睛一直盯着国旗直到消失于视线中。对于那个小男孩来说，面前走过的旗帜就是祖国的具体化象征。它能够激起他内心的爱，这种爱是他所接受的教育灌输给他的，我认为他是一个完全成熟的人。[2]

　　家庭领域的改革创造了一种道德政治（moralpolitik），在这种政治中，只有通过在住所开始建立新的秩序并由妇女监督，埃及才能成功地进入历史的第四个阶段，也是最后一个阶段。因此，《新女性》似乎不是开明女权主义者慷慨激昂的话语，而是一个性别化民族主义话语的范例，在这种话语中，公共领域的美德和胜利——男人的胜利和情感——完全取决于这些男人的家庭政治。艾敏并没有呼吁妇女参与到公共领域之中。他声称没有几个埃及人已经准备好承担政治责任。一个新男性的产生完全依赖于艾敏所说的"新女性"和新女性的家庭秩序。此外，新男性也受到一连串新行为的影响：一夫一妻制、与女性的伙伴关系、"科学"的家庭实践，以及与公正统治者的新关系，这一切都包含于艾敏关于解放的、"未揭开面纱的"（uncovered）女性的主张中。"新女性"以及她所创造的社会和政治变革是新政治秩序的基石，这种秩序将使下一代男性受益。在世纪之交，这种政治秩序的实际形态和结构仍然非常模糊。然而，显而易见的是它将建立在新的家庭体制之上。 [161]

　　关于女性的辩论被纳入埃及党派政治的最初表述中。1906 年，丹沙威

---

[1]　北圻战役，也称东京战役，是 1883 年至 1886 年法国与越南、中国等在北圻（今越南北部）发生的一系列战事的统称。——译者注

[2]　艾敏，《新女性》，第 80 页。

屠杀事件引发了埃及和英国对克罗默的强烈抗议；1907 年，克罗默离开了埃及。戈斯特代替克罗默成为总督，他试图通过允许埃及人组织自己的政党以安抚埃及人。戈斯特的继任者基奇纳勋爵（Lord Kitchener，1911—1913 年在任）也试图通过让更多的埃及人获得政府内更高的行政职位，以解决埃芬迪对英国政府在政治和经济管理上的不满。至 1910 年，官僚机构里已经满是受过良好教育的埃及人，他们是私人和公共教育的产物。

政党成立后，本土政治从新闻领域中剥离了出来。这些政党由中产阶级知识分子、改革者和积极分子组成，他们对于自己国家的未来持有不同的看法。第一次世界大战前夕，埃及有三大政党：阿里·优素福谢赫的宪法改革党，主张埃及在伊斯兰框架内独立；以艾哈迈德·卢特菲·赛义德

[162]

为首的人民党支持一种世俗、自由的立宪主义；以及由穆斯塔法·卡米尔领导的民族党。穆斯塔法·卡米尔于 1907 年逝世后，该党由穆罕默德·法里德（1868—1919）领导，坚持要求英国人立即撤离埃及。卡米尔及其同时代的人认为，虽然埃及与奥斯曼帝国有着联系，但埃及也形成了一个必须得到埃及人尊重和保护的独特领土实体。[1]

家庭改革似乎已经包含在每一个党派的议程中。卢特菲·赛义德认为摧毁埃及专制和建立立宪政府的第一步是对妇女进行教育并整顿家庭。[2] 为了最终在埃及建立宪政制度，他的纲领是在埃及建立一个公共教育系统，该系统将"使国家摆脱幼稚的方式"（rid the nation of its childlike ways），并

---

[1]　关于埃及政党的建立，参见贾迈勒·穆罕默德·艾哈迈德（Jamal Mohammad Ahmed），《埃及民族主义的知识来源》（*The Intellectual Origins of Egyptian Nationalism*），伦敦，1960 年；以及纳达夫·萨夫兰（Nadav Safran），《找寻政治共同体的埃及》（*Egypt in Search of a Political Community*），剑桥，1961 年。

[2]　这是赛义德 1908 年 5 月 17 日在开罗人民党社团（Club of the People's Party）发表的演讲，引自《政治话语》（*Discours politques*），开罗，1909 年，第 5—6 页。

教授埃及人健全的家庭关系。[1] 他声称，如果不彻底改变埃及人最私人的关系，埃及的政治局势与经济局势，都不会得到改善，而这一改革将由他的政党负责。

1910 年，在布鲁塞尔举行的民族党会议记录也表明家庭已经成为塑造政党纲领的核心。在大会上，关于医院和学校建设以及妇女教育的辩论与"政治"相关讨论所占用的发言时间一样多。例如，关于埃及是否准备好自治、其立法机构形式和功能的辩论穿插在关于婴儿死亡率、清洁度、母亲身份和教育冗长和激烈的辩论中。

一名叫哈米德·阿莱利（Hamed al-Alaily）的党员在题为《埃及的未来：埃及民族主义的道德和知识方面》（"The Future of Egypt: The Moral and Intellectual Aspects of Egyptian Nationalism"）的演讲中称，只有通过复兴埃及家庭和救助其儿童，议会和立法的政治才会出现。他说："利害攸关的不是一大捆一大捆的棉花或资金持有人的贷款，而是……男人和女人……以及儿童……当我们的同胞和支持者意识到政治运动的这些方面时……一种强烈的遗憾和愤慨之情将席卷他们觉醒的灵魂。"[2]

这种政治活动的最终不仅会吸引更多的埃及人发扬民族主义，还会彻底改变埃及的面貌。"埃及问题"将从埃及住所内部得到回答：

> 如果我们从此刻开始努力……我们的孩子将从我们这里继承一块流淌着牛奶和蜂蜜的土地，这块土地被赋予了独立以及随之而来的所有美德，就像随春天而到来的美丽花朵一样……充盈的谷仓，人声鼎沸的集市；喜气洋洋的小屋和秀美动人的艺术宫殿、宏伟的图书馆和壮丽的宗

[163]

---

[1]　艾哈迈德·卢特菲·赛义德，《埃及独立运动历史纪事》（*Safahat matwiyya min tarikh al-haraka alistiqlaliyya fi Misr*），开罗，1946 年，第 20—22 页。

[2]　《埃及国民大会全集》（*Oeuvres du Congrès National Égyptien*），第 103 页。

教仪式场所；勇敢的男人，真实、聪明、甜美的女人——男人们的优秀配偶——家庭被爱和美德的光芒点亮，伴随着孩子们的欢声笑语。所有这一切，甚至还不止这些，都曾是希腊人的梦想，罗马人的计划和英国人的成就。[1]

因此，党的作用是保持双重警惕（double vigilance）。一方面，为积极的政治未来做准备，该党还必须关心如何培养国家的儿童，确保国家未来的家庭生活。直至20世纪20年代中期，所有政党的"纲领"（platforms）都包含整理住所、保护母性和保障埃及儿童的未来：民族党章程第5条致力于继续普及教育和保护母性和儿童。1921年，阿德利·叶格恩（`Adly Yeghen）与华夫脱（Wafd）和萨阿德·扎格卢勒历经种种困难后，成立了自由宪政党，承诺将改善全国范围内家庭内外的卫生条件。[2]

## 结　论

1915年5月，开罗的文坛上出现了一种新杂志，由阿卜杜·哈米德·哈姆迪编辑，他在21世纪初还创办了名为《学生》的儿童周刊。新杂志被誉为"社会、文学批评类周报"（weekly social, literary critical newspaper），包含了"政治的"、文学的和"家庭的"讨论和辩论，这些是当时报刊杂志中必不可

---

[1]《埃及国民大会全集》，第128—129页。

[2] 摘自DWQ，部长会议，阿比丁宫档案，216号箱，"政党"（al-ahzab al-siyasiya），1925年1月19日。

少的内容，就像前文所讨论的 1919 年埃及革命之前二十年里开罗和亚历山大的许多其他杂志一样。一份名为《揭开》（*al-Sufur*）的报纸，其最好被译为"揭去面纱"（unveiling），从而立刻给人一种女性刊物的印象。然而，像前文讨论的许多报刊一样，《揭开》的目标并不是女性，而是当时与"女性问题"相似的政治议程，或者更具体地说，与面纱辩论紧密联系。哈姆迪在该杂志的创刊号中阐释道：

> 我们之所以出版《揭开》，是因为埃及的年轻知识分子看到了其必要性。"揭开"的含义不仅仅是一个人听到这个词时通常会想到的事物，特别是作家将其与"女性问题"联系在一起的广泛讨论。在埃及，女性并不是唯一被面纱掩盖的人群。事实上，在埃及，我们的地位、美德、道德、能力、知识和安全感——所有这些东西，都被面纱掩盖……在这个词的真正意义上，我们是戴着面纱的民族（*umma*）。在此杂志中，我们将揭露那些被掩盖的事物。我们将这篇文章命名为"揭开"，就是为了突出我们在进步和改革方面可以达成的目标。[1]

[164]

哈姆迪列举了他认为在埃及人及其社会和政治制度中代表面纱的行为类型：他将矛头指向炫耀钱财而不为穷人做任何事的富人、自称聪明却不听从忠告的人，以及严厉惩罚最小罪行，而不承认自身暴政是最大罪行的政府。最后，哈姆迪谴责了向妻子承诺忠诚的男人，"她们安全地留在家里的帷幔后面，而（他们却走出）家门，犯了通奸罪"。用作者的话说，男人在家庭内外的行为都是"最糟糕的头巾例子"。[2]

"女性问题"，就像世纪之交新闻期刊上的那样，不完全仅仅关于女性。

---

[1]　《揭开》，1915 年 5 月 21 日，第 1—2 页。

[2]　同上。

相反，"女性问题"是一种经常提及、批评或颂扬政治领域的手段。[1]在卡西姆·艾敏的著作和其他地方，关于头巾的讨论表达了从推翻政治专制到经济偿付能力再到改革婚姻契约的各种议程。"女性问题"要求男性接受新的事物秩序，一种新的行为准则，同时要求女性拥有一套新的价值观和行为。

正如在前文杂志中所展示的，"女性问题"在家庭和政治体之间创造了一种日益相似的关系。桌边谈话、家政学和"揭开面纱的埃及人"（uncovered Egyptians）构成了谈论政治、现代性和科学新方式的基础。现代埃及人在其住所内的习惯和习俗，形成了一个新的、性别化的政治体支柱，在这个政治体中，健全的家庭、改革过的婚姻和优秀母亲的形象体现并赋予了资产阶级、民族主义"埃及人"以"埃及"的意义。早期立宪主义阐述、赫迪夫秩序改革，以及让更多埃及人参与治理埃及的日常事务，反映了对"女性秩序"（l'ordre feminin）的持续关注，以及通过家庭事务对政治话语的塑造。因此，革命前的十年里，"女性问题"不仅是讨论民族主义的抽象手段，也不仅是从社会角度表达政治评论和批评的抽象手段，相反，它也是政治愿望和纲领具体化过程的核心。

[165]

---

[1]  关于艾敏时代的新闻工作者及其通过讨论妇女问题创造新的男性主义的探讨，参见玛丽莲·布斯，《伊斯兰教中的女性：20世纪之交的埃及男性和"女性媒体"》（"Women in Islam: Men and the 'Women's Press' in Turn-of-the-Twentieth Century Egypt"），《国际中东研究杂志》2001年第33卷第2期，第171—201页。

# 第六章　改革展示：1919 年革命的家庭政治

1919 年春，在埃及经历了由非正式的被占领区转变为正式保护国、实施军事管制、取消地方自治以及第一次世界大战的艰难岁月之后，埃及人给出了"埃及问题"的答案。1922 年初，血腥示威、罢工和抵制活动时有发生，埃及各阶层人士努力向英国和战后外交界表明他们的殖民统治必须结束了。[1] 经受了将近 40 年的政治、社会和经济制度操纵后，埃及人告知殖民主人，他们已经做好自治的准备了。

1919 年和 1920 年的示威游行似乎使多元的埃及人口团结了起来。虽然促使不同埃及人群参加示威活动的因素各有不同——一些人在经济方面表示不满，其他人则抱怨政治方面，但是他们都有一个共同的愿望：英国人离开埃及。这个共同的愿望点燃了革命的火焰，似乎使埃及人团结一致，参与到这场兼具本土和国际性质的冲突中。在革命性示威的活动中，最常见的故事之一就是：反对英国的斗争超越了阶级和宗派的差异，起码在革命时刻，为埃及人提供了一种"新的宗教信仰"。[2] 在民族主义的架构中，

---

[1] 我坚持对此革命的定义应涵盖从第一次世界大战结束到 1922 年 2 月 28 日埃及宣布独立这段时间。

[2] 这是大多数民族主义历史学家的解释。例如，参见阿布德·拉赫曼·拉菲（`Abd al-Rahman al-Rafi`i），《1919 年革命：从 1914 年到 1921 年的埃及历史》（*Thawrat 1919: Tarikh misr min sanat 1914 ila sanat 1921*），第 4 版，开罗，1987 年；以及阿卜杜勒·阿齐兹·拉马丹（`Abdel-Aziz Ramadan），《埃及民族主义革命：从 1918 年到 1936 年》（*Tatawwur al-haraka al-wataniyya al-misriyya min sanat 1918 ila sanat 1936*），开罗，1968 年。

[167] 埃及人——富人和穷人、穆斯林和基督徒、农民、工人和地主精英、男人和女人——手挽手走上街头，不仅使英国人无法完成治理埃及的日常任务，同时也证明了一个新的事物秩序———一种新存在阶段——已经到来。

　　1919 年埃及革命期间，埃芬迪的修辞和图像暗示了埃及的重生，从一个存在阶段进入了另一个存在阶段。第一次世界大战时期最不稳定的因素就是英国的含沙射影，英国称结束战争后，将直接启动埃及未来独立的谈判；伍德罗·威尔逊（Woodrow Wilson）战后宣布的民族自决原则进一步增强了这种期望。两种承诺都使人想起了 1882 年英国占领埃及以来所用的模糊语言和目标，其中，埃及被描绘为一个被殖民主人抚养成人的孩子。埃及人通过 1907 年后形成的政党和短暂存在的埃及立法议会（Legislative Assembly）（1913—1914）向英国人证明了他们已经"长大"（grown up）并具备自治的能力，也使人们对即将到来的解放充满期望。一位革命者莫尔科斯·法赫米（Morcos Fahmy）在给埃及高级长官艾伦比（Allenby）将军的信中说道："这项运动（革命）只是解放的开端……这种解放将使这个所谓的未成年人（minor）毫无畏惧地采取一些必要措施，增强肌肉，向成年期前进。"[1] 根据法赫米的说法，埃及对成熟的渴望是所有国家进步需要历经的进化过程的一部分。[2] 法赫米恳请英国允许埃及人继续已经开始的"进化周期"（evolutionary cycle），"而不对其进行干涉和强迫……尽管他们有缺点和弱点。"[3]

---

[1] 莫尔科斯·法赫米（Morcos Fahmy），《莫尔科斯·法赫米先生对英埃冲突的反思，以及给苏丹陛下和高级长官艾伦比将军的两封信》（"Réflexions sur le conflit Anglo-Égyptien de Monsieur Morcos Fahmy, avec deux lettres à Sa Hautesse le Sultan et au Genéral Allenby, Haut Comissaire"），DWQ，部长会议，教育部，M13 号箱。摘自《反思》（"Réflexions"）篇中题为《公平公正的保护国》（"Un Protectorat juste et équitable"）的一节，第 40 页。

[2] 埃及历史学家阿布德·拉赫曼·拉菲称这场革命是埃及历史上的一个自然阶段。拉菲，《1919 年革命》，第 66 页。

[3] 法赫米，《冲突的反思》，第 41 页。

关于这场革命的修辞和愿景经常涉及和驳斥占领的语言和图像。事实上，英国情报部门截获的革命通告显示，英国做出的一长串承诺助长了革命热情，包括第一次世界大战后解放埃及的虚假承诺。[1]革命示威、新闻报道、诗歌、短篇小说和政治漫画都使人想起了解放和将民族儿童抚养成人的图景。革命的愿景描绘了改革后的埃芬迪民族主义者给予新的独立国家生命并培育了它。赢得埃及独立是一个家庭事务，在这种家庭事务中，国家的承诺得以"兑现"。

改革后的家庭形象及其家庭习惯以两种特别的方式在革命运动中发挥至关重要的作用。第一种方式是将埃及作为一个国家来展示。第一次世界大战结束时，英国人拒绝接受埃及人已经构成一个民族的概念，拒绝接受 [168] 华夫脱（要求在凡尔赛与英国进行直接谈判的埃及精英代表团）全权代表埃及人的利益。英国人声称埃及人不知道"民族主义者"（nationalist）和"极端主义者"（extremist）或"革命者"（revolutionary）之间的区别。[2]因此，埃芬迪——华夫脱的定向支持来源——有责任向英国人和埃及人展示民族团结的形象，华夫脱需要赢得埃及人的忠诚。[3]埃芬迪革命者利用家族和家庭形象——包括母亲般呵护和养育的形象——向英国人展示了埃及确实是一个国家，且埃及人组成了一个民族"家庭"（family），不论他们在示威活动中的议程如何变化。

同样，埃芬迪经常把华夫脱领导阶层及其支持者描绘成埃及这个民族家庭的自然首领。革命期间，家庭形象的出现巩固了华夫脱与革命的关系，以及华夫脱与埃及人的关系。这种家庭形象正是埃芬迪在课堂上学习并在世纪

---

[1] PRO/FO 141/810/8013，《被英国拦截的宣传》（"Propaganda Intercepted by the British"），1919 年 3 月 27 日。

[2] PRO/FO 141/744/8916，陆军总部，开罗，1919 年 3 月 26 日。

[3] 穆罕默德·安尼斯（Mohammad Anis），《关于 1919 年革命文件的研究》（*Dirasaat fi watha'iq thawrat 1919*），开罗，1964 年，第 1 卷，第 11 页。

之交的报刊上表达的。虽然华夫脱领导层认为自己代表并促进自由政府的理想——为所有埃及人的埃及而奋斗，但事实上，埃及人并没有推选他们去欧洲代表自己。家庭形象表明，尽管华夫脱的性质特殊且源于上层阶级，但是它创造了它决心代表的埃及人民。母亲的角色——有时由女性扮演，而有时由男性扮演——使民族主义运动具备凝聚力、体系和力量。

与此同时，使用埃芬迪家族政治与英国人直接对抗证明了世俗的中产阶级改革有助于解放国家。通过将革命描述为中产阶级改革的逻辑结果，并将改革与华夫脱及其议程联系起来，埃芬迪声称他们的习惯和价值观明显是埃及的（Egyptian），且在政治方面有效。一夫一妻制、家庭改革、女性教育和科学母性在家庭中的应用均被认为是民族主义战略，构成了独立和自治的可靠秘诀。

埃芬迪致力于代表这个国家，并在华夫脱与埃及人之间建立一种亲子联系，这表现出 1919 年埃及革命中未被研究的某些方面：革命开始后，民族主义和革命文化已经开始形成，但革命领导人物仍流浪在海外。[1] 大多数历史学家认为 1919 年埃及革命是自发的起义，由第一次世界大战的形势和英国拒绝在战后会议上与埃及人直接谈判为导火索引爆。[2] 虽然埃及人的愿望（希望他们在凡尔赛代表自己）响应了十年前各政党所表达的观点，但由于战争的影响，这些政党仍处于休眠状态，无法指导革命运动的开展。因此，党的领导阶层无法组织和领导一场革命运动，直到华夫脱作为一个谈判代表团出现在英国人面前，直到群众凝聚起了他们背后的力量。[3] 首次面临英国

---

[1]　在此，我的想法受到林恩·亨特《法国大革命时期的政治、文化和阶级》（*Politics, Culture, and Class in the French Revolution*，伯克利，1984 年）的影响，他阐释了法国革命者在运动开始后才发明了符号和修辞。

[2]　例如，参见拉菲，《1919 年革命》；以及毛里乌斯·迪布（Maurius Deeb），《埃及的政党政治：华夫脱及其竞争对手，1919—1939》（*Party Politics in Egypt: The Wafd and its Rivals, 1919–1939*），伦敦，1979 年。

[3]　在阿拉伯语中，华夫脱一词的意思是代表团。

人的刁难时，华夫脱的领导阶层自己也惊讶于来自群众的源源不断的支持力量。[1] 到底是革命创造了华夫脱，还是华夫脱组织并激发了革命？[2]

　　这场革命的确迫使英国人承认了华夫脱是埃及的代表。但是革命是否创造了一个代表"所有埃及人"利益的华夫脱？华夫脱不是社会革命者的政党，也不是下层阶级的拥护者。事实上，它对引发革命也并不感兴趣。[3] 作为一个由精英地主和资本家组成的团体，华夫脱领导阶层最关注的是中上层阶级支持其代表埃及的竞选活动。[4] 但是，一旦其角色建立，且华夫脱领导阶层坐在欧洲谈判桌上，来谈判一项战后协议，华夫脱的国内支持者就会创作一篇将华夫脱和埃及人联系起来的论述。至于埃芬迪——学生和专业人士也一样，家庭的形象和改革后的家庭生活礼仪代表了华夫脱统治埃及人的能力。革命期间，经过改革的中产阶级家庭的呈现，使得整个军事占领逻辑和图像完整起来，也使中产阶级的理想近在眼前。

## 第一次世界大战、保护国和革命爆发

　　当仍是埃及法定宗主的奥斯曼人投靠德国阵营，并由此向英国宣战

---

[1] 迪布，《埃及政党政治》，第 43 页。

[2] 拉菲声称，1918 年 11 月华夫脱的创建是革命的主要导火索。《1919 年革命》，第 84—85 页。

[3] 埃利斯·戈德堡（Ellis Goldberg），《反抗中的农民——1919 年埃及革命》（Peasants in Revolt–Egypt 1919），《国际中东研究杂志》1992 年第 24 卷第 2 期，第 261—280 页。

[4] 乔尔·贝宁（Joel Beinin）和扎卡里·洛克曼（Zachary Lockman），《尼罗河上的工人：民族主义、共产主义、伊斯兰和埃及工人阶级，1882—1954》（Workers on the Nile: Nationalism, Communism, Islam, and the Egyptian Working Class, 1882–1954），普林斯顿，1987 年，第 89 页。

时，英国对埃及的非正式和无期限性质的占领发生了变化。于是，英国在1914 年 12 月 18 日将埃及变成了一个正式的保护国。第二天，英国便罢免了阿拔斯二世·希尔米帕夏，并由其叔叔侯赛因·卡米勒（Husein Kamil，1914—1917 年在位）继位，但侯赛因·卡米勒也不过只是英国的一个傀儡而已。保护国的确立使埃及脱离了奥斯曼帝国，取而代之的是英国的实际上的立法和行政权力。同时侯赛因·卡米勒的头衔改为了苏丹，这是为了承认埃及已脱离奥斯曼帝国的统治。英国对埃及执行了戒严令，由此导致集会自由和新闻自由受到了极大的限制，并最终被摧毁。埃及政府在首相侯赛因·罗什迪帕夏（Husein Rushdi Pasha）和苏丹侯赛因·卡米勒领导下，无非是加速了英国战争的爆发。由于西奈（Sinai）半岛和汉志（Hijaz）地区发生的与奥斯曼帝国之间的战争，以及埃及西部边界昔兰尼加（Cyrenaica）发生的赛努西贝多因人叛乱所造成的困难，埃及迅速成为大批英军的安置营。

战争给埃及人带来了无尽的苦难。[1] 1916 年，英国入侵巴勒斯坦，并从此开始征收埃及民用资源税。英国强制征募劳动力加入中东和其他地区的盟军队伍，并且同时还征用动物、建筑物和食物，给埃及农民造成了沉重的负担。在 1916 年至 1919 年之间，英国征募了 150 万名农民入伍，相当于 17 岁至 35 岁之间的埃及男子总人数的三分之一。[2]

英国战事导致埃及的本地经济遭到了破坏。1914 年 9 月，英国通过了

[1] 关于战争对所有阶级的影响的最佳阐述，参见拉菲，《1919 年革命》；拉马丹，《埃及民族主义革命》。参见贝宁和洛克曼的英文版本，《尼罗河上的工人》；小约翰·D. 麦克恩利（John D. McIntrye Jr.），《米尔纳使团联合抵制：埃及民族主义研究》（The Boycott of the Milner Mission: A Study in Egyptian Nationalism），纽约，1985 年。

[2] 赖因哈德·舒尔茨（Reinhard C. Schulze），《殖民和抵抗：1919 年的埃及农民起义》（Colonization and Resistance: The Egyptian Peasant Rebellion in 1919），摘自《现代中东的农民和政治》（Peasants and Politics in the Modern Middle East），法尔哈德·卡泽米（Farhad Kazemi）和约翰·沃特伯里（John Waterbury）编，迈阿密，1991 年，第 185 页。

一项法令，限制埃及人种植棉花，取而代之的是强迫他们种植各类粮食作物和谷物。因此，三角洲地区的棉花种植量受到了限制，每位土地所有者仅可在其拥有的三分之一的土地上种植棉花。因此，在战争年代，棉花的出口价值下降了 50%。[1] 这引起了农民的极大不满，也导致他们陷入了巨大的经济困难。这些变化也使包括萨阿德·扎格卢勒、阿里·沙拉维（Ali Sha`rawi）等人在内的大宗土地所有者与英国疏远，这些人后来在结束保护国的运动中发挥了核心作用。虽然这些人在战争年代的确从埃及的经济结构中收益，但是，他们对英国实施的这些并非由他们自己设计的政策感到愤愤不平。[2]

最后，生活在城市的民众也受到了战争带来的严重影响。虽然最初生产进口商品的替代品，促进了埃及本地的工业增长，确实给工人阶级带来了利益，但是当地生活条件的变化却给他们造成了严重影响。农业生产结构发生变化，导致部分农民向城市迁移，这给城市基础设施造成了压力，并且战争导致建筑材料缺失，也造成了严重的住房短缺。房屋租金因此上涨，使城市居民成为房租价格上涨的受害者。据估计，1914 年至 1919 年间，开罗地区最贫困居民的每月支出增加了两倍；与此同时，工资还在下降。[3] 食品和其他商品价格上涨，埃及资本流入英国军队，这些都导致了大规模的通货膨胀。[4]

到战争结束之时，大多数埃及人觉得自己所面临的境遇简直无法忍受。[171] 埃及人自己的赫迪夫被英国人废黜并由英国取而代之；他们被迫向伊斯坦布尔宣战；被迫关闭自己的政治机构以支持英国的单边统治；自己的土地

---

[1]　舒尔茨，《殖民和抵抗》，第 184 页。

[2]　关于战前和战时殖民经济的最佳阐述，参见舒尔茨，《殖民和抵抗》。

[3]　FO 407/186/325，引自贝宁和洛克曼，《尼罗河上的工人》，第 85 页。

[4]　舒尔茨，《殖民和抵抗》，第 184 页。

和商品被没收或变卖。高昂的物价使得许多埃及人吃不上饭，住不起房。城市地区的犯罪率不断攀升，与此同时，越来越多人卖淫、患病、自杀、挨饿、吸毒。因此，民族主义不再只是埃及精英人士中存在的一个意识形态平台，而是成为了所有饱受战争和保护国痛苦和折磨的所有埃及人的一个战斗口号。

英国在埃及建立保护国，也许最口是心非的方面就是结束殖民统治的承诺。1914 年，驻埃及的代理总督米尔恩·奇塔姆爵士表示：英国实际上希望"加快埃及自治的进程"。[1] 但是，这种承诺就像蒙着面纱的保护国一样，本身就模糊不清，并且也没有设定具体期限，使人们产生了随着战争的结束埃及也将走向独立的期望。

事实上，在第一次世界大战爆发的前几年，埃芬迪和地主阶层越来越多地参与到政府事务中。埃及成立了立法议会（Legislative Assembly），该议会对培养革命领导人具有实际促进作用，并且预示着埃及人会在政治上发挥更积极的作用，但是，立法议会最终却因战争而关闭。像 21 世纪初期的各个政党一样，立法议会也是英国政府绥靖计划的一部分：它是成立于 1883 年的埃及原立法委员会（Legislative Council）的延伸，后者是达弗林委员会建议对埃及人进行自治艺术"培训"的结果。而在基奇纳的敦促下成立的立法议会，则被设计成为制衡阿拔斯二世·希尔米帕夏权力的一种手段。但是，事实证明，立法议会是一个民族主义论坛。它于 1913 年 1 月召开第一次会议，但在次年 12 月宣布成立保护国之时即被宣告暂停。根据历史学家阿法芙·马尔索（Afaf Marsot）的说法：议会被暂停，就足以说服包括萨阿德·扎格卢勒在内的长期支持英国的人，埃及自治计划不会

---

[1]　FO 371/1971，奇塔姆至格雷，1914 年 12 月 3 日，引自麦克恩利，《米尔纳使团联合抵制》，第　9 页。

实现。[1]

　　萨阿德·扎格卢勒是自由民族主义运动的新领导人，在战争爆发之前，刚当选为立法议会的副主席。立法会议被暂停时，扎格卢勒站出来反对英国政府，同时也反对英国在埃及政府中扶持的傀儡领导人。和扎格卢勒一样，大多数后来成为华夫脱党领袖的人都是受过西方教育的人，他们深深扎根于中上层阶级，即地主、实业家、商人、埃芬迪阶级。扎格卢勒、穆罕默德·马哈穆德（Mohammad Mahmoud）、哈马德·巴兹尔（Hamad Basil）、阿里·沙拉维和阿卜杜勒拉蒂夫·马卡巴蒂（`Abdullatif al-Makabati）是大地主；伊斯梅尔·思德奎（Isma`il Sidqui）是一位实业家；艾哈迈德·卢特菲·赛义德和阿布德·阿齐兹·法赫米（`Abd al-`Aziz Fahmy）是埃芬迪中的代表；穆罕默德·阿里和乌马尔·图森（`Umar Tussun）为王室成员。华夫脱党领袖及其诸多支持者均认为宪法自由主义的理想是必然的。因此，只要英国兑现一旦埃及人在政治上表现成熟时便离开埃及的承诺，他们就准备合作。一位华夫脱党的支持者后来在他的回忆录中叙述道："在埃及，我们一直认为英国占领埃及只是暂时性的，有了这个认知，我们准备以重申后的承诺为基础展开合作，但同时绝不放弃我们对埃及将最终成为一个独立民族的主张。……我们渴望沿着这些路线前进。"[2]这些词句出自作者阿明·优素福（Amine Youssef），英国人将其称为"理性却又极端的民族主义者"。阿明·优素福认可英国为埃及所做的一切，但现

---

[1]　阿法芙·卢特菲·赛义德·马尔索，《埃及的解放实验（1922—1936）》（*Egypt's Liberal Experiment 1922–1936*），伯克利，1977 年，第 47 页。另见马哈茂德·扎伊德（Mahmud Zayid），《埃及的独立斗争》（*Egypt's Struggle for Independence*），贝鲁特，1965 年。关于萨阿德·扎格卢勒的生活及其对埃及政治领域的影响，参见阿布德·哈利克·拉申（`Abd al-Khaliq Lashin），《萨阿德·扎格卢勒和他在埃及政治中的角色》（*Sa`ad Zaghlul wa dawruhu fil-siyasa al-misriyya*），开罗，1975 年；以及阿巴斯·马哈茂德·阿卡德（Mahmoud al-`Aqqad），《萨阿德·扎格卢勒：传记和致敬》（*Sa'ad Zaghlul, sira wa tahiyya*），开罗，1987 年。

[2]　阿明·优素福（Amine Youssef），《独立的埃及》（*Independent Egypt*），伦敦，1940 年，第 32 页。

在他同时也呼吁英国给予埃及完全独立地位，理由是"鉴于埃及的道德和物质条件，现在已经到了埃及可以主张自己主权的时候了"。[1]

和优素福一样的埃及民族主义者试图在签署停战协议后随即逼迫英国兑现其所作的有关埃及独立谈判的承诺。1918 年 11 月 13 日，萨阿德·扎格卢勒、阿里·沙拉维和阿布德·阿齐兹·法赫米拜访位于开罗的一所英国官邸，在那里会见了埃及的高级专员雷金纳德·温盖特（Reginald Wingate）爵士。受战争结束和伍德罗·威尔逊（战后，威尔逊在埃及被奉为"救世主"一般的人物）极力推崇民族自决原则的鼓舞，扎格卢勒和他的同伴向温盖特说明了有关埃及完全自治的计划。[2] 此外，他们还请求准许他们前往伦敦，直接与英国政府讨论埃及的未来。

英国人并未准备对扎格卢勒的任何请求做出肯定答复。直到战争结束之时，英国人仍不确定他们想要对埃及做什么，但是很明显的是，解放埃及并未包括在他们的选项之中。为确定战后埃及的地位，1917 年 9 月，埃及行政委员会（Egyptian Administration Committee）成立，其成员包括贝尔福（Balfour）、寇松和米尔纳勋爵。米尔纳勋爵提交的一份备忘录清楚地表明了[173] 他们的立场："除非我们输掉战争，否则未来埃及也将和印度或尼日利亚一样成为大英帝国的一部分，无论我们的选择是进一步合并还是就此满足于这种保护国形式，而我个人认为后者更好。"[3] 贝尔福认为扎格卢勒对埃及的计划奢望过高，并声称埃及并未做好任何性质的自治准备。尽管他声明自己愿意之后与埃及首相侯赛因·罗什迪（此人在整个战争过程中一直支持英国针对埃及设立的目标）进行谈判，他打心底里谴责扎格卢勒的意图。

---

[1] 米尔纳资料，1919 年 12 月 11 日，牛津博德利图书馆藏。

[2] 穆罕默德·萨布里（Mohammad Sabry），《埃及革命》（*La Révolution Égyptienne*），巴黎，1919 年，第 24 页。

[3] 摘自《埃及行政委员会的报告》（Report of the Egyptian Administration Committee），CAB 27/12（战时内阁），引自麦克恩利，《米尔纳使团的联合抵制》，第 19 页。

同样也是在 11 月 13 日，扎格卢勒开始着手成立一个由埃及人组成的代表团，他们将为埃及这个国家及其利益发声。历史学家毛里乌斯·迪布（Maurius Deeb）将这个代表团描述为民族党和人民党在第一次世界大战爆发前几年里相互借鉴融合的一个综合体。华夫脱党从民族党手中获得了它的组织基础设施、多位杰出成员、一个城市支持基地以及将英国人赶出埃及的坚定信念；而从人民党那里，他们则得到了农村支持以及对自由意识形态的承诺。因此，他们成为了各类人群的盟友，包括城市里的埃芬迪、农民和中等地主、拥有土地的精英人士、以及大宗土地所有者和实业家。[1]

根据从已被暂停的立法议会中获得的经验，华夫脱成员们团结一致，渴望通过法律手段寻求从英国的统治中独立出来，并直接代表埃及人民的意愿和愿望。[2] 为了赢得声望，扎格卢勒进行了公开演讲活动，并且走遍了埃及。为了巩固他在英国人眼中的地位，他发起了一场代表权（tawkilat）运动，即收集埃及所有代表组织的如下签字证词：在埃及与欧洲列强进行的所有政治谈判中，华夫脱是他们唯一的授权代表。对于获得各省人民签字的代表权运动，作为华夫脱代表的埃芬迪发挥了重要作用。代表权运动点燃了民族主义情绪，并且"不经意间为 1919 年的民众起义进行了一场无声的排练"。[3]

当华夫脱成员得知叙利亚代表团被允许参加在凡尔赛宫召开的和平会议时，他们在要求和行动方式上变得更加激进。他们在扎格卢勒的家里举行有组织的会议，并且更加频繁地公开谴责英国的统治。当首相侯赛因·罗什迪及副首相阿德利·叶格恩因对华夫脱的遭遇感到愤愤不平而辞职后，英国人在埃及再无一位支持者。因此，英国政府开始视华夫脱为危

[1] 迪布，《埃及政党政治》，第 3 页。

[2] 舒尔茨声称第一次世界大战促进了本土精英国家意识的发展。

[3] 迪布，《埃及政党政治》，第 43 页。

险源。1919 年 3 月 6 日，扎格卢勒和华夫脱党的其他成员收到警告：他
们的活动可能会受到戒严令的制裁。两天后，扎格卢勒和华夫脱成员哈马
德·巴兹尔和伊斯梅尔·思德奎被捕并被流放到马耳他。

他们的流放导致整个开罗开始发生一系列示威活动，整个三月间一直
持续，各个阶层、各行各业的埃及人都积极参加到这场反抗英国保护国的
示威活动中。3 月 9 日，法学院和爱资哈尔的学生率先在开罗街头领导了
示威游行。随后，其他院校的学生很快加入了他们的行列，后来中学生也
加入进来。3 月 10 日，学生们加入示威活动行列并向开罗市中心逼近，随
后，电车工人也以宣布罢工的方式加入示威行列。[1]但是，示威人群遭到士
兵们开枪射击，成为了群众革命的第一批牺牲者。

很快，示威游行席卷了整个埃及。3 月 12 日，英国向坦塔（Tanta）的
3000 名示威者开火，导致 11 人死亡，52 人受伤。3 月 14 日，又有 13 人在
开罗的赛义达·泽纳布（al-Sayyida Zeinab）清真寺被杀害。到 3 月 15 日，
许多通信设施被破坏；盖勒尤卜（Qalyub）的铁路轨道被撬起，火车遭到
袭击。英国军事人员也遭到袭击并且被杀害。到 3 月 16 日，已有 3000 名
埃及人死亡，100 个村庄被毁，63 个火车站被烧，200 个地方的铁轨遭到
破坏。[2]

3 月 16 日，女性也加入了示威游行，游行队伍打着写有"自由万岁，
独立万岁"和"打倒保护国"的横幅。当天，80,000 名革命者聚集在爱资哈
尔听华夫脱党发表演讲。到 3 月 19 日，一些省份开始公开叛乱：在三角洲
和上埃及的农民破坏了农作物并烧毁了火车站。到 3 月底，全体国民都开

---

[1]  在革命期间，许多工人团体举行了罢工，包括政府和私人印刷厂的工人、开罗电力公司员工、
     邮政和通讯工人、出租车和运输司机以及政府官员。《尼罗河上的工人》一书讲述了工人及其辛
     迪加在革命中发挥的作用。

[2]  舒尔茨，《殖民和抵抗》，第 188—189 页。

[174]

始公开起义，并加入华夫脱党要求独立。[1]

3月下旬，艾伦比将军抵达埃及，奉命采取一切必要措施恢复埃及秩序。但是，他很快发现只有通过军事干预才能平息这场起义。在意识到英国人在埃及所面临的困难局面、军事干预的不切实际性以及允许华夫脱参加和平会议的重要性后，艾伦比于1919年4月9日释放了扎格卢勒。到4月11日，扎格卢勒和华夫脱党的其他成员踏上了前往巴黎的旅程，在巴黎他们一直就革命期限问题与英国进行谈判。[2]

扎格卢勒到达巴黎后，一个中央委员会便成立了，其目的是在他缺席的情况下继续履行华夫脱的使命。[3] 中央委员会面临的最重要任务是保持与扎格卢勒之间的沟通，为华夫脱筹集资金，以及发动一场争取赢得全国支持 [175] 的运动。[4] 为实现这两个目的，中央委员会着手在开罗和其他省份鼓励更多人加入华夫脱党。[5] 他们的首要目标是乡村名流，因为这些人可以为华夫脱的资金库注入资金，并为华夫脱在地方的议程提供支持（作为华夫脱党的成员，此外，他们也希望这些乡村名流能够加入中央委员会的各个分会）。[6] 援引中央委员会第一任秘书阿卜杜勒·拉赫曼·法赫米（`Abd al-Rahman Fahmy）和身处巴黎的扎格卢勒之间的往来信件，迪布认为：在开罗，如果名流们有受过教育的儿子，那么这类名流就是最容易被说服加入华夫脱的。[7]

---

[1] 关于1919年事件的概述，参见拉菲，《1919年革命》。关于农民在示威游行中的作用，参见戈德堡，《反抗中的农民——1919年埃及革命》。

[2] 参见埃利·凯杜里（Elie Kedourie），《萨阿德·扎格卢勒与英国人》（"Sa`ad Zaghlul and the British"），中东资料第2号（圣安东尼资料，第11号），阿尔伯特·胡拉尼编，伦敦，1961年，第139—160页。

[3] 特别参考安尼斯，《关于1919年革命文件的研究》。

[4] 迪布，《埃及政党政治》，第43页。

[5] 安尼斯，《关于1919年革命文件的研究》，第11页。

[6] 迪布，《埃及政党政治》，第63页。

[7] 同上；安尼斯，《关于1919年革命文件的研究》，第205—206页。

据迪布的说法，这些身为乡村名流之子的埃芬迪，无论是生活在农村还是城市都一样自在。因此，他们能够亲自向父亲讲述华夫脱议程，吸引其加入华夫脱。[1] 因此，这些埃芬迪是华夫脱和各省之间在意识形态上的联结点。英国人指责这些埃芬迪让无辜的埃及人陷入了他们的阴谋诡计之中，并且也让广大群众卷入一场并非为争取他们的利益而设计的运动之中。[2]

中央委员会很快注意到：在 1919 年 3 月下旬学校罢课，学生们回到自己的村庄后，人们加入村级华夫脱党的热情迅速提升，[3] 这是因为学生将"革命精神"带回了各省，带到了当地家庭中。学生们积极参加示威活动，制作和分发传单和小册子，并且发起各种宣传活动。[4] 英国情报机构报告："很大一部分鼓动工作都交给了学生。"[5] 对于华夫脱出现在巴黎，英国人并不太紧张，相比之下，他们紧张的是埃芬迪在没有华夫脱参与的情况下却成功地巩固了革命运动。[6] 因为，在华夫脱领导人缺席的情况下，革命运动却在不断发展壮大。

事实上，如果说是华夫脱的建立和流放引发了革命，那么在这场革命中，将各种起义的象征性符号转变为以华夫脱为首的民族主义运动，埃芬迪（无论他们是职业人员还是学生）还是发挥了核心作用。历史学家穆罕默德·阿尼斯（Mohammad Anis）声称，事实上，我们必须将这场革命理解为两次革命。第一次革命发生在 1919 年 3 月，它引起了骚乱，并最终引起英国人的注意。接着，他表示，第二次革命开始于同年 4 月，这次革命引发了一场由华夫脱持续领导的运动。正是在这第二次革命期间，作为"华夫脱传教士"的埃芬迪成了埃及国内民众的象征性符号，通过他们，示

---

[1]　迪布，《埃及政党政治》，第 43 页。

[2]　FO 141/744/8916，1919 年 4 月 21 日。

[3]　拉菲，《1919 年革命》，第 142 页。

[4]　迪布，《埃及政党政治》，第 53 页。

[5]　同上，第 64 页；拉菲，《1919 年革命》，第 68—69 页。

[6]　安尼斯，《关于 1919 年革命文件的研究》，第 13 页。

威"人群"变成了团结在华夫脱背后的"民族"。[1]

1919年5月，当和平会议接受埃及将继续作为保护国时，埃及的示威游 [176]
行和罢工活动又重新爆发。在扎格卢勒离任前夕成立的华夫脱中央委员会仍
继续组织地方委员会开展相关工作，这使得英国和埃及的地方政府很难在不
与华夫脱协商并使其参与进来的情况下开展工作。此时，各地爆发了更多支
持华夫脱和反对戒严令的罢工行动，公务员和工人阶级也发动了一系列罢工。

艾伦比只得对埃及人进行安抚，并告诉他们，有一个受米尔纳勋爵领
导的英国特派团将被派往埃及，聆听埃及人关于自治政府的想法，尽管这
个政府仍将继续受英国保护。有关这个特派团即将到来的消息一经散布，
便引起了更大程度的骚动，华夫脱领导人则趁此机会发动更多公众骚乱和
混乱。1919年12月7日，米尔纳的使团抵达开罗后，埃及学生便立即着
手组织和执行抵制行动。[2] 华夫脱中央委员会于12月10日发表了一份新
闻公报，该公报称埃及民族已决定抵制米尔纳，主要原因有三个，其中最
重要的也许是，米尔纳及其同僚是在保护国已是既成事实的前提下希望谈
判。特派团来到埃及后，最初被隔离在塞米勒米斯酒店内，期间，其成员
收到了一千多份埃及民众的电报。大多数民众都表示支持结束保护国；所
有的电报都把萨阿德·扎格卢勒列为埃及的代表。虽然米尔纳会见了侯赛
因·卡米勒的继任者苏丹福阿德（Fuad，1917—1936年在位）和一些埃及
部长，但他与那些对大多数埃及民众有影响力的人却鲜少交谈。[3] 尽管米尔
纳在12月29日的声明中表示他出现在埃及的原因是为了"聆听"埃及人的

[1] 安尼斯，《关于1919年革命文件的研究》，第10页。

[2] 当米尔纳到达埃及时，他从令人钦佩的信息宝库中获得了埃及知识，其中大部分来自居住在埃
及的英国国民——农业学家、商人和教育工作者。此外，其余一些信息由英国官员提供。米尔
纳回顾了年度预算以及教育、混合法院、埃及政治和宪法改革方面的相关说明。他可以查看财
政部关于尼罗河控制工程和投降委员会的备忘录和笔记，甚至还可以获取有关埃及精神病患者
和该国精神病院收容的埃及人数量的文本。

[3] 福阿德是伊斯梅尔的儿子。

请求，但埃及人抵制他的行动却仍在继续。那些与米尔纳交谈过的人都坚定自己的要求，那就是埃及独立。

最终，米尔纳在 1920 年 3 月离开埃及。6 月，阿德利·叶格恩作为中间人被派往伦敦，开启了华夫脱和米尔纳之间的谈判，这场谈判一直持续到同年 11 月。随着谈判的推进，扎格卢勒和华夫脱成员（包括阿德利·叶格恩）之间出现了分歧，扎格卢勒表示在埃及国民议会投票赞成之前，他不会签署协议，而华夫脱成员则愿意在没有埃及民众直接支持的情况下结束谈判。米尔纳在 1921 年 2 月 26 日发表的关于埃及状况及其原因的报告

[177] 中指出，保护国不仅对英国来说站不住脚，而且也无法让埃及人满意。艾伦比要求苏丹福阿德通知埃及人：英国政府愿意将米尔纳的提议正式化。关于这个提议，尽管扎格卢勒有保留意见，但他还是要求埃及国民接受该提议。阿德利·叶格恩被要求成立一个专门代表埃及人民的部门，并且艾伦比答应支持该部门。在阿德利就任首相时，他承诺邀请扎格卢勒和华夫脱继续与英国谈判，直到他们达成能够代表人民意愿的协议为止。

但是，私下里，阿德利却试图阻止扎格卢勒返回埃及，他担心扎格卢勒的声望会威胁到他新就任的首相职位。他的担忧最终得到了证实：1921 年 4 月 4 日，当扎格卢勒回到埃及时，他受到了英雄般的热烈欢迎，这清楚地表明了人们对扎格卢勒的偏爱。为了对抗阿德利，扎格卢勒再次依靠埃芬迪（尤其是学生）的力量，要求他们向各省传达这样一则消息，那就是阿德利内阁并未代表埃及的意愿。扎格卢勒成功邀请到英国国会工党议员来到埃及，这样便可以让他们亲眼看到阿德利的部门是不合法的。根据迪布的说法，此次访问的结果是，英国国会议员们联合发表了一份宣言，表示应召开国民议会选举，并由国民议会选举出埃及内阁。[1] 尽管最终没有

---

[1]  迪布，《埃及政党政治》，第 55 页。

成立国民议会，但阿德利却在 1921 年 12 月 11 日辞职了。

由于扎格卢勒在推翻阿德利内阁中起到了一定的作用，他再次被驱逐出境，而这一次是在 1922 年 2 月 20 日被驱逐到塞舌尔。但是，无论是在普通大众中，还是在之前离开华夫脱的那些人中，扎格卢勒的名气都大幅度上升。华夫脱领导人离开埃及，使得英国人比以往任何时候都更愿意与埃及人达成和解。在华夫脱领导人流亡一周后，英国人在 1922 年 2 月 28 日宣布他们愿意承认埃及为独立国家。但是，作为交换，英国提出了以下几项要求：英国将保留其在埃及的交通主权；英国军队将驻扎在埃及以抵御国外势力对埃及的侵略；埃及允许英国保护埃及境内的少数民族和外籍人士；英国将获得超过苏丹的最高统治权。1922 年 3 月 1 日，埃及新任首相萨尔瓦特帕夏（Tharwat Pasha）组成内阁，并起草了埃及的第一部宪法。3 月 15 日，埃及宣布独立。虽然新宪法并没有令华夫脱、福阿德国王（宪法将他的头衔从苏丹改为了国王）和英国满意，但它构成了英国与埃及之间一直持续到 1936 年的调解的基础。[1] 扎格卢勒成了革命之父，他还是埃及作为独立国家的领导人，尽管这场革命主要在他缺席的情况下发生，他对埃及新政体的形式和结构的观点仍有所保留。[2]

[178]

---

[1] 本项目范围不包括宪法固有的问题以及在埃及实施宪法统治存在的困难。关于 1922 年至 1936 年时期的最佳描述，参见马尔索，《埃及的解放实验》；塞尔玛·博特曼（Selma Botman），《从独立到革命的埃及，1919—1952》（*Egypt from Independence to Revolution, 1919–1952*），锡拉丘兹，1991 年；扎希尔·马苏德·库赖希（Zaheer Masood Quraishi），《埃及的自由民族主义：华夫脱党的兴衰》（*Liberal Nationalism in Egypt: Rise and Fall of the Wafd Party*），阿拉哈巴德，1967 年。

[2] 萨布里，《埃及革命》，第 28 页。

## 建设国家：女性服饰中的政治领域

塑造和传播革命标志和宣传话语的埃芬迪也推动了一种双重议程。他们对任何非中产阶级的民族主义都不屑一顾，因此，他们声称只有他们那类的行为才适合与英国人斗争。但是，与此同时，他们关于"民族"和"民族斗争"的论述却揭示出了这样一种信念，那就是所有阶级和不同信仰的埃及人共同组成了一个埃及大家庭，这个家庭就是曾经由华夫脱"养育"并将成功取得独立的家庭。

因此，研究革命时期的新闻和宣传话语就是研究矛盾。目击者对示威游行活动的描述证明了埃及"民族"的分裂性质。对于参与示威游行的"人群"，目击者的描绘是他们不仅按阶级划分，而且他们对英国人的要求也不尽相同。甚至连埃及媒体也没有将所有革命者称为"民族主义者"。只有那些被媒体认为以"有序"方式参与示威游行的人才被他们称为民族主义者，而那些与此行为不符的人则被排除在民族主义者的阵营之外。他们将"非民族主义者"依次被称为暴民、乌合之众（ra`a）和地痞流氓（gauga´）。对于某些示威者，埃及人的描述与英国人的描述并没有多大的不同，英国人的描述是："贺加斯画了一幅由但丁的地狱和法国大革命组成的场景，此外还有……东方狂热，你会看到类似这样的暴民。人群中，很多人已不再能够从他们的喉咙里发出任何声音，另一些人则口吐白沫，我亲眼看到三个人倒在地上。"[1]

但是，与此同时，媒体则通常将所有阶层的示威者都描述成代表着埃及"民族"，尽管他们的行为和议题不尽相同。埃芬迪在示威游行中展现的

---

[1]　托马斯·拉塞尔资料，1919 年 4 月 13 日，牛津圣安东尼学院。

形象是，不同群众转变成了统一的埃及民众，即埃及民族（umma）。似乎在人群中引发一场全国性运动就是"埃及"的形象，该形象由华夫脱代表并保护，所有埃及人都可以在华夫脱背后集结。

　　为了巩固华夫脱与普通群众之间的关系，中央委员会充分利用了埃及新闻媒体。在 1918 年以后，埃及民族主义情绪高涨，同时各种技术也迅速发展，导致出现了越来越多的"政治狂热"的新闻媒体，并且也激起了埃及民众对新闻媒体的更大兴趣。[1] 当中央委员会开始着手为华夫脱建造一个支持基地时，他们便因此有了现成的"宣传"工具，同时又有热切的观众。虽然直到 1922 年之前，华夫脱及其后来的诋毁者都没有官方刊物，但很多刊物都对革命和华夫脱平台提供了支持，这些报刊包括早在 1918 年就已发行的《金字塔报》（al-Ahram）（目前，该报刊仍然是埃及读者最广泛的日报）。[2] 到 1919 年，《人民报》（al-Ahali）、《马荷鲁斯》（al-Mahrusa）[3]、《秩序》（al-Nizam）和《思想》（al-Afkar）被英国人视为"暴力民族主义者"。[4] 在这些刊物中，通常是"非政治性的媒体"刊物中会包含关于革命、华夫脱和埃及民族等高度政治化的信息，比如伊斯坎德尔·马卡里奥斯（Iskander Makarius）于 1915 年创办的《微妙画刊》（al-Lataʿif al-Musawwara）以及苏莱曼·法齐（Sulayman Fawzi）于 1921 年创办的《剪贴簿》（al-Kashkul）。[5] 这两份刊物都通过政治漫画方式来表现、赞扬和讽刺国家领导人，而这类媒体后来成为埃及媒体的主流形式。虽然《微妙画刊》和《剪贴簿》等期刊的发行量不是很大，但却很有影响力，因为它们采用插图和漫画的形

[179]

---

[1]　阿亚隆，《阿拉伯中东新闻》，第 76—77 页。

[2]　同上。

[3]　"Al-Mahrusa" 在阿拉伯语中指的是"被保护的，无法攻占的"，在埃及语境中是开罗的别称。——译者注

[4]　米尔纳资料，1919 年 12 月 9 日，牛津博德利图书馆藏。

[5]　阿亚隆，《阿拉伯中东新闻》，第 78 页。

式，即使文盲也能够理解。[1]这两家期刊的主题确实能够代表发行量更大的报纸。

例如，在埃及媒体报道1919年3月17日发生的有组织游行的文章中，描述了"民族主义"行为和"非民族主义"行为之间明显的分歧。在英国当局的允许下，那些游行队伍以数千人的规模席卷了开罗。示威游行导致政府工作和企业关闭，但没有出现财产受损，也没有与英国当局发生任何冲突。根据《金字塔报》的说法，示威者在警察局长的带领下穿过了开罗。警察后面紧跟着的第一排是举着埃及国旗的示威者，他们是一群学生。学生后面跟着一排一排的工人，他们还举着一面写有"工人"（al-`umal）的旗帜。示威游行持续了6小时。[2]新闻报道没有停留在对示威队伍成员的冗长描述上。相反，他们将读者的注意力转移到那些在以前的示威游行、罢工和攻击英国人中明显属于破坏性的或不文明的因素上。他们斥责这种破坏力量，因为这不利于革命及其目的。新闻报道对示威游行只是简单描述，而用更多的篇幅来表达对示威游行的评论意见。

[180]　　相比之下，参加3月17日那场有序示威的示威者表现出的"完美性"说明了民族主义的力量和良好的民族主义行为能够使国家复苏。一位匿名作家在《金字塔报》上写道："我们把我们的话说给那些不愿意看或者没有看见的人听，说给那些听到关于他们坏话的人听。……示威游行有序进行，令我们心中充满喜悦。"这显然是对英国人说的。它表达的正是期刊《马荷鲁斯》所说的"有生命的发达民族的最佳表现"。[3]工人、仓库和商店老板以

---

[1] 贝思·巴伦，《民族主义图像学：女性埃及》（"Nationalist Iconography: Egypt as a Woman"），载《反思阿拉伯中东地区的民族主义》（*Rethinking Nationalism in the Arab Middle East*），伊斯雷尔·格索尼（Israel Gershoni）和詹姆斯·扬科夫斯基（James Jankowski）编，纽约，1997年，第116页。

[2] 《金字塔报》，1919年3月18日，第1页。

[3] 同上，1919年3月18日。

及商人被列为以最文明、最有秩序的方式参与游行、观看游行和在游行队
伍外欢呼的人。

在开篇专栏中，《马荷鲁斯》称赞 3 月 18 日由埃芬迪领导的游行性质
"文明"，并表示以这种文明方式示威游行对还击英国人对埃及的言论和想
法具有至关重要的作用。[1] 3 月 21 日出版的《马荷鲁斯》将学生在示威游行
中扮演的角色与地痞流氓所扮演的角色进行了比较，称学生们遵循了"正
确的模式"（al-manhaj al-salimy），因为他们的示威游行体现了智慧、秩序
和思想性的存在。[2]

在这两种关于反英示威游行的描述中，很明显存在这样一种观点：在
埃及人做好自治准备之前，必须先表现出一种恰当的埃及民族主义。埃芬
迪似乎相信资产阶级民族主义具有复兴力量，并且认为这种力量已经建设
了一个"生机勃勃的发达"民族，而且如果这种力量不受阻碍，那么它将继
续把普罗大众也纳入进来。无论华夫脱领导人是否真的相信他们的"民族"
超越了阶级和政治议程上的差异，这都是次要的，因为他们在新闻媒体上
展示的，无论是给英国人还是他们自己的埃及同胞看的，都是埃及民族的
形象，这个形象就是所有阶级都称自己是这个民族的成员。显然，这些不
守规矩的行为是可以在正确的领导下被纠正的。

埃及的革命形象及其"恰当的领导"反映出自穆罕默德·阿里时代以来
一直流传的有关埃及民族的各种辩论和讨论：埃及是一个由埃及人民组成
的"家庭"，它是现代的，并且已经过改革。世纪之交的新闻媒体和课堂中
普遍存在一种观点，即认为埃及人可以通过自己的个人行为来展示他们的
现代性及其所做的关于解放埃及的承诺，这种观点在革命期间重新浮出水
面，并且与华夫脱组织的反英斗争联系起来。虽然革命是各阶层对连年的

---

[1]　《马荷鲁斯》，1919 年 3 月 18 日，第 1 页。

[2]　同上，1919 年 3 月 21 日，第 1 页。

[181] 战争以及英国人不兑现承诺做出的无规划反应，但是，埃芬迪和华夫脱的形象却体现出了一个多世纪以来对塑造民族主义至关重要的个人和国内改革项目。

事实上，在革命时期，埃及新闻媒体对埃及描绘的最常见的形象之一就是，埃及是一个实体，它不同于任何其他民族，拥有自己的历史、习俗和传统。正如从穆罕默德·阿里时代翻译过来的译本所描绘的一样，在世纪之交关于"新女性"的辩论中，以及在儿童教科书中，这个被称作埃及的实体都被放在与其他民族相对的位置上，以便衡量埃及的进步。毫不奇怪，埃及被描绘成女性化的形象，而自 19 世纪后期以来，这个形象对埃芬迪民族主义意识具有核心作用。例如，米尔纳于 1919 年 12 月抵达埃及的第二天，《微妙画刊》上刊登了一幅漫画，这幅漫画所描绘的埃及既不同于叙利亚和阿尔巴尼亚，也不同于寻求控制这两个国家的殖民国家（见

[182] 图 4）。它将埃及描绘成一位优雅的古埃及人，类似法老时代的公主。漫画中有很多对过去的法老时代的暗示，包括埃及人的服装、她身后柱子上装饰的莲花、棕榈树以及背景中的家具等。[1] 叙利亚被描绘成一位穿着大概是某种传统服装的女孩儿，她正在跳舞，在她的法国追求者也就是后来成为被委任叙利亚的高级专员亨利·高洛德（Henri Gouraud）的怀抱中自由、快乐地摇摆着。[2] 而与此同时，穿着似乎是提洛尔人服装的阜姆（阿尔巴尼亚）显然已经屈服于意大利将军邓南遮（D'Annunzio）之下，他主导着对阜姆的包围攻势，而阜姆似乎很高兴和他一起跳舞。埃及拒绝了她的追求者，一位不知名的英国军官。当这名军官邀请她跳舞时，她拒绝了他的拥抱，让他吃了闭门羹，并骂了他一顿。（这位军官对她说："来和我

---

[1] 《微妙画刊》，1919 年 12 月 8 日。图说显示这幅漫画根据亚历山大的穆斯塔法·法赫米·穆罕默德（Mustafa Fahmy Mahmoud）埃芬迪的想法所创作，因此他还获得了 100 埃及比索的奖励。

[2] 高洛德及其部队于 1920 年 7 月 25 日进入大马士革。

图 4 "我亲爱的埃及，来和我跳舞吧！"，《微妙画刊》，1919 年 12 月 8 日

跳舞吧，我亲爱的埃及。"而她则回答道："看在你父亲的份上，发发慈悲吧！"）这里所暗示的是，将抵御帝国主义并给予埃及独立的，是一个明确的埃及实体，而非一个阿拉伯实体或欧洲实体。对于受过教育的阶层来说，他们应该已经明白了改革与埃及挫败英国的能力之间的关系。另外，即使是那些没有受过教育的人，对他们来说，虽然他们可能尚未读懂革命与国家发起的改革之间的关系，但他们依然可以为埃及明显的胜利姿态感到骄傲。

将埃及描绘成这样一位女性的事实表明：埃及女性的美德既可以导致一个国家"屈服"于帝国主义，也可以抵制帝国主义；既可以为它提供道德和勇气，也可以腐化它。[1]埃及展现出的姿态是防御性的，能够同时唤起力

---

[1] 关于埃及的女性角色及其重要性，参见巴伦，《民族主义图像学：女性埃及》。

量和谦逊，而另外两个国家则不端庄地开放自己，任自己被法国和意大利轻易拿下。因此，这位特殊的埃及"女性"所表现出的形象是通过她的价值观和美德在公共领域捍卫埃及的尊严，而根据新闻媒体和公立学校教育的说法，这些价值观和美德是她在家庭领域培养出来的。虽然，"女性"形象是埃及革命肖像的核心，但是，很难想象这个明显属于公共政治角色的女性形象（尽管是虚构的），在 20 世纪初没有引起人们对"女性问题"的固有不适和争论，至少对某些埃及人来说是这样的。

这种由女性对抗英国的力量（尽管是想象出来的）与女性在家庭领域所扮演的关键角色之间的关系是尴尬的，而这种尴尬关系也体现在另一幅漫画中，它也将女性在家庭生活中扮演的关键角色与革命斗争联系起来。对世纪之交的各大新闻媒体和学校课堂而言，那些看似无关痛痒的家庭活动形象具有重要作用，在革命时期，这些形象也被用来描绘埃及民族。下[183] 面这张图同样出自《微妙画刊》，幽默地再现了"桌边谈话"中的讨论。这幅漫画发表于 1920 年 8 月，当时萨阿德·扎格卢勒和他的华夫脱主义者同事们正在伦敦与米尔纳进行有关结束保护国的谈判。这幅漫画清楚地表明：在某种程度上，家庭实践活动和民族解放都是类似议题的一部分。服务员代表英格兰，用餐者代表埃及。服务员问埃及："夫人，您要吃点什么？"她回答道："一盘独立，还要一盘自由。"这里，国际外交活动发生在一个现代化的餐厅里（见图 5）。[1]

在这张显然属于公共空间的并引入国际政治的餐桌上，一位优雅而又彬彬有礼的女性提出了埃及的吩咐。埃及作为一位有文化的现代女性，她知道现代民族国家联盟中的用餐礼仪。埃及的形象并不是一个试图进入优

---

[1]《微妙画刊》，1920 年 8 月 20 日。穆萨瓦拉。据该杂志编辑称，这些漫画均根据读者提交的想法绘制。这幅画由亚历山大的穆斯塔法·法赫米·穆罕默德（Mustafa Fahmy Mahmoud）绘制，获得了 100 个埃及比索。

图 5　"夫人，您要吃点什么？"，《微妙画刊》，1920 年 8 月 20 日

雅、现代民族国家联盟的笨拙、落后、被殖民的实体形象：这位明显不是
欧洲人的女性，却像西方国家一样轻松地点着她想吃的食物。虽然她的着
装暗示她保持了一定程度的"非西方性"，但同时也揭示出埃及是现代的，
对最新时尚有品位。她露出手臂，穿着"欧式时尚"的鞋子。这位女士端
坐在餐桌旁用餐，这一象征与 19 世纪和 20 世纪初西方人勾勒的埃及形象
形成了直接对比，在西方人描绘的形象中，埃及女性的形象被描绘成永远
都是躺着和斜靠着的。在这类描绘中，女性从事的活动远不像这幅漫画所
表现的那样"实用"，她们闲聊、吸烟、设计性阴谋，并且被动、无声，且

[184]

没有个人意志。这个非常公开的形象再次与东方主义的闭塞形象形成对比，作为女性的埃及民族形象既不是被动的也不是无声的。

埃及的这一形象表明：埃及这位经过改革后的现代女性最终使英格兰屈从于埃及。再次，虽然没有接受过教育的普罗大众不会将这幅漫画与"桌边谈话"联系起来，但他们肯定能够从中看出英国对埃及的尊重。这位服务员不仅为埃及服务，还向她鞠躬。处于控制和指挥地位都是埃及。这幅漫画让人联想到 19 世纪国家生产的旅行文学中的内容，同时也暗示出现代埃及不仅已经达到了英国在现代民族国家行列中的"水平"，而且甚至超越了英国。米尔纳会认识到这一点并同样向埃及人鞠躬以表示尊重吗？家庭形象也出现在革命宣传中，用于反驳英国的说法，那就是埃及的革命没有目标，并且革命者除了摧毁英国人及其财产外，几乎没有任何其他使命。埃芬迪民族主义者已经就英国人对埃及民族主义运动的这种描述提出了抗议，并反驳了英国坚持声称的埃及革命只不过是煽动民心的骚乱而已的说法。[1]

同样，"桌边谈话"也将改革和革命联系了起来。例如，1919 年 6 月给米尔纳使团成员的一份情报报告也让人联想到在革命发生之前的几十年里普遍存在的各种形式的"桌边谈话"。这份备忘录是警务文件夹中关于"瓦埃兹印刷局和舍雷赫－赫勒瓦蒂印刷厂"（Waez Printing Office and the Printing at Shareh (sic) el-Khelwati）活动的一部分，备忘录称：

> 埃萨穆尔·迪恩（Essamul Dine）被发现持有一份《国防》（*el-Defaa al-Watani*）杂志和一份文件，在这份文件中，他在"筵席"标题下亲笔写下：

---

[1]  FO 848/11，米尔纳致寇松，1919 年 12 月 25 日。

　　埃德蒙·艾伦比将军先生举行了盛大筵席。地点就在萨伏伊酒店（Savoy Hotel）。……我们已经知道了筵席的"菜单"。具体菜品包括：蛋黄酱中的埃及独立、国家联盟、集会自由和新闻自由、虚张声势的埃及人（脑髓），以及部队资金。饮料就是我们的血液和汗水。[1]

　　正如 20 世纪早期报纸专栏中，"桌边谈话"提出的讨论与其说是关于饮食的，倒不如说是关于政治的，即建立一个新的民族大家庭。艾萨姆·阿德丁（`Essam ad-Din）的文章用埃及革命爆发前几十年里塑造埃及民族主义最常用的词来攻击英国政治。这些似乎用来描述英国人食人行为的词语，也是反映埃芬迪民族主义的词汇。虽然筵席明显是公开的，但斗争却是在餐桌上发起的。 [185]

　　华夫脱领导人通过与"埃及"这个独特国家之间的互动，在创建埃及民族国家方面发挥了合法作用，而"埃及"则反映了国家改革计划。1922 年4 月，当起草第一部埃及宪法时，报刊上刊登了一幅漫画，描绘的内容是华夫脱党成员坐在一位衣着华丽的女性脚下。她伸开的手臂上写着"埃及民族"（al-umma al-misriyya），腰带上写着"独立"（istiqlal）。华夫脱党的成员们拿着剪刀、卷尺、缝纫针等物，这些是（男性）民族主义者为了给已经解放的埃及穿上"她的"新衣服（她的裙子、凉鞋和头饰暗指希腊罗马的理想）所需的东西。她呵斥他们道："这条裙子少了点什么！我想要的是与众不同的设计。"根据漫画的文字说明，他们的回答很简单："请宽恕我

---

[1] FO 141/680/9527，1919 年 6 月。报刊的所有者是穆罕默德·易卜拉欣·阿巴萨（Mohammad Ibrahim Abaza）和穆罕默德·萨阿德（Mohammad Sa`ad）。从该社截获的其他宣传册旨在号召学生参加爱资哈尔的集会。

们……心胸放开阔一点……等我们完成了，你再来评判！！！"[1]

漫画清晰地将华夫脱党描绘成埃及民族国家的最终创作者，它创建了属于自己的机构以及这些机构的限制和职能，并授予或拒绝授予选举权。的确，它反对米尔纳的说法，即这场民族主义运动就是萨阿德·扎格卢勒一手缔造的"弗兰肯斯坦"[2]。[3]但是，这个民族的声音（一位女性的声音）对民族计划似乎具有至关重要的作用，是她拥有民族设计的最终话语权。如果这个民族的女性本性得不到满足，那么她的男性创作者势必会重新投入工作。

同样，《剪贴簿》也通过男性为女性形象的埃及提供着装的漫画记录了宪法的制定过程。[4]在《剪贴簿》的演绎中，埃及首相侯赛因·罗什迪帕夏对埃及的外套进行了最后的修饰。该杂志的编辑在描绘埃及形象时，选择的是法老形象而不是希腊罗马形象：她的头饰、脚镯以及臂带上都有眼镜蛇图案，这让人想起在描绘舞会上的"埃及"时所采用的法老形象（见图4）。她穿着优雅的高跟鞋，这似乎暗示着这位法老是现代人，这是将埃及置于与欧洲国家同等地位的改革计划的结果。在这两幅漫画中，埃及的身高让那些给她穿衣服的男子显得矮小。男士们向埃及女士鞠躬，他们和埃及相比显得十分矮小。因此，这些漫画传达了两个信息：一方面，是男士建立了这个国家；而另一方面，（女性）埃及则略微脱离了他们的控制。因

[186]

---

[1]《微妙画刊》，1922年4月3日。编辑们的评论是这幅漫画无需加以说明。

[2] 弗兰肯斯坦，是由玛丽·雪莱创作的小说《弗兰肯斯坦》（Frankenstein）中的主人公，他是个热衷于生命起源的生物学家，怀着犯罪心理频繁出没于藏尸间，尝试用不同尸体的各个部分拼凑成一个巨大人体。当这个怪物终于获得生命睁开眼睛时，弗兰肯斯坦被他的狰狞面目吓得弃他而逃，他却紧追不舍地向弗兰肯斯坦索要女伴、温暖和友情；接踵而至的更是一系列诡异的悬疑和命案。后来，人们用"弗兰肯斯坦"形容一个创造了某样东西结果导致其毁灭的人。——译者注

[3] FO 848/11，米尔纳至寇松，1919年12月25日。

[4]《剪贴簿》（Al-Kashkul），1922年9月10日。

此，现代埃及形象的出现究竟是改革的结果呢，还是永恒的埃及历史、力量和潜力的必然体现呢？

埃及的独立形象是男性努力的结果，但同时却又脱离了男性的控制，这样的图像在革命报刊中显然是屡见不鲜的。《微妙画刊》上的另外一幅漫画也很好地描绘了国家的女性形态与努力建立国家的埃芬迪之间的关系（见图 6）。在这里，国家的潜能披上了西方的外衣：埃及，或者说是埃及可能成为的样子，被描绘成天国的美丽皇后，远在被束缚着的"觉醒的埃及青年"（al-shabab al-misry al-nahid）够不着的地方。她是"自由和完全独立"（al-hurriyya wal-istiqlal al-tam）的象征。年轻的埃芬迪向她招手："哦，我的爱人，快到我这里来，到我这里来。"

这幅漫画的文字说明是："这幅漫画不需要澄清，因为它表现的是对埃 [187] 及青年的限制，除非他们摆脱束缚，否则将无法实现自己的愿望。除强有力的政府外还有谁能让他们摆脱束缚呢？"[1]

仔细观察这幅漫画时，你会发现埃芬迪青年被"外国习惯"所束缚。好像他已经要求过身边的三个外国人（三人分别被描绘成可卡因贩子、卖"饮料"的小贩和鸽子饲养人）把他从束缚中解救出来，而他们的回答是"明天"（bukra fil-mish mish）便会让他走。[2] 然后，就在此时，他转向他心爱的埃及寻求援助和拯救。虽然她并未完全体现出来，但她并没有拒绝他的追求。这幅漫画中的"民族"和之前的漫画一样，是女性形象。但是，民族国家的最终形式似乎是可以互换的。没有自由和独立，就没有民族。在这里，自由和独立被描绘成欧洲人的形象（事实上，是现代欧洲人，因为这位女士穿着的衣服很时髦）。这种混搭的服装风格证明了这样一个事实，那就是民族国家当时采取的形式仍然相当灵活。虽然本质上一直都是女性，

---

[1]《微妙画刊》，1920 年 10 月 11 日。

[2] 短语 "fil-mish mish" 意味着埃及独立无限期推迟。

图 6 "觉醒的埃及青年",《微妙画刊》,1920 年 10 月 11 日

但这个民族还是有很多方面。

　　这些漫画中体现出的埃及民族的可互换性质证明了这样一个事实,那就是对世纪之交的新闻媒体和教学课堂来说,起着至关重要作用的中产阶级自我塑造过程,在革命发生之时仍在进行之中。就像埃芬迪革命者在各种新闻媒体上发表的对民族形态的讨论(和插图)一样,他们也讨论了如何实现个人层面自由的话题。一夫一妻制、配偶选择自由、家庭时尚和穿衣风格、正确教育孩子等主题都是 1919 年展示埃芬迪民族主义的关键要素,亦如他们对民族和华夫脱的忠诚一样。例如,在革命爆发前,《揭开》上刊登了一篇名为《如果我自由了》的文章。这篇文章看似讨论的是从英国独立出来的话题,但实际上探讨的是婚姻生活:

如果我自由了，并且有一位妻子，那么我将牵着她的手，和她一起散步，我们一起讨论各种事情。……我们不会在意我们周围的人。……我不会试图说服她接受我的观点，也不会在任何方向上引导她。……如果我自由了，并且上帝保佑，我有儿有女。……他们将接受教育，这样横亘在我和他们之间的隔阂便会消失不见。如果我自由了。……如果我自由了……啊，自由。[1]

这里的自由不仅仅是反对英国占领埃及的斗争，而且还将中产阶级的习惯与独立运动的继续联系在一起。友伴式婚姻、男女之间帘幔的拉开以及家庭的重要性让人们意识到政治成功与家庭习惯之间的关系，这标志着埃及奔向独立的长征。 [188]

埃芬迪偏爱改革派现代女性，亦如他们对埃及民族的热爱一样，是革命时期新闻媒体中经常出现的形象。1922 年 7 月，《剪贴簿》上刊登了一幅漫画，描绘的是一位衣冠楚楚、见多识广的年轻人凝视着一位美丽的女士，他说："啊，埃及，你是生命的赐予者，没有你就没有生命！"[2]他的埃及穿着及膝的裙子，脚上穿着一双高跟鞋，而且没有戴面纱。望着她着迷的埃芬迪，脚下堆着书，衣服口袋里装着文件，这些都揭示其受过现代教育及其对西方服饰的喜爱。他对自己外在形象的关注，就像他对知识的追求一样，引领他找到了他的爱人。教育和个人行为催生了明确的民族主义忠诚和抱负。这难道不是他自由之后会选择的女士吗？革命开始后，新闻媒体继续刊登文章宣传那些表现民族独立的习惯和习俗。这类文章，如《房子的选择》《民族教育与未来》《政治与道德》等，构成了革命刊物的主要内

---

[1] 《揭开》，1919 年 1 月 17 日。

[2] 《剪贴簿》，1922 年 7 月 17 日。

容，就像这些刊物在革命爆发前几十年里所刊载的内容一样。[1] 正如 20 世纪前后的新闻报刊所刊登的内容一样，恰当的道德、服饰、行为、房屋将引导埃及民族走向独立。

革命刊物上充斥着有关"女性问题"的激烈讨论，如同世纪之交时的情形一样，在刊登关于独立和宪政的文章的同时，也刊登了关于头巾、女性教育、母性、女性在社会中恰当且"自然"的角色，以及比较东西方女性的文章和辩论。女性的外表和行为似乎对革命时刻具有至关重要的作用，就像在前几十年里她们在塑造中产阶级民族主义的过程中所发挥的作用一样。因此，现实生活中"真正的"女性活动和行为，与用来代表民族斗争的"幻想中的"女性道德和品德一样重要。在《微妙画刊》上刊登的漫画《昨天与明天》中，漫画家伊哈布·埃芬迪（Ihab Effendi）描绘了一位埃及女士（"昨天"）和她的孙女（"明天"）。文字说明指出，"明天"只是一个例子，用于说明如果埃及女性坚持效仿西方女性会变成什么样子："这张漫画显示了埃及女性多年前的穿着与她们的孙女'明天'的穿着之间的差异（如果她们在采用西方服装和装饰上继续加快步伐的话）。"[2] 为了便于读者检查，画刊将"罩袍"缩短到了膝盖的位置，并问她们（在着装西化上）应该走多

[189]

远。虽然无论是从文字说明还是漫画本身来看，都不太清楚漫画家或编辑想要表达的是"昨天"比"明天"更好还是更坏，但这里的女性形象确实说明了在埃及争取自治的同时，也伴随着生活习惯和习俗的改变。

但是"今天"的女性是什么样子的呢？在革命期间，埃及人将理想化的"时尚"女性形象描绘成埃及民族，作为民族的历史和理想，也作为被西化的男性民族主义者的理想，但是，这种女性形象却与真实的女性目标和诉求相冲突。在民族起义以及英埃谈判期间，那些华夫脱成员及其埃芬迪支

---

[1] 《选集》，1919 年 6 月；《揭开》，1919 年 6 月 5 日；《金字塔报》，1919 年 3 月 23 日。

[2] 《微妙画刊》，1919 年 7 月 21 日。

持者们受过教育的的妻子纷纷出现在新闻媒体上以及街道上。她们与华夫脱联合起来，在支持民族运动的同时，也尝试通过加入已解放的政治体中发挥女性的作用，从而实现女性的改革（特别是教育）目标。当革命开始时，女性根据她们在教育和慈善活动领域作为管理者所获得的经验，领导了反对英国的示威游行，并于 1920 年 1 月成立了华夫脱主义者女性中央委员会（Wafdist Women's Central Committee）。与男性华夫脱主义者一样，女性中央委员会也是华夫脱党的一个附属组织。女性华夫脱主义者组织了各种示威游行活动以及抵制英国商品的行动，她们筹集资金和珠宝，用于帮助民族主义者进行斗争，而且在男性华夫脱党领导人被流放或监禁期间，还直接与英国当局交涉。[1] 新闻媒体对这些女性表示钦佩（不管对女性教育或头巾的看法如何，男性民族主义者并未就女性对革命所做的贡献提出任何争辩），华夫脱党也对这些女性所做的努力表示感激，因此，期望女性（至少华夫脱党的女性）在埃及获得独立后能够在政治领域被授予某些角色也是合理的。至于革命时期埃芬迪革命者回应的是"真实"女性的贡献，还是对代表埃及民族至关重要的理想型女性的贡献，我们并不清楚。

## 新秩序的母亲：培育新生国家

在革命时期，埃及民族的独立形象显然是通过理想型母亲塑造出来的。在革命期间，母性是巩固华夫脱与人民大众之间关系的一个关键因素，并

---

[1] 巴德兰，《女权主义者、伊斯兰教与民族》，第 80—81 页。

[190] 且挑战了真实的女性参与政治的愿望。埃芬迪女性展示出了最终将从英国手中拯救埃及民族并指导埃及领导人做出正确行动和决策的母亲形象和母性。在塑造、创造和构建国家中，虽然男性民族主义者发挥了不可否认的作用，但革命的图像表明：如果男性行为不是由正确的埃及"母亲"所生，并受到（健全的）母性美德的熏陶，那么这些男性行为也将无关紧要。当华夫脱参与"培育国家"时，人们赋予了它最大的可信度，使母性成为革命的关键因素。但是，当革命逐渐平息后，女性会被要求继续在自己的家里培育国家。

在革命时代的一些报纸杂志上，家庭、家庭生活和母亲之间的关系与世纪之交的新闻媒体和教室里呈现的这种关系并没有太大的不同。换句话说，这些报纸杂志提醒中产阶级读者：如果他们爱他们的（真正的）母亲，并且如果母亲经历过改革并且精明能干，那么埃及的独立便会随之而来。在其他报纸杂志，埃及的独立性也以母亲的形象体现，对她的爱与埃及制度的具体表现联系在一起：宪法、国家银行、华夫脱的领导。

例如，母亲保证了埃及的财政偿付能力。在《微妙画刊》的另一幅漫画中，"埃及母亲"坐在狮身人面像的背上（革命报刊经常用它来象征新生的埃及国家）。她用母乳喂养婴儿"埃及银行"（Bank Misr），该银行由埃及的多位大地主和实业家于1920年联合成立，为埃及的经济政策独立提供资金支持。人们原本计划让该银行成为一家纯粹的"埃及"银行，但是，这个银行却被罗马银行、雅典银行、盎格鲁银行、阿赫利银行、比利时银行和里昂信贷银行包围着（见图7）。这幅漫画的文字说明如下：

这幅漫画描绘了埃及银行、埃及民族以及埃及境内的外国银行。埃及银行被描绘成一个新生婴儿，正由他的母亲用母乳喂养。那么，他的母亲是谁？她不是别人，正是埃及民族，这个受人爱戴的、辉煌灿烂的埃及民族，坐在她最古老、最著名的象征物狮身人面像背上。对于她怀抱中的新生儿，埃及母亲的喜悦之情溢于言表，在给这个新生儿喂奶时，他的哥哥们悄悄走过来看了看。他们眼里充满了嫉妒和愤怒，但他们仍假装关心地问道："这个小婴儿会活下来吗？他会活下来吗？"我们回答道："是的，如果他的母亲继续母乳喂养，他就会活下来！"

图 7  "如果他的母亲继续母乳喂养，他就会活下来！"，《微妙画刊》，
1920 年 8 月 2 日

作者要表达的讯息很清楚：如果埃及的公民、儿童和各种机构能够得 [191] 到"母亲"充满祝福的全面呵护，那么埃及终会拥有财政偿付能力。现代"母亲"（看"母亲"的鞋子就知道她是一位"现代"女性）会将道德和美德灌输给埃及人，而根据一些人的说法，缺乏道德和美德已导致伊斯梅尔帕夏陷入殖民主义的魔掌。古老制度的罪恶通过"母乳"得到了净化。同样，在 1919 年 8 月 27 日，《微妙画刊》还刊登了另外一幅漫画，描绘的是埃及"母亲"带领她的儿子们进入一间完全开放的新的埃及银行。背景中，太阳

从金字塔后面升起，象征着"埃及的复兴"（*nahdat Misr*）。[1]

　　这两幅漫画都有一个重要特点，那就是埃及"母亲"与埃及银行之间的关系在很大程度上造就了埃及金融精英（他们中的大部分人都在英国占领埃及中获利，尤其是在战争年代，并且他们中的大多数人都支持埃及继续作为保护国）与民族主义运动之间的联系。特别是在第二幅漫画中，漫画家通过埃及"母亲"的形象将埃及群众纳入精英人士的事业中。在这两幅漫画中，男性通过出生巩固了他们与国家的关系。

　　现代"母亲"在引领埃及走向独立的过程中所扮演的角色也是众多产品广告的主题，这些广告在政治和家庭生活中都以完美形象来表现母

[192]

[193]　图8　"为国家养育健康的孩子"，
　　　　《微妙画刊》1919年8月27日

性。1919年夏天出现了一则关于拉克塔格（Lactagol，英国品牌）婴儿配方奶粉的广告（见图8）。这则广告的主题似乎直接来源于某一次示威游行：女性举着标语牌在游行。但是，广告语并不是示威游行女性手中举着的那些标语牌上写的"自由和完全独立"，而是"民族主义者的母亲们：你们最神圣的职责就是为国家养育身体健康的孩子。所以，请给他们吃"拉克塔格"。

　　革命时期的漫画暗示了这样一个事实：为了实现埃及的独立，"母亲"们必须严格采用这些非常特殊的食谱。1920年初，也就是米尔纳使团还在埃及之时，《微妙画刊》上出现了一幅漫画，暗示如果不

---

[1]《微妙画刊》，1919年8月27日。

采用这些食谱，那么埃及民族将遭受灾难（见图9）。在这幅漫画中，米尔纳勋爵被描绘成埃及的"保姆"。根据漫画的文字说明，米尔纳"拒绝将生存所需的奶粉给埃及，相反，他给了埃及一个拨浪鼓玩具，用来分散他的注意力，叫他保持安静。当然，埃及的反应是哭得更大声了"。奶瓶上写着"完全独立"，拨浪鼓上则写着"个人自由"，暗指英国人虽然做出了愿意给予埃及人独立的让步，但实际上却并未给予埃及人独立。这幅画令人想起《戴蓝色眼镜的男人》杂志上关于伊斯梅尔的一幅漫画，它公开讽刺米尔纳及其在埃及的使团，不仅将他们描绘成"女人"，而且还是一位

图 9 "米尔纳和埃及"，《微妙画刊》，1920 年 1 月 2 日

不可靠的"母亲"。[1] 虽然米尔纳的罪行属于"政治性",但其起源却是他的家庭。

在革命时期,埃及"母亲"给了埃及人一份共同的遗产,并为他们提供了新的血统——无论他们的阶级背景如何。华夫脱中央委员会利用母性来
[194]
鼓舞人民群众的民族主义情绪,并发出了一份传单,由开罗一所预备学校的学生分发给广大人民群众。传单的内容是:

> 致这个国家的所有知名人士、村长(*omdas*)、富人、代表和杰出人士、乌莱玛(*ulemas*,原文如此)和受尊敬之人、辩护律师和医生、工程师和手艺人、商人和农民、学生和雇员、前部长和牧场主、老年人和青年人,以及收到以下诚挚呼吁和重要训诫的全体人民:你们的母亲埃及,她以丰沛的物产滋养你,用尼罗河的流水哺育你,你沐浴在她的微风中,她也为你敞开她宽广的胸怀……母亲埃及的双眼噙着泪,胸膛里充满熊熊燃烧的叹息,她用低沉而坚定的声音呼唤着你,在精神上与你高贵的灵魂交流。[2]

革命期间传发的传单通常将埃及"母亲"产生的埃及人的新血统与老一辈的埃及统治者进行对比。19 世纪频繁讨论的赫迪夫的性政治也是革命话语中的一个常见主题,并且被用来区分旧政权下的家庭政治与新的独立埃及下的家庭政治。

---

[1]  参见第五章。虽然这幅漫画对英国—埃及政治进行了明确的批评,但我认为这也是对欧洲的"母亲"身份的一种表述。它公开反对机械地模仿欧洲,并暗示全盘接受欧洲习俗会造成危险影响。

[2]  FO 848/12,第一中学(al-Madrasa al-Uliyya)学生的传单,1919 年 12 月。米尔纳称这是"向埃及人发出的强烈呼吁,呼吁他们坚持抵制使团,绝不让步"。

通奸者的小孩儿多美啊，他和骡子或野驴睡在一起。这小孩儿在他母亲婚后五个月出生，而骡子一般在八个月后出生。未来，我们将摆脱邪恶国王的统治。国王们工作起来很是熟练，但福阿德却（像一个女人一样）在他宏伟的宫殿里被人"操纵"。……地狱啊，你对丈夫、妻子和娼妓的孩子的折磨在哪里啊？"打倒米尔纳。"[1]

其他类似的传单也坚持让苏丹放弃"他那沾满羞耻的肮脏王位"，同时主张在第一次世界大战开始时被废黜的阿拔斯二世·希尔米帕夏重新继承他的王位。"阿拔斯，欢迎您——整个国家都渴望您的回归。"[2]

同样，在示威游行中，开罗和亚历山大的革命者唱着流行诗人拜拉姆·图尼西（Bayram al-Tunisi，1893—1961）的诗歌，这些诗歌通常将君主的性习惯等同于腐败。他最喜欢的话题包括王室的婚姻和性习惯及其对埃及政治的影响。[3]因为写这些具有讽刺性的诗歌，图尼西被捕，革命结束之后，他在埃及境外生活了二十年。下面这首诗描绘了一幅宫廷腐败以及由此生出私生子（即埃及未来国王）的画面。图尼西写道（埃及人唱诵）：

> 布斯坦官殿的腐败震惊了岁月，[4]　　　　　　　　　　　　　　[195]
> 亦如王室的腐败。
> 当保姆出去买面包时，
> 哨兵已出发去接顾客。

---

[1] FO 848/12，页码处标记为"其他传单摘要"，1920年1月。

[2] 同上。

[3] 玛丽莲·布斯，《巴伊兰·突尼西的埃及：社会批评和叙事策略》（*Bayram al-Tunisi's Egypt: Social Criticism and Narrative Strategies*），埃克塞特，1990年。

[4] 此处的文字也可以读作"撼动了号角"（shook the horns）。在这种情况下，号角指的是妻子有外遇的福阿德。

看看未出生的孩子继承了些什么,

是什么未知物种走进了穆罕默德·阿里·福阿德苏丹的家,您儿子
的屁股才刚刚见到曙光。

他的出生闪闪发光,却隐藏着毒瘤的征兆。

上帝保佑,你生了个男孩。

可惜啊,(他出生的)月份不太对。[1]

图尼西写这首关于王室的诗,显然是为了反击亲英报纸《进步者》(al-
Muqatam)为说明第一次世界大战期间英国加在埃及王室血统上的美德而在
1919年刊登的福阿德和娜兹莉的形象。尽管《进步者》为福阿德塑造了一
个有智慧、有政治能力、有道德的形象,但是,像图尼西这样的批评家却
争辩称:福阿德的婚姻是假的,他的儿子是私生子,福阿德自己欠下巨额
赌债,导致王室破产,以至于他被迫在朋友家里乞食度日。[2]显然,这样的
一个人是不适合领导一个独立国家的。

谁才是适合代替福阿德统治埃及的人呢?福阿德通奸及其对政治领域
造成损害的形象遭到了另一幅新插图的驳斥,这幅插图描绘的是新的埃及
血统——埃及"母亲"所生——将确保埃及人独立的埃及血统。如果福阿德
真的已经在道德和经济上破产,那么新一代埃及人不会。

---

[1]  引自穆罕默德·塔比阿(Mohammad al-Tabi`i),《革命之前的埃及:从政治家和政治秘闻的解
读》(*Misr ma qabla al-thawra:Min asrar alsasah wa al-siyasiyin*),开罗,1978年,第87—88页。

[2]  同上,第85页。

## 家庭生活、好父亲与殖民统治终结

　　除了把埃及描绘成一个民族之外，埃芬迪民族主义者还将华夫脱塑造成为统一的埃及民族的自然首脑。这些有关新父亲和新家庭的言论在革命爆发前几十年里是学校课程和国家新闻媒体的核心，如今有了具体的形象。华夫脱支持者将华夫脱领导人描述为经历过改革的父亲，有能力带领埃及进入独立时代。萨阿德·扎格卢勒及其妻子萨菲亚分别成为埃及的父亲和母亲，他们的家就是埃及的家。华夫脱领导人参与并鼓励那些在本质上具有母性的活动——改革后的中产阶级的家庭政治公开展示出来。新闻媒体 [196] 上出现了华夫脱领导人的形象，并将其描绘成孕育了埃及民族，并将埃及民族培养长大的人。华夫脱领导埃及民族的能力常常是通过它与埃及"母亲"的关系以及与母性及家庭生活的相关活动体现出来。埃及"母亲"和她的代表们为埃及人提供了共同的遗产、共同的血统，以及因加入驱逐英国人的斗争而产生的共同联系。

　　埃及"母亲"及其在孕育民族国家中的作用并非只是简单地体现在政治漫画中，或者如第四章所暗示的那样，针对的是教室里的年轻女性。更确切地说，"母亲"或她在培育国家的过程中所扮演的积极角色，在促进埃芬迪在革命中的作用方面发挥了核心作用。从罢工、示威游行和抵制行动爆发之时起，大众媒体就认为有非常具体的剧本来呈现一个好的民族主义者，或者展现一个人对国家的热爱和期望。对精英阶层的男男女女来说，扮演"好母亲"的角色就是这出民族解放剧的核心。对于华夫脱领导人来说，扮演明确的家庭角色就是彰显健全、真诚民族主义的一种方式，他们也可藉此获得政治领导力。

　　在 1919 年和 1920 年，各大期刊杂志常常讲述那些被贴上"模范民族主义者"标签之人的生活和活动，以此说明何为"良好"或"健全"的民族主义。在描写埃芬迪时，经常将他们的公共生活和私人生活作为背景，以凸显形成现代民族主义文化的各种活动、情感和美德。在讲述这些模范民族主义者的故事中，会涉及有关他们成长、家庭习惯和家庭事务的奇闻轶事。一本杂志讲述了穆罕默德·陶菲克·纳西姆（Mohammad Tawfiq Nasim，1875—1938）的故事，称他担任过两任埃及部长，是华夫脱党的早期成员，具有巨大的政治能力，他适合带领埃及民族实现全面彻底的独立。[1] 这个结论是如何得出的？又是根据什么得出的呢？据称，纳西姆的能力是基于这样一个事实，那就是他"从未被酒精蛊惑过"，而且，他和妻子的关系良好，并且"享受家庭生活的乐趣"。出于这些原因，该杂志要求年轻的民族主义者立志以他为榜样，在各方面效仿他。[2]

阿德利·叶格恩也在《微妙画刊》中享受过相同的待遇。在这篇文章发表之时，阿德利·叶格恩是身在伦敦的萨阿德·扎格卢勒与身在埃及的米尔纳使团之间的联络人。[3] 作者福阿德·阿布·萨乌德（Fuad abu al-Sa`ud）写道：阿德利·叶格恩作为民族主义者颇具美德，他在埃及人中广受欢迎，主要源于他的成长经历和家庭生活。在英国与萨阿德·扎格卢勒谈判时，[197] 埃及人对阿德利·叶格恩表现出极大的"信任"，这种信任不仅根植于他的教育、经验和政治能力，还源于他过去和现在的家庭生活。[4]

在这些被写成短篇传记的故事中，人们对中产阶级的男性民族主义者

---

[1]　后来，纳西姆成为了华夫脱的反对者。1920 年 6 月，他对萨阿德·扎格卢勒的敌意尚未显现出来。

[2]　《微妙画刊》，1920 年 6 月。

[3]　同样，发表这篇文章时，阿德利和萨阿德·扎格卢勒之间后来出现的分裂并不为人所知。参见安尼斯，《关于 1919 年革命文件的研究》；以及迪布，《埃及的政党政治》。

[4]　《微妙画刊》，1920 年 7 月 19 日，第 1 和 12 页。据说阿德利是"务实的"（practical）民族主义典范。

在家庭之外的行为要求与世纪之交以来对女性在家中的行为要求一样。健全的民族主义者一直被描述成为国家"抚养"孩子的形象，体现了照料家庭的"好母亲"需具备的美德。例如，阿里·贝·法赫米·卡米尔（Ali Bey Fahmy Kamil），他是一位富有的埃及人，在 1919 年初捐赠了一笔 3000 埃及镑的年度基金，专门用作埃及贫困儿童的教育经费。阿里·贝高尚的民族主义精神来源于他的成长经历、正直的家庭生活以及他母亲给他的教育。这种教育很早就在他身上树立了正确的民族主义道德和原则。阿里·贝认识到这样的家庭生活在他童年时就对他产生了积极影响，据说他因此而下决心为未来的埃及人也创造这样的生活。[1]

在这份培育国家的民族主义者名单中，还有阿布德·阿齐兹·纳兹米（Abd al-`Aziz Nazmi）博士，他是各种慈善组织的创始人，其中包括一所孤儿院，名叫"自由孤儿院"（*Malga' al-Hurryya*）。《微妙画刊》《金字塔报》等杂志的编辑们将这位博士所做的所有慈善活动描述为"真正的民族主义者"，他的慈善活动包括建立保护儿童协会、穷人救济协会、护士学校、反对卖淫协会以及反对白人奴隶制度协会。与此同时，新闻媒体认为他通过各种慈善组织活动，积极塑造了一个埃及民族主义青年的形象。[2]纳兹米为这个有抱负的国家培育人才的范畴延伸至穷人。1919 年春夏，纳兹米建立了自由孤儿院并为其提供运营资金，此事在新闻报刊中占据了极重要的位置。该项目经常被新闻媒体作为一种宣传手段，用来感化那些"迷失"的埃及年轻人，将他们从忙于建造学校、医院和孤儿院的欧洲人手中拯救出来，使他们开始照顾埃及的弱势群体。慈善事业在埃及并不属于新生事物。但是，自由孤儿院的建立似乎在起义的前几个月就引发了开罗公众的丰富想象力和热情。

---

[1] 《微妙画刊》，1920 年 11 月 22 日，头版。

[2] 同上，1919 年 4 月 28 日，第 2 页。

[198]

　　实际上，自由孤儿院项目于 1918 年初才真正开始，是由一群决心帮助开罗穷人和无家可归者的大学生创设的。根据《揭开》的报道，这些学生试图筹集一千埃及镑来建造一间庇护所，并尝试与瓦合甫事务部协同合作。在他们的尝试失败后，纳兹米以私人身份承建了这个项目。他继续与学生们合作，并决定为孤儿院取名"自由"，他相信当地居民会为这所孤儿院捐资。1919 年 4 月和 5 月，各大新闻媒体发布了大量有关孤儿院理事会公开会议的公告以及地方戏剧演出的广告，并把由此产生的收益都捐给了这所孤儿院。[1]

　　《金字塔报》为筹建这所孤儿院发起了一场大型募捐活动。从 1919 年 4 月 9 日开始，随着纳兹米"行动号召"的发出，报纸上几乎每天都会列出为这场活动捐款的埃及人的名字及其承诺捐出的金额。纳兹米说：

　　　　任何人都无法描述那种有可能接近自由的喜悦之情，那是一种每个人、每个民族都有权享受的自由。

　　　　为了庆祝这种喜悦以及我们通过示威游行所取得的胜利，我建议我伟大民族中的每一位成员，特别是年轻人，都参与到这个项目中来，为自由孤儿院捐出一比索，用来提高那些无家可归者和孤儿的受教育水平。

　　　　今天，我自己也参与了这个项目，捐了 1000 比索。……我请求你们把你们的捐款送到《金字塔报》的编辑手上，他们会把钱存入银行。就让这个项目成为众多民族主义慈善项目中的第一个吧。[2]

　　《金字塔报》按姓名、居住地、职业和捐款数额列出了捐赠者。到 4 月

---

[1]　例如，参见《揭开》，1919 年 5 月 8 日和 15 日。

[2]　《金字塔报》，1919 年 4 月 9 日。

12 日，捐赠者已有上百人，捐款金额从 1 比索到 1000 比索不等，共捐赠了 3915 比索。到 4 月 14 日，捐款名单上已包含了许许多多专业人士、官僚、商人、学生和家庭主妇。1919 年的整个夏天，商人们都在打广告宣传这个项目，而产生的利润则直接流向了孤儿院。[1]

　　到 1919 年仲夏，孤儿院向那些明显会被警察接走的孩子敞开了大门。[2]1919 年 7 月 5 日，《金字塔报》报道称，孤儿院共收留了 69 名男孩和 22 名女孩，并且瓦合甫事务部每年会拨出 3000 英镑用于资助该项目。当天，开罗主流报纸的记者们都参观了这所孤儿院，并普遍报道说，孤儿院正在"培养"有生产力的人。根据《金字塔报》的报道，孩子们为来访的记者们进行队列表演和各种演示活动，并展示了一些他们在学校学到的技能，如缝纫、熨烫、洗衣服等。[3]《微妙画刊》上刊印的那些有关孩子和孤儿院的图画显示，这些孩子干净、衣着整齐、秩序井然，而且听话。这种形象与那些没有受到民族主义者关怀的孩子形成了鲜明对比，没有受到民族主义者关怀的孩子肮脏、衣衫褴褛、生活悲惨。[4]

　　1919 年夏天，《微妙画刊》上刊登了一幅漫画，描绘的是为孤儿院筹款的项目及其在塑造埃及国家方面所发挥的作用。在这幅漫画中，埃及人被

[199]

---

[1]　例如，参见《微妙画刊》，1919 年 8 月 20 日。加布里埃尔·亚拉德（Gabriel Yarad）先生在穆思奇地区（Mosqui）有一家商店，出售男女服装，所得收入将捐给自由孤儿院。

[2]　新闻报刊对开罗流浪儿的根源保持沉默，并未说明这些儿童来自何方。他们是妓女的孩子吗？如果是，他们的父亲是英国人还是埃及人？他们是战争死难者的孩子吗？他们的父母是否因为艰难的战争而抛弃或卖掉自己的孩子？（报纸上出现了许多关于穷人试图出售自己的孩子的文章。当然，这种行为会被指责为反民族主义。）开罗和亚历山大街头流浪儿的数量急剧增加，这是否引起了人们对其困境的关注？我未能获取到 Dar al-Watha'iq 查看警方报告的权利，因此我无法提供任何档案材料说明这些问题。

[3]　《金字塔报》，1919 年 7 月 5 日。《坚强报》、《进步者》、《国家》、《埃及》（Misr）、《标准》（al-Liwa'）和《少年埃及》（Misr al-fatah）中也有类似叙述。

[4]　参见 1919 年 6 月和 7 月的《微妙画刊》。7 月刊中还刊登了其他孤儿院的照片，特别是由叙利亚人和亚美尼亚人在亚历山大建立的一所孤儿院，名为移民者孤儿院（Malga'a al-muhagiriin）或异乡人孤儿院（Émigrés Orphanage）。

描绘成一个大家庭，家庭成员有男有女，有富人有穷人，有穆斯林也有基
督徒，他们聚集在代表人性和自由孤儿院本身的人物周围。在这幅漫画中，
埃芬迪民族主义者与女性、农民和牧师们在一起（见图 10）。这名女士说：
"埃及女性感谢《微妙画刊》。"在她身边的埃芬迪则说："文人和学生都鞠躬
表示称赞。好极了！好极了！"农民家伙说："广大群众也要感谢《微妙画
刊》。"女士的标语牌上写着"埃及民族"（al-umma al-misriyya）。这些埃及
人都是参加了孤儿院募捐活动的人。他们脚下是一群干净、健康、衣着讲
究的孩子，那是"富人的孩子"，大概是现代家庭加上正确教育培养出来的。
但是，在他们旁边有一群赤身裸体、骨瘦如柴、无脸面的孩子，他们都在
[200] 祈求国家的帮助。与那些站在代表国家的男女面前的孩子不同，这些孩子
并没有脸，彼此之间无法区分。

　　在这幅漫画的中间位置，我们发现了另一位女性形象，那就是孤儿院
本身，国家正在寻求她的指导。她是一位母亲的形象（怀抱着一个小婴
儿），但在这幅画中，她的服装与上一幅图中所示的那位母亲穿的服装略有
不同。她穿的是希腊罗马战士的服装，这种服装在法国革命肖像中通常用
来代表宪政理想。[1] 她束着一条将她称为"人性"（insaniyya）的饰带。埃
及的男男女女都望着她，无脸的穷人小孩儿寻求帮助的对象也是她。在她
脚下，一个干净、衣着讲究的小孩儿递给她一袋钱，让他抚养孤儿院里的
孩子。她代表那些无脸的穷人小孩儿感谢他。在与她的互动中，在参与筹
款活动中，小孩儿有了脸面，有了声音，也有了公民身份。

　　这个年幼的小孩儿还代表《微妙画刊》本身，它曾将特刊的收入捐赠

---

[1] 在革命时期，这种"国家"（nation）或宪法政府的形象很罕见。而它曾在 1906 年在报纸上出现
　　过，当时穆斯塔法·卡米尔代表法国政府请求归还埃及自由。法国政府也穿着同样的希腊罗马
　　服饰。在描述卡米尔的葬礼时，埃及也穿着类似的服装。参见达尔·希拉勒（Dar al-Hilal），《新
　　月图集，1892—1992》（Sajil al-hilal al-musawwar, 1892–1992），第 1 卷，开罗，1992 年，第 80、
　　454—455 页。

图 10 "埃及民族"，《微妙画刊》，1919 年 6 月 9 日

给了专门为孤儿院筹集资金而发起的募捐活动。这一袋钱就代表那笔捐款。他说道："夫人，像我哥哥们一样只是发声和写文章宣传是不够的，我为您收集了这个，希望您能用它来帮助那些向您求助的穷人。"《微妙画刊》与一群代表其他期刊的年龄较大的帕夏并排站立。但是，他们并不活跃，还特别沮丧，他们只是望着埃及"母亲"，而不与她互动。他们试图捍卫自己的地位和行为：

　　《金字塔报》：我宣传了募捐活动，并竭力争取支持者，我大声宣传那些参加了此次募捐活动之人的名字。这些难道不算吗？

　　《思想》：哦，不，我的朋友！写文章是一回事。从我们口袋里拿钱是另一回事。

　　《远见》：这个小男孩一定是 1919 年初出生的。

　　《国家》：这个小男孩很勇敢。如果我们都是优秀的编辑，那么我们就必须称赞他……或者，我们应该打他？

　　《人民报》：这个主意不错。

《讲坛》：我在批评了［后面的文字看不清楚］的销售这方面，这难
道做得还不够吗？

正如这幅漫画所描绘的那样，旧秩序既未与埃及母亲充分合作，也未
参与埃及公民的创建。显然，"新埃及"通过抚养小孩以及在民族家庭中扮
演母性角色，获得了发言权和公民权。

[201]　　　同样，对于漫画中出现的那些抗议米尔纳使团进驻开罗的埃及人，《微
妙画刊》的编辑将其描绘成一个大家庭的成员。米尔纳勋爵面前游行的埃
及人包括各个阶层的男男女女，也包括婴儿和老人。在塞米勒米斯酒店的
房间中，米尔纳望着那些向他抗议的埃及人，并向他们问道："什么？在哪
里？什么时候？"他们回答道："完全独立。"标语上写的是："在此清楚地
向米尔纳使团表明：对所有埃及人而言，无论男人、女人、穷人、中产阶
级、富人、婴儿还是濒临死亡的老人，他们的答案都是一样的。他们的言
语、他们的要求、他们的希望、他们的愿景，都是完全独立。"[1]

这种在慈善活动中体现出来的民族主义母性，被诗人哈菲兹·易卜拉
欣（Hafith Ibrahim）写入他的诗歌中而永垂不朽。易卜拉欣被称为"尼罗河
的诗人"，在革命时期，大部分杂志、报刊上都刊登有他的诗歌。他写了一
首致纳兹米孤儿院（也称作"自由孤儿院"）的诗，这首诗将民族主义等同
于抚养这个民族的孩子们。像孤儿院的创始人一样，易卜拉欣呼吁他的男
性民族主义同胞照顾好青少年，以确保成功实现民族独立。

你们是热衷于民族主义的人，现在是确保埃及民族继承人未来的
时候了。

---

[1] 《微妙画刊》，1920 年 1 月 7 日。

修建孤儿院、工厂、灌溉渠、农业合作社吧。

也许受你帮助之人会变成一轮照亮前进道路的满月，他们可能会成为另一个萨阿德［·扎格卢勒］，也可能是另一个［穆罕默德·］阿布都，抑或另一个像邵基（Shauqi）一样的诗人，又或者是一位勇敢的骑士，谁知道呢？我们谁都不知道那些孤儿的身体里安住着多少伟人的灵魂？[1]

通过民族主义项目，孩子们会因此而被给予新的血统。他们不是那些导致埃及被英国占领的帕夏和赫迪夫的旧秩序的后代。相反，他们是"穆斯塔法的后代、法里德的儿子，狮子萨阿德的幼崽！"[2] 他们是那些把自己完全奉献给改革埃及家庭的民族主义项目之人的后代。

革命期间，精英阶层开展的培育下一代和母性主义活动，正如他们在建立自由孤儿院的尝试以及在哈菲兹·易卜拉欣的诗歌中所体现的那样，在新的统治阶级与其统治下的埃及人之间创造出了一种家长式的统治关系。虽然性别化的女性活动对于培养具有健全人格的民族主义者至关重要，但却是男性声称孕育出了这些健全人格的民族主义者，最终将统治这些人的也是男性。对于暴民统治的破坏性活动，具有家长性质的"正确"民族主义反映出 20 世纪早期对学龄儿童开设课程进行正确民族主义教育的理念，教育他们良好的秩序和纪律对于实际家庭和民族家庭的改革具有重要作用。[3] 受改革家庭的母性美德的影响，在实践这种美德的男性的领导下，民族主义会从地痞流氓中创造出公民。

[202]

---

[1] 引自《微妙画刊》，1919 年 5 月 19 日，第 3 页。这首诗也刊登在了《金字塔报》《揭开》和其他文本之上。哈菲兹·易卜拉欣的另一首诗《致儿童》（"To Children"），也在革命刊物上广为流传。另见阿布德·拉赫曼·拉菲，《埃及的爱国主义诗歌》（*Shua`ra' al-wataniyya fi misr*），第 2 版，开罗，1966 年。

[2] FO 848/12，1920 年 1 月。这是革命期间学生之间互相传阅的传单。

[3] 贝宁和洛克曼这样描述革命期间华夫脱和大众之间的关系："一种以家长式作风表达的民粹主义"（a populism couched in paternalistic terms）。参见洛克曼，《尼罗河上的工人》，第 14 页。

## 自由始于民族之家（*Bayt al-Umma*）

在革命时期的新闻媒体中，以及在后来对 1919 年事件的回忆录中，萨阿德·扎格卢勒被描述为资产阶级、民族主义情绪和行为的典范，同时也是华夫脱党的领导人及其发言人。扎格卢勒的家是众多革命游行示威的起点，在整个革命过程中，它也是"民族之家"的醒目标志。英国人一直密切关注扎格卢勒的住所，不仅报道了它是游行示威活动出发点，而且报道了它是诸多伪装成"茶话会"的政治会议的聚集地。[1]

在革命时期出版的小说中，扎格卢勒被塑造成一位父亲式的政治人物，他孕育了自由和独立，同时又是一位好家长，在他实际和民族层面上的家中都鼓励秩序、善意、坚强的美德和良好的人际关系。在报刊所登载的故事中，政治斗争始终会涉及家庭内部的某种冲突。[2] 通常是扎格卢勒监督下的或者效命于他的民族主义或民族主义项目使这个家庭恢复了秩序。家庭被重塑后，政治上的成功便随之而来。因此，萨阿德·扎格卢勒和埃芬迪的家庭行为就成了政治胜利的代名词。

在 1922 年 1 月 9 日至 2 月 20 日之间，《微妙画刊》连载了一篇名为《埃及的扎格卢勒》（"Zaghlul Misr"）的故事，这个故事说明了关注家庭与民族斗争之间的关系。《埃及的扎格卢勒》描绘了青年民族主义者的抱负以及建立强大埃及民族的模范人物。民族中既有"坏公民"，也有"好公民"，

---

[1] FO 141/810/8013。例如，参见 1919 年 1 月 15 日、20 日和 23 日的文件。"我听说萨阿德·扎格卢勒计划在 1 月 31 日星期五下午 3 点 45 分在他家举办一次'茶话会'。他已经向许多人发出了邀请，其中包括立法议会的所有成员。"

[2] 例如，参见《阿赫桑·卡米尔·贝博士》（"al-Doktor Ahsan Kamil Bey"），《揭开》，1919 年 5 月至 7 月。此外，《揭开》上还刊登了颂扬改革后的埃芬迪家庭美德的小说，如《阿里和萨米拉》（"Ali wa Samira"），1915 年 6 月 18 日；以及《鲍林的母亲》（"Umm Pauline"），1916 年 2 月 2 日。

只有当坏公民全部变为好公民时，一个强大的民族才算建立起来，而真正的家庭是二者的组合。

《埃及的扎格卢勒》讲述了法里德的故事，他是一位坚定的埃芬迪民族主义者，将萨阿德·扎格卢勒和革命奉为自己的"世俗宗教"。他在1919 [203]年多次参加示威游行，其中某次，有人向他扔过来一条红丝带，上面写着"埃及青年万岁"的标语和首字母缩写"A.T."。法里德不知道这条红丝带是谁的，但他还是把它放进了自己胸前的夹克口袋里。不久之后，几位学生找到他，告诉他当天晚上将举行一场秘密的"民族主义"会议，同时告诉了他会议的时间和地点，并鼓励他参加。法里德被红丝带和秘密会议搞得有点莫名其妙，便去一家咖啡馆坐了坐。在咖啡馆里，法里德叫过来一个小男孩，给了他一些钱，让他去买包香烟。当小男孩回来的时候，后面还跟着一个又高又胖的男人，试图用棍子打他。我们发现这个叫穆罕默德的小男孩是个孤儿，为了养活自己，他不得不为了这个名叫哈马德大叔（`Am Hamad）的胖子而向路人乞讨。（哈马德大叔是故事中的第一个"坏公民"例子，他虐待儿童，使他们受懒惰和堕落影响。）这个叫穆罕默德的小男孩不知道自己的父母是谁，也不知道自己来自何方，他唯一记得的童年画面是一个女人（另一个坏公民）把他从家里带走，送给阿里大娘（Umm `Ali），也就是哈马德大叔的妻子。

阿里大娘被塑造成一个为"身材高大、粗俗、脏乱……而且恬不知耻的淫妇，她只要伸出舌头就能摧毁一支庞大的军队"。法里德命令他的同伴们一定要帮助他，使埃及民族摆脱这种女性，对此，他们的回应是：完全独立（alistiqlal al-tam）也取决于此。这群年轻的中产阶级民族主义者发誓要将培养穆罕默德作为他们不可推卸的责任。

而阿里大娘这种形象的对立面，或者说是"优秀的民族主义女性"形象则出现在下一个场景中，那是在另一个示威游行活动中。法里德经过一辆满载女性的汽车，看见其中一人高呼民族主义口号，并同时警告与她同行的示威者说，她们中间有叛徒企图破坏革命。法里德站了很长时间，看着那个女人，自言自语地说："虽然这个女人不是我的母亲，但我为她感到骄傲。如果我的母亲也是像她这样的女人，那该多好啊！感谢上帝，我是她所在民族中的一员。"法里德和他的同伴们一致认为，这样的女性才是民族主义、母性和独立的代表。在遇见这样女性后，法里德体会到有一种非参加秘密会议不可的使命感。

因为害怕在会上发生什么事，法里德爬上会场附近的屋顶，想看看都有哪些人出席会议。当他站在屋顶上，陷入自我怀疑中时，他把手伸进了口袋，拿出了那条红丝带，这让他想起了其他人的勇气，特别是示威人群[204] 中的那位女性。就在那一刻，一位戴着一样红丝带的陌生女子走近了他，并告诉他，当初向他扔红丝带的是阿伊莎（`A´isha），而自己是阿伊莎的保姆。她承认，她是被派来警告他会有叛徒参加这场会议，并恳请他也参加会议，这样就可以警告那些同样戴着红丝带的人逃跑。

然后，剧情转到了萨阿德·扎格卢勒向一个女性代表团发表演讲。法里德在会上听了这一演讲。会议期间，阿伊莎当面对扎格卢勒说："记住，如果没有母亲或妻子与您一起承担生活的重担，您就不会成为一位能力出众的领导者。"扎格卢勒回答说，他非常清楚，他人生的第一个"祖国"是一位女性，也就是他的母亲。法里德和扎格卢勒会面，法里德还发现自己被邀请与心中的英雄一起前往上埃及，帮助他让埃及人加入华夫脱的行列中。

与此同时，法里德中了那个参加秘密会议的叛徒设下的"圈套"。小男孩穆罕默德发现了这个圈套，还试图警告法里德，但为时已晚，法里德去了艾斯尤特，刺客哈马德大叔一路尾随。当哈马德大叔正准备杀死法里德时，阿伊莎的保姆出现并介入进来，在最后一刻救了他的命。哈马德大叔在这场小规模冲突中受了伤，法里德和保姆细心照料他恢复健康，他也因此成为了一名民族主义者。保姆帮助法里德回到了开罗，之后两人结婚。小男孩穆罕默德找到了他真正的父母，其父母也成为了民族主义者。从此以后，所有人都过着幸福的生活，这个民族也是。

　　这个故事值得注意，不仅因为它在政治领域和家庭领域之间建立了明确的联系（善良的民族主义者是有道德的，关心孩子，而坏公民则虐待儿童；善良的民族主义者娶的是有道德的女人，而坏公民则娶的是"通奸的泼妇"），而且还因为它展现了中产阶级家庭生活在拯救埃及民族方面所发挥的作用。故事中的保姆是一位受过家政学训练的女性，是她警告法里德不要参加会议，并最终救了他的命。而阿伊莎在没有超越文化界限或习俗的前提下，提醒萨阿德·扎格卢勒家庭的重要性。那些由保姆和阿伊莎等人抚养的中产阶级男性民族主义者，长大后引领埃及民族的孩子们，使他们也成长为民族主义者。在扎格卢勒构想的埃及中，民族主义具有恢复家庭的力量，这可以从小男孩穆罕默德与家人团聚中得到证明。小男孩穆罕默德家庭的幸福也体现在他的民族的幸福中。

# 结论　是个女孩儿!
## 性别与现代埃及民族主义的诞生

　　每年，埃及的新闻媒体都会纪念1919年革命的游行示威周年纪念日。鉴于女性在游行示威中的出色表现，通常是女性被选来作为革命的象征，而且女性参与埃及民族主义运动这个话题所吸引的评论也是最多的。故事一般是这样的：埃及上层阶级的女性在几个世纪以来都是闺房的受害者，但是，她们最终觉醒并发现了奴役她们的是父权制的邪恶行径。与此同时，她们开始意识到家庭领域改革的可能性，并支持将"物质主义"活动作为赋予自身权利的一种手段。同时，她们也支持将民族主义作为保障埃及未来和自身未来的一种手段。1919年，女性们集体走上街头，支持埃及独立、民族主义，以及从旧秩序中解放出来。当革命斗争平息后，这些女性成立了埃及的第一个女权联盟，希望通过参加选举和议会活动来扩大她们的革命活动。在发出了政治声音并与男性一起参与了争取独立的斗争之后，女性认为自己和男性一样，也能够合法继承独立埃及政体赋予男性的所有政治权利。

　　1995年7月，《金字塔周报》(*Al-Ahram Weekly*)为纪念联合国国际女性会议发表了一篇题为《半个国家：一个世纪的女权主义》("Half a Nation: A Century of Feminism")的文章，其中详细叙述了女性为参与埃及公共事

[206]    务所进行的斗争，并将其置于 1919 年女性首次进入公共场所的背景之下。
文章称：

　　在 1919 年革命期间，女性首次走上街头示威，要求恢复国家主权。
随着民族独立（尽管在 1922 年埃及仍属于不完全独立），第一次有组织
的女性运动也由此开始。1923 年，侯达·沙拉维（Huda Sha`rawi）领
导女性成立了第一个明确的女权主义组织，即埃及女权主义者联盟（*al-Itihad al-Nisa'i al-Misri*）。埃及女权主义者联盟领导了一场运动，女性在
这场运动中阐述了女权主义和民族主义的议程。

　　随着一种新的现代文化在 19 世纪的埃及形成，最早的"女权意识"
表现也随之出现。在普遍出现的现代化转型中，以女性家庭隔离和其他
形式的控制女性为基础的陈旧的城市闺房文化受到了冲击，当此之时，
女性也表现出这种新的性别意识。上层和中产阶级的女性发现家中的男
性可以更自由地进行创新活动，而她们却受到更多限制。在与其他女性
交谈时，她们思考了她们的共同经历，并发现她们作为女性被人以各种
方式控制着。她们开始憧憬新的生活，开始团结起来，反抗自己的从属
地位。[1]

　　这里的暗示是，推翻以闺房为中心的旧秩序将使女性从与世隔绝的地

---

[1]《金字塔周报》（*Al-Ahram Weekly*），1995 年 7 月 20 日至 26 日。这篇文章由法伊扎·哈桑
（Fayza Hassan）编辑，同时于 1995 年 7 月 20 日以阿拉伯文形式在《金字塔周报》上发表。
　　1995 年 3 月 16 日，也就是埃及庆祝首个全国妇女节（National Women's Day）的日子，《金
字塔周报》发表了一篇类似文章，题为《长征中的妇女》（"Women on the Long March"）。女性革
命者开启了女性进入公共领域的先河，也因此受到了同样的礼遇。文章称，"埃及正在庆祝首个
全国性妇女节，不同于 3 月 8 日的国际妇女节。在 3 月 16 日庆祝，以纪念 1919 年 3 月 16 日埃
及妇女走上街头游行，抗议英国的军事占领。萨菲亚·扎格卢勒和侯达·沙拉维领导了这场示威
活动，他们是 1919 年事件中最突出的两个参与者。"拉尼亚·卡拉夫（Rania Khallaf），《金字塔
周报》，1995 年 3 月 9 日至 16 日，第 6 页。《金字塔周报》中并未出现这篇文章的阿拉伯语版本。

方解放出来，登上政治舞台。这也意味着，男性和女性一样支持变革，包括解放闺房中的女性，欢迎女性参加革命游行示威活动，以及鼓励女性全面参与包含政治领域在内的公共文化。换句话说，埃及的现代化和政治解放有望为女性带来一系列具体变化，而最核心的就是女性在新政府中发挥积极作用。

但是，关于这场革命以及女性在其中产生的作用，结尾却是：女性联盟（或女权主义；参加示威游行的女性通常被称为女权主义者）和民族主义失败了。[1] 在这篇叙述中，在 1919 年将民族主义者和女权主义者聚集在开罗街头的力量是短暂的，男性民族主义者在 1922 年制定埃及宪法时，并未赋予女性选举权，也不允许女性参与涉及埃及新生政治体的任何活动。因此，《金字塔周报》继续报道说："联盟成立后的一个月，新宪法颁布，并宣称所有埃及人都平等，享有同等的公民和政治权利与责任。但是，三个星期之后，这种平等性就受到了侵犯，因为选举法规定只有埃及男性才能行使政治权利。"[2] 引导并发起这场革命的民族主义运动仅代表男性的议 [207] 题，最终并不是为女性设计的。虽然女性在革命中起到了至关重要的作用，但最终未能成为政治议程的一部分。

这一结论对男女两种性别的民族主义者都产生了不幸影响。结论认为，尽管女性有能力拥护和支持最近在学术界被称为"母性主义者"（maternalist）的事业，但她们最终没有能力将慈善活动转变为自己的政治角色。在埃及，女性首先呼吁她们有权接受教育和现代医疗保健，以此支

---

[1] 阿拉伯语中没有"女权主义"（feminism）这个词。西方语言的埃及女权运动，用阿拉伯语描述时就成为"妇女运动"（*al-haraka annisa'iyya*）。关于当代埃及妇女对"运动"（movement）的各种描述方式的精彩阐述，参见纳杰·阿里（Nadje al-Ali）的《中东的世俗主义、性别和国家：埃及妇女运动》（*Secularism, Gender and the State in the Middle East: The Egyptian Women's Movement*），剑桥，2000 年。

[2] 《金字塔周报》，1995 年 3 月 9 日至 16 日。

持她们的民族主义（即世纪之交兴起的由女性创办并赞助的新闻媒体所支持的一个联盟），从而为自己争取"政治"空间。[1] 在革命爆发之前的几十年里，女性利用了那些逐步增加的受教育机会，在她们曾叙述过的领域中发挥了积极的作用：她们成为了教育工作者和医生，在医院和孤儿院的董事会工作，并创建了"长期的福利社"，例如为女性和儿童提供医疗服务的"穆罕默德·阿里慈善社"（Mabarrat Mohammad `Ali）。[2] 当革命开始时，女性利用自己在这些领域积累的经验来领导反英示威游行活动，并成立了华夫脱女性中央委员会。在此基础上，作为华夫脱主义者的女性便组织了示威游行以及抵制英国商品的运动，她们筹集资金和珠宝用来资助民族主义斗争，并在男性华夫脱领导人被监禁后直接与英国当局交涉。[3] 成立于革命结束之际的埃及女权主义者联盟（Egyptian Feminist Union）试图在革命后将这样的角色转变为选举权和直接参与政治的权利。由于女权主义者联盟未能成功为女性获得切实的政治参与权，因此文章得出的结论是，尽管"母性主义"成功地提高了女性在埃及社会中的地位，并将女性组织成了一个集体，但却未能成为一个坚实的平台。

同样，对于在革命之前和革命期间拥护女性在"母性主义"活动中开展相关工作的男性民族主义者，文章认为他们对埃及女性的困境和埃及民族家庭情况的关注是为了促进民族主义。一旦获得独立，埃及的男性民族主义者显然就背弃了那些实践民族主义并希望将其革命活动扩大到积极参与政治事务中的女性。[4] 据说，埃及男性是为了使埃及实现现代化，以及确保

---

[1] 巴伦，《埃及女性的觉醒》。

[2] 巴德兰，《女权主义者、伊斯兰兰教与民族》。

[3] 同上，第80—81页。

[4] 参见托马斯·菲利普（Thomas Philipp），《埃及的女权主义和民族主义政治》（"Feminism and Nationalist Politics in Egypt"），载《穆斯林世界的女性》，贝克和凯迪编，剑桥，1971年，第277—294页。阿里在《中东的世俗主义、性别和国家》一书中探讨了女权主义和民族主义过去和现在的关系。

建立一个能够制止埃及继续被殖民统治的民族国家，才提出了"女性问题"（讨论的核心是关于女性作为母亲的角色、女性的教育、头巾或"面纱"，以及恰当的关于女性离婚和继承权的法律）。[1] 女权主义者和民族主义历史学家阅读了卡西姆·艾敏所著的《妇女的解放》和《新女性》，她们认为"解放"意味着选举权和政治代理权，而"新"则意味着与过去的完全背离。[2] 男性民族主义者将女性从宪法中除名，这似乎背弃了他们参与发起并赞助的女性运动，这让历史学家对"女性问题"所引发激烈辩论的动力及其解散背后的动机表示质疑。

[208]

因此，革命后的历史和埃及第一部宪法的编撰为（关于女性运动和民族主义方面的）历史学家提出了诸多有待回答的问题。也许，其中最根深蒂固的一个问题是：为什么最初欢迎女性进行民族斗争，后来却又明显将女性排除在政治领域之外？[3] 埃及迈向独立的第一步是女性组织的示威、游行，她们长时间站在烈日之下，并惨遭英国人的逮捕和枪击。这些故事似乎为埃及已做好解放准备提供了证据。人们不得不怀疑，在那些标志着革命后历史的政治舞台上，如果相对缺乏女性的参与，那么又将如何延续这

---

[1] 艾哈迈德，《伊斯兰教中的女性与性别》。

[2] 想要找到一部关于现代埃及的历史犹如大海捞针，当谈起民族主义和女权运动时，并不是以讨论卡西姆·艾敏或与其同时代的女性开始（而通常是沙拉维、纳巴维亚·穆萨[Nabawiyya Musa]或巴伊沙特·巴迪业[Bahithat al-Badiyya]）。例如，汉娜·维斯（Hanna F. Wiss）的《艾斯尤特：埃及家庭的一段传奇》(Assiout: The Saga of an Egyptian Family，苏塞克斯，1994 年) 在民族主义议程中提到女权主义，写道："妇女解放事业由卡塞姆（Kassem，原文如此）·阿明先生和巴伊沙特·巴迪亚（Bahisat al-Badia，原文如此）夫人发起，但并未取得任何令人满意的结果。因此，当 1919 年萨阿德·扎格卢勒帕夏领导的革命爆发时，妇女在其中扮演了相当重要的角色，以此获得了实现梦想的机会。"（第 196 页）

[3] 参见默瓦特·哈坦姆（Mervat Hatem），《有关埃及公民身份的民族主义话语陷阱》（"The Pitfalls of the Nationalist Discourses on Citizenship in Egypt"），载《中东的性别与公民身份》(Gender and Citizenship in the Middle East)，苏阿德·约瑟夫（Suad Joseph）编，锡拉丘兹，2000 年，第 33—57 页。

类故事。[1]

有关女性在革命中所发挥的作用或者女性在革命之后的命运的这类问题并不仅仅局限于埃及。可以肯定的是，女性或女性形象一直是许多革命运动的核心，并用来表现解放之后的政体、现代国家以及获得自由之家的荣耀。美国革命、法国革命、1911 年的中国革命、以及 1917 年的布尔什维克革命，都可以用来说明女性和女性解放成了男性有关推翻旧秩序和迎接新时代的政治言论的核心内容。[2] 参与这类革命的女性成为进步和现代的代名词，她们与男性一起登上政治舞台，证明了新秩序对男性和女性都承诺

[1] 关于妇女运动和 1919 年埃及革命之间关系的概述，参见大多数描述现代埃及历史的文本。例如，参见阿法芙·马尔索，《现代埃及简史》(*A Short History of Modern Egypt*)，剑桥，1985 年；同上，《埃及的解放实验：1922—1936》；加布里埃尔·贝尔 (Gabriel Baer)，《1800 年—1914 年埃及的社会变革》("Social Change in Egypt: 1800–1914")，载《现代埃及的政治和社会变革》(*Political and Social Change in Modern Egypt*)，霍尔特 (P. M. Holt) 编，伦敦，1968 年；科尔，《世纪之交埃及的女权主义、阶级和伊斯兰教》。关于革命示威中的妇女，参见阿法芙·马尔索，《革命妇女》；托马斯·菲利普，《埃及的女权主义和民族主义政治》；以及拉菲，《1919 年革命》。

[2] 关于法国大革命，参见莫娜·奥祖夫 (Mona Ozouf)，《节日与法国大革命》(*Festivals and the French Revolution*)，艾伦·谢里丹 (Alan Sheridan) 译，剑桥，1988 年；莫里斯·阿格隆 (Maurice Agulhon)，《战斗中的玛丽安：法国共和国意象和象征，1789—1880》(*Marianne Into Battle: Republican Imagery and Symbolism in France, 1789–1880*)，珍妮特·劳埃德 (Janet Lloyd) 译，剑桥，1981 年；林恩·亨特，《法国大革命时期的政治、文化和阶级》，伯克利，1984 年；琼·B. 兰德斯 (Joan B. Landes)，《法国大革命时期的妇女和公共领域》(*Women and the Public Sphere in the Age of the French Revolution*)，伊萨卡，1988 年。关于 1911 年辛亥革命，参见小野和子 (Kazuko Ono)，《革命世纪中的中国妇女，1850—1950》(*Chinese Women in a Century of Revolution, 1850–1950*)，傅佛果 (Joshua A. Fogel) 编，凯瑟琳·伯恩哈特 (Kathryn Bernhardt) 译，斯坦福，1988 年。关于美国革命，参见玛丽·贝丝·诺顿 (Mary Beth Norton)，《自由的女儿：美国妇女的革命经历，1750—1800》(*Liberty's Daughters: The Revolutionary Experience of American Women 1750–1800*)，波士顿，1980 年；琳达·凯伯 (Linda K. Kerber)，《共和国的妇女：美国革命时期的智慧和意识形态》(*Women of the Republic: Intellect and Ideology in Revolutionary America*)，教堂山，1980 年；琼·霍夫·威尔逊 (Joan Hoff Wilson)，《改变的幻觉：美国革命中的妇女》("The Illusion of Change: Women in the American Revolution")，载《美国革命：美国激进主义史的探索》(*The American Revolution: Explorations in the History of American Radicalism*)，阿尔弗雷德·杨 (Alfred Young) 编，迪卡尔布，1976 年，第 383—446 页。帕特里夏·霍利斯 (Patricia Hollis) 的《公共领域的女性，1850—1900：维多利亚妇女运动的文件》(*Women in Public, 1850–1900: Documents of the Victorian Women's Movement*，伦敦，1979 年) 对女性和公共领域的历史进行了极好的概述。

了民主、平等和解放。很多历史学家争辩称：和埃及革命一样，每一次革命都说明这些承诺并未兑现。革命之后的社会在针对女性的政治、教育和经济政策方面很可能还是像革命之前的政权一样压迫女性。

这些例子似乎表明了这样一种普遍现象，那就是在革命背景下，女性 [209] 扮演着高度政治化的角色，但是在革命斗争结束之后，政治领域却没有她们的立足之地。毫无疑问，人们假定女性以及对女性的看法，对建立新政权而言，其重要性不及推翻旧的政治秩序。埃及的情况似乎也不例外。

1919 年埃及革命之后，政治领域中并无任何活跃的女性，这代表了 19 世纪和 20 世纪初关于埃及民族、民族改革和民族主义的性别辩论的合理结果。从 19 世纪开始，家庭生活及其中所隐含的女性和母性活动是塑造民族国家的核心。为了使独立的埃及国家继续从住所内得到巩固，女性将不得不待在家里。埃及男性是否因此而产生了排斥女性的政治体？还是他们继承了一套基于改革后的现代女性留在家里而产生的现代欧洲宪法理想？[1]

关于 1919 年革命，长达半个世纪的相关辩论、讨论和改革，体现在埃及资产阶级认为他们的国家已做好独立准备的那些象征性事物中。这些象征性事物将改革后的家庭领域活动带入了政治舞台的聚光灯下。确实，以上章节都说明了：对于有关埃及政治体的讨论和辩论来说，住所以及其中的居民（无论是真实的还是虚构的）具有重要意义。埃及人的住所，对于欧洲游客乃至政府官员定义埃及领土、政治和文化实体至关重要。整个 19 世纪埃及家庭的渗透以及随之而来的知识的积累，使埃及成为一块女性化的领土，并被欧洲占领和统治。

埃及政府发起了一个旅行写作项目，但是，无意间却通过这个项目将

---

[1] 在此，我从某种程度上不赞同塞尔玛·博特曼（Selma Botman）的《埃及公民身份的形成》（*Engendering Citizenship in Egypt*，纽约，1999 年）前几章的观点。虽然我最终接受了博特曼的这一观点，即 1923 年宪法在埃及形成了制度化的父权制，但我认为她忽略了现代化和殖民化的进程，而正是这些进程才能使宪法模式占据显眼位置。

现代性描述为联结家居布置与政治结构的概念。这个项目的推出，对应了埃及精英阶层在婚姻安排和家居布置上发生的变化，但实际上这些变化是由埃及政治体的变革而造成的。埃及出现了一个新的国家公务员阶层，可以从他们对房屋的选择、屋内物件的合理布置，以及墙壁内部发生的关系中将其区分出来，随着时代的发展，他们将自己和其生活的环境看作是现代埃及的。

[210]　　对于那些在 19 世纪以越来越高的频率来"了解"埃及人的欧洲人而言，埃及精英人士的家代表的是落后而不是现代。埃及最声名狼藉的家是伊斯梅尔的家。那里发生的所谓的特殊情况证明：欧洲在埃及的领土和其他权益必须通过占领埃及的方式来保障。因此，一旦占领埃及被合法化，赫迪夫及其部长们的私人政治就会被用来衡量埃及在走向现代、恢复经济偿付能力和政治能力方面所取得的进步，而这些正是埃及有待改革的能力。

　　在英国占领埃及的那些年里，住所成为埃及人讨论国家成败的一个比喻。适宜的婚姻关系、母乳喂养和良好的教育成为政治实力的象征。餐桌礼仪和家政学并不像刚在 19 世纪后期兴起时那样仅限于女性刊物，而是形成了一种完整的政治文化。那些从表面上来看似乎关于"女性"的问题和争论（关于头巾的争论只是其中的一个例子）实际上表达的是对埃及的过去、政治体和被英国占领的尖锐批评，以及关于如何带领埃及走向更美好未来的方法。

　　革命图像表明，1919 年游行示威活动的核心是埃及资产阶级民族主义者试图揭露其家庭生活的私人领域，展示在家庭内部所发生的改革。自 19 世纪以来，特别是 1882 年以来，埃及发生的变化得到了从内到外的展现。用民族主义者的话来说就是："我们希望全世界都知道，在我们深爱的国家，安全具有至高无上的地位……我们甚至想让全世界知道我们最私密的秘密。"[1]

革命图像也说明了1919年埃及政治体的性别化特征。"妇女""女人""女性"等词汇具有众多含义。新生的埃及民族国家需要依赖某些女性原型,其特征影响着政治领域和私人领域。在1919年革命中表现出来的男女两种性别的资产阶级"母亲"形象,表明埃及人已经对他们国家的政治、经济和私人领域进行了改革。在家庭和公共领域培育这个国家是一项强有力的政治行动。慈善活动以及对穷人的关心不仅意味着对政治的参与,而且还表明对现代西方政治领域所要求的所有行为的采纳。

但是,革命图像也揭示了需要巩固现代埃芬迪的习惯和埃及民族主义之间的关系。新闻媒体对示威活动的报道区分了中产阶级民族主义者领导下的有序示威游行与"乌合之众"和"地痞流氓"组成的无序团伙进行的示威游行,以确保埃芬迪的阶级行为是正确的民族主义行为。对于那些不愿意遵循埃芬迪为实现健全民族主义所设定方法的下层阶级,人们会将其踢出为民族而战的行列。"乌合之众"可能会有助于使英国无法统治,但他们对国家的新生并没有帮助。 [211]

与此同时,为"国家"穿上中产阶级家庭生活的外套有助于在1922年赢得的半独立政治体中注入精英阶层的价值观。在餐厅吃饭、穿着欧洲时装、利用西方的家具装饰房屋、雇用保姆、使用婴儿配方奶粉,所有这一切似乎都表明:资产阶级,也就是"现代埃及人",已经取得了现代埃及独立的胜利。

最后,在萨阿德·扎格卢勒与其华夫脱代表团成员和这些象征性符号的共同作用下,那些从英国占领埃及中获利的埃及人转变成了反对英国占领埃及的民族运动领导人。这些漫画和口号对革命具有重要作用,暗示了

---

[1] FO 141/748/8822,1919年3月23日。

华夫脱与人民群众之间存在一种明显使华夫脱都感到惊讶的联系。因此，萨阿德·扎格卢勒和他的同侪似乎已经实现了埃及民族的诞生，并成为催生埃及民族诞生的文化的拥护者。

人们只能猜测为什么英国人没有认识到慈善机构具有政治意义。也许这种疏忽表明：到1919年，用于判断非欧洲人民政治潜力的模板已经发生了改变。1919年4月，总领事温盖特要求英国外交部以自己的宣传形式在欧洲新闻媒体上进行反对埃及民族主义的"宣传"。但是，他们却没有将家庭实践与布尔什维克主义、无政府主义和潜在的泛伊斯兰主义一起当作民族主义的形象。[1] 而且，在埃及，就如同在19世纪中后期被英国殖民或占领的世界上的其他地区一样，家庭实践是衡量一个民族成败的强有力的模板，实际上，这就是一个民族称自己为国家的能力。当殖民地的人民开始要求独立时，这种形象也会再次出现。关于英国未想到爆发1919年革命原因之一是家庭政治，还有另一种解读，那就是他们认识到：埃及人已经履行了1882年订立的合约并做好了自治准备。

---

[1]  PRO/FO 141/522/9085，温盖特致外交部，1919年4月18日。

# 参考文献

## 档案资料

埃及国家档案馆（DAR AL-WATHA'IQ AL-QAWMIYYA [DWQ]），埃及开罗
Ahd Isma`il Collection
MahaWz Abdin
Majlis al-Wuzara´ Collection

长老会历史学会档案（PRESBYTERIAN HISTORICAL SOCIETY ARCHIVES），美国宾夕法尼亚
    州费城
Minnehaha Finney Papers, Record Group 240 Thomas McCague Papers, Record Group 192 Anna
    Young Thompson Papers, Record Group 141

外交部档案（PUBLIC RECORDS OFFICE[PRO], FOREIGN OFFICE[FO]），英国邱园

牛津大学圣安东尼学院（ST. ANTONY'S COLLEGE），英国牛津
Thomas Boyle Papers
Sir Milne Cheetham Papers
Sir Ignatius (Valentine) Chirol Papers Francis Edwards Papers
Sir Eldon Gorst Papers
Sir Thomas Russell Papers Sir Ronald Wingate Papers

博德利图书馆（BODELIAN LIBRARY），英国牛津
Viscount Alfred Milner Papers


## 出版物

期刊杂志（19 世纪末—20 世纪初）
*Abu Nazzara Zarqa´* (Man with the blue spectacles; Cairo, 1877; Paris, 1878)

*al-Afkar* (Thoughts; Cairo, 1900)

*al-Ahali* (The people; Cairo, 1894)

*al-Ahram* (The pyramids) and *al-Ahram Weekly* (Cairo, 1876) *Anis al-Jalis* (The intimate companion; Alexandria, 1898) *Anis al-talmiz* (The students' companion; Cairo, 1898)

*al-`Asr al-Jadid* (The new era; Alexandria, 1880) *Dalil al-tulab* (The students' guide; Cairo, 1902) *al-Fatah* (The young woman; Alexandria, 1892) *al-Hilal* (The crescent; Cairo, 1892)

*al-Jarida* (The paper; Cairo, 1907)

*al-Kashkul* (The scrapbook; Cairo, 1921)

*al-Lata'if al-Musawwara* (Illustrated niceties; Cairo, 1915)

*al-Liwa'* (The standard; Cairo, 1900) *Le Lotus* (The lotus; Alexandria, 1901) *al-Madrasa* (The school; Cairo, 1893)

*al-Mahrusa* (The divinely protected; Alexandria, 1880)

*Majallat jama`iyyat al-hayah* (The 'Hayah' Organization; Cairo, 1909)

*al-Manar* (The lighthouse; Cairo, 1898)

*Misr* (Egypt; Cairo, 1877)

*Misr al-fatah* (Egypt the young woman; Alexandria, 1879)

*al-Mu`ayyad* (The strengthened; Cairo, 1889)

*al-MuWd* (The informer; Cairo, 1881)

*al-Muqatam* (Cairo, 1889)

*al-Muqtataf* (Selections; Cairo, 1896) *al-Nizam* (The order; Cairo, 1909) *al-Sufur* (Uncovering; Cairo, 1915)

*al-Talba* (The students; Cairo, 1908)

*al-Talmiz* (The student; Cairo, 1893)

*al-Tankit wal-Tabkit* (Mockery and reproach; Alexandria, 1881)

*al-Tarbiyya* (Childraising; Cairo, 1905)

*al-Ustadh* (The professor; Cairo, 1892)

*Wadi al-Nil* (The Valley of the Nile; Cairo, 1866)

*al-Watan* (The nation; Cairo, 1877)

*Women's Missionary Magazine* (Pittsburgh, Penn.)


## 阿拉伯语教科书

Ahad, Sayyid Mohammad. *Kitab al-tahliyya wal-targhib Wl-tarbiyya wal-tahdhib.* 11th ed. Cairo: Matba`at al-Amiriyya, 1911.

Ahmad, `Abd al-Rahman. *al-Mutala`a.* Cairo: Dar al-Kuttub al-Khedwiyya, 1912.

Amin, Ahmed. *al-Akhlaq.* Bulaq: Matba`at al-Amiriyya, 1934.

Fikry, `Ali. *Adab al-fata.* 8th ed. Cairo: Matba`at al-Ma`arif, 1914.

Gamayyil, Anton. *al-Fatah wal-bayt.* 2nd ed. Cairo: Matba`at al-Ma`arif, 1916. Hasan, `Abd al-`Aziz. *Durus al-ahklaq al-maqadara `ala tulab al-sana al-ula.* Cairo: n.p., 1913.

Hussein, Mohammad Ahmed. *Maqarar al-akhlaq lil-madaris al-ibtida'iyya.* Cairo: Matba`at Dar al-Kuttub, 1929.

Ibrahim, HaWth, trans. *Kuttaib fil-tarbiyya al-awaliyya wa al-akhlaq: al-juz' al-awal.* 2d ed. Bulaq: Matba`at al-Amiriyya, 1913.

Isma`il, `Abd al-Rahman. *al-Tarbiyya wal-adaab al-ra`iyya.* 8th ed. Bulaq: Matba`at al-Amiriyya, 1911.

Mikhail, Francis. *al-Nizam al-manzili.* Cairo: Matba`at al-Ma`arif, 1912.

———. *al-Tadbir al-manzili al-hadith.* Cairo: Matba`at al-Ma`arif, 1916.

Qumha, Ahmed, and Monsieur Logran. *Kitab al-adkhar.* Bulaq: Matba`at al- Amiriyya, 1914.

Rakha, Mohammad Ahmed, and Mohammad Hamdy. *Kitab al-akhlaq lil-banat.* Cairo: al-Matba`a al-Handasiyya Bil-Mosqui, 1918.

Rushdy, Mohammad. *Tadbir al-`am fil-siha wa al-mard.* Cairo: Matba`at al-`Itimad, 1912.

Sayyid, Mohammad Ahad. *Kitab al-tahliyya wal-targhib fil-tarbiyya wal-tahdhib.* 11th ed. Bulaq: Matba`at al-Amiriyya, 1911.

Wizarat al-Ma`arif al-`Umummiyya. *al-Mukhtara al-ibtida'iyya lil-mutala`a al-`arabiyya.* Bulaq: Matba`at al-Amiriyya, 1912.

———. *al-Tahajiya wal mutala`a.* 9th ed. Bulaq: Matba`at al-Amiriyya, 1916.

Yasmine, Bashir, and Nasr al-Din Hashim. *al-Ma`alumat al-wataniyya.* Cairo: Matba`at Wizarat al-Ma`arif, 1952.

## 阿拉伯语、英语、法语的作品

`Abd al-Karim, Ahmad `Izzat. *Tarikh al-ta`lim fi `asr Mohammad `Ali.* Cairo: Maktabat Al-Nahda al-Misriyya, 1938.

Abu al-Is`ad, Mohammad. *Siyasat al-ta`lim fi misr taht ul-ihtilal al-britani (1822–1922).* Cairo: Matba`at al-Khatab, 1976.

Abu-Lughod, Janet. *Cairo: 1001 Years of the City Victorious.* Princeton: Princeton University Press, 1971.

Abu-Lughod, Lila, ed. *Remaking Women: Feminism and Modernity in the Middle East.* Princeton: Princeton University Press, 1998.

Adelson, Roger. *London and the Invention of the Middle East: Money, Power, and War* 1902–1922. New Haven: Yale University Press, 1995.

Agulhon, Maurice. *Marianne Into Battle: Republican Imagery and Symbolism in France, 1789–1880.* Trans. Janet Lloyd. Cambridge: Cambridge University Press, 1981.

Ahmed, Jamal Mohammad. *The Intellectual Origins of Egyptian Nationalism.* London: Oxford

University Press, 1960.

Ahmed, Leila. "Western Ethnocentrism and Perceptions of the Harem." *Feminist Studies* 8: 3 (1982): 521–34.

——. *Women and Gender in Islam: Historical Roots of a Modern Debate.* New Haven: Yale University Press, 1992.

al-Ali, Nadje. *Secularism, Gender and the State in the Middle East: The Egyptian Women's Movement.* Cambridge: Cambridge University Press, 2000.

Allen, Roger. *The Arabic Novel: An Historical and Critical Introduction.* Syracuse N.Y.: Syracuse University Press, 1982.

——. *A Study of Hadith `Isa Ibn Hisham: Mohammad al-Muwaylihi's View of Egyptian Society during the British Occupation.* Albany, N.Y.: State University of New York, 1974.

Alloula, Malek. *The Colonial Harem.* Minneapolis: University of Minnesota Press, 1986.

Amin, Qasim. *Les* Égyptiens: *Réponse à Monsieur le Duc d'Harcourt.* Cairo: Jules Barbier, 1894.

——. *The Liberation of Women. A Document in the History of Egyptian Feminsim.* Trans. Samiha Sidhon Peterson. Cairo: The American University in Cairo Press, 1992.

——. "The New Woman." Trans. Raghda el-`Essawi and Lisa Pollard. Unpublished ms. Cairo, 1995.

——. *The New Woman.* Samiha Sidhon Peterson. The American University in Cairo Press, 1995.

Anderson, Benedict. *Imagined Communities.* Extended ed. London: Verso Press, 1991.

Anis, Mohammad. *Dirasaat fi watha'iq thawrat 1919.* Vol. 1. Cairo: Anglo-Egyptian Bookstore, 1964.

Appadurai, Arjun. *Modernity at Large: Cultural Dimensions of Globalization.* Minneapolis: University of Minnesota Press, 1996.

al-`Aqqad, `Abbas Mahmoud. *Sa`ad Zaghlul, sira wa tahiyya.* Cairo: Dar al-Shuruq, 1987.

Artin, Yacoub. *L'instruction publique en* Égypte. Paris: E. Leroux, 1890.

`Awad, Louis. *Tarikh al-fikr al-misry al-hadith, min al-hamla al-faransiyya ila `asr isma`il.* Cairo: Maktabat Madbouli, 1987.

Ayalon, Ami. *The Press in the Arab Middle East: A History.* New York: Oxford University Press, 1995.

Badran, Margot. "Competing Agendas: Feminists, Islam, and the State in Nineteenth- and Twentieth-Century Egypt." In *Women, Islam, and the State,* ed. Deniz Kandiyoti. Philadelphia: Temple University Press, 1991.

——. *Feminists, Islam, and Nation: Gender and the Making of Modern Egypt.* Princeton: Princeton University Press, 1995.

Baedeker, Karl. *Egypt: A Handbook for Travellers.* Leipzig: Baedeker, 1885.

Baer, Gabriel. "Social Change in Egypt: 1800–1914." In *Political and Social Change in Modern Egypt,* ed. P. M. Holt. London: Oxford University Press, 1968.

Baron, Beth. "Mothers, Morality, and Nationalism in Pre-1919 Egypt." In *The Origins of Arab Nationalism,* ed. Rashid Khalidi, 271–88. New York: Columbia University Press, 1991.

——. "Nationalist Iconography: Egypt as a Woman." In *Rethinking Nationalism in the Arab Middle East,* ed. James Jankowski and Israel Gershoni, 105–124. New York: Columbia University Press,

1997.

——. *The Women's Awakening in Egypt: Culture, Society, and the Press.* New Haven: Yale University Press, 1994.

Beinin, Joel, and Zachary Lockman. *Workers on the Nile: Nationalism, Communism, Islam, and the Egyptian Working Class, 1882–1954.* Princeton: Princeton University Press, 1987.

Bhabha, Homi. "Of Mimicry and Man: The Ambivalence of Colonial Discourse." In *Tensions of Empire: Colonial Cultures in a Bourgeois World*, ed. Frederick Cooper and Laura Ann Stoler. Berkeley: University of California Press, 1997.

Bianchi, T. X. "Catalogue général des livres Arabes, Persans, et Turcs imprimés à Boulac en Égypte depuis l'introduction de l'imprimerie dans ce pays." *Nouveau Journal Asiatique* (Paris) 2 (1843).

Blunt, Wilfrid Scawen. *The Future of Islam.* London: Kegan Paul, Trench, 1882.

——. *My Diaries. Being a Personal Narrative of Events, 1888–1914.* London: M. Secker, 1920.

——. *A Secret History of the Occupation of Egypt.* New York: Howard Fertig, 1967.

Booth, Marilyn. *Bayram al-Tunisi's Egypt: Social Criticism and Narrative Strategies.* Exeter, England: Ithaca Press, 1990.

——. *May Her Likes Be Multiplied: Biography and Gender Politics in Egypt.* Berkeley: University of California Press, 2001.

——. "Woman in Islam: Men and the 'Women's Press' in Turn-of-the-Twentieth-Century Egypt." *International Journal of Middle East Studies* 33: 2 (2001): 171–201.

Bordieu, Pierre. *Reproduction in Education and Society.* Trans. Richard Nice. London: Sage Publications, 1977.

Botman, Selma. *Egypt from Independence to Revolution, 1919–1956.* Syracuse, N.Y.: Syracuse University Press, 1991.

——. *Engendering Citizenship in Egypt.* New York: Columbia University Press, 1999.

Boyle, Clara Asch. *Boyle of Cairo: A Diplomatist's Adventures in the Middle East.* London: Titus Wilson and Son, 1965.

Bozdogan, Sibel, and Resat Kasaba, eds. *Rethinking Modernity and National Identity in Turkey.* Seattle: University of Washington Press, 1997.

Brendon, Piers. *Thomas Cook: 150 Years of Popular Tourism.* London: Secker and Warburg, 1991.

Browne, Edward Granville. *The Press and Poetry of Modern Persia.* Cambridge: Cambridge University Press, 1914.

Buchanan, Carrie. *Broadening Horizons in Egypt.* Pittsburgh, Pa.: Printing House of the Women's General Missionary Society, United Presbyterian Church of North America, n.d.

——. *Educational Work in Egypt.* Pittsburgh, Pa.: Printing House of the Women's General Missionary Society, United Presbyterian Church of North America, n.d.

Budge, E. A. Wallis. *Cook's Handbook for Egypt and the Sudan.* London: Thomas Cook and Son, 1876.

Bugler, Caroline. "Innocents Abroad: Nineteenth-Century Artists and Travelers in the Near East and

North Africa." In *The Orientalists: Delacroix to Matisse. European Painters in North Africa and the Near East,* ed. Mary Anne Stevens. London: Royal Academy of Arts, 1984.

Burton, Antoinette. "From Child Bride to 'Hindoo Lady': Rukhamabai and the Debate on Sexual Responsibility in Imperial Britain." *The American Historical Review* 103: 4 (1998): 1119–1146.

———. "Rules of Thumb: British History and Imperial Culture in Nineteenth- and Twentieth-Century Britain." *Women's History Review* 3: 1 (1994): 483–499. Butovsky, Avriel. "Reform and Legitimacy: The Egyptian Monarchy." In *Entre reform sociale et mouvement national: Identité et modernisation en* Égype, *1882–1962,* ed. Alain Roussillon. Cairo: CEDEJ, 1995.

Carré, Jean-Marie. *Voyageurs et écrivains français en Égypte.* 2nd ed. Cairo: L'Institut Français d'Archéologie Orientale, 1976.

Çelik, Zeynep. *Displaying the Orient: Architecture of Islam at Nineteenth-Century World's Fairs.* Berkeley: University of California Press, 1992.

Chamberlain, M. E. "Sir Charles Dilke and the British Intervention in Egypt, 1882: Decision Making in a Nineteenth-Century Cabinet." *British Journal of International Studies* 2 (1976): 231–245.

Chatterjee, Partha. "Colonialism, Nationalism, and Colonized Women: the Contest in India." *American Ethnologist* 16:4 (1989): 622–633.

———. *The Nation and Its Fragments: Colonial and Postcolonial Histories.* Princeton: Princeton University Press, 1993.

———. "A Religion of Urban Domesticity: Sri Ramakrishna and the Calcutta Middle Class." In *Subaltern Studies 7: Writings on South Asian History and Society,* ed. Partha Chatterjee and Gyanendra Pandey, 40–68. Delhi: Oxford University Press, 1992.

Chaucer, GeoVrey. *Canterbury Tales.* Selected, translated, and adapted by Barbara Cohen. New York: Lothrop, Lee, and Shepard Books, 1988.

Chennels, Ellen. *Recollections of an Egyptian Princess by Her English Governess.* London: W. Blackwood and Sons, 1893.

Chirol, Valentin. *The Egypt Problem.* London: Macmillan and Co., 1902.

Clancy-Smith, Julia, and Frances Gouda, eds. *Domesticating Empire: Race, Gender, and Family Life in French and Dutch Colonialism.* Charlottesville, Va.: University Press of Virginia, 1998.

Cole, Juan R. I. *Colonialism and Revolution in the Middle East: Social and Cultural Origins of Egypt's `Urabi Movement.* Princeton: Princeton University Press, 1993.

———. "Feminism, Class, and Islam in Turn-of-the-Century Egypt." *International Journal of Middle East Studies* 13 (1981): 387–407.

ComaroV, John, and Jean L. ComaroV. *Ethnography and the Historical Imagination.* Boulder, Colo.: Westview Press, 1992.

*Cook's Tourist Handbook for Egypt, the Nile and the Desert.* London: Thomas Cook and Son, 1897.

Cooper, Elizabeth. *The Women of Egypt.* London: Hust and Blackett, Ltd., 1914.

Cooper, Frederick, and Ann Laura Stoler, eds. *Tensions of Empire: Colonial Cultures in a Bourgeois World.* Berkeley: University of California Press, 1997.

Coppin, Jean. *Voyages en Égypte de Jean Coppin, 1638–39 et 1643–66.* Cairo: Institut Français d'Archéologie Orientale, 1976.

Crabbs, Jack A., Jr. *The Writing of History in Nineteenth-Century Egypt: A Study in National Transformation.* Cairo: American University of Cairo Press, 1984.

Cromer (Evelyn Baring), Earl of. *Modern Egypt.* London: Macmillan, 1908.

——. *Speeches, 1882–1911.* Edinburgh: R. & R. Clark, 1912.

Curl, James Stevens. *Egyptomania: The Egyptian Revival. A Recurring Theme in the History of Taste.* Manchester: Manchester University Press, 1992.

Cutler, H. G., and L. W. Yaggy. *Panorama of Nations; or, Journeys Among the Families of Man: A Description of Their Homes, Customs, Habits, Employments and Beliefs; Their Cities, Temples, Monuments, Literature and Fine Arts.* Chicago: Star Publishing Company, 1892.

Daly, M. W. "The British Occupation of Egypt." In *The Cambridge History of Egypt,* vol. 2, ed. M. W. Daly, 239–251. Cambridge: Cambridge University Press, 1998.

Daniel, Norman. *Islam, Europe and Empire.* Edinburgh: University of Edinburgh Publications, 1966.

Dar al-Hilal. *Sajil al-hilal al-musawwar min 1892–1992.* Cairo: Dar al-Hilal, 1992.

DavidoV, Leonore, and Catherine Hall. *Family Fortunes: Men and Women of the English Middle Class, 1780–1850.* Chicago: University of Chicago Press, 1987.

Deeb, Maurius. *Party Politics in Egypt: The Wafd and its Rivals, 1919–1939.* London: Ithaca Press, 1979.

Delanoue, Gilbert. *Moralistes et politiques musulmans dans l'Égypte du XIXième siècle.* Cairo: Institut Français d'Archélogie Orientale, 1982.

Depping, Georges-Bernard. *Aperçu historique sur les moeurs et coutumes des nations: Contenant le tableau comparé chez les divers peuples anciens et modernes, des usages et des cérémonies concernant l'habitation, la nourriture, l'habillement, les marriages, les funérailles, les jeux, les fêtes, les guerres, les superstitions, les castes, etc.* Paris: L'Encyclopédie Portative, 1826.

——. *Evening Entertainment, Or Delineations of the Manners and Customs of Various Nations: Interspersed with Geographical Notices, Historical and Biographical Anecdotes, and Descriptions in Natural History.* Philadelphia: David Hogan, 1817.

Dicey, Edward. *England and Egypt.* London: Chapman and Hall, 1881.

——. "England's Intervention in Egypt." *The Nineteenth Century12* (1882): 160–174.

——. "The Future of Egypt." *The Nineteenth Century* 2 (1877): 3–14.

——. "Our Egyptian Protectorate." *The Nineteenth Century* 7 (1880).

——. "Our Route to India." *The Nineteenth Century* 1 (1877): 665–686.

——. *The Story of the Khedivate.* New York: C. Scribner and Sons, 1902. Dor, V. Eduard. *L'Instruction publique en Égypte.* Paris: Lacroix, 1872.

Duben, Alen. "Household Formation in Late Ottoman Istanbul." *International Journal of Middle Eastern Studies* 22 (1990): 419–435.

——. "Turkish Families and Households in Historical Perspective." *Journal of Family History* 10

(1995): 75–97.

Duben, Alen, and Cem Behar. *Istanbul Households: Marriage, Family and Fertility, 1880–1940.* Cambridge: Cambridge University Press, 1991.

Edmond, Charles. *L'Égypte à l'exposition universelle de 1867.* Paris: Dentre, 1867.

Edwards, Amelia. *A Thousand Miles up the Nile.* London: Longmans, 1877.

Egremont, Max. *The Cousins: The Friendship, Opinions and Activities of Wilfrid Scawen Blunt and George Wyndham.* London: Collins, 1977.

Egyptian Ministry of Public Instruction. *Syllabus of Secondary Courses of Study.* Cairo: n.p., 1897.

Fabian, Johannes. *Time and the Other: How Anthropology Makes Its Object.* New York: Columbia University Press, 1983.

Fahmy, Jeanne. *L'Égypte eternelle.* Paris: Renaissance du Livre, 1863.

Fahmy, Khaled. *All the Pasha's Men: Mehmed Ali, his Army, and the Making of Modern Egypt.* Cambridge: Cambridge University Press, 1997.

——. "The Era of Muhammad 'Ali Pasha, 1805–1948." In *The Cambridge History of Egypt, Volume Two. Modern Egypt from 1517 to the End of the Twentieth Century,* ed. M. W. Daly, 139–179. Cambridge: Cambridge University Press, 1998.

——. "Women, Medicine, and Power in Nineteenth-Century Egypt." In *Remaking Women: Feminism and Modernity in the Middle East,* ed. Lila abu-Lughod, 35–72. Princeton: Princeton University Press, 1998.

Fargues, Philippe. "Family and Household in Mid-Nineteenth-Century Cairo." In *Family History in the Middle East: Household, Property, and Gender,* ed. Beshara Doumani, 23–50. Albany, N.Y.: State University of New York Press, 2003.

Fay, Mary Ann. "From Concubines to Capitalists: Women, Property, and Power in Eighteenth-Century Cairo." *Journal of Women's History* 10: 3 (1998): 118–140.

——. "From Warrior Grandees to Domesticated Bourgeoisie: The Transformation of the Elite Egyptian Household into a Western-Style Family." In *Family History in the Middle East: Household, Property, and Gender,* ed. Beshara Doumani, 101–118. Albany, N.Y.: State University of New York Press, 2003

Fleischmann, Ellen. *The Nation and Its "New" Women: Feminism, Nationalism, Colonialism, and the Palestinian Women's Movement, 1920–1948.* Berkeley: University of California Press, 2003.

——. "Selective Memory, Gender, and Nationalism: Palestinian Women Leaders of the Mandate Period." *History Workshop Journal* 47 (1999): 141–158.

Fortna, Benjamin C. *Imperial Classroom: Islam, the State and Education in the Late Ottoman Empire.* Oxford: Oxford University Press, 2002.

Foucault, Michel. *Birth of the Clinic: An Archeology of Medical Perception.* Trans. A. M. Sheridan Smith. New York: Pantheon Books, 1973.

——. *Discipline and Punish: The Birth of the Prison.* Trans. A. M. Sheridan Smith. New York: Vantage Books, 1979.

——. *The History of Sexuality,* vol. I. Trans. Robert Hurley. New York: Pantheon Books, 1978.

Fox-Keller, Evelyn. "Baconian Science: The Arts of Mastery and Obedience." In *Reflections on Gender and Science,* ed. Evelyn Fox-Keller. New Haven: Yale University Press, 1985.

France, Peter. *The Rape of Egypt.* London: Barrie and Jenkins, 1991.

Friedland, Roger, and Diedre Boden. *NowHere: Space, Time, and Modernity.* Berkeley: University of California Press, 1994.

Frierson, Elizabeth. "Unimagined Communities: State, Press, and Gender in the Hamidian Era." Ph.D. diss., Princeton University, 1997.

Fullerton, William Morton. *In Cairo.* London and New York: Macmillan and Co., 1891.

Fundone, Maria. "L'école SyouWeh (1873–1889) une première expérience d'enseignement primaire gouvernemental pour les Wlles au Caire." Cairo: Institut Français de l'Archéologie Orientale, Colloquium on Social Reform in Egypt, December, 1993.

Gallagher, Nancy Elizabeth. *Egypt's Other Wars: Epidemics and the Politics of Public Health.* Syracuse, N.Y.: Syracuse University Press, 1990.

Gasparin, Valérie Boissier de. *Journal d'un voyage au Levant.* Paris: M. Ducloux, 1948.

Gay, Peter. *The Bourgeois Experience, vol. I: Education of the Senses.* London: Oxford University Press, 1985.

Gendzier, Irene. *The Practical Visions of Ya'qub Sannu`.* Cambridge, Mass.: Harvard University Press, 1966.

Gladstone, W. E. "Aggression on Egypt and Freedom in the East." *The Nineteenth Century* 1 (1887): 149–166.

Goçek, Fatima Müge. *Political Cartoons in the Middle East.* Princeton: Marcus Weiner, 1998.

Godlewska, Anne, and Neil Smith. *Geography and Empire.* Oxford: Blackwell Publishers, 1994.

Goldberg, Ellis. "Peasants in Revolt — Egypt 1919." *International Journal of Middle East Studies* 24: 2 (1992): 261–280.

Gonzales, Antonius. *Le Voyage en Égypte du Père Antonius Gonzales, 1665–1666.* Vol. 4. Reprint. Cairo: Institute Français d'Archéologie Orientale, 1977.

Graham-Brown, Sarah. *Images of Women: The Portrayal of Women in the Photography of the Middle East, 1860–1950.* London: Quartert Books, 1988.

Gramsci, Antonio. *Prison Notebooks.* Trans. Joseph A. Buttigieg and Antonio Callari. New York: Colombia University Press, 1992.

Hall, Catherine. "The Sweet Delights of Home." *The History of Private Life.* Vol. 4. Cambridge, Mass: Bellknapp Press, 1990.

Hamouda, Sahar, and Colin Clement, eds. *Victoria College: A History Revealed.* Cairo: American University in Cairo Press, 2002.

Haney, Lynne, and Lisa Pollard, eds. *Families of a New World: Gender, Politics and State Building in Global Context.* New York and London: Routledge Press, 2003.

Hanna, Nelly. *Habiter au Caire aux XVIIième et XVIIIième siècles.* Cairo: Institut Français d'Archéologie Orientale du Caire, 1991.

Harb, Muhamad Tal`at. *Tarbiyyat al-Mar'a wal-hijab.* Cairo: Matba`at al-Manar, 1914.

Hatem, Mervat. "`A'isha Taymur's Tears and the Critique of the Modernist and the Feminist Discourses on Nineteenth-Century Egypt." In *Remaking Women: Feminism and Modernity in the Middle East,* ed. Lila Abu-Lughod, 73–88. Princeton: Princeton University Press, 1998.

——. "The Enduring Alliance of Nationalism and Patriarchy in Muslim Personal Status Laws: The Case of Modern Egypt." *Feminist Issues* 6: 1 (1986): 19–43.

——. "The Pitfalls of the Nationalist Discourses on Citizenship in Egypt." In *Gender and Citizenship in the Middle East,* ed. Suad Joseph, 33–57. Syracuse, N.Y.: Syracuse University Press, 2000.

——. "The Politics of Sexuality and Gender in Segregated Patriarchal Systems: The Case of Eighteenth- and Nineteenth-Century Egypt." *Feminist Studies* 12: 2 (1986): 250–274.

Hathaway, Jane. *The Politics of Households in Ottoman Egypt: The Rise of the Qazdaglis.* Cambridge: Cambridge University Press, 1997.

Heyworth-Dunne, James. *An Introduction to the History of Education in Modern Egypt.* London: Frank Cass, 1968.

Hichens, Robert Smythe. *Egypt and Its Monuments.* New York: The Century Co., 1908.

Hobson, John Atkinson. *Imperialism: A Study.* Ann Arbor: University of Michigan Press, 1965.

Hogg, Rena L. *Farida's Dream.* Pittsburgh, Pa.: Printing House of the Women's General Missionary Society of the United Presbyterian Church of North America, n.d.

Hollis, Patricia. *Women in Public, 1850–1900: Documents of the Victorian Women's Movement.* London: Allen and Unwin, 1979.

Hopkins, A. G. "The Victorians and Africa: A Reconsideration of the Occupation of Egypt, 1882." *Journal of African History* 27 (1986): 363–391.

Hourani, Albert. *Arabic Thought in the Liberal Age, 1798–1939.* Cambridge: Cambridge University Press, 1962.

Hunt, Lynn. *The Family Romance of the French Revolution.* Berkeley: University of California Press, 1992.

——. *Politics, Culture, and Class in the French Revolution.* Berkeley: University of California Press, 1984.

Hunter, F. Robert. *Egypt under the Khedives, 1805–1879: From Household Government to Modern Bureaucracy.* Pittsburgh, Pa.: University of Pittsburgh Press, 1984.

——. "Egypt under the Successors of Muhammad `Ali." In *The Cambridge History of Egypt, Volume Two. Modern Egypt from 1517 to the End of the Twentieth Century,* ed. M. W. Daly, 180–197. Cambridge: Cambridge University Press, 1998.

Hurewitz, J. C. *Diplomacy in the Near and Middle East: A Documentary Record.* New York: D. Van Nostrand Co., 1956.

Hyam, Ronald. *Empire and Sexuality: The British Experience.* Manchester and New York: Manchester University Press, 1990.

`Imara, Mohammad, ed. *al-`Amal al-kamila li Qasim Amin*. 2d. ed. Cairo: Dar al-Shuruq, 1988.

——. *Rifa`a al-Tahtawi: Za`id al-tatwir Wl-`asr al-hadith*. 2d. ed. Cairo: Dar al-Shuruq, 1988.

Inden, Ronald. *Imagining India*. Oxford: Basil Blackwell, 1990.

al-Jahiz. *The Life and Works of Jahiz*. ed. Charles Pellat. Trans. D. M. Hanke. Berkeley: University of California Press, 1969.

Joseph, Suad, ed. *Gender and Citizenship in the Middle East*. New York: Syracuse University Press, 2000.

Joubin, Rebecca. "Creating the Modern Professional Housewife: ScientiWcally Based Advice Extended to Middle- and Upper-Class Egyptian Women, 1920s–1930s." *Arab Studies Journal* 4: 2 (1996): 19–45.

Kabbani, Rana. *Europe's Myths of Orient*. London: Quartet Books, 1986. Kandiyoti, Deniz. "Gendering the Modern: On Missing Dimensions in the Study of Turkish Modernity." In *Rethinking Modernity and National Identity in Turkey*, ed. Sibel Bozdogan and Resat Kasaba. Seattle: University of Washington Press, 1997.

——. "Identity and Its Discontents: Women and the Nation." In *Colonial Discourse and Post-Colonial Theory: A Reader*, ed. Patrick Williams and Linda Chrisman, 429–443. New York: Columbia University Press, 1994.

Karl, Rebecca E. "Creating Asia: China in the World at the Beginning of the Twentieth Century." *American Historical Review* 103: 4 (1998): 1096–1118.

——. *Staging the World: Chinese Nationalism at the Turn of the Twentieth Century*. Durham, N.C.: Duke University Press, 2002.

Kedourie, Elie. "Sa`ad Zaghlul and the British." *Middle East Papers no. 2 (St. Antony's Papers, no. 11)*, ed. Albert Hourani. London: Oxford University Press, 1961.

Kelidar, Abbas. "The Political Press in Egypt, 1882–1914." In *Contemporary Egypt through Egyptian Eyes: Essays in Honor of P. J. Vatikiotis*, ed. Charles Tripp, 1–22. New York and London: Routledge Press, 1993.

——. "Shaykh `Ali Yusuf: Egyptian Journalist and Islamic Nationalist." *In Intellectual Life in the Arab East, 1890–1939*, ed. Marwan R. Buheiry, 11–20. Beirut: Center for Arab and Middle East Studies, the American University of Beirut, 1981.

Kerber, Linda K. *Women of the Republic: Intellect and Ideology in Revolutionary America*. Chapel Hill: University of North Carolina Press, 1980.

Khater, Akram Fouad. *Inventing Home: Emigration, Gender, and the Middle Class in Lebanon, 1870–1920*. Berkeley: University of California Press, 2001.

Khouri, Mounah A. *Poetry and the Making of Modern Egypt (1882–1922)*. Leiden: E. J. Brill, 1971.

Klunzinger, C. B. *Upper Egypt: Its People and Its Products*. London: Blackie, 1878.

Koven, Seth, and Sonya Michel, eds. *Mothers of a New World: Maternalist Politics and the Origins of Welfare States*. New York and London: Routledge Press, 1993.

Kuhnke, Laverne. *Lives at Risk: Public Health in Nineteenth-Century Egypt*. Berkeley: University of

California Press, 1990.

Kuno, Kenneth M. "Ambiguous Modernization: The Transition to Monogamy in the Khedival House of Egypt." In *Family History in the Middle East: Household, Property, and Gender,* ed. Beshara Doumani, 247–270. Albany, N.Y.: State University of New York Press, 2003.

Lacqueur, Thomas. *Making Sex: Body and Gender from the Greeks to Freud.* Cam- bridge, Mass.: Harvard University Press, 1990.

Landes, Joan B. *Women and the Public Sphere in the Age of the French Revolution.* Ithaca: Cornell University Press, 1988.

Lane, Edward William. *An Account of the Manners and Customs of the Modern Egyptians: Written in the Years 1833–1836.* London: L. Nattali and Bondi, 1836.

——. *The Thousand and One Nights, Commonly Called, in England, The Arabian Nights' Entertainments.* London: C. Knight, 1839.

Lane-Poole, Stanley. *Cairo: Sketches of its History, Monuments and Social Life.* London: J. S. Virtue, 1898.

Lashin, `Abd al-Khaliq. *Sa`ad Zaghlul wa dawruhu fil-siyasa al-misriyya.* Cairo: Maktabat Madbouli, 1975.

Lenin, Vladimir Ilich. *Imperialism, the Highest Stage of Capitalism: A Popular Outline.* 1939. Reprint. New York: International Publishers, 1972.

Lewis, Bernard. *The Emergence of Modern Turkey.* London: Oxford University Press, 1961.

——. *The Muslim Discovery of Europe.* New York: W.W. Norton, 1982.

Livingston, John W. "Western Science and Educational Reform in the Thought of Shaykh Rifa`a al-Tahtawi." *International Journal of Middle East Studies* 28 (1996): 543–564.

Lloyd, George Ambrose. *Egypt since Cromer.* London: Macmillan and Co., 1933.

Loti, Pierre. Égypte. Trans. W. P. Baines. London: T. W. Laurie, 1909.

Luqa, Anwar. *L'Or de Paris: Relation de voyage, 1826–1831.* Paris: Sinbad Press, 1988.

——. *Voyageurs et écrivains Egyptiens en France au XIXième siècle.* Paris: Didier Press, 1970.

Lytton, Noel Anthony (Earl of). *Wilfrid Scawen Blunt.* London: Macdonald, 1961.

Mabro, Judy. *Veiled Half-Truths: Western Travellers' Perceptions of Middle Eastern Women.* London: I. B. Tauris, 1991.

Macaulay, Thomas Babington. *Critical, Historical and Miscellaneous Essays.* New York: Sheldon and Company, 1866.

——. "Minute on Education" In *Sources of Indian Tradition,* vol. 2, ed. William Theodore de Bary. New York: Columbia University Press, 1958.

Magdi, Salah. *Hilyat al-zaman bi manaqib khadim al-watan. Sirat Rifa`a Rafi` al- Tahtawi.* Ed. Jamal ad-Din al-Shayyal. Cairo: Wizarat al-Thiqafa wa al-Irshad al-Qawmi, 1958.

al-Mahalawi, Hanafi. *Harim muluk misr, min Mohammad `Ali ila Faruq.* Cairo: Dar al-Amin, 1993.

Maillet, Benoît. *Description de l'Égypte contenant plusieurs rémarques curieuses sur la géographie ancienne et moderne de ce pays, sur ses monuments anciens, sur les moeurs, les coutumes, Xora et fauna composée sur les mémoirs de M. de Maillet par M. L'Abbé le Mascrier.* Paris: Chez L. Genneau et J. Rollin, fils, 1735.

Malet, Edward. *Egypt, 1879–1883.* Ed. Lord Sanderson. London: John Murray, 1909.

Malte-Brun, Conrad. *Précis de la géographie universelle; ou description de toutes les parties du monde sur un plan nouveau.* Brussels: Berthot, Ode et Wodon, 1829.

——. *System of Universal Geography, Containing a Description of all the Empires, Kingdoms, States, and Provinces in the Known World, Being A System of Universal Geography or a Description of All the Parts of the World On a New Plan, According to the Great Natural Divisions of the Globe, Accompanied With Analytical, Synoptical, and Elementary Tables.* Trans. James G. Percival. Boston: Samuel Walker, 1834.

Mandeville, John, Sir. *Mandeville's Travels.* Ed. M. C. Seymour. Oxford: Clarendon Press, 1967.

Mani, Lata. *Contentious Traditions: The Debate on Sati in Colonial India.* Berkeley: University of California Press, 1998.

——. "Multiple Mediations: Feminist Scholarship in the Age of Multinational Reception." *Inscriptions* 5 (1989): 18–32.

MansWeld, Peter. *The British in Egypt.* New York: Holt, Rhinehart, and Wilson, 1971.

Marsot, Afaf Lutfi al-Sayyid. *Egypt and Cromer: A Study in Anglo-Egyptian Relations.* London: Murray, 1968.

——. *Egypt in the Reign of Mohammad `Ali.* Cambridge: Cambridge University Press, 1984.

——. *Egypt's Liberal Experiment, 1922–1936.* Berkeley: University of California Press, 1977.

——. "The Revolutionary Gentlewoman." In *Women in the Muslim World,* ed. L. Beck and N. Keddie, 261–276. Cambridge, Mass: Harvard University Press, 1978.

——. *A Short History of Modern Egypt.* Cambridge: Cambridge University Press, 1985.

——. *Women and Men in Late Eighteenth-Century Egypt.* Austin: The University of Texas Press, 1995.

Mayer, Thomas. *The Changing Past: Egyptian Historiography of the `Urabi Revolt, 1882–1983.* Gainesville, Fla.: University of Florida Press, 1988.

McIntyre, John D., Jr. *The Boycott of the Milner Mission: A Study in Egyptian Nationalism.* New York: Peter Lang, 1985.

Mernissi, Fatima. *The Veil and the Male Elite: A Feminist Interpretation of Women's Rights in Islam.* Trans., Mary Jo Lakeland. Reading, Mass.: Addison Wesley, 1991.

Millet, Bertrand. *Samir, Mickey, Sindbad et les Autres: Histoire de la presse enfantine en* Égypte. Cairo: CEDEJ, 1987.

Milner, Alfred. *Britain's Work in Egypt. By an Englishman in the Egyptian Service.* London: T. Edinburgh and A. Constable Publishers, 1892.

——. *England in Egypt.* London: E. Arnold, 1892.

Mitchell, Timothy. *Colonising Egypt.* Cambridge: Cambridge University Press, 1988.

Moi, Toril. *Sexual Textual Politics; Feminist Literary Theory.* London and New York: Methuen Press, 1985.

Montagu, Mary Wortley. *The Complete Letters of Lady Mary Wortely Montagu.* Ed. Robert Halsband. Oxford: Clarendon Press, 1967.

Mostyn, Trevor. *Egypt's Belle Epoque: Cairo, 1869–1952.* London: Quartet Books, 1989.

Mubarak, `Ali. `*Alam ad-din.* Alexandria: Matba`at Jaridat al-Mahrusa, 1882.

——. *al-Khitat al-tawWqiyya al-jadida li misr al-qahira wa muduniha wa biladiha al-qadima wa-al-shahira.* Vol. 1. Cairo: Matba`at Bulaq, 1980.

Naddaf, Sandra. "Mirrored Images: Rifa`a al-Tahtawi and the West.' *Alif: Journal of Comparative Poetics*" 6 (1986): 73–83.

al-Nagar, Hussein Fawzi. *Sa`ad Zaghlul: al-Za`ama al-ra`iyya.* Cairo: Maktabat Madbouli, 1986.

Nandy, Ashis. *The Intimate Enemy: Loss and Recovery of Self under Colonialism.* Delhi: Oxford University Press, 1983.

Neibuhr, Carsten. *Travels Through Arabia and Other Countries in the East.* Edinburgh: R. Morison and Son, 1792.

Nelson, Cynthia. *Doria ShaWk: Egyptian Feminist—A Woman Apart.* Gainesville, Fla.: University Press of Florida, 1996.

Newman, E. W. Polson *Great Britain in Egypt.* London: Cassell, 1928.

Nightingale, Florence. *Letters From Egypt: A Journey on the Nile, 1849–1859.* Selected and introduced by Anthony Satt. London: Barrie and Jenkins, 1987.

Norton, Mary Beth. *Liberty's Daughters: The Revolutionary Experience of American Women 1750–1800.* Boston: Little, Brown, 1980.

*Oeuvres du Congrès National* Égyptien, *tenu à Bruxelles le 22, 23, 24 Septembre 1910.* Bruges: St. Catherine's Press, 1911.

Ono, Kazuko. *Chinese Women in a Century of Revolution, 1850–1950.* Ed. Joshua A. Fogel. Trans. Kathryn Bernhardt. Stanford: Stanford University Press, 1988.

Owen, Roger. "Egypt and Europe: From French Expedition to British Occupation." In *Studies in the Theory of Imperialism,* ed. Roger Owen and Bob Sutcliff. London: Longman, 1972.

——. "The Influence of Lord Cromer's Indian Experience on British Policy in Egypt, 1883–1907." In *Middle Eastern Papers no. 4* (St. Antony's Papers no. 17), ed. Albert Hourani. London: Oxford University Press, 1960.

Ozouf, Mona. *Festivals and the French Revolution.* Trans. Alan Sheridan. Cambridge Mass: Harvard University Press, 1988.

*Parliamentary Papers. Report by Her Majesty's Agent and Consul General on the Finances, Administration and Condition of Egypt and the Sudan in 1898–1911.* London: Harrison and Sons.

Parsons, Abraham. *Travels in Asia and Africa.* London: Longman, Hurst, Rees, and Orme, 1808.

Pateman, Carole. "The Fraternal Social Contract." In *Civil Society and the State: New European Perspectives,* ed. John Keane, 101–128. London: Verso Press, 1988.

——. *The Sexual Contract.* Stanford: Stanford University Press, 1988. Pederson, Susan. "National Bodies, Unspeakable Acts: The Sexual Politics of Colonial Policy-Making." *The Journal of*

*Modern History 63* (1991): 647–680.

Pelley, Patricia M. *Postcolonial Vietnam: New Histories of the National Past.* Durham, N.C.: Duke University Press, 2002.

Perry, Charles. *A View of the Levant: Particularly of Constantinople, Syria, Egypt and Greece.* London: T. Woodward, 1743.

Philipp, Thomas. "Feminism and Nationalist Politics in Egypt." *Women in the Muslim World,* ed. Lois Beck and Nikki Keddie, 277–294. Cambridge, Mass.: Harvard University Press, 1971.

Pierce, Leslie P. "Beyond Harem Walls: Ottoman Royal Women and the Exercise of Power." *Gendered Domains: Rethinking Public and Private in Women's History,* ed. D. O. Helley and S. M. Reverby, 40–55. Ithaca, N.Y:. Cornell University Press, 1988.

——. *The Imperial Harem, Women and Sovereignty in the Ottoman Empire.* Oxford: Oxford University Press, 1993.

Pollard, Lisa. "The Family Politics of Colonizing and Liberating Egypt, 1882–1919." *Social Politics* 7: 1 (2000): 47–79.

——. "The Habits and Customs of Modernity: State Scholarship, Foreign Travel and the Construction of a New Egyptian Nationalism," *Arab Studies Journal* 7: 2 (1999/2000): 45–74.

——. "Nurturing the Nation: The Family Politics of the 1919 Egyptian Revolution." Ph.D. diss., University of California, Berkeley, 1997.

Poole, Sophia Lane. *The Englishwoman in Egypt: Letters from Cairo, Written During a Residence There in 1842, 43, and 44.* London: C. Knight, 1844.

Poovey, Mary. *Uneven Developments: The Ideological Work of Gender in Mid-Victorian Britain.* Chicago: University of Chicago Press, 1988.

Powell, Eve M. Troutt. *A DiVerent Shade of Colonialism. Egypt, Great Britain, and the Mastery of the Sudan.* Berkeley: University of California Press, 2003.

——. "From Odyssey to Empire: Mapping Sudan through Egyptian Literature in the Mid-Nineteenth Century." *International Journal of Middle East Studies* 31 (1999): 401–427.

Pratt, Mary Louise. *Imperial Eyes: Travel Writing and Transculturation.* New York and London: Routledge, 1992.

*Program al-durus: al-Madaris al-ibtida'iyya (al-daraja al-ula).* Bulaq: Matba'at al-Ahiliyya, 1885 and 1887.

*Programmes de l'enseignement primaire, et de l'enseignement secondaire, approuvés par arrêt ministériel no. 849 en date du 16 Septembre 1901.* N.p., n.d.

Quraishi, Zaheer Masood. *Liberal Nationalism in Egypt: Rise and Fall of the Wafd Party.* Allahabad: Kitab Mahal, 1967.

al-RaW'i, `Abd al-Rahman. `*Asr Isma`il.* 4th ed. Cairo: Dar al-Ma`arif, 1987.

——. *Mustafa Kamil.* 5th ed. Cairo: Dar al-Ma`arif, 1984.

——. *Shua`ra' al-wataniyya W misr.* 2d ed. Cairo: Dar al-Ma`arif, 1966.

——. *Thawrat 1919: Tarikh misr min sanat 1914 ila sanat 1921.* 4th ed. Cairo: Dar al-Ma`arif, 1987.

Ramadan, `Abd al-`Aziz. *Tatawwur al-haraka al-wataniyya al-misriyya min sanat 1918 ila sanat 1936.* Cairo: Dar al-Kitab al-`Araby, 1968.

Ramusack, Barbara N., and Antoinette Burton. "Feminism, Imperialism and Race: A Dialogue Between India and Britain." *Women's History Review* 3: 4 (1994): 469–481.

Raymond, André. *Cairo.* Trans. Willard Wood. Cambridge, Mass.: Harvard University Press, 2000.

——. "Essai de géographie des quartiers de résidence aristocratique au Caire au XVIIIième siècle." *Journal of the Economic and Social History of the Orient* 6 (1963): 58–103.

Rees, Joan. *Writings on the Nile: Harriet Martineau, Florence Nightingale, Amelia Edwards.* London: Rubicon Press, 1995.

*Regulations approuvés par le ministre de l'instruction publique pour l'organisation des écoles sous Mohammad `Ali.* Paris, n.d.

Reid, Donald Malcolm. *Whose Pharaohs? Archeology, Museums, and Egyptian National Identity from Napoleon to World War I.* Berkeley: University of California Press, 2002.

*Report of Commissioners Appointed by the Board of Foreign Missions of the United Presbyterian Church of North America to Visit the Missions of India and Egypt.* Philadelphia, Pennsylvania, 1881.

Ringer, Monica. *Education, Religion and the Discourse of Cultural Reform in Qajar Iran.* Costa Mesa, Calif.: Mazda Publishers, 2001.

Rizq, Younan Labib. "Al-Ahram: A Diwan of Contemporary Life." *Al-Ahram Weekly* (Cairo): 1994, 1995, 1999.

Robinson, Ronald, and John Gallagher, with Alice Denny. *Africa and the Victorians: The OYcial Mind of Imperialism.* 1961. Reprint. London: Macmillan and Co., 1981.

Roper, Michael, and John Tosh. *Manful Assertions: Masculinities in Britain since 1800.* New York and London: Routledge Press, 1991.

Russell, Mona L. "Creating the New Woman: Consumerism, Education, and National Identity in Egypt, 1863–1922." Ph.D diss., Georgetown University, 1997.

Sabbah, Fatna A. *Woman in the Muslim Unconscious.* Trans. Mary Jo Lakeland. New York: Pergamon Press, 1984.

Sabry, Mohammad. *La Révolution Égyptienne.* Paris: Le Librarie J. Vrin, 1919.

Said, Edward W. *Culture and Imperialism.* New York: Knopf, 1993.

——. *Orientalism.* New York: Vintage Press, 1979.

——. *The Question of Palestine.* New York: Times Books, 1979.

Said, Mohammad. *De l'Instruction publique en Égypte et des réformes a y introduire.* Cairo: Imprimerie Franco-Egyptienne, 1888.

Safran, Nadav. *Egypt in Search of a Political Community: An Analysis of the Intellectual and Political Evolution of Egypt, 1804–1952..* Cambridge, Mass.: Harvard University Press, 1961.

Salama, Girgis. *Tarikh al-ta`lim al-ajnabi W misr.* Cairo: Nashr al-Rasa'il al-Jama`iyya, 1963.

Salima, Riya (Pseud. of Mme. Rachid-Pasha). *Harems et musulmanes d'Égypte.* Paris: F. Juren, 1900.

Salmoni, Barak A. "Pedagogies of Patriotism: Teaching Socio-Political Community in Turkish and Egyptian Education." Ph.D. Diss., Harvard University, 2002.

Sarhank, Isma`il. *Haqa'iq al-akhbar `an duwal al bihar.* Vol. 2. Bulaq: Matba`at al-Amiriyya, 1898.

Savary, Claude Etienne. *Lettres sur l'Égypte où l'on offre le parallèle des moeurs anciennes et modernes de ses habitans, où l'on décrit l'état, le commerce, l'agriculture, le gouvernement du pays.* Paris: Onfroi, 1785.

al-Sayyid, Ahmad Lutfi. *Discours politiques.* Cairo, Imprimerie al-Jaridah, 1909.

——. *Safahat matwiyya min tarikh al-haraka al-istiqlaliyya* fi *Misr.* Cairo: Matba`at al-Muqtataf wa al-Muqatam, 1946.

Sazkar, Tanika. "The Hindu Wife and the Hindu Nation." *Studies in History,* 8: 2 (1992): 213–235.

Schölch, Alexander. *Egypt for the Egyptians: The Socio-Political Crisis in Egypt, 1878–1882.* London: Ithaca Press, 1981.

Schulze, Reinhard C. "Colonization and Resistance: The Egyptian Peasant Rebellion in 1919." In *Peasants and Politics in the Modern Middle East,* ed. Farhad Kazemi and John Waterbury, 171–202. Miami: Florida International University Press, 1991.

Scott, Joan Wallach. *Gender and the Politics of History.* New York: Columbia University Press, 1988.

Senior, Nassau William. *Conversations and Journals in Egypt and Malta in Two Volumes.* London: S. Low, Marston, Searle and Rivington, 1882.

Shaarawi, Huda. *Harem Years: The Memoirs of an Egyptian Feminist (1879–1924).* Trans. Margot Badran. New York: The Feminist Press at the City University of New York, 1987.

Shakry, Omnia. "Schooled Mothers and Structured Play: Child Rearing in Turn-of-the-Century Egypt." In *Remaking Women: Feminism and Modernity in the Middle East,* ed. Lila Abu-Lughod, 126–70. Princeton: Princeton University Press, 1998.

Sharkey, Heather. *Living With Colonialism: Nationalism and Culture in the Anglo-Egyptian Sudan.* Berkeley: University of California Press, 2003.

al-Shayyal, Jamal al-Din. *Tarikh al-tarjama wal-haraka al-thiqaWyya.* Cairo: Dar al-Fikr al-`Araby, 1951.

Shissler, Holly. *Between Two Empires: Ahmet Agaoglu and the New Turkey.* London: I. B. Tauris, 2003.

Silvera, Alain. "The First Egyptian Student Mission to France under Mohammad `Ali." In *Modern Egypt: Studies in Politics and Society,* ed. Elie Kedourie and Sylvia G. Haim, 1–22. London: Frank Kass, 1980.

Sinha, Mrinalini. *Colonial Masculinity: The "Manly Englishman" and the "Effiminate Bengali" in the Late Nineteenth Century.* Manchester and New York: Manchester University Press, 1995.

Sonbol, Amira al-Azhary. *The Creation of a Medical Profession in Egypt, 1800–1922.* Syracuse, N.Y.: Syracuse University Press, 1991.

Spellberg, Denise A. *Politics, Gender, and the Islamic Past: The Legacy of `A'isha bint Abi Bakr.* New York: Columbia University Press, 1994.

St. John, Bayle. *Village Life in Egypt (With Sketches of the Said).* London: Chapman and Hall, 1853.

Starrett, Gregory. "The Margins of Print: Children's Religious Literature in Egypt." *The Journal of the Royal Anthropological Institute* 2:1 (1996): 117–40.

——. "Our Children and Our Youth: Religious Education and Political Authority in Mubarak's Egypt." Ph.D diss., Stanford University, 1991.

——. *Putting Islam to Work: Education, Politics, and Religious Transformation in Egypt.* Berkeley: University of California Press, 1998.

Steward, Desmond. *Great Cairo: Mother of the World.* London: Hart-Davis, 1969.

Stoler, Ann Laura. *Carnal Knowledge and Imperial Power. Race and the Intimate in Colonial Rule.* Berkeley: University of California Press, 2002.

al-Tabi`i, Mohammad. *Misr ma qabla al-thawra: Min asrar al-sasah wa al- siyasiyin.* Cairo: Dar al-Ma`arif, 1978.

Tahir, Baha'. *Ibna' Rifa`a: al-thaqafa wal-hurriya.* Cairo: Dal al-Hilal, 1993.

al-Tahtawi, Rifa`a Rafi`. *al-`Amal al-kamila li Rifa`a Rafi` al-Tahtawi.* Ed. Moham- mad `Imara. Beirut: al-Mu'assasah al-`Arabiyya lil-Dirasa wal-Nashr, 1973.

——. *Qala'id al-mafakhir* fi *ghara'ib `aw'id al-awa'il wa al-awakhir.* Cairo: Dar al- Tiba`a, 1833.

Tamraz, Nihal. *Nineteenth-Century Cairene Houses and Palaces.* Cairo: American University in Cairo Press, 1998.

Tang, Xiaobing. *Global Space and the Nationalist Discourse of Modernity: The Historical Thinking of Liang Qichao.* Stanford: Stanford University Press, 1996.

Tawwaf, Cf. *Egypt 1919, Being a Narrative of Certain Incidents of the Rising in Upper Egypt.* Alexandria: Whitehead Morris, 1925.

Thompson, Elizabeth. *Colonial Citizens: Republican Rights, Paternal Privilege, and Gender in French Syria and Lebanon.* New York: Columbia University Press, 2000.

Toledano, Ehud R. "Social and Economic Change in the 'Long Nineteenth Century.' " In *The Cambridge History of Egypt, Volume Two. Modern Egypt from 1517 to the End of the Twentieth Century,* ed. M. W. Daly, 252–284. Cambridge: Cambridge University Press, 1998.

——. *State and Society in Mid-Nineteenth-Century Egypt.* Cambridge: Cambridge University Press, 1990.

*Travels of Ali Bey [pseud.] in Morocco, Tripoli, Cyprus, Egypt, Syria and Turkey between 1803 and 1807, Written by Ali Bey Himself.* London: Longman, Hurst, Rees, Orme and Brown, 1816.

Treves, Fredrick, Sir. *The Land That is Desolate: An Account of a Tour in Palestine and London.* London: John Murray, 1913.

Tucker, Judith E. *Women in Nineteenth-Century Egypt.* Cambridge: Cambridge University Press, 1985.

Tugay, Ermine Foat. *Three Centuries: Family Chronicles of Turkey and Egypt.* Westport, Conn.: Greenwood Press Publishers, 1973.

Van Vleck, Micheael Richard. "British Educational Policy in Egypt, 1882–1922." Ph.D. diss., the University of Wisconsin, 1990.

Vatikiotis, P. J. *The History of Modern Egypt: From Muhammad Ali to Mubarak.* Baltimore: Johns

Hopkins University Press, 1991.

Wansleben, Johann Michel. *Nouvelle relation en forme de journal d'un voyage fait en* Égypte. Paris: Chez Estienne Michallet, 1677.

Warner, Charles Dudley. *Mummies and Moslems.* Hartford, Conn.: American Publishing Co., 1876.

Whately, Mary Louisa. *Letters from Egypt to Plain Folks Back Home.* London: Seeley, 1879.

Wilkinson, Sir I. Gardner. *A Handbook for Travellers in Egypt.* London: John Murray, 1858.

——. *Modern Egypt and Thebes, Being a Description of Egypt, Including the Information Required for Travellers in that Country.* London: John Murray, 1843.

Williams, Patrick, and Linda Chrisman, eds. *Colonial Discourse and Post-Colonial Theory.* New York: Columbia University Press, 1994.

Wilson, Joan HoV. "The Illusion of Change: Women in the American Revolution." In *The American Revolution: Explorations in the History of American Radicalism*, ed. Alfred Young, 383–446. DeKalb: Northern Illinois University Press, 1976.

Winichakul, Thongchai. *Siam Mapped: A History of the Geo-Body of a Nation.* Honolulu: University of Hawaii Press, 1994.

Wissa, Hanna F. *Assiout: The Saga of an Egyptian Family.* Sussex, England: The Book Guild, 1994.

Wolfe, Patrick. "History of Imperialism: A Century of Theory, from Marx to Postcolonialism." *American Historical Review* 102: 2 (1997): 338–420.

Youssef, Amine. *Independent Egypt.* London: John Murray, 1940.

Zantop, Susanne. *Colonial Fantasies: Conquest, Family, and Nation in Precolonial Germany, 1770–1870.* Durham, N.C.: Duke University Press, 1997.

Zayid, Mahmud Yusuf. *Egypt's Struggle for Independence.* Beirut: Khayats, 1965.

Zolondek, Leon. "Al-Tahtawi and Political Freedom." *The Muslim World* 54 (1964): 90–97.

# 索 引

（索引页码为原书页码，即本书页边码）

`Abbas Hilmy I, 21, 23, 41–42, 102, 218n29

`Abbas Hilmy II, 132, 139–41, 169, 171, 194

`Abbasiyya (Egypt), 41–42

`Abd al-Karim, Ahmad `Izzat, 23

`Abduh, Mohamad, 73

`Abdulhamid II, Ottoman Sultan, 79, 82

absolutism, 97–98

*Abu Nazzara,* 134–38, 193, 243–44nn11,16

Abu Za`bal Medical School and Hospital, 40

Académie Française, 38

*adab,* 24, 119

*Adab al-Fita´* (Children's manners), 152

`Adly Yeghen, 163, 173, 176–77, 196–97, 241–42n77, 252nn89,90

adultery, 195

advertisements, 149–52, 191–92, 245–46nn48–59

al-Afghani, Jamal al-Din, 73

Afghanistan, 29–30

*al-Afkar* (Thoughts), 179, 200

Africa, 3–4, 8

*Africa and the Victorians* (Robinson and Gallagher), 84

agricultural projects, 20, 114–15, 170

*al-Ahali* (The people), 179, 200

Ahmed, Leila, 5–6, 214–15n20, 246nn64,65; *Women and Gender in Islam,* 6

*al-Ahram* (The pyramids), 133–34, 142, 150–52, 179–80, 197–98, 200, 245n49, 246nn56,59,

252n97, 253n1

*al-Ahram Weekly,* 205–6, 253n1

al-Alaily, Hamed, 162

`Ali Bey Fahmy Kamil, 197

Allen, Roger, 34, 222–23n68

Allenby, General, 167, 174, 176–77

American Mission Schools, 238n27

American Protestants, 106–13, 238nn21,23,26–28

American Revolution, 208, 254–55n12

Amin, Camron, 220–21n55

Amin, Mohammad, 153

Amin, Qasim, 152–61, 164, 208, 246–47nn63–66,68–71,76,77, 254n9; *Asbab wa nata´ij* (Reasons and results), 155–56, 247n71; *Les Égyptiens,* 246–47n69; *The New Woman,* 152–57, 161, 208, 247n76

Amina (wife of TawWq), 142

Ammun, IIind, Mrs., 113

*Anis al-Jalis* (The intimate companion), 147

*Anis al-talmiz* (The students' companion), 128

annexation of Egypt, 173, 232n28

antiforeign demonstrations, 75, 81

antiquities, Egyptian, 53–57

Arabic language, 22, 32, 54, 73; Egyptian educational system and, 104, 115–16, 119–20, 126; Egyptian press and, 134; missionary education and, 107, 238n27

Arabophone Egyptians, 20–22, 40–41, 44;

文景

社 科 新 知　文 艺 新 潮

Horizon

培育国家：
性别、家庭与埃及的现代化，1805—1923

［美］丽莎·波拉德 著　段九州 译

出 品 人：姚映然
责任编辑：佟雪萌
营销编辑：高晓倩
装帧设计：安克晨

出　　品：北京世纪文景文化传播有限责任公司
　　　　　（北京朝阳区东土城路8号林达大厦A座4A 100013）
出版发行：上海人民出版社
印　　刷：山东临沂新华印刷物流集团有限责任公司
制　　版：北京百朗文化传播有限公司

开　本：700mm×1020mm　1/16
印　张：22　字　数：247,000
2023年5月第1版　2023年5月第1次印刷
定　价：89.00元
ISBN：978-7-208-17973-8/K·3244

图书在版编目（CIP）数据

培育国家：性别、家庭与埃及的现代化，1805—
1923/（美）丽莎·波拉德（Lisa Pollard）著；段九
州译. —— 上海：上海人民出版社，2022
　　（地区研究丛书/刘东主编）
书名原文：Nurturing the Nation: The Family
Politics of Modernizing, Colonizing, and
Liberating Egypt, 1805-1923
　　ISBN 978-7-208-17973-8

Ⅰ.①培… Ⅱ.①丽… ②段… Ⅲ.①埃及–近代史
–研究–1805–1923 Ⅳ.①K411.42

中国版本图书馆CIP数据核字（2022）第249538号

本书如有印装错误，请致电本社更换 010-52187586